發展與前瞻 | 論叢

Development and Prospect

紀光陽
齊光裕 主編

◎林育任 ◎齊光裕 ◎李銘義 ◎許源派 ◎朱英嘉 ◎莫桂娥
◎呂文玲 ◎何振盛 ◎劉性仁 ◎曾于蓁 ◎郭冠廷 ◎柳金財
◎黃馨慧 ◎王珍一 ◎匡思聖 ◎傅瑩貞 ◎李炳南 ◎紀光陽
◎吳宏熙 ◎林哲瑩 ◎鄭晏甄 等著

社團法人台灣對外關係研究暨發展協會
揚智文化事業股份有限公司

共同出版

何序

　　《發展與前瞻論叢》係由社團法人台灣對外關係研究暨發展協會所屬刊物《發展與前瞻》學報各期佳作中精選彙編而成的論文集。協會自 2013 年 2 月成立後，首次理事會即研議定期出版一份學術性刊物，將國內學者的重要研究成果分享海內外學術社群與社會大眾。惟鑒於國內出版業的不景氣與學術性刊物嚴重缺稿的問題，以及協會初創時期資源與人手不足的框限，協會若干成員擔心創辦刊物極具風險，就算前幾期勉力出刊，終將無以為繼，被迫停刊。

　　然而「道出於天，事在於人」，精誠所至，金石為開。在協會前兩位理事長林信華教授、齊光裕教授帶領下，依照副理事長郭冠廷教授、學報編輯委員會前後任主任委員許源派教授、劉性仁教授的精細規劃與安排，所有秘書處與學報同仁齊心協力、共同努力，自 2013 年 6 月學報創刊號發行始，這份每三個月就出刊一期的季刊，就從未間斷以迄於今。

　　協會的研究主題與關注重點雖在兩岸與國際關係，但因兩岸與國際關係受到國內外政治、經濟、社會、文化等因素的發展影響至深，在研究議題與推動相關工作上，也不能忽視上述種種因素。因此《發展與前瞻》學報自我定位為綜合性的學術刊物，稿源不限於兩岸與國際關係的研究，實際上涵括社會科學與人文學科的各個領域，甚至觸及與健康領域相關的自然科學研究。由於出刊的學報論文涵括範圍甚廣，且其中不乏多元視角的跨域研究，因此極為貼近發展研究與未來學的典範類型。九年間，經過嚴謹的匿名審查制度，學報發行了 35 期，刊載了近 150 篇的優質論文。

　　本人自擔任協會首任秘書長以來，即參與學報的規劃與推展工作，從草創時期的篳路藍縷，到目前的穩定發展，眼見同仁們的辛勤耕耘與心血付出，終於結成纍纍的果實，心中油然而生的感動與敬意，實非筆墨所能盡述。因此甫接理事長時，我即建議應從學報各期中精選有代表性的論文彙編成專

書，一則為過往努力的成果留下紀錄，二則分享予更多的學術社群，促進對岸與國際社會對台灣的瞭解。

　　上述建議隨後獲得理事會的全力支持，並即成立「專書編選小組」負責專書書名的擬定、內容的分類、論文的編選、出版社的洽詢與議價以及作業執行與管控等。首先感謝前理事長齊光裕教授與前秘書長紀光陽教授先後擔任小組召集人，擘劃出書相關事宜；其次，學報編輯委員會主任委員劉性仁教授、兩位副主任委員林育任教授、陳俊豪教授以及監事吳瑟致教授慨然允諾加入小組，參與選文與編撰工作，渠等功不可沒；再者，學報主編傅瑩貞小姐負責專書文稿的校對及與作者、出版社的聯繫工作，專業又認真，令人敬佩。

　　全書在「專書編選小組」歷經兩年的籌畫、選編、定稿與排版後，終於順利付梓。這本名為《發展與前瞻論叢》的專書，共分為〈兩岸關係與發展〉、〈政府體制與國家發展〉、〈公民社會與經濟〉、〈新時代思想〉、〈樂活發展〉等五大篇別，收錄 18 篇析理精闢、見解卓越的學術論文。除了反映「專書編選小組」不辭辛勞的奉獻外，也期待海內外產、官、學、研各界專家學者不吝指正。

　　最後，本人也要藉此機會向協會秘書處內默默耕耘付出的工作夥伴，致上十二萬分的敬意與謝意！沒有他們的協力合作，也就沒有學報；沒有學報，也就沒有這本論叢專書的問世。尤其邊副祕書長芳華、袁副祕書長業芳的統合協調能力與執行效率，令人激賞，也是間接促成本書誕生的重要功臣。這麼棒的團隊，我相信學報出刊到 100 期、200 期，亦非難事，因此對於《發展與前瞻論叢》(二)、(三)、(四)……等續集的出現，抱持樂觀的期待，應非過度自信的高估吧！

社團法人台灣對外關係研究暨發展協會　理事長

何振盛

齊序

本書《發展與前瞻論叢》之得以出版，是「社團法人台灣對外關係研究暨發展協會」(以下稱本協會)於 2013 年成立後，本於「經世致用」精神，創辦了《發展與前瞻學報》季刊。《發展與前瞻學報》季刊採取了嚴格的雙匿名審查制度；申請了國際標準期刊號(International Standard Serial Number, 簡稱 ISSN)，為學術界言論發表注入了源泉活水；更與「華藝」(airiti)資料庫簽約，在網路世界知識研究快速發展的今天，將學術研究成果透過資訊化、全球化、專業化的平台，學術研究成果的傳達與影響力得以展現與發揮。

《發展與前瞻學報》季刊從 2013 年 6 月創刊號發行，至 2022 年 3 月，共計發行了 35 期，從未有延誤出刊等情事發生，值得肯定。學報並一貫的維持最新的學術探討鑽研、嚴謹的研究態度，和最佳的研究成果，提供給學術界與各個領域。有鑑於過往發表了諸多具有發展與前瞻性議題的極佳論文，有著高學術參考價值，內容議題能與時俱進，歷久彌新。本協會諸先進乃有提議委請相關領域專家學者協助嚴格審查，挑選出極優質之論文彙集出書，以饗士林。

經過嚴格挑選的十八篇文章，可概分為五大類：

第一部份是『兩岸關係與發展』。兩岸本屬同根同源，然而歷史的發展下，自從 1949 年兩岸分裂分治以迄於今，兩岸學者多苦思：如何在不同制度下，尋求異中求同，並為中華民族之繁盛昌榮，兩岸人民同享幸福安康，期使能達到我武惟揚、仁澤廣被、近悅遠來、四海昇平的聖賢大同世界理想。

第二部份是『政府體制與國家發展』。民主國家透過權力分立(separation of powers)將國家權力之作用，依其性質區分為若干單位，並由個別構成的獨立機關來行使，形成相互制衡(check and balance)，用以排除國家權力之集中與泯除權力之濫用，進一步可保障民主權與基本人權。這樣的政治原理下

包含了三權憲法中的總統制、內閣制、雙首長制、委員制等，以及我國的五權憲法體制。當然，無論制憲或修憲的過程中必須有「容忍」、「妥協」，所以政府體制不是盡善完美可以理解，如何尋求體制的合理、避免權力的專擅、與化解職能間扞格不入，這是努力追尋的目標。

第三部份是『公民社會與經濟篇』。經濟不僅在福國利民，發達國家與民間資本以求富，更須研究合理分配以求均；經濟不僅僅是追求有形的效益，更應重視那些無形的社會價值。如何達成這樣的理想與目標，非營利事業組織實現「公益的使命」有其不可磨滅的重要性。而台灣弱勢的原住民族如何維護與保存其部落文化，原住民族的文化產業政策與發展的可能性如何？在在值得吾人關懷與探究，這是架構民族主義與民生主義結合的一個環節。中國大陸在鄧小平改革開放後，「有中國特色的社會主義」強調「堅持公有制為主體，多種所有制經濟共同發展」，私營企業在「挑戰–應戰」中有出色的成績表現，私營企業主的政治參與「三個代表」的概念成為重要的研究課題。

第四部份是『新時代思想』。這部份探討了民主的發展下，不可避免而有民粹的如影隨形，孫中山思想與民粹主義一文探討了民粹的內涵與時代走向，如何取其善果避其惡果是一個兩難的困境。習近平「兩岸一家親」、「共圓中國夢」指出了兩岸是濃濃血脈相連，命運與共的同胞情，如何實現「心靈契合」鞏固兩岸關係，「兩岸一家親」與孫中山民族主義所標舉的理想實一致無二的。

第五部份是『樂活發展』。樂活(Lifestyles of Health and Sustainability, LOHAS)，是指健康及可持續性發展的型態過生活。健康尤其是指健康的飲食、生活、身心靈之探索。這是現代人對於身心靈健康的追求，其相當程度與蔣中正於 1953 年發表的「民生主義育樂兩篇補述」所追求的自由安全的社會，由小康社會而進入大同社會的理想是相同的。

唐朝杜甫：『文章千古事，得失寸心知』，這本書得以出版是結合了多位國內學者的研究成果與心血，它的面向相當廣泛，所探討議題也多期待能達到福國利民之目標，希冀本書有拋磚引玉之效，引起學界方家更多的關注與探討，則益莫大焉！

社團法人台灣對外關係研究暨發展協會 秘書長

齊光裕

目　錄

第一篇

兩岸關係與發展篇

以人類發展概念構思兩岸關係發展的新思維初探

林育任[*]

一、前言

　　兩岸關係是台灣與大陸長期互動的重要課題，然而受到歷史因素(國共內戰的延伸)與國際框架的左右，主權爭議一直是兩岸關係容易劍拔弩張的議題，其爭議顯現了兩岸的互信不足，但也極可能是一項虛假議題的論辨，[1]而非兩岸前途的理性思考。因此，兩岸關係的未來走向為何，無可迴避的得面對彼此對各自主權的定義與堅持。

　　其實主權國家的概念是由近代歐陸國家發展出來，透過殖民擴張的過程散布到全世界，成為今日國際間處理國家事務的遊戲規則，也成為國際間衝突對立的重要引爆點，由於兩岸同屬華夏文明，共同繼承悠久的歷史，能否跳出主權唯一、主權排他的舊思維，創造出一個新的和諧合作關係，這是筆者希望能有所突破的研究動機。

---

[*] 作者時任萬能科技大學通識教育中心兼任講師，現為中國科技大學通識教育中心兼任助理教授。

[1] 對於統獨的辯論，無論兩岸之間或台灣內部，常常流於情緒或意識型態的堅持，論者常常忽略對人民權益的增進，對人民生活的保障，只是各自堅持歷史情感、國家主權、人民主體意識等抽象的符號語言，而國際現實與兩岸實力的對比，又往往讓統獨的堅持成為一種僵持，於是維護一個「不統、不獨、不武」（status quo）的現狀，成為一個無奈卻又多數寄託的選項，所以本文認為現階段對於統獨的爭辯其實都是一項虛假議題。

聯合國在 1990 年正式揭櫫人類發展指標(Human Development Index, HDI)，其開始是為了修正過往單方面追求經濟成長，忽略社會公平而創造出來的一種新指標，該指標發展以來，透過逐年出版的人類發展報告，已陸續納入了經濟成長、經濟分配、國民識字率、國民平均壽命等次指標，近幾年來更在評估各國人類發展程度排序之餘，將全人類共同得面對的氣候變遷、水資源缺乏、貧窮問題、移民問題等納入年度關切的主題，上述問題都有超越國界藩籬，擱置主權爭議，需要各國攜手共同解決的重要性。而這樣摒除以往只重經濟發展而忽略人類生存意義與生活價值綜合發展的新思維，是兩岸在處理未來關係發展上，亟需學習而且值得落實的新思維。

兩岸關係的瓶頸，如果只訴求主權的堅持，那麼和平與合作的機會就會極不穩定；但如果能跨越傳統舊思維，用人類發展這樣具全面性與思想高度的新視角來處理歷史與現狀的糾結，相信將可為彼此未來的交往找出一條可行的康莊大道。

二、人類發展議題

(一)人類發展議題的緣起與演變

自二次大戰結束以來，許多前殖民地雖然紛紛獨立建國，但經濟的貧窮與落後卻一直是它們所面臨的最大困境；為了協助這些國家的經濟發展，西方國家不斷透過對外經濟援助和私人投資，以及相關國際組織的介入等，試圖改善這些國家的窘境，但到了九○年代，卻仍無法突破貧窮的惡性循環，甚至還出現倒退的現象。西方國家的官方與民間遂開始探討當中的原因所在。(林德昌，2006：2)

根據史坦尼蘭(Martin Staniland)教授的研究，認為這是一種背景與環境層面的問題。他發現西方國家的發展概念之所以無法適用於所有第三世界

國家，主要是因為每一個國家的發展背景與環境都不同；換句話說，西方
國家的發展概念輸出到發展中國家，可能會造成經濟落後的反效果。(Martin
Staniland, 1985: 36-69)

從另一角度來看，儘管經濟的成長率、個人的平均收入、消費與國民
總生產額等數字可以衡量一個國家的總體經濟是否發展與成長，但卻無法
解釋有些第三世界國家何以仍停留在未發展(underdeveloped)或依賴
(dependency)的狀態中；更有甚者，它們當中許多都出現了城鄉之間與貧富
之間差距越來越大的問題。若一個國家在經濟上呈現高度成長，卻又同時
有更多的弱勢族群其生活每下愈況，這種因經濟發展所造成的雙元經濟
(dual economy)現象該怎麼解決呢？(林德昌，2006：3)

有鑑於此，聯合國發展計畫署(United Nations Development Programme,
UNDP)於 1990 年首次出版了所謂的人類發展報告(Human Development
Report)其目標就是要將發展過程的重心，從經濟論辯、政策和倡議(advocacy)
等，均以強調人類本身的發展才是核心，[2]亦脫傳統以收入概念來評估人類
經濟與社會進展的架構。換句話說，發展的概念乃是與所有的個人生活息
息相關，發展不是一個目標，而是一種人類個人的實際生活歷程。(Allan
Kaplan, 2000: 29-38)

(二)聯合國的人類發展報告與人類發展指標

聯合國的人類發展報告是由聯合國發展計畫署召集重要的學者、發展
專家和人類發展報告辦公室(Human Development Report Office of UNDP)的

---

2 人類發展是要以人為本的發展，它是要讓人們瞭解他們的潛力、增加他們的選擇性以
及過著他們想要的生活之自由程度。自 1990 年以來，每年的人類發展報告已經探索
過包含貧窮、性別、民主、人權、文化自由、全球化、缺水、氣候變遷與遷徙等主題。
轉引自 2009 年人類發展報告。參考自〈http://hdr.undp.org/en/reports/global/hdr2009/〉。

成員，共同參與討論並撰寫之。自 1990 年以來，透過每年定期出版的的人
類發展報告，已經帶動國際社會針對人類貧窮、不平等、婦女權力、政治
自由以及全球化的衝擊等，進行了多層面的公開對話。值得注意的是，在
各年度的人類報告中，已經將人類發展的議題，擺脫以往只對總體經濟成
長的關切，進而邁向對平等(equity)、永續(sustainability)、生產力(productivity)
和賦權(empowerment)等方面的實際關切。(林德昌，2006：5-7)

　　截至去(2013)年為止，人類發展報告已出版過 22 期，[3]其所呈現的就是
當年度國際社會所重視的發展議題。除了聯合國所出版的人類發展報告

3　這 22 期的人類發展報告主題分別如下：去(2013)年是「南方的崛起：多元化世界中的
　　人類進步〈The Rise of the South: Human Progress in a Diverse World〉」；2011 年是「可
　　持續性與平等：共享美好未來〈Sustainability and Equity: A Better Future for All〉」；2010
　　年是「國家的真正財富：人類發展進程〈The Real Wealth of Nations: Pathways to Human
　　Development〉」；2009 年是「克服障礙：人的遷徙和發展〈Overcoming barriers Human
　　mobility and development〉」；2007/2008 年是「對抗氣候變遷：不同世界中的人類團結
　　〈Fighting climate change: Human solidarity in a divided world〉」；2006 年是「超越貧
　　乏：電力、貧窮與全球性的水危機〈Beyond scarcity: Power, poverty and the global water
　　crisis〉」；2005 年是「國際合作的十字路口：一個不對等世界的援助、貿易與安全
　　〈International cooperation at a crossroads: Aid, trade and security in an unequal
　　world〉」；2004 年是「今日多樣世界的文化自由〈Cultural Liberty in Today's Diverse
　　World〉」；2003 年是「千禧發展目標：國家終結人類貧窮的協定〈Millennium
　　Development Goals: A compact among nations to end human poverty〉」；2002 年是「強化
　　分裂世界的民主深化〈Deepening democracy in a fragmented world〉」；2001 年是「建
　　構人類發展的新科技工作〈Making new technologies work for human development〉」；
　　2000 年是「人權與人類發展〈Human rights and human development〉」；1999 年是「人
　　類發展的全球化〈Globalization with a Human Face〉」；1998 年是「消費與人類發展
　　〈Consumption for Human Development〉」；1997 年是「消滅貧窮的人類發展〈Human
　　Development to Eradicate Poverty〉」；1996 年是「經濟成長與人類發展〈Economic growth
　　and human development〉」；1995 年是「性別和人類發展〈Gender and human
　　development〉」；1994 年是「人類安全的新層面〈New dimensions of human security〉」；
　　1993 年是「人民的參與〈People's Participation〉」；1992 年是「人類發展的全球層面
　　〈Global Dimensions of Human Development〉」；1991 年是「人類發展的財政資源
　　〈Financing Human Development〉」；1990 年是「人類發展的概念與測量〈Concept and
　　Measurement of human development〉」。以上資料參考自
　　〈http://hdr.undp.org/en/reports/global〉。

外，許多有關人類發展議題的區域性或國家層次，甚至是次國家層次的報告也不斷出版與陸續受到重視，數量已遠遠超過聯合國全球性的人類發展報告，達數百本之多，這樣的發展顯示出人類發展的議題已為世人眾所矚目，不論是全球性或是區域性，都同樣引起關注並落實到相關政策的規劃與執行中。

中山大學林德昌教授認為，這些報告的發行，可以看出人類發展的概念已進入國家政策制訂的對話中，不僅可激勵公開的討論，而且也可動員民眾對人類發展政策的支持。更重要的是，這些報告亦反映了地方人民的真正認知與優先需要為何，進而改變國家的傳統發展政策。(林德昌，2006：148-149)筆者認為，這是人類發展議題創建 20 年來的一項顯著的成就。

至於人類發展指標，是人類發展報告的註冊商標，基本上是一種試圖取代個人平均所得，作為衡量人類實際生活狀況的重要指標。自從第一本人類發展報告出爐後，有四項人類發展指數陸續被發展出來，分別是人類發展指數(Human Development Index, HDI)、性別發展指數(Gender-related Development Index, GDI)、性別賦權指數(Gender Empowerment Measure, GEM)以及人類貧困指數(Human Poverty Index, HPI)。這些人類發展發展指標的建立，說明了全球發展政策的重大轉變，特別是在邁向一個更明確、更寬廣的以人為中心的理論(people-centred approach)。(林德昌，2006：7)

在這四個指數當中，最為人所重視的，就是人類發展指數。人類發展指數是對人類發展成就的總體衡量，其主要為測量一個國家在人類發展的三個基本方面之平均成就：[4]

---

4 參考自〈http://hdr.undp.org/en/statistics/〉。

1.預期壽命(Life expectancy at birth)計算指數：使用出生時之預期壽命來表示。

2.綜合總入學率(Combined gross enrolment ratio)計算指數：使用成人識字率(佔三分之二權重)以及小學、中學和大學的綜合淨入學率(佔三分之一權重)來表示。

3.GDP(GDP per capita)計算指數：以人均 GDP 來表示。

　　最後將此三項分指數相加，便成為人類發展指數。根據聯合國發展計畫署的定義，凡是人類發展指數在 0.8 以上者，即屬於高度人類發展國家(Very High Human Development)；介於在 0.5 到 0.799 之間者，屬於中度人類發展國家(Medium Human Development)；低於 0.5 者，則是所謂的低度人類發展國家(Low Human Development)。去(2013)年由挪威奪得人類發展指數的第一名，而澳大利亞與美國分居二、三名。

　　儘管人類發展指標已發展出四項指數來綜合評估，但有學者認為，其忽視了人類發展過程中最重要的部份—即參與影響人類生活的決策能力。林德昌說，人類可以表現出更富裕、健康和良好的教育程度，但若無參與能力，則人類發展即無法落實。他還說，自第一本人類發展報告出版以來，忽略自由要素的缺點即已呈現，雖然曾有人類自由指數(HFI)以及政治自由指數(PFI)的制訂，但都屬曇花一現，因為各國之間的認知差異爭議過大並未持續使用；儘管他也認同要使用一套指標充分反應複雜地人類發展內容十分困難，不過他並不覺得可以忽略。(林德昌，2006：97-98)對於此點，筆者認為，就是因為人類發展議題範圍之廣、牽涉複雜，所以此一概念本身才會持續在發展、在建構；對於一些因文化或認知因素可能造成的隔閡、誤會或對立性指數，例如人類自由或政治自由等，在尚未達到一定成熟的

階段,暫不列入全面性的衡量指標應是可以理解,[5]而這也是讓人類發展議題能持續朝更成熟的階段所必經之路。

(三)人類發展議題的精神—「以人為本」與「團結合作」

人類發展議題雖然持續在發展中,但誠如前述,其最大成就是不僅把人民真正的需求落實到相關政策中,更拋開了過去只以經濟成長作為關注核心的發展概念,「以人為本」是筆者認為其最重要的精神所在。所以,我們看到了各種不同人類基本需求陸續被提出、也愈來愈受到重視,這樣的人類發展,才是全世界人類所應共同關注的。

另外,當這些基本需求被提出後,滿足與解決便是下一步該採取的步驟。重點是,許多層面都已非是個別國家或區域所單獨遇到的,個別執政當局的能力不足是普遍的問題,這時透過合作的機制來讓這些人類需求得到滿足就是一個很重要的平台:作者認為「團結合作」是人類發展議題的第二個重要精神,而這更是「以人為本」精神可否落實的重要關鍵。唯有「以人為本」與「團結合作」,人類發展才會得到完全的滿足與解決。

在美國學者傑里米·里夫金(Jeremy Rifkin)所撰寫的《歐洲夢》(The European Dream)一書的第十三章「差異中的一致」中寫道,如今我們面臨大量的全球性問題,它們影響到人性的每個方面,然民族國家受到太多地理限制,因此不能夠有效應對全球的威脅與風險;不僅如此,民族國家的設計理念是要保護財產、捍衛疆土,它們是排外(exclusive)而非包容(inclusive),它們從未想過要成為應對全球風險和威脅的工具,是故最終解決之途還是需要各國集體合作的努力。(里夫金著、楊治宜譯,2006:242)

---

5 受到各國在經濟發展程度不一,歷史與人文經驗各異的情況下,究竟應比較經濟自由?抑或比較政治自由?還是社會文化的自由?各方尚無共識,因此暫不納入爭議過大的指標,亦屬可理解的。

而這就是筆者在上面所提的「團結合作」。至於里夫金在此處所提的民族國家概念，其實與本文第二部份的主權理論有相關，就待下節再論。

三、主權理論之時代演進

(一)主權理論的緣起與近代演變

　　主權(Sovereignty)是什麼？主權從何而來？這是主權研究領域中最基本的兩個問題。(賴錦傑，2009：4)主權一詞，最早出現於中古世界歐洲的封建社會，用來指一種封建領土以上，再無其他最高權威的概念。西元 1557 年法國政治學者布丹(Jean Bodin)在其所著《國家論》六卷(Six Livres de la Republique)中，將主權定義為「不受法律約束，凌駕於公民和臣民以上的最高權力」，他並將主權的屬性界定為：

1.主權是永恆的，它與侷限於特定時間所轉讓的權力不同；
2.主權是非委派的權力，亦可說是不受限制或無條件地委派的權力；
3.主權是不可轉讓的，而且不受法令的支配，因為主權者本身就是法律的泉源。(轉引自 George H. Sabine 著、李少軍、尚建新譯，1992：422-423)

　　台大教授張亞中認為，依據布丹的看法，在君主制國家，主權屬於君主。布丹的主權理論主要貢獻在於將國家的概念從基督教統治理念中分離，奠定現代國家的基礎。(張亞中，1998：6)

　　西元 1762 年法國思想家盧梭(Jean-Jacques Rousseau)發表「社會契約論」(The Social Contract)，提出人民主權的看法，強調國家主權屬於人民，是公共意志的運用，從而確立三原則，即主權是不可轉讓(inalienable)、不可分割(indivisible)及絕對至高無上與神聖不可侵犯。(Jean-Jacques Rousseau，1968)西元 1789 年法國「人權宣言」重申主權屬於人民，它是統一而不可分

割、不可侵犯與不可轉讓。照盧梭講法，主權是屬於人民，政府只是受人民付託，行使主權的權力(Sovereign power)。(張亞中，1998：7)

從神學的角度來看主權，主權是神賦予世間代理人的權力。從政治哲學的角度來看主權，主權是順勢而生、為求秩序的一種權力；布丹強調主權至高無上的地位，盧梭強調主權乃維持社會結構平衡之需要。神學和政治哲學角度的詮釋雖有助於瞭解主權的本質，卻無法完整的解釋主權在現今國際體系中的角色，和國與國間其中主權對主權的關係。因為神學和政治哲學的詮釋著重於主權的內部性，即主權是對內的最高與絕對的權力，忽略了主權的外部性，即國家權力的行使不受外在權威的干預，主權對外是一種獨立且排他的權力。(賴錦傑，2009：5-6)而這也是在進入 20 世紀後會受到挑戰或在發展上覺得有些窒礙難行的原因。

(二)主權理論在 20 世紀的變化

大陸學者曲佳靈認為，主權理論在二十世紀有著三次受到西方思潮否定的發展：第一次是在兩次世界大戰間，第二次是在冷戰期間，第三次則在冷戰後；但相對地，在主權的理論價值得到更有力的肯定、主權的影響範圍得到更廣泛的拓展、主權的具體內容得到更豐富的充實，以及主權的國際法地位得到空前的鞏固等四方面也有著具體表現。所以他以曲折來形容二十世紀的主權理論發展。(曲佳靈，2003：132-239)

另一位大陸學者盧凌宇也提出類似的看法，他把曲佳靈所說的第一次與第二次對主權思潮的否定合在一起分析，並提出幾個觀點：

1.深切關注戰爭與和平問題，而把主權國家的存在視為戰爭的罪魁禍首。
2.把主權概念與個人或國際法「人為地對立起來」，或者割裂主權與現代民族國家的血肉聯繫，從而倒向了「(個人)自由至上主義」(libertarianism)

和「無政府主義」(anarchism)。

3. 許多思潮不僅否定了主權，還做了本體論的探索，從而表現出強烈的規範色彩。

4. 用發展的眼光來看，20 世紀前兩波挑戰主權思潮超越了 18 到 19 世紀歐陸思想家的絕對主權觀，認識到主權的歷史性和相對性，儘管這種認識過了頭，最終倒向了「主權虛無主義」。(盧凌宇，2004：19-22)

　　儘管有人對主權在二十世紀所受的質疑分為三個階段作論述，但筆者認為，所謂的第三階段(冷戰後)才是真正具威力的突破發展，因為它的影響性已延續到 21 世紀。盧凌宇認為，「全球化」與「後現代主義」是冷戰後挑戰主權理論思潮的兩大背景。(盧凌宇，2004：23-33)曲佳靈則對當代主權理論提出了三點批判：

1. 如果說冷戰時期西方否定主權的思潮還比較傾向「限制主義」，那麼，冷戰後期的思潮中則又出現了比較激進的完全「否定主權」的傾向。

2. 國家體系與資本主義市場體系之間的矛盾已經困擾了西方幾百年，儘管在冷戰結束後，阻礙世界經濟一體化的僵化意識形態壁壘已不再堅不可摧，市場經濟的價值體系得到更多國家的認同，而且，發展中國家的市場開放也為西方發達國家過剩的資金帶來了更多的機遇，但這並不意味著它能從根本上解決糾纏了西方國家幾百年的國界有限和利益慾望無限的矛盾。

3. 從全球化理論、相互依存理論到主張國際法至上或科技至上的觀點，有一個共同之處在於，它們都傾向片面誇大相互依存和全球問題對主權蠶食的現實性和必然性，刻意地把主權置於人權保障、環境保護和可持續發展等問題的對立面，卻避而不談鞏固國力、加強民族國家行使主權的能

力，其可能對促進國際交往、科技發展以及人類共同進步產生的積極意識，以及全球化對一些弱勢民族國家的經濟已經帶來的，或將繼續帶來明顯的或潛在的危機。(曲佳靈，2003：167-170)

不管是曲佳靈或是盧俊宇，甚至是其他大陸學者有關主權議題的著作，[6]我們都可明顯看出其國內對主權弱化這個概念的不認同或擔心主權的消逝，而這當然也相當程度反映了中國當政者的思維。

不過總的來說，主權理論發展到 20 世紀末，受到全球化的影響不復能堅持當初的定義已是無須爭辯。表現於實際的層面究竟如何？下節將繼續分說。

(三)主權在當代的實際發展

傑里米·里夫金在其書中提到，歐洲已經變成新的「山巔之城」。世界正矚目這項跨國治理的宏偉新實驗，希望它能夠提供某些迫切需要的指導，指出在全球化的世界裡，人類將走向何方。他接著預言性地說，在一個時空迅速消失、身分認同日益多重化和全球化的時代裡，未來 25 年內將沒有哪一個國家可以自行其是。(里夫金著、楊治宜譯，2006：323)

的確，為了要加強合作來增進更大的利益或解決更多的問題，世界上各種雙邊協定或多邊性的組織正如雨後春筍般地持續出現，前者如國與國間的自由貿易協定(Free Trade Agreement, FTA)或各類協議(定)，而後者則是像世界貿易組織(World Trade Organization, WTO)、歐洲聯盟(European Union, EU)、東南亞國協(Association of Southeast Asian Nations, ASEAN)、北美自

---

6 其他大陸學者還包括黃仁偉與劉杰的《國家主權新論》，2004。中國北京：時事出版。孫建中的《國家主權─理想與實際》，2001，中國北京：世界知識出版。以及俞可平的《全球化與國家主權》，2004。中國北京：社會科學文獻出版。尤其是孫建中的書裡，還特別將發達國家對發展中國家主權的干涉列了專章，最具特色。

由貿易區(North American Free Trade Area, NAFTA)…等；不管目的為何，透過這樣形式的整合，或說是**某種程度的主權共享，已成為國際合作的一個新趨向。**

　　有學者認為，一主權國家在其自由意志之下，追求國家利益的行為正是主權本質的實踐。因此，當一國在面對國家存續、維護國家利益而做出讓渡或分享主權的行動時，這並非削弱國家的主權，反而是更加彰顯國家的主權。(賴錦傑，2009：84)儘管有人對這樣的解釋不認同，[7]甚至還以民族國家的概念來看待現代國家的主權，也就是固守著國界的藩籬；不過若從人類發展的角度來看，對主權概念會出現這樣限縮性的發展，其實並不足為奇。

四、21 世紀的兩岸關係展望

(一)60 年來的兩岸關係回顧

　　兩岸自 1949 年分裂對峙迄今已經超過 60 年，這段歷史的發展，基本上就是「國共內戰」與「國際框架」。[8]曾有多位學者提出不同的歷史階段分期，[9]學者邵宗海即將兩岸關係大致分為五個階段(邵宗海，2006：5-31)，本文借用其分期，並酌予調整且增修第六個階段：

7　同註 7。

8　國民黨政權與中共政權幕後真正的指導者分別是美國與蘇聯，而如此壁壘分明的民主與共產陣營之國際框架，深深影響了兩岸關係的早中期發展。

9　譬如楊開煌教授將兩岸關係武裝鬥爭下區分為敵對時期(1949-1965)、政治對峙時期（1966-1971）以及外交鬥爭時期（1972-1978）；而在從反共政策到大陸政策上，他將之分為調整時期、醞釀時期以及形成時期三個階段；至於在李前總統主政的前 10 年，他將之分為建立交流架構時期（1987-1991）、政治主導時期（1992-1996）以及政治干預交流時期（1997-2008）。楊開煌，2002，〈兩岸關係評述〉，收錄於行政院大陸委員會編，《中國大陸研究基本手冊(下冊)》。台北：行政院大陸委員會。

1. 軍事對峙時期(1949-1958)

自 1949 年的金門古寧頭戰役起,到 1958 年的 823 炮戰為止,稱得上是兩岸之間軍事對峙最為嚴重的階段,不過到 1979 年中共人代會發表「告台灣同胞書」,聲稱對金馬停止砲擊前為止,軍事對峙並未算完全結束。

2. 法統爭執時期(1950-1978)

與軍事對峙局面來做比較,兩岸關係變遷過程裡另外一個較具特色的時期,是兩岸在外交上的較勁與角力,也可說是「漢賊不兩立」時期;這個過程應自 1950 年 1 月中共正式經由蘇聯在聯合國提案要求取代當時擔任安全理事會常任理事國的中華民國席次起算,直到 1971 年中共順利進入聯合國並取得安全理事會常任理事國的席次,其後引發中華民國喪失一系列邦交國的承認,其中最為嚴重的則是 1978 年美國與中華民國斷交,改與中華人民共和國建交,造成中華民國與中華人民共和國在國際社會競爭中國主權地位的挫敗,這個時期與前述的軍事對峙時期是有部分重疊的。

3. 緩和交流且猜疑時期(1979-1998)

歷史的演進常常充滿弔詭的嘲諷,當 1978 年美國改與中共建交,中共開始實施改革開放,原來相互封鎖對峙的兩岸反而開始逐漸有了突破性的民間接觸。隨著來台老兵因為思鄉而不顧禁令的私下回大陸探親,1987 年中華民國政府正式宣佈在大陸有三等親的台灣居民可前往中國探親,未料更多的台灣民眾以探親之名行觀光之實,絡繹不絕的走進「竹幕」一探究竟,兩岸的文化交流迅速被打開,從最初的人員往返,進而經貿交流,甚至再進一步是學術、文化、宗教、科技等純屬「文化」的交流;其中的經

貿關係，與 1979 年鄧小平採行改革開放的經濟政策有著絕對密切的關係。

因交流所衍生的問題，有些固然可以各自單邊的法律來規範，但也有一些是雙方都覺得必須經過協商與談判的程序來訂定一個解決方案；因此 1993 年與 1998 年的兩次「辜汪會談」分別簽訂四項協定與作成四個結論。

自 1987 年到 1998 年這 12 年間，儘管兩岸互信非常脆弱，加上這當中又發生了千島湖事件(1994 年)、李登輝總統康乃爾行(1995 年)與總統大選導彈事件(1996 年)等導致兩岸關係再度惡化，不過總的來說，這段交流期間應是兩岸關係發展過程中，雙方都能克制自己、營造和平穩定的交流階段。

4. 意識對立升高期(1999-2008)

1999 年李登輝發表「特殊兩國論」的事件，的確使得原本不夠牢固的兩岸關係又再一次被撕裂。接著到了 2000 年 5 月，台灣因民進黨贏得大選，導致長期執政的國民黨下台，進而連帶也使得大陸政策「國統綱領」被傳言是否要修正或廢止，[10]進而使兩岸關係受到考驗。2002 年 8 月陳水扁提出了台灣與對岸中國是「一邊一國」的宣示，使得北京反應十分激烈，不但直接點名陳水扁，而且繼李登輝後，對台灣領導人再度定性為「台獨」。

平心而論，形成這種意識對立情勢的原因，並不在兩岸意識形態上的差異(此時期兩岸都接受市場經濟，各自都肯定民主價值，只是對於實踐民主的方式有別)，而在雙方對各自未來走向認知的不同。北京係以國家統一與一國兩制為目標，但台北則希望多一份除了統一之外的選擇。再加上兩岸僵局形成後，美國一直在鼓吹兩岸應多予對話，台北在面臨兩岸政治性談判可能的局面時，為求避免因談判而被矮化或被地方化，因而提出國與

---

10 〈國家統一綱領〉係李登輝執政時成立國家統一委員會，於民國八十年二月二十三日第三次會議通過，繼而行政院於三月十四日通過頒行。陳水扁任內曾多次傳言將修正或廢除此一機構與綱領，而於民國九十五年三月一日經行政院院會通過廢止。

國之間定位的建議。但這就恰好觸及北京最敏感的一條神經，兩岸關係遂爆裂新的嚴重對立。[11]

5. 磨合過程時期(2000-2008)

2000 年之後兩岸都有意願在對峙中尋求和解，但又不願只為取得和解而捨棄原有的立場與原則，因此早期彼此只採比較短線的彈性策略去因應雙方需求(如事務性談判)；然後等到兩岸稍微有點平靜的局面下，又相互開始提出可商談或接觸的議題與條件，設法為對方鋪設可落台階的階梯。經過彼此在接觸上的摩擦，觀念上的磨合，最後則是雙方應該想到各退一步，以求得整合的一種結果。[12]

6. 正常交流時期(2008-)

2008 年 5 月台灣的政權第二度政黨輪替，因為國民黨已掌控立法院四分之三的絕對多數與行政權，有學者判斷未來 4 年台灣應不會推動北京所謂的「法理台獨」或者所憂慮的「去中國化」，因此兩岸關係可說已告別長期緊張對峙的格局。(張五岳，2009：186-187)

其實，兩岸在國共論壇的基礎上，早已開闢諸多接觸的管道，當國民黨再度執政時，雙方的交流熱度與協商層次當然一再升高。除了陸委會王郁琦主委及大陸國台辦張志軍主任這兩位兩岸事務首長互訪之劃時代大事

---

11 自兩岸開始交流以來，雙方政府的關係時緊時鬆，但並未向古人所謂「相逢一笑泯恩仇」般的灑脫與浪漫，反而像走鋼索般的，稍一不慎，脆弱的互信隨時可能造成彼此反目成仇。

12 由於邵宗海教授此本《兩岸關係》出版的時間是在 2006 年 4 月，而在 2008 年 5 月陳水扁下台前，兩岸其實都沒走到其所提到的最後過程，因此這段磨合過程時期，基本上是都在他所謂的早期與中期階段。

在今年正式登場外[13]，在實際開放交流層面，從 2008 年 6 月中旬在北京舉行的第一次江陳會談起，到今(2014)年 2 月底在台北舉行的兩岸兩會第十次高層會談止，兩岸透過兩會在這近六年的時間已進行 18 次的協商與共簽署了 20 項協議，其中包括「大陸居民赴台旅遊」、「海空運」、「食品安全」、「打擊犯罪及司法互助」、「金融合作」、「農產品檢疫檢驗」、「經濟合作架構」、「智財權保護」、「醫藥衛生合作」、「核電安全合作」、「投資保障」、「服務貿易」以及「氣象與地震合作」…等領域都已納入雙方正式的協議中[14]；可以想見，透過這樣的交流模式，兩岸從點到線到面的更多接觸將是不可避免的趨勢。

(二)新時代的展望

學者張五岳認為在 2008 年 5 月以後的兩岸政經互動上，台北對於北京方面的期待多半基於「經濟層面」因素與需求的考量，然而北京對於台北方面的期待則多半基於「政治層面」因素的需求與考量。雖然短時間內，雙方的政經互動考量與各自需求上暫時能得到共識，如北京從國共政黨交流與對話的機制強化中，滿足了其對政治基礎氛圍的考量與期待；同樣的台北也從北京對政黨交流對話所釋放出的善意，促成兩岸政治氣氛和緩，恢復兩會協商，簽署週末包機與大陸觀光客到台灣的協議，兌現馬蕭第一張競選支票。未來兩岸關係一方面透過政黨交流的政治性對話(目前台灣方面的政黨僅能與對岸接觸或對話，不可能接受政府授權進行政黨協商談判)[15]，另一方面在海基、海協兩會因為目前良好政治氛圍所進行具體協商

---

13 參考自〈http://www.mac.gov.tw〉。

14 參考自〈http://www.sef.org.tw〉。

15 筆者以為，張教授在撰寫這篇文章時，馬英九總統尚未回任國民黨主席一職，因此他這樣的看法是可以理解的；但現在馬英九先生既是中華民國的總統，也是中國國民黨的主席，是否可能轉而透過雙邊執政黨的體系進行實質性的接觸，甚至是簽署

中取得協議，這種將政治性對話與具體性協商相輔相成，固屬兩岸政經社互動關係最佳進展狀態，但兩岸關係未來能否持續進行而不致產生扞格仍待觀察。(張五岳，2009：197-198)

　　相較於張教授的略顯悲觀，筆者看待未來的發展倒是較為樂觀。[16]兩岸關係固然複雜，但畢竟是承襲同一文化、繼承同一歷史，特別是在經過 60 年的分治與個別發展後，都擁有各自的優勢與劣勢，若能採取「優勢互補、換位思考」的新思維來看待彼此的需求，那不僅和平將伴隨而來，所創造出來「共利、共榮」的機會更是無限，站在同是炎黃子孫的角度，應是沒有任何推遲的理由才是。

五、結論：以人類發展概念處理兩岸關係

(一)人類發展的趨向—分享與承擔

　　誠如本文指出「以人為本」與「團結合作」是人類發展議題的兩大精神，未來人類發展的趨向將朝向「分享」與「承擔」的方向來實踐。聯合國發展計畫署歷年所探討的人類發展年度報告早已指出：消滅貧窮與戰爭，提供政府健全的財政資源；重視科技與經濟成長對於人類發展的影響；重視性別平權、個人的政治參與；重視社會安全；維護世界多樣性的文化自由；重視環境資源的不均衡、氣候變遷、水資源的匱乏與環境永續利用；

協議，這也是不無可能而需要持續觀察的。

16 凡是對於兩岸交流有過實際且深入瞭解的人，都會樂見兩岸和諧與和平的發展，但也都會持審慎的態度而非一廂情願的浪漫夢想。畢竟兩岸有過相同的文化、共同卻又割裂的歷史，多年的隔閡並非一代人所能化解，不少有識者提出要求雙方能夠「換位思考、優勢互補」，但是迄今雙方學者的交流過程中，仍見諸多關乎主權、主體性等傳統思維的堅持，彼此對於己方如果先行讓步或讓步過多，都會擔心對方虛與委蛇得隴望蜀，因此我們有必要借鑑人類發展的新視角來重新檢討兩岸關係的發展。

消除國際間對於遷徙流動的政策歧視等課題的重要性與急迫性，這些在在需要各國政府與人民攜手合作，超越傳統主權的壁壘，才能有效改善上述問題與壓力。**我們借鑑人類發展概念應用於兩岸關係的具體的作法是，兩岸應該追求「同一主權共享，建設責任共擔，發展利益共惠」的境界，在兩岸尚未充分整合之前，相互尊重差異，彼此換位思考，不強求將自己的意志加諸於對方；在兩岸交流過程中，彼此虛心借鑑，擴大優勢互補。**

何謂「分享」？簡單來說就是願意將自己具優勢的地方，大方地與其他需要幫助的人分享，讓他能因我們的與之分享也能很快解決問題、滿足需求。而「承擔」又是什麼呢？願意與人分享有時還不夠，「承擔」對具有能力的人，是可以進一步去做的事；換句話說，當把自己所擁有的資源與他人分享後，發現自己其實還有能力可以進一步承擔更重大的責任時，此時的「承擔」精神就顯得非常可貴。因此從人類發展的角度來看，「分享」與「承擔」無疑是持續發展必行的趨向。

將這個趨向帶回到兩岸關係上，我們便發現它們是多麼地重要。如前面所提，兩岸在經過不同的發展後，已各自擁有優勢，在這部份，兩岸可以互補的機會很多。譬如面對全球性的氣候異常，鄰近台灣的大陸除了可以「分享」其航太科技所帶來的先進氣象偵測技術外，更可因擁有廣大土地，可多將造林的工作「承擔」下來，以達到減碳進而減緩地球暖化的狀況；兩岸關係的不可分割性，我們可從氣象預報常會將大陸與台灣的氣象擺在一起分析，就可瞭解其中關連的密切性，而它將深深影響海峽兩岸同胞的身家性命安全。

接著角色互易來看，台灣的農業研發、水產養殖技術一向傲視全球，因此不論是糧食農業、精緻農業或是高經濟水產養殖業都有著相當斐然的成就。在這方面，台灣可以提供大陸的「分享」則是將更好的農產品與大陸朋友分享，甚至讓大陸成為更好的農業生產基地，兩岸一起為全世界的

糧食問題做出貢獻,使人類可免於出現糧食危機,這絕對是台灣能力所能及的;至於「承擔」,無疑地當然是台灣把協助大陸農民改良技術的工作承擔下來,透過這樣的兩步驟,不就又是人類發展的一個成功案例嗎?[17]

兩岸間可以互補的東西很多,藉由「分享」與「承擔」的趨向,將可讓兩岸百姓藉著「以人為本」的價值觀,不斷提升生活的品質與品味,愈來愈能過像樣的生活,如能一步步做到,絕對是所有人的福氣。

(二)跳脫各自對傳統主權的堅持

兩岸間一直無法卸下心防地充分合作,其關鍵除了國際因素的左右外,就是各自囿於對傳統主權的堅持。李英明教授認為,從 1949 年到 1979 年為止,中共一直是以改朝換代的角度在處理兩岸關係,堅持中國主權已完全由中共繼承,在台灣的中華民國,只不過是還不願意或尚未被中共收服的名不正言不順的政治力量。儘管後來此一態度已有調整,但「地方性特別行政區」或「一國兩制」已是中共處理台灣問題的基本框架。(李英明,2001:107-108)所以在主權問題上,中共仍是以「中國就是中華人民共和國」、「主權及於全中國」、「台灣並不是主權國家」的一貫立場下,可同意台灣高度的自治,但並不是完全的自主。(張亞中,1998:74-77)

張亞中教授以為,台灣方面對於主權因受到國際環境與國內政治的影響而在不同階段有著不同的看法[18]。大致可分為以下四期:

---

17 如果臺灣社會因為自信不足,以鎖國與防賊的思維來圍堵中國,臺灣優勢的農業除了守法者被困在島內,脫法者卻會絡繹於途,中國大陸終究會發展出取代臺灣優勢的農業生產,而臺灣卻是一再喪失了領導大陸農業發展,在其壯大的基礎之上抬高自己的技術領先。

18 學者李英明也說,台灣有關主權差距問題的解決,在另一角度來看,代表國家體質的轉變。(李英明,2001:109)

1.1991 年「動員戡亂時期臨時條款」尚未取消前的「內戰理論」期；

2.1991 年國會全面改選法源制定完成前的「完全同一理論」期；[19]

3.若干憲法與法律條文[20]所顯現出來的「國家核心理論」期；

4.1992 年底第二次立委選舉結束後的傾向「分割主權」期。(張亞中，
 1998：77-89)

　　不管台灣是處於哪一時期的主權看法，基本上和中共堅持主權的態度並沒有兩樣，這也就導致雙方交流多年來一直無法進一步突破的主因。其實主權理論自創建以來，本身即充滿矛盾，近代民族國家崛起後(最初是以王權與民族合一的面貌出現，以民權和國家做結合，則是法國大革命後逐漸產生的轉變)，從本來只強調對內，到後來的「對內最高、對外唯一」的高峰，以致於到 20 世紀中葉以來為因應全球化浪潮而做的部份讓渡，都給了兩岸在處理主權爭議時很好的借鏡。筆者認為，儘管本文第三部份中曾提到，從大陸學界的著作可看出中共對於主權弱化的強烈反彈，不過從實務上大陸不只參與各種全球性與區域性的組織(如 WTO 與 ASEAN...等)，也都與其他國家持續進行雙方的協議(定)，所以並非如鐵板一塊般不願讓渡部分主權，那麼對於同屬炎黃子孫的台灣同胞，又何必如此斤斤計較呢？

　　當然，這當中就會有人提出那是因為中共自始至終都不承認台灣是一個國家，當然也不承認中華民國政府是一個有效存在的政府，所以根本沒

---

19 張亞中認為，「內戰理論」與「完全同一理論」都是冷戰下的產物，從未被國際社會接受。(張亞中，1998：78)

20 張亞中提到，最能代表「國家核心」理論的看法是 1992 年 8 月 1 日國統會通過〈關於一個中國的涵義〉稱：「...我方則認為『一個中國』應指 1912 年成立迄今之中華民國，其主權及於整個中國，但目前之治權，則僅及於台澎金馬」。依據此項解釋與兩岸關係條例的陳述，可推知中華民國所稱的「一國兩區」，「一國」是指中國，也就是中華民國；「兩區」指的是代表「核心」或經「縮小」後的「台灣地區」，以及「非核心」，亦即不具完整主權地位的「大陸地區」。(張亞中，1998：82)

有主權的問題。筆者覺得，不只中共，也包括台灣，若一再拘泥於主權的框架，是中了西方外交鬥爭的圈套。**如果對於所謂的外人都能讓渡部分主權，那對於應屬「一家人」的兩岸對方，何以要如此堅持呢？**

在中國傳統思維中，有一個概念是「內外有別」。兩岸若同屬一個中國，那麼主權應該只有一個，雙方有權共同分享，而非一方所能獨享。若是一方獨佔了主權的詮釋，強迫他方接受己意，那就是誤用了主權來對內操戈，因為同屬一中的情況下，雙方應當向外抗爭中國的主權不受外來的打壓或割裂；如果中國的任一部份(土地與人民)無法獲得平等分享主權的實益與保障，或選擇分離另尋自主權，或接受他國的外力依托，這時誤用主權概念的任一方皆有責任，皆不能除外於分裂中國的歷史責任。在此概念與邏輯推論下，若是中國出現分裂的(或是分立的)多個政府，那麼基於同屬一中的信念，這些政府相互間的關係應當屬於對內關係，這些政府與中國之外的政府來往則屬於對外關係。一百年前清室遜位，中國各地一再出現受外國勢力支持的「政府」，外國政府利用對此政府的承認與否來操弄中國的內政，而個別政府的主政者，不以向管轄區域內的人民負責的方式取得支配權的合法性，卻訴諸交互的征戰，此亦主權誤用的實例。(彭立忠，2009：13)

因此，筆者建議，兩岸當局與學界應該思考不妨將主權以「內外有別」的方式處理，以虛擬「同屬一個中國主權」的概念對內共享相互發展合作關係，那就沒有宗主從屬上的爭議，至於對外，應當共同爭取中國的平等地位，在兩岸尚未統合於一之前，可各自循主權國家的一般模式處理涉外關係，相互尊重對方的國際活動參與權益，但是兩岸之間不需相互敵對，互相詆毀；以這樣的區分法來面對主權問題，相關爭議自然可逐一化解。

兩岸關係儘管複雜，不過終究是同一民族、同一文化、自家人的事，

只要有心、多加溝通，縱有再多的矛盾或爭議(例如主權)，其實沒什麼解決不了的事；而透過人類發展議題的合作，將可明確使雙方百姓互蒙其利，更是持續交流的必經道路。只有這樣互利、穩健的交往，兩岸關係的未來發展才會步上光明大道。

中山先生有關聯邦觀點論兩岸當前發展可行方案

齊光裕[*]

一、前言

　　兩岸關係一直以來是學術界重要課題。論者有從歷史角度分析、有從主權概念分析、有從文化角度分析……不一而足。本文嘗試從中山先生有關中國五千年帝制結束後，這個東亞大國未來發展藍圖的見解，論述當前兩岸的重要發展方向。故而本文將從中山先生的若干聯邦觀點，探討中山先生對於中國發展的構想。從研究中吾人可以看出中山先生在民國成立前、後，對於「聯邦制」採取高度支持，其後野心軍閥之「省憲運動」，讓中山先生對「聯省自治」大力抨擊，此後雖沒有再直言「聯邦制」，但民國十年到十三年的中山先生諸多論述，仍不斷重複強調「制定省憲」、「自選省長」，而「省憲」正是「聯邦制」最大特徵。兩岸分裂分治即將邁入七十四年，兩岸何去何從更值吾人深思。

　　一九八〇年以後，兩岸政權都經歷了內部諸多的發展過程，兩岸都從軍事(武力)統一中國，走向和平統一中國的手段，本文也將針對此部分析論兩岸高層的和平統一方法與主張。同時認為兩岸既然都主張採取和平統一的途徑，持續分析大陸數十年來發展的優勢與若干困境，這將有助於大膽論述兩岸「合則兩利」的和平進程之有利契機。本文進一步就2000年以來中國國民黨、中國共產黨兩黨互動，尤以馬英九的八年主政下，兩岸前所

---

[*] 作者為健行科技大學通識教育中心教授。

未有的互動寶貴經驗和成果，證明兩岸炎黃子孫由交流互惠、互助合作，進而協商統一的可能性與作為。

國內對於兩岸統合觀點下的「大屋頂中國」是一個很好的聯邦制概念，本文將就嚴家其「聯邦中國構想」的具體主張加以評介，描繪未來兩岸若然採行聯邦制之方法、途徑、願景。文章中以中山先生在生前對聯邦的談話、宣言、建國大綱等構思出發，而以「大屋頂中國」可能性下的「聯邦中國」作為結尾。本文無具體結論，旨在提供一個可以讓中國可大可久，發揚光大的方向，兩岸之結合在中山先生「人類求生存、互助同進步」下，達到實現「我武惟揚」、「仁澤廣被」、「近悅遠來」、「四海昇平」的嶄新中國。

二、中山先生聯邦觀點

中山先生革命初期對聯邦主義頗為心儀。光緒二十三年(1897 年)八月，中山先生在日本橫濱初會宮崎寅藏、平山周，談及革命時表示：[1]

> 夫支那古來革命之歷史，實未有完全之方案。一方動搖，則百方之群雄，起而割據，互相雄長，常互數十年而不統一。夫統一，則豈必一王之為尊也？
> 今我輩革命，尤困難矣。主客相爭，常有第三位者之干涉。欲避干涉，唯有行疾雷不及掩耳之革命。而與行革命同時，又在使英雄各充其野心。萬弩齊發，萬馬齊足，一朝布置，作聯邦於共和名下，公推有凤望者，雄長一步。
> 而中央政府，遙領而熟馭之，亦不至甚見紛擾。所謂行共和之革命，

1〈與宮崎寅藏之談話〉，秦孝儀主編，國父全集編輯委員會，《國父全集》，第二冊，(台北：近代中國出版社，民國七十八年十一月二十四日)，頁400。

而有便益者此也。

中山先生在與宮崎寅藏、平山周論及建立中國政治道路上,即表達富涵搭配聯邦制度之共和體制:[2]

觀中國古來之歷史,凡經一次之擾亂,地方豪傑,互爭雄長,互數十年,不幸無辜之民,因之受禍者,不知幾許!其所以然者,接由於舉事者無共和之思想,而為之盟主者,亦絕無共和憲法之發布也。故各逞一己之兵力,非至併吞獨霸不止……今欲求避禍之道,唯有行此迅雷不及掩耳之革命之一法,而與革命同行者,又必在使英雄各竟其野心,竟其野心之法,唯在聯邦共和之名下,夙著聲望者,使為一部之長,已盡其才,然後見中央政府以馭之,而作聯邦之樞紐。

中山先生於民國前一年(1911 年)11 月下旬,在返國出任臨時大總統前一個多月,途經法國巴黎,其與「巴黎日報」記者談話時,提出了中國實施聯邦制的看法:[3]

中國於地理上分為二十二行省,加以三大屬地蒙古、西藏、新疆是也,其面積實較全歐為大。各省氣候不同,故人民之習慣性質亦各隨氣候而為差異。似此情勢,於政治上萬不宜於中央集權,倘用北美聯邦制度最為相宜。

每省對於內政各有其完全自由,各負其整理統御之責;但於各省上建設一中政府,專管軍事、外交、財政,則氣息自聯貫矣。

---

2 〈中國必革命而後能達共和主義〉,秦孝儀主編,前揭書,第二冊,頁 398-399。
3 〈革命之後當建立共和聯邦政體〉,秦孝儀主編,前揭書,第二冊,頁 422-423。

中山先生於民國十年(1921年)5月5日在廣州就任大總統宣言稱：[4]

今欲解決中央與地方永久之糾紛，唯有使各省人民完成自治，自定省憲法，自選省長，中央分權於各省，各省分權於各縣，庶幾既分離之民國，復以自治主義相結合，以歸於統一，不必窮兵黷武，徒苦人民。

中山先生之言，表示「使各省人民完成自治」，且可「自定省憲」、「自選省長」。然而國內隨著民國九年(1920年)夏，湖南軍閥譚延闓以「湘軍總司令」名義宣布「湖南自治」，11月繼任的湘軍總司令趙恆惕和省長林支宇正式宣告「自治」，實施「湘人治湘」。民國十年(1921年)11月，經過湖南省公民投票，通過了「省憲法」。其後，浙江、四川、廣東等也組織省憲起草委員會，二十年代初期的中國流傳著一股強大的「省憲自治運動」風潮。

固然李劍農、胡適都曾為文肯定聯省自治，[5]民國十三年(1924年)，中山先生在《中國國民黨第一次全國代表大會宣言》中，嚴正駁斥「聯省自治」只是一群假託自治之名的軍人把持國政，毫無民主素養之亂政而已：『推其結果，不過分裂中國，使小軍閥各佔一省，自謀利益，以與挾持中央政府之大軍閥相安於無事而已，何自治之足云？』[6]

正因民初所謂之「聯省自治」是一群野心家，假借其名而行割據之實的亂政禍國舉措，中山先生在《中國國民黨第一次全國代表大會宣言》中，對此現象是深惡痛絕地力斥其非。接著，該宣言中之政綱對內政策則有提到：『各省人民得自訂省憲，自舉省長；但省憲不得與國憲相牴觸。省長一

---

4 〈就大總統職對外宣言〉，秦孝儀主編，前揭書，頁89。

5 胡適主張『中國太大了，不適於單一制的政治組織……根據於省自治的聯邦制，是今日打倒軍閥的一個重要武器…明定中央與各省的權限，使將來的各省，確為一個統一國家的自治省，而不敢侵犯中央的權限。」參見胡適，〈聯省自治與軍閥割據〉，《努力周報》，第十九期。

6 「中國國民黨第一次全國代表大會宣言」，秦孝儀主編，前揭書，第二冊，頁133。

方面為本身自治之監督，一方面受中央之指揮，以處理國家行政事務。』[7]

民國十三年(1924 年)四月十二日，中山先生所寫《國民政府建國大綱》，全文 25 條，有關地方制度者，有 11 條，其中第 16 條規定：『凡一省全數之縣，皆達完成自治者，則為憲政開始時期。國民代表會，得選舉省長，為本省自治之監督；至於該省內之國家行政，則省長受中央之指揮。』第 23 條規定：『全國有過半數省分，達至憲政開始時期，即全省之地方自治完全成立時期，則開國民大會決定決定憲法而頒布之。』[8]依照建國大綱前後條文之義：第 16 條之「則為憲政開始時期」顯然是指「省憲政開始」，而第 23 條則是指各省之上的國家最高層級之憲法，殆無疑義。

民國十三年(1924 年)十一月十日，中山先生應段祺瑞之邀北上，發表「北上宣言」，此為中山先生對國家體制最後論述，其中對內政策：『在劃定中央與省的權限，使國家統一與省自治，各遂其發達而不相妨礙。同時確定縣為自治單位，已深植民權之基礎。』[9]

綜觀中山先生所以富有「聯邦」之思想，一則受到美國革命經驗的影響，因為北美殖民地，在推翻英國後是先成立邦聯，然後過渡到聯邦，所以中國在革命後，似乎也可仿效聯邦制；另則亦是國父為避免國內軍閥互相鬥爭，徒苦百姓而有此思想。[10]當然，國內在民初之時，聯邦風氣已然大盛，中山先生當也感受到此風行之思想。國內學者吳傳國在其《國父「省地位」主張之研究》一書中，就指出民初革命派中楊守仁、馮自由、陳天華，均對聯邦政治加以倡導而蔚為風尚。[11]

中山先生於民國十四年(1925 年)三月十二日病逝北京協和醫院。終其

---

7 同上，頁 138。
8 〈建國大綱〉，秦孝儀主編，前揭書，第一冊，頁 624。
9 〈北上宣言〉，秦孝儀主編，前揭書，第二冊，頁 173。
10 崔書琴，《三民主義新論》，修訂第十版（臺北：商務印書館，民國六十一年），頁 210。
11 吳傳國，《國父「省」地位主張之研究》（臺北：正中書局，民國七十八年）頁 76-79。

一生，奔走革命，其有限生命創建了中華民國，提出了三民主義、五權憲法、建國方略、建國大綱等政治宏規。然中山思想有諸多內容並無非常完整之論述，吾人只能就其著作、演講、宣言、對話中，描繪其概要。中山先生之「聯邦」概念正是如此，在其有限生命中並沒有完整、一貫的說明、架構。在民國成立前、後，中山先生經常倡言「聯邦制」，民國十年起野心軍閥之「省憲運動」，讓中山先生對「聯省自治」大力抨擊，此後雖沒有直言「聯邦制」，但民國十年到十三年的中山先生諸多論述，仍不斷重複強調「制定省憲」、「自選省長」，而「省憲」正是「聯邦制」最大特徵(單一國無省憲者)。職是之故，中山先生對聯邦的認知實不容否定的。

三、八０年代後兩岸高層對和平統一發展路線主張

一九四九年以來，兩岸分裂、分治已超過七十年，兩岸已形成互不隸屬的政治實體(Political Entity)。早期兩岸處於軍事對峙，雙方後來都經歷了內部政治的激烈變化，一九八０年代中葉後，兩岸都放棄了以軍事為主的方針，開始提出和平方式尋求統一，亦即兩岸治權雖不隸屬，但主權的標的則一，直至蔡英文主政，強調兩岸治權而隱晦兩岸主權之概念。兩岸發展之論點，彼此間是有其差異性。

(一)江八點：

1995 年 1 月 30 日，時任中共總書記、中華人民共和國國家主席、中共中央軍委會主席之江澤民，發表以《為促進祖國統一大業的完成而繼續奮鬥》為題之講話。講話中提到了關於發展兩岸關係、推進中國和平統一進程的 8 項主張，一般稱之為「江八點」。「江八點」之內容為：[12]

---

12 參閱〈http：//www.china.com.cn/chinese/archive/208156.htm〉。

1.堅持「一個中國」原則。

2.對於台灣同外國發展民間性經濟文化關係，我們不持異議。但是，反對台灣以搞「兩個中國」、「一中一台」為目的的所謂「擴大國際生存空間」的活動。

3.進行海峽兩岸和平統一談判。在一個中國的前提下，什麼問題都可以談，包括台灣當局關心的各種問題。

4.努力實現和平統一，中國人不打中國人。

5.要大力發展兩岸經濟交流與合作，以利於兩岸經濟共同繁榮，造福整個中華民族。應當採取實際步驟加速實現直接「三通」，促進兩岸事務性商談。

6.中華文化始終是維繫全體中國人的精神紐帶，也是實現和平統一的一個重要基礎。兩岸同胞要共同繼承和發揚中華文化的優秀傳統。

7.台灣同胞不論是台灣省籍，還是其他省籍，都是中國人，都是骨肉同胞、手足兄弟。我們歡迎台灣各黨派、各界人士，同我們交換有關兩岸關係與和平統一的意見，也歡迎他們前來參觀、訪問。

8.我們歡迎台灣當局的領導人以適當身份前來訪問；我們也願意接受台灣方面的邀請前往台灣。中國人的事我們自己來辦，不需要藉助任何國際場合。

(二)李六條：

　　針對江澤民之「江八點」，李登輝總統於 1995 年 4 月 8 日回應中華民國之態度和立場，共有 6 個項目，故而一般稱之為「李六條」。其內容如下：[13]

---

13 參閱〈http：//www.mac.gov.tw/big5/rpir/1-5.htm〉。

1.在兩岸分治的現實上追求中國統一。

2.以中華文化為基礎,加強兩岸交流。

3.增進兩岸經貿往來,發展互利互補關係。

4.兩岸平等參與國際組織,雙方領導人藉此自然見面。

5.兩岸均應堅持以和平方式解決一切爭端。

6.兩岸共同維護港澳繁榮,促進港澳民主。

(三)胡六點:

2008 年 12 月 31 日,中共總書記、國家主席、中央軍委主席胡錦濤藉北京紀念「告台灣同胞書」發表 30 周年的機會,發表了《攜手推動兩岸關係和平發展,同心實現中華民族偉大復興》公開講話,提出了六點對台政策方針,被視為兩岸關係進入和平發展時期後,中共對台政策的新綱領。一般習稱之為「胡六點」。內容如下:[14]

1.恪守一個中國,增進政治互信。

2.推進經濟合作,促進共同發展。

3.弘揚中華文化,加強精神紐帶。

4.加強人員往來,擴大各界交流。

5.維護國家主權,協商對外事務。

6.結束敵對狀態,達成和平協議。

(四)馬英九論述:

面對中共胡錦濤之兩岸可談「建立軍事互信機制」、「協商達成和平協

---

14 參閱〈http://www.taiwanthinktank.org/ttt/attachment/article_1183_attach3.pdf〉

議」。其實馬英九總統早在 2012 年競選連任時，就將「兩岸和平協議」納入「黃金十年」的目標，但台灣內部爭議太大，終於讓馬英九急煞車喊停。而馬政府經濟發展不佳，如何穩定內政、拼經濟成為最優先目標，當民意支持低落之際，兩岸議題更是爭議之引爆點，徒滋事端。馬政府仍以「先經後政」的看法，將這兩項議題列為「非急迫性議題」。馬英九政府主張如下：[15]

1. 在中華民國憲法的架構下，維持「不統、不獨、不武」的台海現狀。
2. 在「九二共識，一中各表」的基礎上，推動兩岸和平發展。
3. 兩岸交流仍將循序漸進，維持「先急後緩、先易後難、先經後政」之原則。
4. 未來兩岸工作之三項重點：一是擴大並深化兩岸交流。二是海基會、海協會互設辦事機構。三是通盤檢討修正「兩岸人民關係條例」。

(五) 蔡英文主張

蔡英文 2016 年 5 月 20 日就職演說，首次提及「兩岸人民關係條例」。蔡英文表示，新政府會「依據中華民國憲法、兩岸人民關係條例及其他相關法律」，處理兩岸事務。蔡英文表示：「一九九二年以後，二十多年來，雙方交流、協商所累積形成的現狀與成果，兩岸都應該共同珍惜與維護，在這個既有的事實與政治基礎上，持續推動兩岸關係和平穩定發展。」而蔡英文所講的既有政治基礎，包括以下四個關鍵元素：[16]

1. 一九九二年兩岸兩會會談的歷史事實與求同存異的共同認知，這是歷

---

15 參閱〈http：//news.epochtimes.com/b5/8/1/15n1977695.htm〉。
16 《中華民國第 14 任總統蔡英文女士就職演說》，中華民國總統府新聞稿，參閱〈http：//www.president. gov.tw.〉。

史事實。

2.中華民國現行憲政體制。

3.兩岸過去二十年來協商和交流互動的成果。

4.台灣民主原則及普遍民意。

然而蔡英文政府主政兩任下，民進黨推動「去中國化」的歷史教育，結合綠色媒體、網路 1450 網軍的推波助瀾下，大力的抽離國家、人民與土地的歷史教育與歷史觀，對中國歷史大量的忽視與曲解，讓年輕一代台灣學子陷入自我認知的混亂，導致「反中」、「仇中」的可悲現象。台灣還真出現用著中國姓氏、說著中國方言(閩南話)、信仰中國廟宇(媽祖、關公、五府千歲、濟公……)，卻背祖忘宗，唾棄自己祖先所從出的一大群異類。

(六)習近平主張

中國大陸方面對於蔡英文 2016 年 5 月 20 日就職演說避開「九二共識」，當天下午國台辦將蔡英文演說定調為「一份未完成的答卷」，隔日大陸國台辦、海協會進一步以中斷兩個機制，要求蔡英文「寫完答卷」。之後迄今，兩個機制在對岸「已讀不回」，實已形同中斷。2016 年 11 月 1 日，中共總書記習近平在北京人民大會堂福建廳，與中國國民黨主席洪秀柱「洪習會」，就兩岸關係發展提出 6 點意見：[17]

1.堅持體現一個中國原則的「九二共識」。

2.堅決反對「台獨」分裂勢力及其活動。

3.推進兩岸經濟社會融合發展。

4.共同弘揚中華文化。

---

17 參閱〈http：//www.cna.com.tw〉。

5.增進兩岸同胞福祉。

6.共同致力於實現中華民族偉大復興。

習近平在 2021 年的七一講話中，前半部強調「和平統一」，後半部則強烈的警告台獨與美國干預台海的意圖。這裡面顯示了北京一方面強調統一是民族復興的必然，和平統一是最優選項，也是最有利於民族復興的選項；再則，由於台獨與美國已經對和平統一造成了前所未有的威脅，北京必須有充分準備隨時應變之機制。

四、中國大陸整體發展檢視

民國八年的「五四運動」之後，參與「新文化運動」的中國知識份子漸漸分為壁壘分明的兩派。一派是認為中國應當效法英、美，走議會路線；一派是認為應當師法蘇聯，採用共產主義、社會主義的方法，畢其功於一役，徹底改造中國的社會結構、生產方式。在此同時，「民主」(democracy)與「科學」(science)仍然是所有知識分子的「共同信仰」。陳獨秀、李大釗等人於 1921 年成立「中國共產黨」，共產黨人亦充分理解並相信：「馬克思主義」是「科學真理」，共產國家的政治體制是「人民民主專政」。

1949 年蔣介石敗退台灣之前，長時間的國、共兩黨內戰，一方面是政治權利之爭；另一方面也是「中國現代化」路線之爭。國、共兩黨對於「中國現代化」的路線或有不同的看法與主張，但大陸這塊土地上的知識份子對於「民主」、「科學」的高度認同，從沒有動搖過。也從未否棄對「民主」、「科學」的強調。

1949 中華人民共和國的建政至今，可以歸納以下數點：

(一)「經濟」走向大國崛起：

鄧小平「改革開放」，走「有中國特色的社會主義」，中國大陸實質上已經是允許私有財產、自由市場、自由競爭；到江澤民主政的「三個代表」入黨章[18]，成功的企業家可以加入共產黨。中國大陸如浴火鳳凰般的快速發展，經濟成長驚人，「一帶一路」[19]、「亞投行」[20]等布局，已從「三十年浩劫」後重新站起來，而有「中國崛起」之態勢。

(二)「科學」的邁進，是中華五千年所未有，與西方先進國家並駕齊驅之態勢已奠立：

中國大陸的「賽先生」發展已經邁進到世界科技的領先群中。一個指標性的「航太工業」可以看出：從「神州五號」太空船〈2003 年發射，首次載 1 位太空人升空〉、「神舟六號」太空船〈2005 年發射，載 2 位太空人升空〉、「嫦娥一號」首枚探月人造衛星〈2007 年發射〉、「神州七號」太空船〈2008 年發射，載 3 位太空人升空〉、「神州八號」太空船〈2011 年發射，

---

18 「三個代表」，簡言之，中國共產黨永遠代表「廣大的人民」、「悠久的文化」、「先進的生產力」。

19 「一帶一路」是「絲綢之路經濟帶和 21 世紀海上絲綢之路」的簡稱，由中共國家主席習近平於 2013 年提出的經濟合作概念。目前已有六十個國家和國際組織響應一帶一路，大部分均有加入「亞投行」。藉由一帶一路，主動發展與沿線國家、地區的經濟合作夥伴關係。打造政治互信、經濟合作、文化尊重的共同體。參閱〈http://www.submarinenetworks.com/cn/the-belt-and-road-plan〉。

20 「亞投行」是「亞洲基礎設施投資銀行」(Asian Infrastructure Investment Bank, AIIB) 簡稱。亞投行在 2015 年確定意向創始成員國有 57 國，其目的在於提供亞太地區開發基礎建設的資金，促進亞洲地區國家的經濟互助，西方國家或將之視為中共與由美、日主導的世界銀行、亞洲開發銀行相對抗。參閱〈http://finance.technews.tw/2015/03/31/aiib-4-picture/〉。

與之前發射的「天宮一號」兩度對接，之後成功返回地球，於內蒙古平穩著陸〉、「神州九號」太空船〈2012 年發射，與「天宮一號」首次載人成功交會對接〉、「神州十號」太空船〈2013 年發射，共載 3 位太空人，與「天宮一號」成功交會對接，並入駐「天宮一號」〉、「神州十一號」太空船〈2016年發射，共載 2 位太空人，與之前發射的太空實驗室「天宮二號」成功交會對接，並入駐「天宮二號」〉、「天舟一號」(2017 年發射之貨運太空船，與「天宮二號」成功對接，進行推進劑補加，也就是「太空加油」技術)。2018 年中國成功完成第 35 次軌道發射，首次位居世界第一。2019 年「嫦娥四號」探測器在月球表面「馮‧卡門撞擊坑」成功軟著陸。2020 年中國用「長征五號運載火箭」成功發射「天問一號」，展開火星探測的新里程，2021 年 2 月「天問一號」順利實施近火剎車，成功進入環火軌道，成為中國第一顆人造衛星，5 月「天問一號」著陸器攜帶「祝融號」火星車成功著陸火星「烏托邦平原」，成為世界上第二個完全成功路著陸火星的國家。6月「神舟十二號」載人飛船與「天和核心艙」完成自主快速交會對接，太空人聶海勝、劉伯明、楊洪波先後進入「天和核心艙」，中國人首次進入自己的太空站。中國大陸航太科技確實達到「超英、趕美」，這些「科學」上重大成就對華人世界振奮無比。

(三)對「民主」有一特定的認知：

中共也強調「民主」。中國對所謂的「美式民主」提出重大質疑，其對「民主」的界定是：「中國共產黨」領導的「民主集中制」。「民主集中制」即是：「政治協商」與「政黨合作」。[21]

---

21 中共〈政黨合作〉之概念：八個「參政黨」為：民革〈中國國民黨革命委員會〉、民盟〈中國民主同盟〉、民促〈中國民主促進會〉、民建〈中國民主建國會〉、台盟〈台灣民主聯盟〉、致公黨、九三學社、工商聯合會。

綜論上述，鄧小平以來，經濟發展快速、科技發展神速。近年來，中國的經濟成果耀眼、科學表現亮麗。

鄧小平改革開放之初，提出：「實踐是檢驗真理的唯一標準」，但當時的改革充滿諸多的不確定性，大陸社會乃流傳一句話：『摸著石頭過河。』當時更有這麼一句話：『群眾跟著幹部走，幹部跟著領導走，領導跟著小平走，小平跟著感覺走。』現在中國大陸經濟發展有成、科學走向堅實。從某個角度看，中國大陸已經「過了河、上了岸。」

五、近二十年之兩岸發展分析 ── 「大屋頂中國」的可行性

兩岸之間的發展上因為歷史的分裂分治，而有了不同的樣貌，各有其強項，同為炎黃子孫，如何求同存異？如何互補互利？塑造一個對未來大中華是最為有利之局，使中華民族創造更輝煌的一頁，有待集思廣益、眾志成城。筆者以為兩岸都有其優勢、劣勢，如何結合兩者之強項，彌補兩者之弱項，使中國大陸在「中國崛起」的路上，鑲嵌上台灣這顆「夜明珠」。在尋兩岸和平統一的路線上，「大屋頂中國」理念當是一個重要的構思方向。

從鄧小平、經過江澤民、胡錦濤、到習近平，中國大陸正加速變化的事實與影響有四個方面：

(一)經濟走向大國崛起。
(二)追求富裕的人心走向，不可逆轉。
(三)經濟起飛後的中華文化價值更形重要。
(四)兩岸和平共榮，追求雙贏。

面對中國「站起來」、「富起來」、「強起來」之「大國崛起」，國

內媒體一篇社論相當程度的標舉，兩岸的新發展契機已形成，中共應重新檢視其對台路線與方針。其中語重心長的指出，北京當局應正視修正兩岸關係。文章之末，特別提到：『大陸與台灣皆已交互到達停利點與停損點，可視為此一機遇的顛峰。』兩岸交流互惠的發展，更將是兩岸和平共榮、追求雙贏的一個最大契機。[22]

回顧兩岸政黨之間良性互動的開始；2000 年是個關鍵的日子，國民黨總統大選失利，台灣進入第一次的「政黨輪替」。時任國民黨副主席的吳伯雄訪問中國大陸，是國民黨遷台後，該黨高層與大陸方面第一次公開接觸。吳伯雄赴福建龍岩出席世界客屬懇親大會，並到廣州黃花崗七十二烈士墓與南京中山陵敬謁，獻上國民黨主席連戰署名的花圈。當時擔任福建省長的習近平，專程從福州趕到吳伯雄下榻的酒店，共進早餐。吳伯雄還與當時之中共副總理錢其琛、海協會會長汪道涵、中共中央台辦、國務院台辦主任陳雲林及中共元老、前人大委員長葉劍英的長子葉選平(前廣東省長、全國政協排名第一位副主席)等中共高層人士會晤，這也打破近半世紀，國共之間不相往來的紀錄。

連戰於 2005.4.26 以中國國民黨主席身分，率領近 70 人之訪問團，訪問中國大陸，展開「和平之旅」，成為中華民國政府遷台後，首位在北京大學發表演說之政治人物。2005.4.29 國民黨主席連戰並與中共總書記、國家主席胡錦濤會晤，發表極具歷史性之「連胡會新聞公報」。[23]

連戰回台後不久，2005 年 5 月 5 日，親民黨主席宋楚瑜隨後亦赴大陸，展開「搭橋之旅」，此行宋楚瑜並會見了中共中央總書記、國家主席胡錦濤、全國政協主席賈慶林和國台辦主任陳雲林，對兩岸之平和互動發展極有助

---

22 社論：『北京必須修正兩岸關係路徑圖』。台北，聯合報，中華民國九十九年五月二十一日，版二。

23 「連胡會新聞公報：兩岸和平發展共同願景」，聯合報，2005 年 4 月 30 日，版 A1。

益。

其後，連戰飛赴美國，領取美國百人會團體頒發的「國際傑出領袖獎」，肯定其於 2005 年以國民黨主席身分，開啟兩岸歷史性的「破冰之旅」。2006年 4 月 13 日，連戰於卸下國民黨主席後，以國民黨榮譽主席身份，再一次啟程重訪中國大陸，參與國共經貿論壇。4 月 16 日，連戰同中共總書記胡錦濤再度於北京會晤。雙方重申九二共識。4 月 17 日，連戰搭機南下福建，展開「尋根之旅」。

連戰與宋楚瑜陸續於 2005 年往訪大陸，此一「破冰之旅」有著劃時代之意義。2008 年馬英九當選總統，台灣進入「第二次政黨輪替」。馬政府更務實的發展兩岸關係，從積極的「有效管理」，走向「開放佈局」。開展了熱絡的兩岸制度性協商，不僅使兩岸關係趨於穩定發展，對台灣的經貿也有實體的助益。從 2008 年至 2012 年，第一個任期的四年，到第二個任期的第一年，「江陳會談」共進行了八次，2013 年至 2015 年兩岸兩會又進行了九、十、十一次的高層會議(「林陳會談」)。兩岸合計共簽署了 23 項協議、2 個共識以及 3 個共同意見。在兩岸旅遊、空運、海運、食品安全、郵政、金融合作、共同打擊犯罪及司法互助、農產品檢疫檢驗合作、標準計量檢驗認證合作、漁船船員勞務合作、兩岸經濟合作架構協議(Economic Cooperation Framework Agreementl：ECFA)、智慧財產權保護合作、醫藥衛生合作、陸資來台等議題上，完成了各項之協議、共識，兩岸兩會對於兩岸經貿、文化交流的貢獻值得肯定。

馬英九八年總統任內，兩岸之間互助合作創造了 4 萬多學生交流、每年 800 萬人次旅客往來，以及 1700 多億美元貿易的空前榮景。

馬英九總統任內更於 2015 年 11 月 7 日，與大陸國家主席習近平在新加坡進行了歷史性會面。這是兩岸領導人自 1945 年國共內戰爆發前夕的蔣中正與毛澤東會談之後，70 年來兩岸領導人的第一次會面─「馬習會」。「馬

習會」中馬英九提出維繫兩岸和平繁榮現狀五點主張：(1)鞏固「九二共識」，維持和平現狀。(2)降低敵對狀態，和平處理爭端。(3)擴大兩岸交流，增進互利雙贏。(4)設置兩岸熱線，處理急要問題。(5)兩岸共同合作，致力振興中華。[24]

　　2016 年蔡英文當選總統，台灣進入「第三次政黨輪替」。蔡政府不承認「九二共識」，不接受兩岸同屬一個中國，兩岸再度陷入僵局。至於未來兩岸何去何從？學界有從邦聯、聯邦、大中華經濟圈……等等諸多看法與主張。上述各種主張實質內涵雖有差異，唯整體言之，均屬之於「大屋頂中國」範疇，值得兩岸之重視：[25]

> 我們認為，若欲建立「在尚未統一特殊情況下的兩岸政治關係」，則「大屋頂中國」允為最「合情合理」的安排。在「大屋頂中國」之下，中華民國是民主中國，中華人民共和國是社會主義中國，兩者都是一部份的中國。……台灣人民必須拒絕不在「大屋頂中國」下的「兩岸政治關係」，却應思考在「大屋頂中國」下的「兩岸政治關係」。因為，台獨已是絕無可能，台灣必須在「一個中國」的範圍中找到安身立命的位置，且又必須跳脫「一個中國是中華人民共和國」的陷阱，則「大屋頂中國」當是可以思考的方案。正因台灣人民懷疑「和平協議」不能「合情合理」，因而此一議題難以立足；如今，倘能以「合情合理」作為準據，應當仍有在中華民國朝野形成共識的可能性。我們認為：合情合理，可從「大屋頂中國」著手。

---

24 參閱〈http：//www.cna.com.tw〉。
25 「大屋頂中國」架構提出，主張最力者，為國內聯合報社黃年先生。聯合報社論，「和平協議：用大屋頂中國做出合情合理的安排」，聯合報，民國一〇一年十一月十日，版 A2。

誠然，兩岸不同的政治體制下，兩岸既屬同根同源，兩岸交流、互惠持續推進，先經後政。前述之「大屋頂中國」是一種廣泛的概念陳述，其可以選擇、產生的政治模式與種類相當多，嚴家其《聯邦中國構想》一書中，精準的預測二十多年後的今天大陸發展，與台灣發展的困境。下文將簡述、評析嚴家其《聯邦中國構想》的主張，它也正是「多元主義」下，一種適合兩岸既是「合」，又保持各自相當特色的發展空間的模式之一。兩岸炎黃子孫是有智慧、有耐心，彼此自然、平和的持續發展，求同存異，必能為兩岸美好的明天奠定先機。

六、嚴家其《聯邦中國構想》的省思

(一)《聯邦中國構想》的原因

嚴家其[26]一九九二年初版的《聯邦中國構想》[27]一書，能在二十多年前就提出這樣一個聯邦中國的概念，不能不說嚴家其的敏銳認知與前進的思維，時隔二十多年後吾人審視《聯邦中國構想》，不能不佩服嚴家其的卓越先知的見解。他在中國大陸尚在改革發展的初始階段，就已經預測大陸的今日經濟發展。嚴家其論及兩岸一九四九年以來兩岸的分裂分治下，中肯

---

26 嚴家其，1942 年生，江蘇武進人，畢業於中國科技大學應用數學和電子計算機系，曾擔任中國社會科學院政治學研究所首任所長、北京市人大代表、中國行為科學學會副會長，曾在時任國務院總理趙紫陽領導「政治改革辦公室」工作，1989 年「六四事件」後流亡美國。同年任總部在巴黎的「民主中國陣線」首任主席。1994 年從法國移居紐約，擔任哥倫比亞大學訪問學者。2009 年出版《普遍進化論》，提出「三個世界」學說。

27 《聯邦中國構想》一書共分十章：一、聯邦中國構想的歷史。二、中國政治體制的三大弊端。三、建立聯邦制的必要性。四、聯邦中國的政治體制。五、人權與財產權的保障。六、港台問題。七、西藏問題。八、走向聯邦中國的道路。九、歷史的回顧：中國民主化的障礙。十、拋棄「中國國情特殊論」。

的指出：[28]

　　有人說，現在的台灣事實上是一個獨立的主權國家，台灣今日的經濟
　　成就是在與中國大陸分離情況下獨立自主發展的結果，今後也無須與
　　大陸統一。這種看法的產生是有原因，最重要的原因是四十餘年來大
　　陸和台灣發展差距的加大。中國大陸由於長期的共產主義統治，經濟
　　發展非常緩慢，而且共產主義的統治剝奪了人民言論、出版、結社、
　　信仰等自由，剝奪了人們的財產權和興辦企業的自由。面對這樣一個
　　大陸，一個經濟上日益富裕，而且正走向民主化的台灣，不希望實現
　　統一，是有理由的。但是，這種主張忽略了三個重要因素：
　　一、中國大陸在不遠的將來實現民主和經濟自由的前途；
　　二、台灣進一步發展存在資源貧乏和市場狹小的困難，而中國大陸豐
　　　　富的資源和廣闊的市場可以為台灣和大陸本身經濟發展提供可
　　　　能；
　　三、只有統一的中國才能成為世界上的強國，大陸和台灣的統一使全
　　　　世界的中國人有一個共同的、強大的祖國。

　　嚴家其在 20 多年前已經預見中國大陸的經濟將崛起，以及台灣腹地狹
小的長遠困境，多年來台商到大陸投資設廠早已如同過江之鯽。此所以嚴
家其很有理由的認為『台灣、大陸的聯繫日益密切。由於地理、文化上的
原因，台灣和大陸之間的聯繫無法切斷，一個獨立於中國的台灣和一個聯
邦架構下有充分自主權的台灣將有完全不同的發展前途。』[29]
　　嚴家其並直接論述大陸和台灣的關係上，存在三種前途：一是，台灣

---

28 嚴家其，《聯邦中國構想》，（臺北：聯經出版事業公司，1992 年），頁 41–42。
29 同上，頁 42。

組成獨立的「台灣共和國」；二是，中國大陸不承認「台灣共和國」，並出兵台灣，在武力基礎上建立一個中央集權的政府；三是，在保持台灣、香港、澳門和大陸各個地區獨特性的基礎上，透過和平協商的方式建立一個聯邦制的中國。

在上述三種前途中，中國大陸的極大多數民眾，都不會贊成第一、第二種前途，聯邦制將成為各種不好選擇中的較好的一種選擇。[30]

(二)《聯邦中國構想》的模式

嚴家其「聯邦中國構想」沒有定於一的結論模式，而是提出了成員邦重劃的原則、成員邦邊界劃分的三種可能之選擇。

嚴家其對於未來的「聯邦中國」重新劃分原則：香港、澳門、台灣作為聯邦中國的三個成員邦，將保持現今的邊界。至於大陸部分的成員邦，可以根據以下四個準則重新劃分：(一)有利於各成員邦經濟的自主發展，成員邦的劃分不因政治和軍事控制的原因而切斷經濟區的內在聯繫；(二)有利於不同民族文化的發展；(三)注意不同成員邦之間的經濟平衡，不至於使成員邦的劃分造成相鄰成員邦之間經濟發展水平的過份懸殊；(四)顧及歷史沿革，不至於成員邦邊界的改變形成新的社會問題。[31]

嚴家其「聯邦中國構想」，提出成員邦邊界劃分的三種選擇供參考：[32]

1. 以「經濟區為主」的原則劃分，大陸可以劃分為十一個成員邦：

(1)兩廣福建經濟區，包括海南省，做為出口經濟導向區；

(2)長江三角洲經濟區，包括上海、江蘇、浙江等地區；

---

30 同上，頁 42–43。
31 同上，頁 45–46。
32 同上，頁 46–50。

(3)東北經濟區，包括吉林、遼寧、黑龍江與內蒙古部分地區；

(4)渤海區，由河北、天津、山東等組成；

(5)黃河中游區，由陝西、山西、河南與內蒙部分地區組成；

(6)長江中游區，由湖南、湖北、江西、安徽組成；

(7)黃河上游區，由甘肅、青海、寧夏組成；

(8)長江上游區，包括雲南、貴州、四川；

(9)西藏區；

(10)新疆區；

(11)北京特區。

港台部分仍劃分為香港、澳門、台灣三個成員邦

這種劃分方式，大陸與台灣兩部分可劃分為 14 個成員邦。當然，嚴家其認為這些成員邦不可能用「上游」、「中游」、「三角洲」之名稱，成員邦須另行定名。而且這種劃分，會忽略成員邦之間的經濟平衡，而且對民族文化之間的差異未能給予充分重視。

2. 以「民族與地理」的原則劃分，大陸可以劃分為六個成員邦：

(1)西域成員邦，包括維吾爾族的聚居區；

(2)西藏成員邦，包括藏族聚居區；

(3)回夏成員邦，寧夏回族聚居區；

(4)內蒙成員邦，內蒙古蒙族聚居區；

(5)廣西成員邦，廣西壯族聚居區；

(6)漢族成員邦，漢族聚居區；

另外加上：北京特區；以及香港、澳門、台灣三個成員邦(這三者地理

面積較小，由於長期和大陸地區分離，呈現不同的發展特徵，因此仍設三個成員邦。)共計十個成員邦組成。

3. 基本上按現行行政區來劃分成員邦：

中國大陸目前 3 個直轄市、22 個省、5 個自治區，分別改組成 30 個大陸成員邦，加上港澳和台灣，總共有 33 個成員邦組成。這些成員邦的邊界，將經過權威性的邊疆委員會做適當調整，以利於政治、經濟、民族文化和地區的發展。

(三)《聯邦中國構想》的政府體制：

嚴家其設計的聯邦中國中最關鍵的聯邦政府體制，其中主要有議會體制、行政權、司法體系三大部分：[33]

1. 議會體制：

嚴家其對於聯邦議會因為需要反映人口多少而形成的利益差別，又要反映不同成員邦的利益，所以有必要實行兩院制。第一院以每邦人口多寡的比例分配議員名額，第二院不論每邦人口多少，選出相同數額的議員。第一院人數控制在 500 人左右，第二院議員人數控制在 150 人以下。兩院聯席會議人數不超過 650 人。嚴家其特別分析現行中國大陸政府權力並不源自於人民，不受人民制約，因此談不上民主。未來中國的民主自由，不僅應當體現在人民言論自由、結社自由等方面；更應體現在議員的自由選舉上。

---

33 同上，頁 50–59。

2. 行政權：

嚴家其對於聯邦中國實施下的行政體系與行政權，有三個重要概念：

(1)成員邦政府在邦內部事務的行政管理上，不對聯邦中央政府負責，
也沒有責任向聯邦中央政府報告工作。成員邦政府按邦憲法或基本
法規定產生，其權力完全來自邦內選民授予，邦政府行政長官無須
經聯邦中央政府任命。

(2)聯邦政府和成員邦政府的權力，由聯邦憲法界定。成員邦內各級政
府的權力由成員邦憲法、基本法界定。

(3)聯邦政府在成員邦內的機構與成員邦政府機構分開設置，聯邦設在
成員邦內的政府機構按聯邦憲法規定，只行使有限的職權，成員邦
行政長官和市、縣、鄉、鎮長官，如何行使他們的職權，聯邦政府
無權干預。

嚴家其自己也分析他概念下未來中國之聯邦制帶有「邦聯」的特徵，
在「鬆散成員邦」內，聯邦不設置聯邦的政府機構，聯邦政府官員和代理
人無權在鬆散成員邦內直接行使聯邦權力。聯邦政府在「鬆散成員邦」內
設置聯繫機構，協調處理有關權聯邦的事務。故而嚴家其的「聯邦中國」
實際是有「邦聯中國」之意味。

3. 司法體系：

嚴家其構想的聯邦中國司法體系將有「四個法域」和「兩套法院」系
統。「四個法域」即大陸、香港、澳門、台灣。在不同法域內有不同的司法
體系。大陸、香港、澳門、台灣各有最終審權。在中國大陸將有兩套不同
的法院系統，一套是聯邦法院系統；另一套是成員邦法院系統。聯邦法院
系統分最高法院、上訴法院、地方法院。成員邦法院分初級法院、中級法

院、高級法院。

(四)《聯邦中國構想》的評析

不可否認嚴家其「聯邦中國構想」的構想，尚有諸多無法突破的困境，包括：兩岸的政治智慧還未達到這一個步驟；兩岸高層與民眾對於聯邦制(或邦聯制)的接受程度亦未必趨於一致；台灣人民所自豪的美式民主是否真是萬靈丹？而大陸的民主集中制是否百無一利？近年來，西方學者對美式民主提出諸多反證的同時，我們固然堅信抒發自由的心靈是必要的，如何兼顧民主自由，又能有具體的持續發展，免除民粹、內耗內鬥亦屬重要。

本文正在這麼一個期望兩岸互補、互助，透過一個「大中國屋頂」概念，求同存異、取菁用宏，至於「聯邦中國」或「邦聯中國」各有優缺，筆者肯定嚴家其的用心和細膩，期望在中山先生：『人類求生存、互助同進步』，兩岸三地華人能心同心地共創一個五千年未有的中華盛世！

七、結語

中山先生曾分析，中國太大，分裂時多，人民多苦難。一個強權盛世到來，其實往往接著又是一個更長亂世的時代，如果民主的採行，加上聯邦體制的輔翼，中國宇內將更穩固與安定。

然而，嚴家其卻從歷史事實中，發現聯邦制在過去中國不容易實施的主要原因：「武力」的統一將無法實現聯邦制。嚴家其分析：[34]

> 北伐時期是武力統一中國的戰爭。北伐戰爭的勝利，聯邦制思想又一
> 次陷入沉寂。中國共產黨在早期也是聯邦制的擁護者。一九二二年七

---

34 同上，頁 18–19。

月，中國共產黨在第二次全國代表大會宣言中明確主張建立「中華聯邦共和國」。宣言主張「蒙古、西藏、回疆三部實施自治，成為民主自治邦」；「用自由聯邦制，統一中國本部、蒙古、西藏、回疆，建立中華聯邦共和國。」…但是，堅持以武力奪取全國政權的中國共產黨人，並不是聯邦制的真正信奉者。…當中國共產黨用武力奪取大陸政權後，傳統的專制主義的、中央集權的共產黨政權建立起來了，聯邦制也就從中國共產黨的語言中消失了。

聯邦制在民初以來雖然多有鼓吹主張者，然因為中國「大一統」的觀念根深蒂固，在中國歷史上，統一總是靠武力實現達成。近百年來，倡導聯邦制最有力的時候，往往是中國存在多個權力中心的時候，但一旦憑藉武力實現統一目標，聯邦制的夢幻也就消失。[35]

觀之於英、法為世仇，法、德之歷史仇恨，但彼此都能為經濟因素之「歐盟」而一笑泯恩仇；兩岸同文同種、血肉相連，還有何事不可談？不能解決？也緣於兩岸七十餘年之分隔，兩岸是有若干差異性存在，但尋求在「一個中國」概念下的聯邦體制或是最能結合兩岸，或能符合兩岸所有中國人的理想體制。

---

35 同上，頁 19–20。

中國大陸學生來台就讀之內外影響因素分析

李銘義*

一、前言

　　目前臺灣政府對於招收陸生政策堅持「三限六不」原則，針對外界關心的陸生三限六不原則檢討情形，教育部也特別指出，讓每位來臺灣的學生都能主動積極學習，是推動臺灣高教輸出、吸引延攬境外優秀人才及提升大學國際競爭力成功與否的關鍵。總統及教育部相當重視陸生來台學習與生活適應狀況，在觀察過去幾年開放陸生來台就學的執行情形後，教育部針對包括陸生在內的所有境外學生，在實習活動範疇內，可以直接擔任與學習有關的兼任研究助理[1]第二，採證、照分離原則，在不能在台換照、執業的前提下，規劃讓陸生可以參加與修習課程或畢業條件有關的政府或民間技能檢定，印證學習成果，並增加返回大陸就業的優勢；第三，將協調大學運用自籌經費，仿效提供外國學生的臺灣獎學金及僑生的優秀僑生獎學金，成立優秀陸生獎學金，吸引優秀陸生，並規劃讓學校以優秀表現或成績為目的的獎學金，可以讓本地生及境外生共同爭取；最後，為持續深化兩岸學術交流、協助取得大陸學歷的大陸配偶及臺灣學生、吸引更多大陸高校畢業生來台就學，教育部將逐步檢討調整大陸高等教育學歷採認校數。

---

* 作者為國立屏東大學教育行政教育研究所副教授。

1　教育部，〈檢討陸生三限六不，營造友善學習環境〉(2012)，教育部網址：〈http://epaper.edu.tw〉。

三限六不原則(如附錄)：限制採認高等學校、限制來台陸生總量、限制學歷採認領域、不涉及加分優待、不影響國內招生名額、不編列獎助學金、不允許在學打工、不會有在台就業問題和不得報公職考試，堅持本地學生優先，將衝擊減少，將不會產生磁吸效應。事實上三限六不政策有許多不合時宜之處，也列入檢討，520後新政府應有新的處理方針，第一要面對就是陸生納入健保議題。

尤其兩岸在 2016 年 520 後，臺灣因政黨輪替，將有新的政策出臺，值得針對陸生政策及中國學歷採認進一步探討。

二、研究架構及方法

本文先就兩岸學歷採認後，陸生來台現況及相關學術研究進行文獻探討，得出相關影響因素，例如外在影響因素:如政治政策干擾導致正負成長、兩岸校際合作、兩岸學歷認證、兩岸文化交流…；內在影響因素：陸生參與學生社團與社會活動、個人升學規劃因素….，並將運用 AHP 階層乘積分析法(The analytic hierarchy process,簡稱 AHP)，將影響因素之權重透過專家問卷加以衡量。並得出結論，因此，本文論述之結構如下:「一、前言」;「二、研究架構與方法」;「三、陸生來台研讀現況」;「四、博碩士論文之整體分析」;「五、陸生來台研讀重要內容分析」;「六、臺灣各界對陸生赴台的看法」;「七、臺灣開放陸生以來的政策影響評估」;「八、結論與建議」。

所謂階層乘積分析法(AHP)為 1971 年匹茲堡大學教授 Saaty 所發展出來的方法，該方法主要應用在不確定情況下及具有多數個評估準則的決策問題上。AHP 法的理論簡單，同時又具實用性；因此，自發展以來，已被各研究單位普遍使用，其應用範圍相當廣泛，特別是應用在規劃、預測、判斷、資源分配及投資組合試算等方面都有不錯的效果。

AHP 法的基本假設，主要可分為下列九項[2]：

1. 一個系統可被分解成許多種類(Classes)或成分(Components)，並形成有向網路的層級結構。
2. 層級結構中，每一層級的要素均假設具獨立性(Independence)。
3. 每一層級內的要素，可以用上一層級內某些或所有要素作為評準，進行評估。
4. 進行比較評估時，可將絕對數值尺度轉換成比例尺度(Ratio Scale)。
5. 成對比較後，可使用正倒值矩陣(Positive Reciprocal Matrix)處理。
6. 偏好關係滿足遞移性(Transitivity)。不僅優劣關係滿足遞移性(A 優於 B，B 優於 C，則 A 優於 C)，同時強度關係也滿足遞移性(A 優於 B 二倍，B 優於 C 三倍，則 A 優於 C 六倍)。
7. 完全具遞移性不容易，因此容許不具遞移性的存在，但需測試其一致性(Consistency)的程度。
8. 要素的優勢程度，經由加權法則(Weighting Principle)而求得。
9. 任何要素只要出現在階層結構中，不論其優勢程度是如何小，均被認為與整個評估結構有關，而並非檢核階層結構的獨立性。

　　AHP 之操作步驟簡言之，首先進行問題描述，而後找出影響要素並建立層級關係、採用成對比較的方式以其比例尺度、找出各層級之決策屬性之相對重要性、依此建立成對比較矩陣、計算出矩陣之特徵值與特徵向量、求取各屬性之權重，其操作流程見圖 1，以下分別對於重要步驟簡略說明：

---

2 請參見：〈https://ir.nctu.edu.tw/bitstream/11536/42090/5/050805.pdf〉。

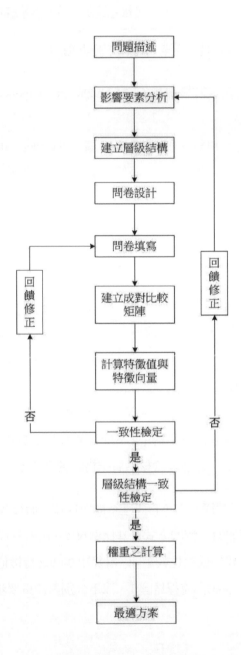

圖 1：AHP 分析步驟

三、陸生來台研讀現況

　　根據大學校院招收大陸地區學生聯合招生委員會 100-104 學年度工作報告書顯示[3]，臺灣對大陸來台就學招生的過程並非相當順遂，兩岸在互信不足以及政治考慮下，招生交流仍有待加強，茲將 2011 年至 2015 年陸生來台就讀現況、交流成效敘述如後：

(一) 就讀學籍生數量及分佈情形

　　政府為落實與執行陸生來台就學政策，2011 年育部核准招收陸生之大學校院共同組成大學校院招收大陸地區學生聯合招生委員會(簡稱陸聯招)，進行招生簡章發佈、宣傳、招生、錄取等工作事宜。同年臺灣開始啟動招收中國大陸正式學籍生，政策明確規範公立學校只能招收博碩士生，其他私立學校則是不設限。根據陸生聯合招生委員會公告資料顯示，教育部核定招收陸生，博士班、碩士班及學士班名額，分別為 2011 年(82、571、1,488 名，合計 2,141 名)、2012 年(67、508、1,566 名，合計 2141 名)、2013 年(227、891、1,732 名，合計 2,850 名)、2014 年(304、1,408、1,988 名，合計 3,700 名)、2015 年(341、1,225、2,134 名，合計 3,700 名)另外，2013 年首度試辦招收福建和廣東 2 省應藉專科畢業生來台就讀二年制學士班，計有 73 校共核定 955 名，然 2013 年招收的二年制學士班，陸生註冊結果為 75 名，2014 年為 67 名，2015 年則為 105 名；二年制學士班的招生未如預期的樂觀。

　　統計 2011 年至 2015 年對大陸招生，陸生來台實際就讀註冊結果，博士班、碩士班及學士班人數，分別為 2011 年(23、181、724 名，合計 928 名)、2012 年(25、265、661 名，合計 951 名)、2013 年(71、467、1,209 名，

---

3 請參見：〈http://rusen.stust.edu.tw/cpx/member.html〉。

合計 1,822 名)、2014 年(141、585、1,760，合計 2,486 名)、2015 年(178、769、1,967 名，合計 2,914 名)；根據陸生聯招會統計資料顯示，2014、2015年公私立大專院校招收博士班，註冊結果分別為 141 名、178 名，招生率分別為 46.3％、52.2％；招收碩士班，註冊結果分別為 585 名、769 名，招生率分別為 41.5％、62.8％；招收學士班，註冊結果分別為 1760 名、1,967 名，招生率分別為 88.5％、92.2％。從以上招生資料顯示，除學士班招生註冊人數 2014 年、2015 年確有比往年大幅增加外。另在碩士班、博士班，2015 年共有 1,566 名陸生報名，最後有 866 人錄取碩士班、229 人錄取博士班，總錄取人數 1,095 名，比去年增加 246 名，達成率約 7 成也比去年的 5 成大幅躍進，都創下招生 5 年來的新紀錄；對 2015 年的錄取人數大幅攀升究其原因，依陸聯會總幹事張鴻德表示，第一批於 2011 年入學的陸生在 2015 年 6月畢業，其中有 300 多人錄取研究所，再加上增加采認澳門的學士學歷所致(陳國維，2015)。但整體觀之，博士班、碩士班與二年制學士班的招生仍是不甚理想。茲將 2011-2015 年高等教相關招生資料統計，彙整如表 1 至 3所示[4]：

---

4 參見：〈http://rusen.stust.edu.tw/cpx/index.html〉。

表 1：2011-2012 年陸生來台招生資料統計

年份	學校屬性		博士班				碩士班				學士班			
			名額	報名	錄取	註冊	名額	報名	錄取	注冊	名額	報名	錄取	註冊
		國立	60	35	21	16	312	275	152	138	64	81	4	4
		私立	6	5	1	1	110	88	29	24	644	1,416	542	534
		國立	14	9	4	4	105	57	22	17	63	35	-	-
		私立	2	4	2	2	44	6	2	2	717	448	196	186
			53				426				1,980			
			(41)				(295)				(1,569)			
		國立	45	40	22	19	355	408	214	203	41	59	21	21
		私立	9	4	2	2	96	132	48	42	919	1,705	526	514
		國立	11	9	2	2	39	57	17	17	35	6	3	3
		私立	2	2	2	2	18	7	3	3	571	297	129	123
			55				604				2,067			
			(46)				(430)				(1,739)			

注：括弧內數字為實際報名人數。

資料來源：陸招聯網站(2014)，〈http://rusen.stust.edu.tw/cpx/index.html〉。

表 2：2013 年陸生來台招生資料統計

學校屬性	博士班				碩士班				學士班				二年制學士班			
	名額	報名	錄取	註冊	名額	報名	錄取	註冊	名額	報名	錄取	註冊	名額	報名	錄取	註冊
國立	148	119	68	48	552	686	407	363	41	169	21	20	-	-	-	-
私立	49	65	21	14	190	287	92	83	1,269	1,861	1,083	1,061	-	-	-	-
國立	22	26	11	7	88	107	28	21	6	29	-	-	298	89	57	50
私立	8	6	3	2	61	7	1	-	416	698	130	128	657	85	36	25
	216				1,087				2757				174			
	(141)				(722)				(1880)				(85)			

注：括弧內數字為實際報名人數。

資料來源：陸招聯網站(2014)，〈http://rusen.stust.edu.tw/cpx/index.html〉。

表 3：2014-2015 年陸生來台招生資料統計

一、博士班

年份	招生名額	報名人數	預分發 正取人數	正式分發 正取人數	註冊
2014	304	237	189	173	141
2015	341	301	242	229	178

二、碩士班

年份	招生名額	報名人數	預分發 正取人數	正式分發 正取人數	註冊
2014	1408	814	734	676	585
2015	1,225	1,084	922	866	769

三、二年制學士班

年份	招生名額	報名人數	預分發 正取人數	正式分發 正取人數	註冊
2014	1,000	95	88	81	67
2015	1,000	137	125	119	105

四、學士班

年份	招生名額	報名人數	預分發 正取人數	正式分發 正取人數	註冊
2014	1,988	3,404	1,964	1,804	176 0
2015	2,134	3,572	2,119	2,024	1,967

資料來源：陸招聯網站(2015)，〈http://rusen.stust.edu.tw/cpx/index.html〉。

另外依據陸生來台之學生，註冊人數統計數量(依 8 省市)分佈情形，在 2011-2013 年之資料彙整如表 4 所示；另外 2014-2015 年由於分類基礎不同，因此彙整成如表 5 所示。

表 4：2011-2013 年陸生來台分佈 8 省市人數合計

省市	學士班	二年制學士班	碩士班	博士班	合計
北京	169	–	163	22	354
上海	158	–	65	10	233
江蘇	126	–	157	13	296
浙江	741	–	180	14	935
福建	730	19	162	28	939
廣東	518	56	145	28	747
湖北	49	–	25	1	75
遼寧	103	–	16	3	122
合計	2,594	75	913	119	3,701

資料來源：陸招聯網站(2014)，〈http://rusen.stust.edu.tw/cpx/index.html〉。

表 5：2014-2015 年陸生來台分佈 8 省市人數

年份 地區	普通生				藝術生				合計
	一本以上	一本與二本間	未達二本	小計	一本以上	一本與二本間	未達二本	小計	
北京	172	46	56	274	1	7	3	11	285
上海	55	51	28	134	3	9	1	13	147
江蘇	35	47	57	139	3	6	4	13	152
浙江	307	652	255	1,214	42	83	48	173	1,387
福建	433	361	275	1,069	32	203	64	299	1,368
廣東	169	284	194	647	11	30	9	50	697
湖北	60	52	60	172	2	8	2	12	184
遼寧	147	73	48	268	4	16	4	24	292
合計	1,378	1,566	973	3,917	98	362	135	595	4,512
北京	146	44	27	217	3	9	1	13	230
上海	63	68	27	158	3	17	0	20	178
江蘇	52	74	50	176	0	12	5	17	193
浙江	459	928	103	1,490	88	135	33	256	1,746
福建	402	456	142	1,000	83	331	32	446	1,446
廣東	138	272	118	528	7	19	24	50	578
湖北	50	48	24	122	2	11	2	15	137
遼寧	158	103	18	279	16	13	1	30	309
合計	1,468	1,993	509	3,970	202	547	98	847	4,817

資料來源：陸招聯網站(2015)，〈http://rusen.stust.edu.tw/cpx/index.html 〉。

(二)大陸地區大專學生來台研習人數

中國大陸學生來台交流研修與交換，根據教育部統計資料顯示，隨著 2008 年政策逐步之開放，其人數 2014 年已達到 27,030 人，各年度大陸學生來台交流研習人數統計，如表 6 所示。

表 6：大陸地區大專學生來台研習人數統計表

年度	人數(人)
2002	348 人
2003	169 人
2004	204 人
2005	214 人
2006	448 人
2007	823 人
2008	1,321 人
2009	2,888 人
2010	5,316 人
2011	11,227 人
2012	15,590 人
2013	21,233 人
2014	27,030 人

資料來源：教育部統計處、國際司、陸生聯招會及僑委會(2015)，

〈http://rusen.stust.edu.tw/cpx/index.html〉。

受政黨輪替影響，105 年大陸短期研修生共 3 萬 2648 人，占 28.04%，較 104 年減少 1466 人。此一減少也影響整體非學位生人數，較 104 年微幅減少 195 人。[5]

中國大陸來台正式學籍生，因政黨輪替影響，從 2016 年的 2136 人，2017 年減少至 1000 名。[6]

依主要來源國家/地區觀察，2016 年大專校院境外學生續以來自中國大陸人數最多，共 4 萬 1,981 人，占 3 成 6，以短期研修之非學位生為主；其次馬來西亞 1 萬 6,051 人，占 13.8%，學生類型以僑生(占 47.6%)、正式修讀學位外國學生(占 31.4%)及海青班(占 13.8%)為主；香港及澳門分居第 3 及第 5，各有 8,662 人及 5,295 人，主要多為僑生；日本 7,548 人居第 4 大來源，其中在附設華語文中心學生占 58.1%、短期研習及個人選讀生占 20.6%。[7]

(三)兩岸校際交流簽署姊妹校聯盟

在 2013 年教育部會同大陸委員會，針對兩岸兩會的決議內容再行開放中國大陸認證的學校增加至 111 所 211 工程之學校，更推進兩岸學校交流的速度；根據教育部之統計，兩岸學校自 2004 年至 2014 年 3 月止，已累計 156 所大專校院、36 所高中職、7 所國中、31 所小學、9 所特教學校，共計我方各級學校 239 所與大陸地區 1,449 所學校締約，經審查通過共計 8,078 件。臺灣各級學校與大陸學校簽署聯盟件數，如表 7 所示。

---

5 請參見：〈ttp://www.kstudy.com.tw/TopNews/NewsContent.aspx?type=8&no=11001〉。

6 請參見：〈http://opinion.chinatimes.com/20170827002614-262110〉。

7 請參見：〈https://www.meipian.cn/ctvoq0a〉。

表 7：臺灣各級學校與大陸學校簽署聯盟件數

年度	累計件數
2004	185
2005	250
2006	358
2007	540
2008	833
2009	1, 512
2010	2, 601
2011	4, 061
2012	4, 549
2014.	8, 078

資料來源：國際及兩岸教育司(2014)，〈http://depart.moe.edu.tw/ED2500/〉。

四、臺灣研究陸生博碩士論文總體分析

表 8：陸生論文研究專案彙整統計表(2009-2015)

項目	總計	年代篇數	備註
就學動機	6	2010(1) 2013(1) 2014(2) 2015(2)	含 1 篇技職教育
來台拉力或高校招生 (因素/就學意願/滿意度)	7	2010(2) 2012(1) 2013(3) 2014(1)	
陸生政策 (媒體報導評論比較)	20	2009(1) 2010(3) 2011(2) 2012(3) 2013(6) 2014(4) 2015(1)	含 3 篇媒體報導比較；1 篇與香港招國際生比較
生活與文化適應 (經驗/調適)	9	2010(1) 2013(1) 2014(3) 2015(4)	含 1 篇港澳與陸比較
學習成效	1	2015(1)	
民族認同(國族想像)	3	2013(2) 2015(1)	
對台印象或感受(7-11、公車運輸)	5	2012(1) 2013(2) 2014(1) 2015(1)	
陸生權益	1	2015(1)	
陸生管理與輔導	1	2014(1)	
陸生政治表達	1	2013(1)	

資料來源：本研究整理。
說明：
1.在這 39 篇中，有些篇幅不僅探討單一面向，可能含 2 個或 2 個問題面向以上。
2.第 11 篇是探討臺灣學生的也刪除。第 21 篇試大（陸生）物科技…無關，刪除 2 筆。

資料來源:本研究整理。

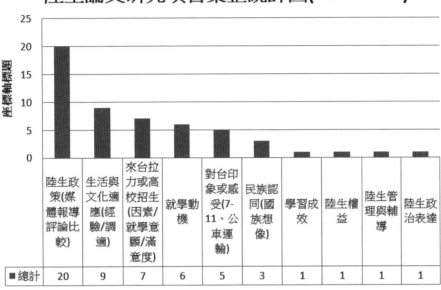

圖 2：陸生論文研究專案彙整統計圖(2009-2015)

說明：從來台前的動機與目的研究有分為：

1. 入學前：就學動機 6 篇(含 1 篇技職教育)、來台拉力或高校招生(因素/就學意願/滿意度)7 篇。

2. 入學中：相關陸生政策討論 20 篇，(含 3 篇媒體報導比較；1 篇與香港招國際生比較)。

3. 入學後：生活與文化適應(經驗/調適)9 篇(含 1 篇港澳與陸比較)、對台印象或感受(7-11、公車運輸)5 篇、民族認同(國族想像)3 篇、學習成效 1 篇、陸生權益 1 篇、陸生管理與輔導 1 篇、陸生政治表達研究 1 篇。

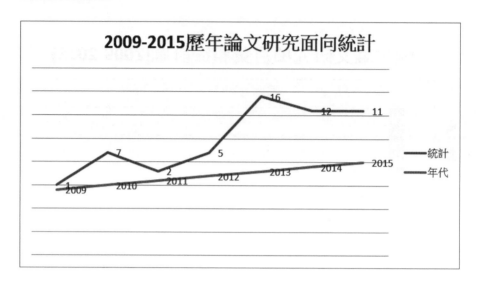

圖 3：2009-2015 歷年論文研究面向統計曲線圖

資料來源：本研究整理。

說明：陸生開放政策是 2011 年開始，研究論文在開放前有 7 個研究篇幅，來年 2011 減少，此乃因為論文題目生成皆在政策形成之前已經訂好，故研究時間來看會有落差。之後就逐年遞增，到 2013 年達到最高峰，此刻兩岸文教交流也是熱絡之際，到 2014 與 2015 漸趨平穩，都有 11-12 篇。

五、陸生來台研讀重要內容分析

(一)陸生在台學習及生活狀況

　　李若薇認為自 1999 年開放陸生來台後，來台從事短期交流的陸生人數逐年增加，我國政府曾多次提及交流將帶來瞭解改變既有認知，因此希望探討陸生來台交流對於其臺灣想像所造成的改變，希望檢證交流是否對陸生的既有臺灣民情、歷史文化、經濟與政治等印象造成影響與改變，冀對兩岸交流的現況與發展能有更深入的瞭解。質化研究發現：一、政府對陸生臺灣印象的影響潛移默化深植陸生心中，而同儕則是陸生建構和印證臺灣想像的重要視窗；陸生在來台交流後，對臺灣的經濟印象普遍下滑，歷史文化方面則與原有認知產生矛盾與思辨，政治方面則依交流經驗不同而評價兩極，但這些印象改變得研究發現，在量化研究中，因受限於未能實施固定樣本連續測量及樣本數的問題，而未能獲得驗證。量化研究發現：一、陸生來台之前對臺灣的印象，多認為臺灣民眾友善、社會氛圍輕鬆、保留較多傳統文化、經濟發達、是民主政治但有議會亂象，這些印象主要來自網路、電視及與臺灣相關的各類媒介；二、到臺灣交流後，整體印象普遍變好，但經濟方面印象普遍下滑；三、參訪中央或地方行政、立法機關的參訪經驗與陸生來台交流後對臺灣整體印象的改變呈現正相關，但因模型檢定未過，則無法證明陸生來台交流經驗對交流後的臺灣想像確實產生影響。[8]而蘇意晴以朝陽科技大學陸生來台動機、生活適應及學習成效之關聯性為對象，為 103 學年度入學之陸生，以便利取樣，共發放 460 份問卷，扣除填答不完整及過度規律之無效問卷，最終有效樣本為 441 份，有效回收率為 95.87 %。所得資料以獨立樣本 t 檢定、單因數變異數分析、

---

8 李若薇，〈來台陸生交流後的臺灣想像〉(東吳大學政治學碩士論文，2015)。

Pearson 積差相關分析和多元逐步回歸分析進行分析。研究結果發現，陸生來台動機之「學習資源」與「國際經驗」認知對「生活適應」及「學習成效」均呈現正向影響；另外，生活適應之「生理適應」、「心理適應」、「學習適應」與「社會文化適應」對學習成效具有正向影響。根據研究結果及發現提出相關建議，以做後續學校在推動陸生相關事宜應用與參考。[9]簡淑宜在探討大陸學生來台就學的因素及對陸生在台就學應提供哪些管理與輔導措施，並瞭解陸生在台適應情形與相關政策的看法。本研究採用檔分析法及訪談法，訪談 14 位來台交換就讀 1 學期大陸學生、4 位在大學校院承辦相關行政業務人員，以瞭解大陸學生來台就學動機，在台就讀時入學、在學、離校管理措施與生活、學習輔導等適應情形，並調查其在臺灣就學所面臨之困境。根據研究結果和結論，提出以下建議，供中央主管機關、大學校院等相關人員做為參考。研究結果如下：陸生赴臺灣就學主要是基於對臺灣文化的憧憬與嚮往，或是因為研究需要，來台搜集資料。陸生相關的入學、在學及離校管理措施都有一定的規範，各大學校院皆依循政府制訂的法規，不會針對陸生特別規定。輔導措施部份，生活上由學校專責單位協助處理，另安排導師、指導教授給予協助；學習上除授課教師提供諮詢，並有華語文中心、教發中心等專業輔導。政府政策不提供打工、獎學金及畢業後工作機會，影響陸生來台就讀意願，受訪陸生希望能比照僑生或國際學生，能被公平對待；由於未納入健保，在台就醫造成陸生負擔。[10]

---

9 蘇意晴，〈陸生來台動機、生活適應與學習成效之探討－以朝陽科技大學為例〉(朝陽科技大學休閒事業管理系碩士論文，2015)。

10 簡淑宜，〈我國大學校院對陸生來台就學的管理與輔導措施之研究〉(國立臺北教育大學教育經營與管理學系碩士論文，2014)。

(二)陸生政治態度變化

　　藍振弘研究目的旨在瞭解國立屏東教育大學來台陸生的國族想像與對台觀感之現況,比較不同背景因素對國族想像的建構歷程與對台觀感的現況之差異情形,並探討來台陸生的國族想像對對台觀感的影響。研究首先整理民族主義與國族想像的相關研究,歸納出分析的架構,輔以深度訪談進行資料之搜集與分析。做出以下結論[11]:

1. 來台陸生的國族想像明顯以血緣為依據,是標準的種族民族主義;而地域的區別和自身的經驗(歷史記憶)造就了彼此的差異。對自身的民族以血緣做想像,對其他的族裔則以地圖做想像。

2. 所有的陸生都是「大一統」的國家觀,都堅持一個中國的原則,無法接受臺灣是一個國家。將臺灣視為中國的一部份,或是將中華民國視為中國歷史的一部份,對臺灣的主權帶有強烈的文化霸權心態。

3. 來台陸生在意識形態可視為一種典型的「實用主義」。但沿海比內陸開放,南方比北方多元。意識形態比較偏向自由主義的陸生,越能明顯的感受到中國在言論自由和人權壓迫的問題;本身的政治立場和意識形態和政府越趨於一致的陸生,越不知覺中國的言論自由和人權壓迫的問題。

4. 來台陸生在民族自信上已逐步的恢復,認為中國能逐步的改善人權和各種的政治問題,並能有效的解決「疆獨」和「藏獨」的問題;來台陸生多數謙遜有禮,主張和平開展對話,全不見激進的論調。

5. 來台陸生在臺灣的文化適應良好,面對中華民國的國家圖像大多選擇忽視或者視為一種歷史記憶。少數的來台陸生,能接受中華民國的國家圖像,

---

11　藍振弘,〈來台陸生的國族想像與對台觀感之研究〉(國立屏東教育大學碩士論文,2013)。

但僅只於歷史記憶的想像，把中華民國當作是中國歷史的一部份而已。

6. 來台陸生在仇外情結的表現上顯得相當不明顯。以地區來看，東北的陸生對日本的仇視較為激烈。但在物質性主流文化上仍深受美國、日本、韓國、臺灣的影響。正體字對來台陸生而言，沒有學習適應的障礙，反應的正是臺灣流行文化的軟實力。

7. 來台陸生普遍渴望民主自由，但卻悖論式的反對天賦人權；在渴望自由民主的同時，卻對政治參與有著深沉的恐懼。

8. 來台陸生對兩岸未來的看法顯的相當一致，少數的陸生認同意識形態與政治制度上的差異，是阻礙兩岸統一的障礙；但多數的來台陸生認為一國兩制就能解決這些問題。

9. 對是否贊同臺灣以公投方式決定是否與大陸統一，少數沿海且南方的來台陸生能接受，其他的陸生則是完全不能接受；但絕大多數的來台陸生都反對使用武力解決臺灣問題，僅一位陸生表示萬不得已下才動力武力解決臺灣問題。

　　因兩岸關係核心問題在主權爭議，王嘉州[12]以在台短期研修的大陸學生為對象，以問卷調查法分析政治態度對臺灣主權接受程度之影響。本研究發現：來台陸生對臺灣主權之接受程度整體偏低，平均值僅 1.63。影響陸生臺灣主權接受程度的因素中，以對臺灣政府喜愛程度、外在政治效能感與政治信任感最為重要。根據本文研究發現，為維護臺灣主權，就不該拒絕陸生來台就學，反而應該招收更多陸生。不過，應有相關配套措施，以提升其對臺灣政府的喜好程度、降低其外在政治效能感及對中國大陸政府的政治信任

12 王嘉州，〈來台陸生的政治態度與臺灣主權接受程度 The Impact of Political Attitudes on Acceptance of Taiwanese Sovereignty by Mainland Chinese Students Studying in Taiwan〉，《臺灣政治學刊 Taiwanese Political Science Review》vol. 15 no. 2(2011.12)，pp. 67-113。

感。

(三)陸生參與學生社團與社會活動情況

　　王蓓蕾研究[13]二所國立大學執行陸生來台就學政策之現況，並依據研究結果，對行政機關及學校提出具體建議。研究運用檔分析、訪談及省思劄記等研究方法，針對「政策設計的適切性」、「陸生來台就學政策在招生及輔導面之執行現況」、「受訪者的回應性感受與建議」等面向進行研究。以立意取樣選取十五位元訪談對象，為學校行政人員、陸生聯招會行政人員與來台陸生。根據研究目的獲致以下結論：

1. 「三限六不」政策為影響陸生來台就讀意願之重要因素。

2. 開放國立大學招收陸生是正面的影響。

3. 「三限六不」限制下，臺灣對陸生的長期吸引力可能降低。

4. 招生人數不如預期，顯示政策尚有調整的空間。

5. 招生在學歷采認與設籍省市之審查作業複雜。

6. 學校以開放的態度照顧與輔導陸生。

7. 文化差異易造成陸生與台生之間的誤解。

8. 政策的實施對於個人、學校與社會皆具有正面意義。

9. 行政人員對政策參與意願高，陸生的參與意願則受到三限六不政策之影響。

10. 受訪者對政策的建議偏向更為開放。

11. 政府應正向宣傳陸生政策，並盡量簡化陸生申請所需文件。

12. 改善陸生對我國大學瞭解不足的困境。

---

13 王蓓蕾，〈陸生來台就學政策執行之研究-以二所國立大學為例〉(國立新竹教育大學碩士論文，2014)。

13. 學校宜提供陸生充份資訊與必要之設備。

14. 受訪者認為應該擴大對師範學校的采認範圍。

　　另以明道大學提出社團活動規則[14]為例，說明該校訂定之社團活動輔導規章、社團成立辦法、各項社團相關法規。辦理原則如下：

1. 社團參與

　(1)陸生於完成學期註冊取得學籍後，得自由參與校內各性質社團。

　(2)陸生參與社團活動須遵守校規及各式社團輔導規定，如透過社團從事違反法令、校規、公序良俗或與其社團發展宗旨不符者，應予以規勸、輔導。

　(3)陸生參與社團得依據其表現經社團評估及表決後，可擔任該社之幹部；不宜因其身分而喪失被提名參與選舉之權利。

2. 社團成立

　(1)陸生得自由籌組社團，並依據本校訂定之社團成立辦法與作業流程提出社團成立申請，經資料審核及依本校規定之相關程式完成，得正式成立社團。

　(2)陸生提出成立社團時，應檢視欲成立之社團性質與社團宗旨是否符合相關法令、宜於校內發展，且不造成政治對立之情事。

　(3)陸生社團正式成立後，得依據各校課外活動經費補助辦法申請活動經費補助，以辦理正當活動連系社員情感。

14　明道大學陸生輔導 Q＆A，參見：〈http://www.mdu.edu.tw/~dud/download/陸生 Q&A.doc〉。

3. 社團相關證明

陸生參與社團擔任幹部可依本校規定開立幹部證明,擔任社團社長應由本校開立正式證書以茲鼓勵,其餘幹部可由本校課外活動組或社團開立之。

六、臺灣各界對陸生赴台的看法

「先嚴後寬」,始終是馬政府對於陸生來台政策的基本立場。而嚴格在前,主要是為減少政策推動阻力,更是為將來鬆綁做準備。從本項政策的規畫之初,主導者的藍圖,即是朝「陸生來台正常化」的角度佈局。在現實的考量下,若欲達成臺灣開放大陸學生來台就學的預設目標,一方面必須思考擴大承認大陸學歷的可能性,另一方面,則必須與大陸官方協商放寬來台陸生省份的限制。在教育部的主張中,促進學術交流,吸引國際人才,提升國家競爭力,是此政策實施的主要目標。從一開始的政策實施策略上,教育部高教司希望以「擇優采認」大陸學歷的方式來進行兩岸教育交流,其執行策略是針對大陸學術聲望卓著的學校作認可,並限制學科領域,並以「階段性、漸進開放、完整配套」的原則來規劃大陸學歷采認措施。就教育政策的立意觀之,大陸學歷采認政策的實施可提升國內未來教育的優勢。現今國內教育環境受到少子化以及大學校院發展過剩的影響,造成大學校院學生人數招生不足的窘境,尤其以私立大學校院最為嚴重,而開放陸生來台就讀為此問題提供了一個減緩的策略方向。

李建興(2013)認為[15],讓兩岸教育開放循序漸進,逐步擴大並應更積極研商教育交流合作,提升兩岸教育品質,並認為大陸學歷擴大采認,但赴大陸就學的台生並未大幅增加,沒有所謂「磁吸效應」,祇是逐步擴大,循序

---

15 李建興,《教育新思維》(臺北:高等教育,2013)。

漸進，可間接提高臺灣高等教育競爭力；但大陸學歷擴大采認，對陸生來台就學的影響層面不大，因陸生來台求學除受臺灣規範外，亦受到中國大陸政府當局的地域性規範和資格能力要求(二本線優良學生)。其更指出，若讓陸生來台完全回歸市場自由化，可有助於大學校院招收更多陸生，並增進大陸人民對臺灣各大學的向心力與認同感。楊景堯(2012)[16]對「磁吸效應」更進一步說明，磁吸效應的產生不在於「開放」學歷采認或兩岸學生就讀，而是在於有無成為磁吸中心的條件。換句話說，若公私立大學或技職院校的教育品質與形象良好，開放大陸學歷與陸生就讀則不會成為臺灣教育環境與學生就業市場的威脅。因此，先整頓高等教育素質，再向大陸行銷，會是比較正確的思路。

七、臺灣開放陸生以來的政策影響評估

在兩岸人民關係條例、大學法及專科學校法修正通過後，明定以外加名額招收陸生，且有總量管控(0.5-1%)，並在不影響臺灣學生升學機會情況下，會配合教學資源充足、辦學優良及有照顧僑外生經驗的大學，才准予招收陸生，以免資源不足的學校因招收陸生，影響臺灣學生受教資源。此外陸生經許可入境後，在台期間停留期間，學校也將有專責單位及完善的輔導管理、緊急通報、事故處理等機制。若期間陸生如違反相關法令，學校及政府機關將透過通報機制，並要求執行限期離境或依相關法規處置。目前陸生來台的相關政策，多數的臺灣老師及學生大多采有正面且贊同的看法，並且許多陸生也都相當願意與臺灣同學交流，並經由臺灣學生的交流也得知，仍會有許多同學會在陸生結束在台的交流後，會透過其他通訊方式定期聯繫，顯示目前開放陸生來台的政策的確增進了兩岸學生的交流互動熱絡情誼，並且透

---

16 楊景堯，《兩岸文教交流與思考(2009-2011)》(高雄：麗文文化，2012)。

過交流的過程讓陸生能夠學習到更多元化的知識，並體認臺灣多元化的社會風情，也讓臺灣學生能藉由不同省份的陸生，瞭解到不同的想法及看法，讓兩岸的學子能有更進一步相互體認，並擴大其更為寬廣的思考面向及水準，也增加自我未來的競爭力。

宋雯倩(2013)更從政策的立場，認為採認中國大陸學歷是與國際接軌的作為，其認為可歸納五項[17]：

1. 有助於兩岸簽約與雙聯學制推展擴大采認大陸高校數量與專科學歷，對於目前兩岸頻繁之學術交流，將有鼓勵與深化之效益。

2. 有助於招收陸生效益擴大采認大陸高校與專科學歷後，我方招收陸生之範圍將增加，陸生來源、畢業學校與學歷層級等將更多元，除擴大我招生來源與高教影響力外，更能促使持大陸專科學歷之學生來台繼續升學。

3. 有助與國際接軌，提升臺灣競爭力。目前世界先進國家多採認大陸地區高等教育學歷，另英、美、日、韓等國家均積極招收陸生，陸生已成為各該國家最大宗之留學生來源國。擴大采認大陸高校學歷後，如能吸引到優秀陸生來台，相信有助於提升臺灣技職教育品牌，也有助於促進兩岸高等教育交流與互動。並協助大陸地區台商企業培訓務實致用人力，提升我國產業發展潛力，並建構臺灣成為東亞地域產業人才培育中心，提升國家競爭力。

4. 有助延攬優秀人才進入知識經濟時代，人才為國力重要指標；為吸引更多優秀學子來台就讀，以及延攬在大陸地區優秀人才回台，擴大採認大陸重點高校學歷有其必要性。

5. 有助解決陸配升學問題。目前在台大陸配偶不乏受過專科教育，然因專科

---

17 宋雯倩，〈採認大陸學歷接軌國際〉(教育部技職司電子報 79 期，2013)。取自：
〈http://www.news.high.edu.tw/pages_d.php?fn=topic&id=287 〉。

學歷未獲採認，使其面臨就業與就學問題。透過大陸地區專科學歷之採認，能協助持大陸地區專科學歷之大陸配偶、或赴大陸取得專科學歷之台商子女等，能繼續升學、進修，有助提升我國國民素質。

研究者以 **AHP** 階層乘積分析陸生來台學習議題之結果：

(一)運用階層乘積，得到具體影響因素之排序

序次	影響類別	具體影響因素	乘積值	排序
1	生涯就業因素 (0.19)	特定產業具國際競爭力 (0.43)	0.0817	5
2	生涯就業因素 (0.19)	進入兩岸生產合作事業 (0.39)	0.0741	7
3	生涯就業因素 (0.19)	優先進入涉台事務組織 (0.18)	0.0342	12
4	升學規劃因素 (0.33)	臺灣留學制度較為優惠 (0.21)	0.0693	8
5	升學規劃因素 (0.33)	文化語言環境較無障礙 (0.55)	0.1815	1
6	升學規劃因素 (0.33)	特定學術領域具有優勢 (0.24)	0.0792	6
7	主動學習因素 (0.26)	自由學風能與國際接軌 (0.36)	0.0936	4
8	主動學習因素 (0.26)	探索兩岸學術發展異同 (0.21)	0.0546	9
9	主動學習因素 (0.26)	體驗臺灣社會風土文化 (0.43)	0.1118	3
10	體制安排因素 (0.23)	中央省市地方政府安排 (0.22)	0.0506	10
11	體制安排因素 (0.23)	兩岸學校簽定合作計畫 (0.58)	0.1334	2
12	體制安排因素 (0.23)	政府研究案與企業贊助 (0.20)	0.0460	11
	總計		1.0100	

（二）依據具體影響因素之排序，將策略影響程度分為五個群組

排序	影響類別	具體影響因素	乘積值	群組	群組原則名稱
1	升學規劃因素 (0.33)	文化語言環境較無障礙 (0.55)	0.1815	A	善用中華文化生活圈優勢
2	體制安排因素 (0.23)	兩岸學校簽定合作計畫 (0.58)	0.1334	B	加強兩岸學校合作與社會體驗策略
3	主動學習因素 (0.26)	體驗臺灣社會風土文化 (0.43)	0.1118	B	
4	主動學習因素 (0.26)	自由學風能與國際接軌 (0.36)	0.0936	B	
5	生涯就業因素 (0.19)	特定產業具國際競爭力 (0.43)	0.0817	C	強化特定產業與學術領域的國際競爭力
6	升學規劃因素 (0.33)	特定學術領域具有優勢 (0.24)	0.0792	C	
7	生涯就業因素 (0.19)	進入兩岸生產合作事業 (0.39)	0.0741	C	
8	升學規劃因素 (0.33)	臺灣留學制度較為優惠 (0.21)	0.0693	C	
9	主動學習因素 (0.26)	探索兩岸學術發展異同 (0.21)	0.0546	D	增加政府與企業的輔導贊助
10	體制安排因素 (0.23)	中央省市地方政府安排 (0.22)	0.0506	D	
11	體制安排因素 (0.23)	政府研究案與企業贊助 (0.23)	0.0460	D	
12	生涯就業因素 (0.19)	優先進入涉台事務組織 (0.18)	0.0342	D	
	總計		1.0003		

研究者 AHP 結果分析：

1. 大陸學生來台就讀的影響因素依其優先順序，分別是(1)升學規劃因素
(0.33)；(2)主動學習因素(0.26)；(3)體制安排因素(0.23)；(4)生涯就業因素
(0.19)。顯示大陸學生在考慮個人前來臺灣就讀規劃時，較會依個人因素
考慮升學與學習，其次才依據大陸政府與學校的安排，且因生涯就業階段
尚未到臨，暫時較緩考慮個人就業問題。

2. 有關生涯就業因素的具體影響因素的優先性，依序分別是(1)特定產業具
國際競爭力(0.43)；(2)進入兩岸生產合作事業(0.39)；優先進入涉台事務組
織(0.18))。說明了在考慮來台就學有關生涯就業因素時，會先考慮進入具
有國際競爭力的科系就讀，接著是考慮兩岸生產合作事業日後進一步發
展的可能性，最後才是考慮可能進入各政府與非營利組織的涉台事務組
織。

3. 有關個人升學規劃因素的具體影響因素的優先性，依序分別是(1)文化語
言環境較無障礙(0.55)；(2)特定學術領域具有優勢(0.24)；臺灣留學制度較
為優惠(0.21)。由於兩岸同為華人文化圈，文化語言環境相同，這將是影
響大陸學生來台的絕對因素，其次是特定學術領域優勢與留學制度優惠，
此兩者之權重相近，但也都是重要的影響因素。(四) 有關主動學習因素
的具體影響因素的優先性，依序分別是(1) 體驗臺灣社會風土文化(0.43)；
(2)自由學風能與國際接軌(0.36)；(3)探索兩岸學術發展異同(0.21)。此則
可見大陸學生的主動學習考慮因素將是以體驗臺灣社會風土文化為主，
其次為自由學風的吸引力，至於兩岸學術發展異同則屬於進階的學術研
究，較非大陸學生來台的考慮因素。(五) 有關大陸學生來台的體制安排
因素的具體影響因素的優先性，依序分別是(1)兩岸學校簽定合作計畫
(0.58)；(2)中央省市地方政府安排(0.22)；(3)政府研究案與企業贊助(0.20)。

這說明了兩岸學校簽定合作計畫的主導性與規劃彈性，讓大陸學生與家長能夠有更高的信任程度，更能成功的安排陸生來台求學的各項事務。至於政府與企業的安排、支援與贊助，則為較次要的影響因素。從階層乘積所得的策略，最重要的三個策略依序分別是(1)文化語言環境較無障礙(0.1815)；(2)兩岸學校簽定合作計畫(0.1334)；(3)體驗臺灣社會風土文化(0.1118)。說明了兩岸同為大中華文化圈的優勢是大陸學生考慮來台的最為重要的因素。藉由兩岸學校合作所建立的平臺則為最佳的管道，體驗臺灣社會風土文化則為闊別一甲子的陌生感所產生的探索吸引力。進一步從階層乘積結果進行分析，並將乘積值較為接近的群組化為組合，分別依其重要程度說明如下：(A)善用中華文化生活圈優勢；(B)強化兩岸學校合作與社會體驗策略；(C)強化特定產業與學術領域的國際競爭力；(D)增加政府與企業的輔導與贊助。排序約略與第一層級所得結果相同，但(C)與(D)的排序則有互換。說明應從學生的需求面進行規劃，規劃適合兩岸同為中華文化生活圈學生的進修課程，並以學校合作為平臺，如能結合非營利組織的媒合運作，使得來台陸生可以獲得更好的生活照顧，獲得更多的兩岸企業就業經驗與機會，更加深入的瞭解兩岸社會融合之道，則將更容易獲得成功。

八、結論與建議

開放步伐可以更大一點，陸生來台名額可以多一點：臺灣是一個民主自由開放的社會，國人赴境外求學及進行交流，為社會普遍的現象。近年來大陸高等教育品質快速提升，世界多國已採認其著名大學的學歷，國人赴大陸留學人數亦有成長，適度採認大陸高等教育學歷，符合高等教育國際化、多元化開放趨勢，亦有助取得大陸地區大學學歷之台生返台繼續升學或就業，

使人才回流。

(一)本文針對臺灣政府相關部會之建議

1. 中國學歷採認之後，對於相關文化教育等交流法規，應重新審視一次，有關於配偶及居留辦法，若與大陸學生來台辦法有所競合時，應審慎處理。若同時有配偶及學生身份者，是否宜同時計算居留天數，以利於取得身份證，宜有詳細考慮。陸委會，教育部及勞動部應有配套措施，對於三限六不(如附錄)之政策，進行全盤檢討修正。
2. 陸生納入健保雖完成法制流程但是應將收費降低。
3. 擴大對於中國大陸學歷採認範圍至省級二本大學。

(二)對國內大學之建議

1. 因陸生來台名額有限，國內大學應積極擴展學生來源，不應以陸生作為招生不足時之萬靈丹。
2. 對於陸生之管理及安全維護都應有完整配套措施。
3. 提升大學競爭力及大學生就業能力才是本案解決之道。

(三)對兩岸交流政策之建議

1. 中國學歷採認是兩岸關係正常化之一部份，因應中國對台生更多優惠政策，陸委會及教育部應思考如何因應。
2. 臺灣優勢是開放及民主，大量之交流，理論上及實務上都有利於臺灣，應在法制上及實務上思考更為開放之交流政策。

(四)對大陸涉台機構建議：

因應 2016 年 5 月後新局勢，台研所應與臺灣高校教授合作，針對陸生學習，生活適應，社團活動，政治態度等議題，進行兩年期整合型計畫，運用問卷調查法、深度訪談法、焦點團體法、AHP 等方法，對陸生進行長期研究，以因應臺灣選後政局。

附錄(陸生來台政策之三限六不)

政策		說明
	限制採認的高等學校	僅認可學術聲望卓著、辦學品質績優的大陸地區高等學校。
	限制來台陸生總量	全國招收大陸地區學生總數將有所限制，以全國招生總量的 0.5-1%為原則。
	限制醫事學歷採認	限制大陸地區所有涉與臺灣醫事人員證照考試的學歷采認。
	不加分優待	陸生來台就學或考試，不給予加分優待。
	不會影響臺灣招生名額	陸生來台就學的管道將與臺灣學生有所區隔，采外加名額方式辦理，不影響臺灣學生升學機會。
	不編列獎助學金	政府不編列預算作為陸生獎助學金。
	不允許在學期間工作	陸生必須符合來台就學目的，在學期間不得從事專職或兼職的工作。
	不會有在台就業問題	陸生停止修業或畢業後不得續留臺灣。
	不得報考公職人員考試	大陸地區人民依法不得報考臺灣「公務人員考試」與「專門職業及技術人員考試」。

資料來源：教育部（2009），陸生來台公聽會會議手冊內文。

「兩岸民主化和平合作架構協議」芻議探析

許源派[*]

一、前言

　　台商存在的價值帶動了兩岸經濟合作的發展，並建構了兩岸經濟合作架構協議之框架的可能性，進而建構兩岸經濟合作實踐性及未來性。而台商更是開啟兩岸未來「政治對話」的關鍵角色，為何如此說？因為目前台商協會逐漸形構出其在大陸的「政治」影響力，進而進入政治決策機制，其影響力不可不謂大矣。也因此，台商必然在未來兩岸「政治對話中」中扮演橋樑，或至少是一個「利益團體」的角色。

　　首先要釐清的是兩岸的發展，特別是政治發展，真的是如石之瑜所言：「當台灣和大陸分別被視為一個具有內在一致性的地理疆域時，台灣是處在這樣一個不利的不對稱位置」，亦即台灣對主權關係的恐懼來源是在「表面上是大吃小的想像，但更深層的則是把兩岸區分開成兩個單位的思考方式，造成了大與小的對比。[1]

　　台灣對兩岸主權為核心作為擔心之恐懼基礎，難道不是來自於兩岸的制度差異，也就是說，中國大陸實行的社會主義制度，或者稱為「中國式的社會主義」，其中存在對中國共產黨「一黨專政」的「疑慮」，即決策過

---

[*] 作者為台北市立大學兼任助理教授。
1 石之瑜、黃競娟等，《「一國兩制」論述注批：主權觀的累現、比對與新詮》(台北：遠景基金會，2001 年)。

程不是經由民主機制，而且不是透明化的決策，形成對大陸政策的決策、執行及變動有著「疑慮」，換言之，決策來自於「以黨領政」的黨中央，決策快速也代表變動的「快速」，不若民主機制須要送議會表決通過，需要經過各民主政黨代表討論表決，無法由「執政黨」自行決定，曠日費時但卻是具透明化，甚至是「可預測性」。

特別的是兩岸的分治乃是「內戰」所遺留下來的「歷史現實」，又或者精確來說是「國共內戰」所造成的，至今兩岸尚未解除「敵對狀態」，這也就是兩岸雙方領導人，不斷強調希望「作為第一步，來結束敵對狀態」更有學者提政治和平協議的簽訂。[2]

而本研究認為兩岸分治的現實，歸結仍是台灣對大陸現存「一黨執政」的「社會主義體制」－有所「疑慮」。也因此，若大陸的制度發展往資本主義民主體制發展，則兩岸的發展，應可跳脫「一國兩制」的框架，而往「民主式」資本主義發展，又或者是往具「民主式」中國特色的資本主義發展，也就是說，「制度的差異」才是兩岸發展或交流中最深層的問題意識，但「制度」的發展並非一定朝「民主化的資本主義制度發展」，而其對「民主」的定義，也與西方式的「民主」意涵有所差異，也因此，「一國兩制」的新意涵，應是「一個國家的統合的困境奠基於不同國家制度的發展」。

邵宗海也提出以「中國領土和主權完整」說辭欲替代現存的「一中原則」，[3]其企圖心令人敬佩。

本研究希望在此思維架構下，提出「兩岸民主化和平合作架構協議」(Democratic Peaceful Cooperation Framework Agreement, DPCFA)(兩邊擱發)即「兩岸擱發」的新思維，也就是希望現存兩岸雙方兩岸經濟合作架構協

---

2 關於兩岸和平協議簽訂可參閱張亞中、邵宗海......等人論述。
3 邵宗海，《以「中國領土和主權完整」說辭替代「一中原則」可行性之探討》(廈門：台灣研究集刊，第 2 期，2011 年 3 月)，頁 1-90。

議的流向，是大陸對台灣有正面協助的流向，但「兩岸民主化和平合作架構協議」則是台灣「讓利」於大陸，透過台灣政治民主化發展的經驗「協助」中國共產黨「和平過渡」到民主化的發展道路，也許是「中國式的民主」道路，不過，台灣當局甚至可結合新加坡的華人「民主」模式，共同為中國大陸，特別是「中國共產黨」的「政治改革」及「民主化發展」，建構出一條屬於中國大陸特有的「政治民主化」發展道路，畢竟「民主化」的發展及「民主化」的浪潮，是世界各國政治發展的趨勢及主流，目的乃是落實「以民為主」的國家治理(National governance)的目標，又可實現西方哲學家盧梭(Jean-Jacques Rousseau, 1712-1778)的民約論之政治理想與目標。

另一方面，「民主化」的浪潮也逐漸衝擊到「中國共產黨」的執政基礎，所以透過兩岸的「民主化和平合作架構協議」(Democratic Peaceful Cooperation Framework Agreement, DPCFA)，吾人可音譯成(兩邊擱發)即「兩岸擱發」，即雙方平等化，發展政治民主化合作架構，就政治民主化改革經驗，可多方討論，正如中國大陸溫家寶前總理也表示中國大陸的政治改革是必須進行的，畢竟全球的政治改革思潮是無法完全抵禦或置身事外，而這也可以在確保中國共產黨的「百年治理」可以逐步達成。但要說明的是中國大陸的民主化發展意涵，不見得是完全西方式的「民主化改革」，因為中國大陸的民情不同以及統治治理的根本情形，與西方式民主道路有所不同，所以必須藉重臺灣民主化的經驗來協助中國大陸從，「社會主義民主道路」過渡到真正「以民為主」的「民主化道路」及「以民為主」的國家治理(National governance)的目標。

二、「一個中國」原則的新思維

「一個中國」的原則是兩岸交流的基礎，特別是「九二共識」，更是馬政府與中國大陸對話的「交集」或「共識」，此重要性昭然若揭，但吾人認為「一個中國」的原則是一歷史的「共業」，早就已經存在了，並非在一九九二年「辜汪會談」時才建立的，只能說「九二共識」是兩岸雙方為了坐下來談判，特別是事務性談判，所建立的「共識」，即「互不否認，各說各話」的共識。

但觀之歷史的發展，在聯合國承認「中華人民共和國」繼承「中華民國」在聯合國(UN)的席次之前，「中國」就只有一個，就是「中華民國」，而且其主權統治的範圍其包括中國大陸及 1952 年舊金山和約生效，日本放棄對台灣的領土的主張權利，所返回中國合法政府－中華民國的台灣：也就是說聯合國承認「中華人民共和國」合法繼承「中華民國」席次之前，中國只有一個，而主權治理的範圍屬於中國大陸和台灣，但在聯合國正式承認「中華人民共和國」為「中國」合法繼承之後，「中華人民共和國」合法繼承了「中華民國」在大陸的主權及治權，但「中華民國」並未「滅失」或「消亡」，只是因 1949 年中華民國國民黨政府播遷來台，將「中華民國」已存在的主權治理區域從中國大陸＋台灣，變成只有在「台澎金馬」區域而已，此其一。

第二，「中華民國」的國號並未滅亡，只是統治治理的區域，只有「台澎金馬」，因此，也就沒有所謂的「中華民國」滅亡的問題，畢竟聯合國承認「中華人民共和國」繼承「中華民國」在聯合國的席次之前，「中華民國」就已經存在的事實是不容抹滅的。

第三，誠如中國大陸胡錦濤國家主席在 2008 年 12 月 31 日紀念「告台灣同胞書」發展 30 週年的大會上發表重要談話時，即「胡六點」，其中第

六點就提到了「結束敵對狀態，達成和平協議」，就表示台海兩岸仍於「內戰」的「敵對狀態」之歷史現實或事實，一方面表示「中國人民共和國」與「中華民國」的「內戰」問題尚未解決，所以才有學者倡議兩岸簽訂「和平協議」。

另一方面也即表示「內戰」的兩造「中國人民共和國」與「中華民國」，皆仍然存在，否則「內戰」的「敵對狀態」早就宣告結束了。

第四，在中國共產黨的發展歷史上，中山先生因為「聯俄容共」的政策，而逐漸使得中國共產黨的發展有了與以往不同的方向，而此時政府的名稱也就是「中華民國」，換言之，中國共產黨的發展歷史中，是存在階段性認同「中華民國」的存在，也表示，「中華民國」是真實存在。

綜合以上而言，也就表示聯合國承認「中華人民共和國」之前是不存在「主權分治」的問題，即使是現存「內戰」尚未解決的狀態下，也只能表示「中華人民共和國」的主權治理區域是「中國大陸」，而中華民國的主權治理區域為「台澎金馬」，但其皆來自「一個中國」的歷史發展，本研究認為所謂「歷史中國、文化中國、地理中國，甚至是血緣的中國」，特別是「血緣的中國」更能代表是兩岸共同的遺傳的「DNA」，是無法割捨的「DNA」，正如同二兄弟是系出同門，不因為兄弟鬩牆，就認為雙方或任一方無血緣關係，正所謂「血濃於水」這種臍帶關係，親情關係是「內建的」，是「內存在」，無法完全消除，這也表示「一個中國」的原則是「內生的」是兩岸既有的存在的「DNA」，不存在誰繼承誰的問題，因為兩岸皆存在「血統」，也因此兩岸兄弟更應該相互協助建構出與「兩岸經濟架構協議」相同意涵的兩岸「民主化和平合作架構協議」(Democratic Peaceful Cooperation Framework Agreement, DPCFA，兩邊攏發)，台灣當局應該積極協助大陸「民主化改革」，建構兩岸特有的「民主制度」，當雙方的「制度差異」消失了，

則兩岸共同的「血統」「DNA」就會帶領兩岸尋回共同的「血緣中國」「歷史中國」「文化中國」、「地理中國」的記憶。

如同南北韓或東西德也不存在誰代表「韓國」的問題，畢竟兄弟骨肉皆是父母所生，身上流著血液是一樣的。

就現階段而言，中國大陸的崛起，的確存在了若干的外生性壓力，但從學界主張以「王道」來看待「中國的崛起」，以「內聖外王」來看待兩岸的發展，既然是「內聖」，就表示對內要有「聖明」的思維，更何況對有血緣的骨肉兄弟，也因此除了兄弟扶持建構出「兩岸經濟合作架構協議」，應可另發展出「兩岸民主化和平合作架構協議」，透過台灣的民主經濟，如何從「一黨獨大」的威權式統治，走向真正落實民主化的發展經驗，協助中國大陸建構自我的「民主化」發展道路。

三、民主與發展 (Democracy & Development)

民主的發展進程，基本上是以人民為主的制度規劃，即主權在民的基本核心思維，但為國家治理需要有長期的專業政治菁英，也因此，又衍生出直接民主制度與間接民主的代議政治體制，當然，社會主義國家所強調的社會主義民主制度，或共產主義國家所強調人民民主專政制度，雖然有民主之名，但究其實，民主內涵與民主國家所強調的民主含意不同，其中，民主國家的民主是授權及監督，但社會主義國家或共產主義國家所強調的民主是強調授權，但是缺乏實質監督機制，雖有人民議會，但變成為政府政策背書的形式機構或橡皮圖章，未能發揮其監督機制及功能，相當可惜，若能實質落實民主監督機制，則可落實真正主權在民的民主精神。

（一）民主

1. 民主的意涵

民主依照「維基百科」的定義為：「民主(Democracy)從其字面上來看，代表著主權在民，即『人(全)民做主』。至於民主的統治方法、以及其『人民』的構成範圍則有許多不同的定義，現在一般是由多數進行統治。民主通常被人與寡頭政治和獨裁政治相比較，在這兩種制度下政治權力高度集中於少數，而沒有如民主政治由人民控制。民主一詞經常被使用於描述國家的政治，民主的原則也適用於其他有著統治行為存在的領域。」[4]

而民主依照選舉方式或民意的多寡，有可分為直接民主與間接民主：

（1）直接民主：

依照「維基百科」的定義為：「直接民主制是一種自古存在的民主體制。在這種體制中，每一個公民直接參與所有政策的制訂，而方法是全體投票來決定，例如公民投票便是其中一種實踐直接民主的方式。完全的直接民主體制指的是所有公民為政策做決定。」[5]

（2）間接民主（又稱代議民主 Representative democracy）

依照「維基百科」的定義為：「代議民主制(英語：Representative democracy)，又稱間接民主制，是由公民以選舉形式選出立法機關的成員，

---

4 維基百科，「民主」，2014 年 3 月 26 日瀏覽，
〈http://zh.wikipedia.org/zh-tw/%E6%B0%91%E4%B8%BB〉。
5 維基百科，「直接民主」，2014 年 3 月 26 日瀏覽，
〈http://zh.wikipedia.org/wiki/%E7%9B%B4%E6%8E%A5%E6%B0%91%E4%B8%BB〉

並代表其在議會中行使權力(稱為代議)，並與直接民主制相反。 除了在選舉中外，選民和被選者並無約束關係，即被選者在議會中的行為未必真正反映選民的意願，但其表現卻直接影響下次選舉中選民的投票取向。」[6]

民主制度是一種人民作主的政治制度，理論上，即人民為國家主人，掌管國家政治機關的運作，當實際上，因為國家機器運作需要專業菁英，加上，需要長時間的行政運作，大多數國家，則採取民主精神下，建構出直接民主體制或間接民主體制，但這些皆是希望建立民主制度或體制為一種普世價值，人民當家作主，國家機器只是為人民服務，不能喧賓奪主，反過來，宰制了人民的政治自由或政治意識。

2. 中國大陸領導人的民主觀

（1）毛澤東的「人民民主專政」

依照「維基百科」的定義為：「人民民主專政是現代中國的政治概念，由毛澤東提出，指在實現社會主義前的一種『國體』，當中『專政』的是工人階級聯合其他革命階級，而不僅是工人或無產階級。毛澤東的『人民民主專政』概念繼承自列寧。馬克思主義原來認為，權力只能由無產階級或資產階級單獨掌握，而不能由『中間階級』或幾個階級的聯盟去掌握。毛澤東劃分世上的三類國體：A.資產階級專政；B.工人階級專政；C. 『工人階級領導的、以工農聯盟為基礎的各個革命階級的聯合專政』。在人民民主專政中，『各革命階級聯合專政』，當中工人階級是最堅強的核心，通過代表其利益的政黨來行使領導權。其次是農民，他們是無產階級最可靠的盟

---

6 維基百科，「代議民主」，2014 年 3 月 26 日瀏覽，
〈http://zh.wikipedia.org/wiki/%E4%BB%A3%E8%AD%B0%E6%94%BF%E5%88%B6〉
。

友。然後是小資產階級，他們充其量是追隨者。最後是民族資產階級，他們有可能離棄人民，加入『反人民』的敵對陣營。這 4 個階級行使『人民民主專政』。」[7]

也就是說，毛澤東所強調的人民民主專政，其核心概念是以工人階級為人民民主專政的主要核心，其方式是通過代表其利益的政黨來行使領導權，亦即透過代表人民利益的中國共產黨來行使領導權，這就是無產階級專政下的共產黨領導模式，但共產黨是否真的代表了人民真正的利益還是共產黨的利益，這也是值得探討的。

而究其實，「人民民主專政的基礎是工人階級、農民階級和城市小資產階級的聯盟，而主要是工人和農民的聯盟，因為這兩個階級佔了中國人口的百分之八十到九十。人民民主專政需要工人階級的領導。因為只有工人階級最有遠見，大公無私，最富於革命的徹底性。整個革命歷史証明，沒有工人階級的領導，革命就要失敗，有了工人階級的領導，革命就勝利了。總結我們的經驗，集中到一點，就是工人階級(經過共產黨)領導的以工農聯盟為基礎的人民民主專政。這個專政必須和國際革命力量團結一致。這就是我們的公式，這就是我們的主要經驗，這就是我們的主要綱領。國際和國內的形勢都對我們有利，我們完全可以依靠人民民主專政這個武器，團結全國除了反動派以外的一切人，穩步地走到目的地。」[8]

（2）鄧小平的社會主義民主及持續堅持「人民民主專政」

鄧小平主張：「旗幟鮮明地強調必須堅持社會主義道路，堅持人民民主專政，堅持中國共產黨的領導，堅持馬克思列寧主義、毛澤東思想。『一

---

7 維基百科，「人民民主專政」，2014 年 3 月 26 日瀏覽，〈https://goo.gl/9j84BG〉。
8 毛澤東，〈論人民民主專政〉，2014 年 3 月 26 日瀏覽，
〈http://marxists.org/chinese/big5/nonmarxists/mao/19490630.htm〉。

個中心、兩個基本點』的思想開始形成，奠定了新時期黨的基本路線的基礎。」[9]

鄧小平認為應該適當擴大社會主義民主，在 1992 年，中共十四大報告中也詳細的闡釋鄧小平理論的主要內容，其針對社會主義民主的相關內容，節錄如下：

「在社會主義建設的政治保證問題上，強調堅持社會主義道路、堅持人民民主專政、堅持中國共產黨的領導、堅持馬克思主義毛澤東思想。這四項基本原則是立國之本，是改革開放和現代化建設健康發展的保證，又從改革開放和現代化建設獲得新的時代內容」。鄧小平認為應該適當擴大社會主義民主，主張：「要堅持『黨的領導、人民當家作主、依法治國』三者有機統一。」鄧小平認為「為了完善體制，需要做到黨政分開」，「長期以來中國對於『執政黨』理念的誤解是造成黨政長期不分的原因。」[10]

也就是說，鄧小平一方面是延續毛澤東的人民民主專政的理論架構，因為這是中國共產黨統治的合法基礎，亦即無產階級專政，進而，論述為共產黨領導的理論推演；另一方面，仍然堅持改革開放的政策，並且，希望建構出「黨政分開」的政治體制，建設社會主義民主體制，希望達到共產黨領導下的社會主義民主法制化體制，其中，特別提及，希望提昇人民的生活水平，透過經濟發展提升生活水平，也就是，希望經濟發展推動社會主義民主體制及法制化的建立。

為透過經濟發展提升生活水平，鄧小平於南巡講話中，提出三個有利於的標準，即「三個有利於標準指是否有利於發展社會主義社會的生產力，是否有利於增強社會主義國家的綜合國力，是否有利於提高人民的生活水

---

9 百度百科，「鄧小平理論」，2014 年 3 月 26 日瀏覽，
　〈http://baike.baidu.com/view/ 81772.htm〉。
10 維基百科，「鄧小平理論」，2014 年 3 月 26 日瀏覽，<https://goo.gl/GXkZDC〉。

平。」[11]將提昇人民的生活水平當作經濟發展的指標，也是社會主義民主體制中，一項重要的基礎工程。

（3）江澤民持續堅持「人民民主專政」及三個代表論

1992 年，江澤民在中共十四大報告中，會議中提出必須用鄧小平建設中國特色的社會主義理論武裝全黨，明確改革的下一步目標是建立社會主義市場經濟體制，並指出：「政治體制改革的目標，是以完善人民代表大會制度、共產黨領導多黨合作和政治協商制度為主要內容，發展社會主義民主政治。」[12]

2000 年 2 月 25 日，江澤民在廣東省考察工作時指出：「總結我們黨七十多年的歷史，可以得出一個重要結論，這就是：我們黨所以贏得人民的擁護，是因為我們黨在革命、建設、改革的各個時期，總是代表著中國先進生產力的發展要求，代表著中國先進文化的前進方向，代表著中國最廣大人民的根本利益，並通過制定正確的路線方針政策，為實現國家和人民的根本利益而不懈奮鬥。」[13]這是江澤民首次提出「三個代表」的重要思想。

而江澤民的「三個代表」論述，更於 2004 年中國全國人大修改憲法時正式寫入《中華人民共和國憲法》序言中。

根據「中華人民共和國憲法」序言中，規定：「中國新民主主義革命的勝利和社會主義事業的成就，是中國共產黨領導中國各族人民，在馬克思列寧主義、毛澤東思想的指引下，堅持真理，修正錯誤，戰勝許多艱難險

---

11 新華網，「鄧小平理論小辭典」，2014 年 3 月 26 日瀏覽，
　　〈http://news.xinhuanet.com/ziliao/2004-10/28/content_2148526_13.htm〉。
12 百度百科，「鄧小平理論」，2014 年 3 月 26 日瀏覽，
　　〈http://baike.baidu.com/view/81772.htm〉。
13 楊德山，〈三個代表〉，人民網，2014 年 3 月 26 日瀏覽，
　　〈http://cpc.people.com.cn/GB/64162/64171/4527680.html〉。

阻而取得的。我國將長期處于社會主義初級階段。國家的根本任務是，沿著中國特色社會主義道路，集中力量進行社會主義現代化建設。中國各族人民將繼續在中國共產黨領導下，在馬克思列寧主義、毛澤東思想、鄧小平理論和『三個代表』重要思想指引下，堅持人民民主專政，堅持社會主義道路，堅持改革開放，不斷完善社會主義的各項制度，發展社會主義市場經濟，發展社會主義民主，健全社會主義法制，自力更生，艱苦奮鬥，逐步實現工業、農業、國防和科學技術的現代化，推動物質文明、政治文明和精神文明協調發展，把我國建設成為富強、民主、文明的社會主義國家。」[14]

究其實，江澤民的「三個代表」論述主要內容為：

「三個代表思想要求中國共產黨：
1.要始終代表中國先進社會生產力的發展要求；
2.要始終代表中國先進文化的前進方向；
3.要始終代表中國最廣大人民的根本利益。」[15]

而三個代表中列為第一位的是「先進社會生產力的發展要求的代表」，即進一步推進生產力發展的方針。以此為方針，江澤民在十六大第一次提出讓私人企業家加入共產黨的政策。[16]

這也是經濟發展與社會主義民主的初步連結，透過開放私人企業家，

---

14 中華人民共和國中央人民政府網站，「 中華人民共和國憲法」，2014 年 3 月 26 日瀏覽，〈http://big5.gov.cn/gate/big5/www.gov.cn/gongbao/content/2004/content_62714.htm〉。

15 維基百科，「三个代表」，2014 年 3 月 26 日瀏覽，〈http://zh.wikipedia.org/wiki/%E4%B8%89%E4%B8%AA%E4%BB%A3%E8%A1%A8〉。

16 同上註。

或者稱民族企業家或民族資本家加入共產黨，擴大政治參與，希望吸納更多或多元的參與基礎，架構出社會主義民主體制，因為無產階級專政與共產黨的領導仍是中國大陸政治體制的核心，而私人企業家加入共產黨，是否能改變共產黨的本質，或者，企業家必須融入中國共產黨意識型態，是值得觀察的。

2001 年 7 月 1 日，在中國共產黨成立八十週年慶祝大會上，江澤民發表講話全面闡述了「三個代表」重要思想。他指出：

「我們黨要始終代表中國先進生產力的發展要求，就是黨的理論、路線、綱領、方針、政策和各項工作，必須努力符合生產力發展的規律，體現不斷推動社會生產力的解放和發展的要求，尤其要體現推動先進生產力發展的要求，通過發展生產力不斷提高人民群眾的生活水平。

我們黨要始終代表中國先進文化的前進方向，就是黨的理論、路線、綱領、方針、政策和各項工作，必須努力體現發展面向現代化、面向世界、面向未來的，民族的科學的大眾的社會主義文化的要求，促進全民族思想道德素質和科學文化素質的不斷提高，為我國經濟發展和社會進步提供精神動力和智力支持。

我們黨要始終代表中國最廣大人民的根本利益，就是黨的理論、路線、綱領、方針、政策和各項工作，必須堅持把人民的根本利益作為出發點和歸宿，充分發揮人民群眾的積極性主動性創造性，在社會不斷發展進步的基礎上，使人民群眾不斷獲得切實的經濟、政治、文化利益。」[17]

特別是強調中國共產黨要始終代表中國最廣大人民的根本利益，即中國人民的最廣大利益是要由中國共產黨所代表，中國最廣大人民的根本利益是要透過中國共產黨才能體現出來，也因此，一方面，中國最廣大人民

---

17 同註 13。

的根本利益是最重要的，理論上，人民才是最重要的，人民的利益就是國家利益；另一方面，中國共產黨所代表的就是中國最廣大人民的根本利益。

但事實上，共產黨的利益是否就等於中國最廣大人民的根本利益？是值得觀察的。

（4）胡錦濤持續堅持「人民民主專政」及社會主義民主政治

胡錦濤在中國共產黨第十七次全國代表大會中，也指出：「中國特色社會主義道路，就是在中國共產黨領導下，立足基本國情，以經濟建設為中心，堅持四項基本原則，堅持改革開放，解放和發展社會生產力，鞏固和完善社會主義制度，建設社會主義市場經濟、社會主義民主政治、社會主義先進文化、社會主義和諧社會，建設富強民主文明和諧的社會主義現代化國家」[18]

胡錦濤也強調：「中國特色社會主義理論體系，就是包括鄧小平理論、「三個代表」重要思想以及科學發展觀等重大戰略思想在內的科學理論體系。」「社會主義民主政治不斷發展、依法治國基本方略紮實貫徹，同時民主法制建設與擴大人民民主和經濟社會發展的要求還不完全適應，政治體制改革需要繼續深化。」[19]

強調：「必須堅持以人為本。全心全意為人民服務是黨的根本宗旨，黨的一切奮鬥和工作都是為了造福人民。要始終把實現好、維護好、發展好最廣大人民的根本利益作為黨和國家一切工作的出發點和落腳點，尊重人民主體地位，發揮人民首創精神，保障人民各項權益，走共同富裕道路，促進人的全面發展，做到發展為了人民、發展依靠人民、發展成果由人民

---

18 新華網，「胡錦濤在黨的十七大報告」，2014 年 3 月 26 日瀏覽，
〈http://news.xinhuanet.com/newscenter/2007-10/24/content_6938568_1.htm〉。
19 同上註，頁 2。

共享。」[20]

　　胡錦濤強調，要擴大社會主義民主，需要：「更好保障人民權益和社會公平正義。公民政治參與有序擴大。依法治國基本方略深入落實，全社會法制觀念進一步增強，法治政府建設取得新成效。基層民主制度更加完善。政府提供基本公共服務能力顯著增強。」[21]

　　胡錦濤也強調：「人民民主是社會主義的生命。發展社會主義民主政治是我們黨始終不渝的奮鬥目標。改革開放以來，我們積極穩妥推進政治體制改革，我國社會主義民主政治展現出更加旺盛的生命力。政治體制改革作為我國全面改革的重要組成部分，必須隨著經濟社會發展而不斷深化，與人民政治參與積極性不斷提高相適應。要堅持中國特色社會主義政治發展道路，堅持黨的領導、人民當家作主、依法治國有機統一，堅持和完善人民代表大會制度、中國共產黨領導的多黨合作和政治協商制度、民族區域自治制度以及基層群眾自治制度，不斷推進社會主義政治制度自我完善和發展。」[22]

　　強調：「深化政治體制改革，必須堅持正確政治方向，以保證人民當家作主為根本，以增強黨和國家活力、調動人民積極性為目標，擴大社會主義民主，建設社會主義法治國家，發展社會主義政治文明。要堅持黨總攬全局、協調各方的領導核心作用，提高黨科學執政、民主執政、依法執政水平，保證黨領導人民有效治理國家；堅持國家一切權力屬於人民，從各個層次、各個領域擴大公民有序政治參與，最廣泛地動員和組織人民依法管理國家事務和社會事務、管理經濟和文化事業。」「擴大人民民主，保證人民當家作主。人民當家作主是社會主義民主政治的本質和核心。要健全

20　同註19。
21　同註19。
22　同註19。

民主制度，豐富民主形式，拓寬民主渠道，依法實行民主選舉、民主決策、民主管理、民主監督，保障人民的知情權、參與權、表達權、監督權。支持人民代表大會依法履行職能，善於使黨的主張通過法定程序成為國家意志；保障人大代表依法行使職權，密切人大代表同人民的聯繫，建議逐步實行城鄉按相同人口比例選舉人大代表；加強人大常委會制度建設，優化組成人員知識結構和年齡結構。支持人民政協圍繞團結和民主兩大主題履行職能，推進政治協商、民主監督、參政議政制度建設；把政治協商納入決策程序，完善民主監督機制，提高參政議政實效；加強政協自身建設，發揮協調關係、匯聚力量、建言獻策、服務大局的重要作用。堅持各民族一律平等，保證民族自治地方依法行使自治權。推進決策科學化、民主化，完善決策信息和智力支持系統，增強決策透明度和公眾參與度，制定與群眾利益密切相關的法律法規和公共政策原則上要公開聽取意見。加強公民意識教育，樹立社會主義民主法治、自由平等、公平正義理念。支持工會、共青團、婦聯等人民團體依照法律和各自章程開展工作，參與社會管理和公共服務，維護群眾合法權。」[23]

　　胡錦濤的擴大社會主義民主，雖然希望建立要健全民主制度，豐富民主形式，拓寬民主渠道，依法實行民主選舉、民主決策、民主管理、民主監督，保障人民的知情權、參與權、表達權、監督權。讓中國大陸人民實質的當家作主，也強調人民是社會主義民主政治的本質和核心，但實質上，中國大陸人民受到較為嚴密的制度規範，加上，共產黨內部的制度化問題，如資訊不透明，就容易產生訊息不對稱，造成權錢交易的制度性問題產生，人民的知情權、參與權、表達權、監督權也相對受到制度性的制約，形成單向式的資訊傳達，加上實施人民民主專政、無產階級專政、共產黨領導，

23　同註 19。

形成有民主之名，而無民主之實，台灣的民主化經驗就可以成為中國大陸民主化的借鏡。

（二）發展

發展(Development)是一種持續過程，從一點轉變成為另一點，或從一個層次轉變成另一層次，就其原先的內容、性質或形式必然改變，轉變過程也呈現一種連續現象，而且趨於較佳目標的方向。[24]

佛納里(Giovanni Fornari)認為：發展必然牽涉發展的目標。其次，發展可區別為「質的發展」與「量的發展」。所謂「數量發展」指生產力、生產財貨、需求和之成長，而「質的發展」則指進步的研究，改善技術和科學，造成更高更普遍的文化水平。[25]

梅里勒傑克森(H. Merrill Jackson)也指出：發展的主要目標在逐步提昇人的文化價值，它包含：

1. 發展的一個過程，不是靜止的狀態。
2. 該過程最後的指涉價值。
3. 價值應著重於那些牽涉在內的人，而非專指西方世界的價值觀念。[26]

亞伯特(David E. Apter)也認為「在一般的分析裡，發展是屬於發生學的名詞，它包括各種類型的成長，如經濟(產量增加)、分化(由功能專化所產生)、社會整合等等愈趨於複雜的模式(形成一個統一的團體)，在此關係上

---

24 陳鴻瑜，《政治發展理論》，(台北：桂冠圖書公司，1982年)，頁17。
25 John P. Schlegel (1977). Towards a re-definition of development: Essays and discussion on the nature of development in an international perspective, Chicago, IL: Pergamon Press, pp. 5-39.
26 同上註。

發展有不同的指標，如個人所得或國民總生產量增加，公務人數增加，專業角色擴張(如財政、科技等角色)。」[27]

事實上，發展觀念不僅指涉階段或順序的演化，也包涵價值觀念，故其每經過一個階段或順序，將比上一個階段或順序更趨於「進步」，而這種於「進步」的發展過程，只是偶然的，而非必然的結果，因為中途可能有障礙，而導致制度崩潰、中斷或衰退。發展過程之所以是一種偶然的現象，乃因為各個變遷事物之條件與能力有所不同所導致的。[28]

而拉瑞(Jorge Larrain)在其所著的發展理論集(Theories of Development)中也將發展概念與資本主義作連接，並引進第三世界發展觀來作分析。[29]

總而言之，發展是一持續的轉變過程，其中涉及「質的發展」和「量的發展」，而且發展的目標是一種「進步」的發展過程，但其為偶然，亦即發展並非一定會造成「進步」的結果，若能將發展規範在「進步」的範疇中，則發展對經濟成長及民主發展必能產生正面「進步」的效應，也能避免因為發展而產生的負面效應。

1. 發展主義理論的形成

發展主義理論是以 1948 年成立的聯合國拉丁美洲經濟委員會所提出關於發展的思想和主張為基礎，而發展主義理論代表為學者普雷維什(Raul Prebisch)。

而發展主義的特徵就是理論與實踐相結合。發展主義理論雖然以拉丁美洲的經濟發展為「藍本」，但它卻對整個發展中國家的經濟發展產生了相

---

27 同註 24，頁 28。

28 同註 24，頁 21。

29 Jorge Larrain (1989). Theories of development: Capitalism, colonialism and dependency.Cambridge, UK: Polity Press in association with Basil Blackwell.

當的影響。[30]發展必須改善如：人口條件：較低的出生率以及較高的預期壽命；經濟條件：經濟指數如國內生產總值、國民總收入、購買力平價等數據值較高；社會發展條件：在政治的發展過程中，有比較平等的男女平權、達成種族的不歧視、較多的公民參與(參政權)等。[31]

其他的發展條件，包含諸如人民生存(生活)的自由度、生活上品質的寄託以及人民的自我尊嚴實現等，也是開發中或低度開發國家在發展進程中必需注意的條件。[32]也因此，發展理論主義論者多半提出一系列能夠增加國民生產及收入的理論訴求，講求必要的干預與介入，改善國際經濟秩序等措施，並付諸實踐以及接受驗證。[33]

2. 傳統發展理論：經濟增長理論

傳統的發展理論認為發展就等於經濟成長，這是一種目標，而人的價值觀就是一種工具或手段；政治經濟觀點下的發展理論則認為，發展是一種注重過程的發展，發展不是目標而是一種手段，最終目標是加強人的核心價值，也就是以人為本的發展。

因此，每個國家的歷史都是複雜的，沒有一個基本的發展路線或是單一的、全面性的路線適用於所有的發展國家。因為每個國家都有其發展的步調及特色，每個人或是國家都在寫它自己的發展歷史。

然而，就事實上，經濟增長並不等於發展。經濟發展還包括經濟成長

---

30 張雷聲，《尋求獨立、平等與發展─發展中國家社會經濟發展理論研究》(北京：中國人民大學出版社，1998 年)，頁 63。

31 Garrett Nagle, Development. (London : Hodder Murray, 2005), P. 1.

32 同上註。

33 Karan Pradyumna P, The non-Western world : development, environment, and human rights.(New York: Routledge, 2004), P. 33.

以外的內容，包含其所依賴的產業結構、技術狀況和體制的改革。34劉易斯(W. Arthur Lewis)認為，經濟成長最主要的癥結在於，提高人民的平均產值問題。因此，資本的累積是發展中國家發展的動力來源。但是，若僅將發展就等同於增長，就會失去了其客觀的原則。[35]

也就是說，若將發展就等同於增長，則會產生下列幾點迷思(myth)[36]：

A.以經濟的增長為單一目標的發展，偏離人民生活的基本需求；

B.經濟的增長並不能自動實現諸如平等、就業等社會目標；

C.經濟成長的一個理論假設是「間接流下」解決不平等問題，但若是要達成間接流下的效果，必須加上政府的干預以及政策輔佐方能實現，否則只會更加劇貧富之間的差距。[37]

3. 中國大陸領導人發展觀

（1）毛澤東發展目標與省思

毛澤東的經濟發展目標，是把中國大陸建設成為社會主義現代化強國，將落後農業國轉變為現代化工業國，並且在現代化的物質基礎技術上，發展科學技術、文化教育等事業，並且建立自己的技術團隊。毛澤東的經濟發展思想反映了人民改革一窮二白的願望，推動社會主義經濟建設。[38]

---

34 洪銀興、林金錠，《發展經濟學通論》(江蘇：江蘇人民出版社，1990 年)，頁7。

35 Arthur Lewis W, Development planning the essentials of economic policy.(London: Routledge, 2003), P. 23.

36 許先春，《走向未來之路—可持續發展的理論與實踐》(北京：中國廣播電視出版社，2001 年)，頁5。

37 間接流下(Trick down)，又可譯為「雨露均霑論」：經濟成長對貧窮減抑是一種由上而下的擴散過程，即讓社會中部份先富起來，然後經濟成長果實，會透過市場和社會機制向下滴落，漸次地嘉惠窮人。

38 劉光杰主編，《毛澤東經濟變革與發展思想研究》，(武漢：武漢大學出版社，1993 年)，頁191。

中國大陸的革命牽涉到政治、經濟、軍事、文化以及社會等多方面的變革，而此種變革正是許多層面相互作用的結果。在任何社會中，經濟總是基礎，政治則是經濟的集中表現，毛澤東經濟思想更是整個毛澤東思想的基礎。毛澤東時期的文化大革命，造成中國大陸近代經濟、政治、文化落後的根本原因。因此，只有實施徹底的經濟變革，才能解放被束縛的生產力。[39]

對於中共的經濟發展策略，學者陳雨晨表示，中國大陸經濟未能發展成功，雖然在經濟發展速度上不低，但人民生活卻如此落後以及匱乏，原因在於[40]：

A.馬列教條與毛澤東思想，經濟發展戰略目標選擇和實踐方法是以階級鬥爭為綱領；

B.以大量財政投入軍事費用；

C.盲目與主觀的指導思想，並一味以馬列毛教條辦事。

（2）鄧小平發展目標與省思

1992 年是中國大陸個經濟體制改革的的轉捩點，鄧小平的南巡談話，及 10 月召開的「十四大」，結束過去「摸著石頭過河」的改革模式，確立建設社會主義市場經濟體制目標，全面加速推動經濟改革。鄧小平先後視察武昌、深圳、珠海、上海等地並發表言論包含：走具有中國大陸特色的社會主義道路；改革開放，是為解決中國大陸的問題，要以實事求是的態度；有中國大陸特色的社會主義道路，要經過長年努力。[41]取得真正政治獨

---

39 同上註。
40 陳雨晨，《中共經濟發展策略之透視》，(台北：華泰書局，1983 年)，頁 79。
41 高長，《大陸經改與兩岸經貿》，(台北：五南出版社，2009 年)，頁 7。

立，必須努力擺脫貧困。要擺脫貧困，在經濟政策和對外政策上都要立足
實際，不要孤立於世界。要得到發展，必須堅持對外開放、對內改革，包
括上層建築的政治體制改革。執行開放政策是正確的，得到很大好處。如
果有不足之處，就是開放還不夠。要繼續開放，更加開放。[42]

　　鄧小平為了追求資本主義的現代化建設，捨棄社會主義的正義，恢復
官僚統治，由於改革開放所帶來的不公平與不民主，加上政府錯誤的政策，
導致 1980 年代後半物價高漲與失業等問題日益嚴重。[43]改革開放引進資本
主義市場經濟體制，卻帶來了社會問題。生活在底層的農民與工人，因為
集體化機制的消失，面對不安定的競爭，以致農民大量地流入城市，工人
也失去工作，成為勞動後備軍，也被少數官僚資本家的榨取，貧富分化也
日漸嚴重。政府不僅沒有採取適當措置減緩此趨勢，其錯誤的物價等政策，
更導致通貨膨脹。官員涉入貪污腐敗的事件增多，又加深群眾的憤恨，也
為 1989 年天安門事件的爆發鋪了道路。[44]

　　從鄧小平的發展戰略觀中，也呼應著大陸體現政治體制發展有三個制
度本質：

A.發展論，即「發展才是硬道理」。
B.實用論，也就是「不管黑貓、白貓，只要是能抓耗子的就是好貓」。
C.穩定論，即「穩定壓倒一切」、「摸著石頭過河」。[45]

---

42 中國共產黨新聞網，〈鄧小平江澤民胡錦濤論開放〉，
　　〈http://cpc.people.com.cn/BIG5/85037/85041/7350771.html〉。
43 陳耀煌，〈Maurice Meisner, The Deng Xiaoping Era: An Inquiry into the Fate of Chinese
　　Socialism, 1978-1994.〉，《中央研究院近代史研究所集刊》(第 77 期，2012 年 9 月)，
　　頁 163-169。
44 同上註。
45 高長，《大陸經改與兩岸經貿》(台北：五南圖書出版，2009 年)，頁 136。

（3）江澤民發展目標與省思

江澤民發展目標為加速建立「社會主義市場經濟」，推動經濟發展和社會全面進步，江澤民採取系列政策：加速經濟改革步伐，轉換國有企業的經營機制、加快培育市場體系、深化改革分配制度和社會保險制度；擴大改革開放，利用國外技術和管理經驗；調整和改善產業結構，重視發展農業，加快發展基礎工業、設施和第三產業；加速科技進步，大力發展教育；發揮各地優勢，加快地區經濟發展，促進經濟佈局合理化。[46]

1980 年代，農村的生產力得到解放，而 1990 年代卻出現了「農民真苦，農村真窮，農業真危險」的三農問題。1980 年代的鄉鎮企業，政府鼓勵扶持私營企業的發展；到了 1990 年代，改革重點轉向城市，限制了農村的鄉鎮企業的發展。而國營企業改革形成大型國企，跨足各大行業，而民營企業無論在資金還是政策環境上都無法與之抗衡。[47]由於江澤民的經濟發展的出發點是為了維護中共的政黨利益，以制度性發展作為增長的動力，而發展又是為市場提供基礎。在短期造就了表面的經濟繁榮，但其內部增長的動力用罄以後，一旦外部環境發生波動，會產生繁榮帶來的相關問題。[48]

（4）胡錦濤發展目標與省思

胡錦濤表示，中國大陸將以解決人民最關心最直接最現實的利益問題為著力點，推進民生優先的社會建設，逐步建立以權利公平、機會公平、規則公平為主要內容的社會公平保障體系。並將繼續實施積極的財政政策和穩健的貨幣政策，保持宏觀經濟政策的連續性和穩定性，增強宏觀調控

---

46 同上註，頁 9。
47 阿波羅新聞網，〈真實的江澤民第 7 章 江澤民的 GDP〉，2014 年 3 月 26 日瀏覽，〈http://tw.aboluowang.com/news/2012/0613/249470.html〉。
48 同上註。

的針對性、靈活性、前瞻性，保持經濟平穩較快發展、調整經濟結構、管理通脹預期的關係，擴大國內需求，保持經濟平穩較快發展和物價總水平基本穩定。[49]

而宏觀經濟政策所產生「過剩資本的積累」，也相形產生了貧富差距。雷曼危機之後的經濟刺激政策，加大政府對市場的干預力度，引發經濟學家批判為「國進民退」的局面。因為這種與地方政府主導的過剩固定資產投資相配套措施，並非解決過剩資本積累問題的方法，它只是通過國家對市場的干預將問題推延，反映了民間金融和企業的脆弱性。[50]

（三）民主與發展（Democracy & Development）

世界銀行研究所(World Bank Institute)全球治理專案主任考夫曼曾提出質疑：沒有民主是否可能實現經濟發展？也有人認為：民主是發展高效率的市場經濟和提升經濟增長的根本條件，也就是說某種民主體制(如我們熟知的存在於西方工業化國家的民主制度)是促進世界其他地區經濟發展的唯一途徑。[51]

民主制度中，參與和發表意見的作用之一是遏制腐敗，從而促進經濟發展。而民主機制中，更廣泛的言論自由、更高的決策透明度和更開放的政治競爭會構成防止制度性腐敗的重要機制，因此，在民主轉型後，經濟效果在短期內會各有不同，甚至可能出現逆轉。但發展是一個複雜、困難

---

49 文匯網，〈胡錦濤:中國將逐步建立社會公平保障體系〉，2014 年 3 月 26 日瀏覽，〈http://news.wenweipo.com/2012/09/08/IN1209080038.htm〉。

50 Nippon.com 網，〈如何擺脫「資本過剩經濟」是中國的一大課題〉，2014 年 3 月 26 日瀏覽，〈http://www.nippon.com/hk/in-depth/a01403/〉。

51 Daniel Kaufmann, "On Democracy and Development: Rejecting the Extremes", 2014 年 3 月 26 日瀏覽，〈http://www.americancorner.org.tw/zh/markets-and-democracy/rejecting.html〉。

並且容易中斷的過程。宏觀經濟穩定和遏制腐敗等發展經驗適用於一般情況，但沒有獨一無二的成功發展模式。也就是說，事實表明，公民自由和言論自由能夠導致更高的決策或政策制訂的透明度、更好的治理體制和更有活力的參與式經濟發展。[52]

民主體制無疑是推動發展的一隻看得見的手(A visible hand)，明白或清楚地建立一套高效率的市場經濟運作機制，讓市場制度化，並且融入競爭機制，決策透明機制，以及一套監督機制，讓民主推動發展，包括民主發展與經濟發展同時進行，也才能一方面促進經濟發展，另一方面，經濟發展也能反過來保護民主的發展及運作機制。

四、民主與發展下的「兩岸民主化和平合作架構協議」（Democratic Peaceful Cooperation Framework Agreement, DPCFA）

民主體制加速了經濟的成長，同時，也促進了發展，或者可稱為促進了現代化發展，如前所述，民主的透明機制，廣泛的言論自由、更高的決策透明度和更開放的政治競爭等等，會構成一種防止制度性腐敗的重要機制，其中，最重要的是民主來自於監督下的信任，對人民的信任，因為相信人民的智識有智慧可以決定國家的未來，即使是代議政治，仍然堅信人民是國家真正的主人，所以經選舉產生的民意代表，都不得背離民意，因為這是代議政治中，最核心的價值，更遑論直接民主的政治運作機制。

（一）以人民為主的「兩岸民主化和平合作架構協議」

本研究提出「兩岸民主化和平合作架構協議」(Democratic Peaceful

---

52 同上註。

Cooperation Framework Agreement, DPCFA)(兩邊擱發)即〈兩岸擱發〉的新思維,也就是希望現存兩岸雙方兩岸經濟合作架構協議的流向,是大陸對台灣有正面協助的流向,透過開放大陸內需市場,讓臺商可以與世界各國國際企業有公平競爭的機會,但是,因為台灣內需市場小,相對市場的脆弱性高,也引發學者或人民對 ECFA 的疑慮。

但是本研究建議兩岸可以洽簽「兩岸民主化和平合作架構協議」則是希望台灣「讓利」於大陸,透過台灣政治民主化發展的經驗「協助」中國共產黨「和平過渡」到民主化的發展道路,也許是「中國式的民主」道路,但不能違反民主的真諦,必須真正以人民為主,以人民最廣大的利益為國家最高利益,而民主的監督機制及透明決策機制,中國大陸必須從中國共產黨黨內真正民主建立起來,透過自由意志,任何公民,只要達到法定年齡,皆可以參選人民大會代表,並舉行真正的無記名投票,讓人民可以當家作主。

當然,台灣當局甚至可結合新加坡的華人「民主」模式,共同為中國大陸,特別是「中國共產黨」的「政治改革」及「民主化發展」,建構出一條屬於中國大陸特有的「政治民主化」發展道路,畢竟「民主化」的發展及「民主化」的浪潮,是世界各國政治發展的趨勢及主流,目的乃是落實「以民為主」的國家治理(National governance)的目標,又可實現西方哲學家盧梭(Jean-Jacques Rousseau , 1712-1778)的民約論之政治理想與目標。

根據「中華人民共和國憲法」規定:

中華人民共和國是工人階級領導的、以工農聯盟為基礎的人民民主專政的社會主義國家。社會主義制度是中華人民共和國的根本制度。禁止任何組織或者個人破壞社會主義制度。

中華人民共和國的一切權力屬于人民。

人民行使國家權力的機關是全國人民代表大會和地方各級人民代表大

會。人民依照法律規定，通過各種途徑和形式，管理國家事務，管理經濟和文化事業，管理社會事務。

中華人民共和國的國家機構實行民主集中制的原則。全國人民代表大會和地方各級人民代表大會都由民主選舉產生，對人民負責，受人民監督。國家行政機關、審判機關、檢察機關都由人民代表大會產生，對它負責，受它監督。」[53]

中國大陸「憲法」上，就已經明白揭示，中國大陸的國家一切權力皆屬於人民，也清楚地規定人民依法，透過民主選舉選出全國或地方各級人民代表大會代表，並由人民大會代表代人民行使國家權力，並可監督行政機關。看起來，法律規範清楚，應該可以落實社會主義民主體制。

但究其實，因為要落實人民民主專政、無產階級專政及共產黨領導，也就是中國共產黨領導一切，國家最高行政機關-國務院或全國人民代表大會都需要接受黨的領導，既然黨高於一切行政立法機關，甚至是要領導一切行政立法機關，那全國最高人民立法機關，即全國人民代表大會如何能獨立監督上級領導機關？

誠如趙建民在所著的《中國決策：領導人、結構、機制、過程》一書中所提到：「改革開放後，中國大陸的決策體系出現黨政雙元傾向，涉及『黨國利益』的決策，黨中央積極主導，但若是一般經濟議題，國務院會接受黨的委託承受較多決策權。而出現『部門決策』情況，即使如此，政府部門決策自主性仍不足。」最後，中國大陸會因為「『以黨領政』常態模式終使中共走向黨國體制之路。」*54*

---

53 中華人民共和國中央人民政府網站，〈中華人民共和國憲法〉，2014 年 3 月 26 日瀏覽，〈http://big5.gov.cn/gate/big5/www.gov.cn/gongbao/content/2004/content_62714.htm〉。
54 趙建民，《中國決策：領導人、結構、機制、過程》(台北：五南圖書，2014 年)，頁231-261。

　　另一方面,「民主化」的浪潮也逐漸衝擊到「中國共產黨」的執政基礎,所以透過兩岸的「民主化和平合作架構協議」(Democratic Peaceful Cooperation Framework Agreement, DPCFA),吾人可音譯成(兩邊擱發)即〈兩岸擱發〉,即雙方平等化,發展政治民主化合作架構,就政治民主化改革經驗,可多方討論。

　　江澤民也特別強調中國共產黨要始終代表中國最廣大人民的根本利益,一方面,中國最廣大人民的根本利益是最重要的,理論上,人民才是最重要的,人民的利益就是國家利益;另一方面,中國共產黨所代表的就是中國最廣大人民的根本利益。

　　正如中國大陸溫家寶前總理也表示中國大陸的政治改革是必須進行的,畢竟全球的政治改革思潮是無法完全抵禦或置身事外,而這也可以在確保中國共產黨的「百年治理」可以逐步達成。

　　如前所述,胡錦濤也主張人民民主是社會主義的生命。發展社會主義民主政治是我們黨始終不渝的奮鬥目標。讓中國大陸人民實質的當家作主,也強調人民是社會主義民主政治的本質和核心,但實質上,中國大陸人民受到較為嚴密的制度規範,加上,共產黨內部的制度化問題,如資訊不透明,就容易產生訊息不對稱,造成權錢交易的制度性問題產生,人民的知情權、參與權、表達權、監督權也相對受到制度性的制約。

　　但要說明的是中國大陸的民主化發展意涵,不見得是完全西方式的「民主化改革」,因為中國大陸的民情不同以及統治治理的根本情形,與西方式民主道路有所不同,所以必須藉重臺灣民主化的經驗來協助中國大陸從,「社會主義民主道路」過渡到真正「以民為主」的「民主化道路」及「以民為主」的國家治理(National governance)的目標。

（二）以結束敵對狀態，達成和平協議為簽訂「兩岸民主化和平合作架構協議」的前提或基礎

如同，1979 年中國大陸全國人大《告台灣同胞書》也提及：「我們寄希望於一千七百萬台灣人民，也寄希望於台灣當局。」[55]

胡錦濤在紀念《告台灣同胞書》發表 30 週年座談會上的講話，也提及：「30 年來兩岸關係發展的實踐告訴我們：貫徹寄希望於台灣人民的方針決不改變」、「牢牢把握兩岸關係和平發展的主題，真誠為兩岸同胞謀福祉 30 年的實踐充分證明，我們制定和實施的對臺工作大政方針，順應了時代潮流和歷史趨勢，把握了民族根本利益和國家核心利益，體現了尊重歷史、尊重現實、尊重人民願望的實事求是精神，反映了對兩岸關係發展規律的深刻認識，從而推動兩岸關係發展取得了歷史性成就。」[56]

其主要提出所謂的「胡六點」，其重點如下：

「1. 恪守一個中國，增進政治互信。

2. 推進經濟合作，促進共同發展。

3. 弘揚中華文化，加強精神紐帶。

4. 加強人員往來，擴大各界交流

5. 維護國家主權，協商涉外事務。

6. 結束敵對狀態，達成和平協議。」[57]

55　中國評論新聞網，〈1979 年全國人大《告台灣同胞書》〉，2014 年 3 月 26 日瀏覽，〈http://hk.crntt.com/doc/1008/4/4/2/100844253.html?coluid=7&kindid=0&docid=100844253〉。

56　胡錦濤，〈胡錦濤在紀念《告台灣同胞書》發表 30 週年座談會上的講話全文〉，2014 年 3 月 26 日瀏覽，華夏經緯網，〈http://big5.huaxia.com/ahhf/htwl/zcfg/2012/05/2868561.html〉。

57　同上註。

事實上，針對「胡六點」中，特別是第六點，結束兩岸的敵對狀態，達成和平協議，學者如宋鎮照、王昆義、張五岳、張亞中…等，皆提出看法。[58]

兩岸可以洽簽「兩岸民主化和平合作架構協議」(Democratic Peaceful Cooperation Framework Agreement, DPCFA)，吾人可音譯成(兩邊擱發)即〈兩岸擱發〉，即雙方平等化，發展政治民主化合作架構，就政治民主化改革經驗，台灣「讓利」於大陸，但必須兩岸能夠先解決政治上的制度困境或制度制約，作為第一步解決或結束敵對狀態，達成和平協議，以此為前提，臺灣可以將台灣的民主化經驗，協助移植到中國大陸，協助中國共產黨展開民主化、法制化的黨內民主制度的建立。

（三）開放政治參與，建立真正的兩黨政治制度框架

江澤民強調共產黨領導多黨合作和政治協商制度為主要內容，發展社會主義民主政治。

胡錦濤也強調要堅持中國特色社會主義政治發展道路，堅持黨的領導、人民當家作主、依法治國有機統一，堅持和完善人民代表大會制度、中國共產黨領導的多黨合作和政治協商制度、民族區域自治制度以及基層群眾自治制度，不斷推進社會主義政治制度自我完善和發展。

但是如前所述，共產黨領導多黨合作和政治協商制度會流於形式，因為憲法上，就明白規定共產黨領導，也因此，未來要落實民主體制的選舉制度時，必須要調整政治體制，甚至要修改黨章或憲法，以利真正落實民

---

58 請參照，宋鎮照，〈兩岸和平發展的新思維與新策略：從經貿整合到政治趨和〉，《全球政治評論》，(第 28 期，2009 年，No.28)，頁 63-93；王昆義，〈兩岸和平協議：理論、問題與思考〉，《全球政治評論》，(第 26 期，2009 年，No.26)，頁 45-92；〈胡錦濤 6 點意見與台灣政局〉，《中國評論月刊中國評論月刊》，2014 年 3 月 26 日瀏覽，〈http://hkmag.crntt.com/crn-webapp/zpykpub/docDetail.jsp?docid=32792&page=6〉。

主制度或機制。

　　而開放政治參與，一方面如江澤民提出三個代表中，代表先進生產力時，就引進私人企業家或民族資本家成為黨員，也就是說，中國大陸的政治參與也逐漸擴大，值得嘉許，但是否真正落實民主體制的參與，仍值得觀察。不過，擴大政治參與也是建立真正的兩黨政治制度框架的初步階段，也才能對接兩岸洽簽「兩岸民主化和平合作架構協議」(Democratic Peaceful Cooperation Framework Agreement, DPCFA)，或稼接台灣的民主化經驗及制度到中國大陸。

五、結論

　　兩岸分治的現實，歸結仍是台灣對大陸現存「一黨執政」的「社會主義體制」－有所「疑慮」。也因此，若大陸的制度發展往資本主義民主體制發展，則兩岸的發展，應可跳脫「一國兩制」的框架，而往「民主式」資本主義發展，又或者是往具「民主式」中國特色的資本主義發展，也就是說，「制度的差異」才是兩岸發展或交流中最深層的問題意識。

　　兩岸的分治乃是「內戰」所遺留下來的「歷史現實」，又或者精確來說是「國共內戰」所造成的，至今兩岸尚未解除「敵對狀態」，這也就是兩岸雙方領導人，不斷強調希望「作為第一步，來結束敵對狀態」更有學者提政治和平協議的簽訂。

　　提出「兩岸民主化和平合作架構協議」(Democratic Peaceful Cooperation Framework Agreement, DPCFA)(兩邊擱發)即〈兩岸再一次合作發展〉的新思維，也就是希望現存兩岸雙方兩岸經濟合作架構協議的流向，是大陸對台灣有正面協助的流向，但「兩岸民主化和平合作架構協議」則是台灣「讓利」於大陸，透過台灣政治民主化發展的經驗「協助」中國共產黨「和平

過渡」到民主化的發展道路。

民主制度中，參與和發表意見的作用之一是遏制腐敗，從而促進經濟發展。而民主機制中，更廣泛的言論自由、更高的決策透明度和更開放的政治競爭會構成防止制度性腐敗的重要機制，民主體制無疑是推動發展的一隻看得見的手(A visible hand)，明白或清楚地建立一套高效率的市場經濟運作機制，讓市場制度化，並且融入競爭機制，決策透明機制，以及一套監督機制，讓民主推動發展，包括民主發展與經濟發展同時進行，也才能一方面促進經濟發展，另一方面，經濟發展也能反過來保護民主的發展及運作機制。

其中，最重要的是民主來自於監督下的信任，對人民的信任，因為相信人民的智識有智慧可以決定國家的未來，即使是代議政治，仍然堅信人民是國家真正的主人，所以經選舉產生的民意代表，都不得背離民意，因為這是代議政治中，最核心的價值，更遑論直接民主的政治運作機制。

要簽訂「兩岸民主化和平合作架構協議，有幾項前提或設想需要完成：

(一)以人民為主的「兩岸民主化和平合作架構協議」

(二)以結束敵對狀態，達成和平協議為簽訂「兩岸民主化和平合作架構協議」的前提或基礎。

(三)開放政治參與，建立真正的兩黨政治制度框架

提出「兩岸民主化和平合作架構協議」(Democratic Peaceful Cooperation Framework Agreement, DPCFA)(兩邊擱發)即〈兩岸再一次合作發展〉的新思維，目的是希望臺灣可以將台灣的民主化經驗，協助移植到中國大陸，協助中國共產黨展開民主化、法制化的黨內民主制度的建立。

兩岸關係下，台灣新南向觀光政策的發展及困境

朱英嘉*、莫桂娥**

一、緒論

為了扭轉陸客減少來台的衝擊，台灣積極推動東南亞旅客來台旅行，東南亞來台旅客來台看似蓬勃發展，但事實上東南亞及東亞旅客來台消費並不如陸客「闊綽」，東南亞旅客，滯留台灣的過夜天數，乃至於每日平均消費金額都難敵陸客。受到兩岸關係的影響，台灣的觀光旅遊景氣並不樂觀，再加上 2018 年因多國持續放寬對中國居民發放觀光簽證之限制，進而瓜分我國客源。儘管兩岸政治交流陷入僵局，但相較直接面對「九二共識」，蔡英文採取冷處理，並試圖透過新南向政策來緩解大陸旅客縮減問題。

我國相關的文獻大多侷限觀光產業人力培育、觀光行銷之研究、觀光客行為、觀光政策、觀光客期望值，與新南向有關的文獻鮮少，直至政府推出新南向後，「新南向」這個議題才開始受到關注，本文將探討南向政策的發展背景，將透過相關的文獻釐清東南亞旅客對台觀光之影響。

二、理性選擇理論

理性選擇模式被廣泛地運用在諸如國際關係、政策、談判、投票行為、

---

*朱英嘉為中國文化大學國家發展與中國大陸所博士、時任萬能科技大學講師。
**莫桂娥為萬能科技大學助理教授。

集體行為等各方面,理性選擇是一個理性狀態的過程,「理性行動者」(RAM)決策分析模式在選擇時也涉及極大化(maximization)的過程。決策可歸納為五個主要面向,分別為決策者的權力。[1]決策的結果是經由對問題有其偏好與認知、且行為具有意圖性的決策者,決策有時是集體選擇的方式,和也可能試驗互動之中產生的一種過程。本文從理性決策的途徑出發,藉此論證蔡英文是出於非理性的反應還是理性的決策。從行動者的角度來看,行對者對於問題的認知有其好惡,但外在環境也可能對於決策者提供機會或思考限制,決策者根據環境因素決定對其有利的回應。卡尼曼等人的預期理論將決策者的預期界定行為分為「獲益」及「損失」兩個方面。[2]

我們的假設是是假定決策者先從廣博理性(comprehensive rationality)以有限理性的思惟為主。Allison and Zelikow 對於有限的決策作為分析,這個有限包括目標選擇,選擇的方式,備案的預期效應,及決策者的選擇排序。[3]在有限的資訊下,行動者對自己的行為所產生的後果可能會有錯誤的判斷,[4]理性決策模式代表,決策者在相同的情況下會作出同樣的決定。

根據 Alex Mintz 依據 PH 理論所論,決策者對於決策之政治的得與失之評估,乃是以國內政治為主體。所以決策者的政治利益,乃是外交決策中最為重要的考量。[5]蔡英文現行所採取的策略與陳水扁時期十分雷同,考量

---

1 Henry Mintzberg, Bruce Ahlstrand, and Joseph Lampel, 2005. Strategy Safari: A Tour Through the Wilds of Strategic Management. New York: Free Press, p236.

2 Daniel Kahneman and Amos Tversky , 1979."Prospect Theory: An Analysis of Decision under Risk" Econometrica vol.47 no.2 (March), 263-91.

3 Graham Allison and Philip Zelikow. 1999. Essence of Decision Explaining the Cuban Missile Crisis. New York: Longman,p24.

4 James Morrow. 1994. Game Theory for Political Scientists. Princeton University Press, p23.

5 Alex Mintz, "Applied Decision Analysis: Utilizing Poliheuristic Theory to Explain and Predict Foreign Policy and National Security Decisions", International Studies Perspectives, Vol. 6 Issue 1 (February 2005), p. 94.

國家安全的前提下，對主要威脅採取了強硬立場。在中美矛盾時期，蔡英文對中採取疏中親美，面對陸客人數銳減，蔡英文採取向東南亞開發客源。2016 年蔡英文召集「對外經貿戰略會談」，並在會中通過「新南向政策」政策綱領，其目的在於尋求新的方向和新的動能。[6]本文旨在探討「兩岸關係」與新南向政策抉擇是否為理性抉擇模式下的一環？本文的依變項為兩岸關係。在自變數部分，根據前述理論放入「兩岸關係因素」與「新南向政策」的抉擇，至於控制變數，乃依據相關理論架構擇取民眾認同，以及新南向政策的市場效益、外在國際環境。

三、「新南向政策」發展背景-觀光政策

(一)台灣發展新南向背景

　　1990 年代政府推動外交與經濟政策，已有南向政策，當時的南向政策是為了扭轉台灣到中國大陸投資的力度，通過《加強對東南亞地區經貿合作綱領》對東南亞地方進行投資。但 1997 年受到亞洲金融風暴後，台商逐漸撤資。陳水扁總統為了降低對中國大陸的經濟依存度，重啟南向政策。2008 年，馬英九總統上臺後，也重視與東南亞國家的關係，雙邊合作擴展到農業、勞工、能源、科技等領域，但不再沿用南向政策。2016 年蔡英文上台受為了分散台灣對中國大陸高度的外貿依存度，再次啟動，稱為新南向政策。「新南向政策」，是結合了外交戰略、經貿計畫、區域整合議題、南海主權問題、台灣外籍移工、新住民問題等。

　　「新南向政策」與「舊南向」的核心價值都是在於轉移台灣過度依賴大陸市場，然「舊南向」提出的時後，台灣仍可以仰賴「務實外交」作為

---

6 〈總統召開「對外經貿戰略會談」 通過「新南向政策」政策綱領〉，《總統府》，2016 年 08 月 16 日，〈https://www.president.gov.tw/NEWS/20639〉。

手段。經過 20 多年的發展，中國大陸的經濟實力及國際勢力已超越台灣。在今天的國際情勢下，別於以往，蔡英文為採取「配合美國再平衡」，她將其定義為「踏實外交」。[7]並將 2017 年定義為「新南向政策」的行動年，針對東南亞、印度、紐澳等國家，進行更多元的交流和往來。[8]

「新南向政策」是台灣在國內外新情勢下，所提的對外戰略，台灣與新南向國家之經貿合作，強調產業價值鏈整合、內需市場連結及基礎建設工程合作與系統整合服務輸出等面向著手，強化產業和貿易分工合作。[9]主要主軸分別為：建立新經貿夥伴關係、強調人才交流、透過多方的軟實力強化與他國合作，推動和主要貿易夥伴的制度化經濟合作，參與區域經濟整合。「新南向政策推動計畫」四大工作主軸的「人才交流」涵蓋了三個要點，與本文相關包括：發揮「新住民力量」協助第一代新住民利用其語言及文化之優勢，取得相關證照與就業(如母語教學、觀光等)；鼓勵大專院校開設南向專業科系或學程，給予具南向語言優勢的學生加分錄取機會，培育第二代新住民為南向種籽。[10]為便利旅客來台，政府針對東南亞旅客簡化其來台簽證。第三為聯合各縣市參加國際旅展及辦理觀光推廣。第四為區分客群。新南向觀光政策的目的就是透過市場分流，試圖提升中國大陸以外的客群。

7 「總統英翔專案記者茶敘，說明出訪成果及未來外交工作的新作法」，《中華民國總統府》，刊登日期：2016 年 06 月 30 日，〈https://www.president.gov.tw/NEWS/20549〉。
8 「總統宣示四大施政方針期勉國人團結面對挑戰」，《中華民國總統府，刊登日期：2017 年 12 月 31 日，<https://www.president.gov.tw/NEWS/21006>。
9 「政策綱領、推動計畫與工作計畫」，《行政院經貿談判辦公室》，刊登日期：2016 年 12 月 14 日，〈https://www.ey.gov.tw/otn/AC05EFB83B42F3A4/7b70050c-26e4-40dc-9241-14f924564ff7〉。
10 《新南向政策推動計畫 - 新南向政策專網》，〈https://www.newsouthboundpolicy.tw/PageDetail.aspx?id=cbf0a167-7c9e-4840〉。

(二)觀光政策提出背景

　　東協 10 國中有 6 國高居為台灣前 20 大貿易夥伴之列。紐、澳長久以來為我農工原料重要供應來源國，也是亞太地區重要的國家之一。[11]國際關係的不確定性都使的東協與台灣及中國大陸的關係都變得更為複雜。蔡英文政府上台至今，中國大陸縮減大陸旅客來台旅遊的人數，為了吸引外來遊客來台觀光，「新南向」經貿施政方針，將發展主要方向瞄準東南亞市場，以「迎客、導客、留客、常客」。[12]除了有條件免簽證或降低簽證門檻、提供觀光補助金給大型觀光團、配合東南亞旅客文化改良台灣軟硬體環境，亦透過行銷，促使海外觀光客認識台灣。

　　2017 年中國大陸旅客仍維持台灣第一大觀光客，陸客團數量下降，但自由行陸客人數則有逐年上升的趨勢，受到兩岸關係的影響，2017 年來台旅客人數次相較 2016 年短減 5.7%，其原因與陸客來台短少有關。2016 年陸客來台觀光人次掉到 284.5 萬人次，2017 年又掉到 209.3 萬人次。[13]為了彌補外來旅客人數，2015 年交通部觀光局與外交部領事事務局推動「東南亞國家優質團體旅客來臺觀光簽證作業規範」。觀宏專案實施後，財產或工作證明都不須繳交，也無須面試，且簽證所需的時間也縮短為 7 天，有條件之免簽已接近於免簽狀態。

　　綜觀觀光局 觀光新南向觀光新南向新聞佈告便可以發現，在政策上除了免簽，觀光層面主要以行銷模式作為主軸，另外為了爭取穆斯林遊客，我國也陸續推動穆斯林的接待環境。再者，成立亞洲郵輪聯盟「亞洲郵輪

11　國防與外交，《行政院》，〈https://www.ey.gov.tw/state/News_Content3.aspx?n=
　　A88B8E342A02AD0A&sms=EFF36BD4B1771023&s=F1B6AD3B065E43D8〉。

12　〈新南向觀光政策成績亮眼，持續提昇觀光便利性吸引更多海外遊客〉，《外交部 NGO
　　國際事務會》，〈https://www.taiwanngo.tw/p/404-1000-33479.php?Lang=zh-tw〉。

13　〈觀光慘業 去年陸客跌破 200 萬〉，《中時電子報》，
　　〈https://www.chinatimes.com/newspapers/20190103000562-260108〉。

聯盟 (ACC)」，藉此爭取更多遊客來台。為了拓展新南向觀光效應，第一，對東南亞主要國家旅客來台相關簽證措施，第二則是與航空公司新開東南亞航點或增加班次，合計 2018 年東南亞來台旅客人數年增率高達 13.71%，印尼、菲律賓、越南旅客來台人數均有顯著提升。[14]

四、新南向觀光政策與兩岸關係之選擇

根據世界旅行和旅遊理事會的說法，亞洲旅遊支出年均複合增長率為 5.6%，2017 年的國內生產總值直接貢獻，反映了諸如行業所產生的經濟活動包括：酒店，旅行社，航空公司，其他客運遊客的服務，餐飲和休閒活動。到 2030 年亞洲隊旅遊的貢獻將增加到 1.79 萬億美元(佔 GDP 的 4.0%)[15]。新南向政策所包含的國家有東協 10 國、南亞 6 國再加上澳洲及紐西蘭等共 18 國。

(一)東南亞旅客來台人數及其影響

政府在「Tourism 2020—台灣永續觀光發展策略」中，將 2019 年定調為「小鎮漫遊年」，來台的外國旅客可區分為兩類，一類為團客，另一類為散客。根據觀光局資料顯示，2019 年 1 月來台的東亞觀光客仍以中國大陸遊客人數最多，約 238,906 人次；其次為日本旅客，旅客人數次為 146,184 人；第三名則為韓國旅客。根據 2019 年 1 月統計顯示，東南亞旅客中，來台旅客以菲律賓旅客最多，達 38,002 人數次，第二名為馬來西亞旅客，第

---

14 〈旅行業之現況與展望〉，《台經院資料庫》，〈https://tie.tier.org.tw/db/ content/ index.aspx?sid=0J015309898547646256&mainIndustryCategorySIds=0A00764652312 0985978〉。

15 "DBSASIAN INSIGHTS"，〈file:///C:/Users/user/Downloads/180725_insights_live _more_work_less.pdf, p38〉.

三名則為新加坡旅客。[16]但也因購物力和來台人數雙雙下滑，造成台灣觀光外匯連續 3 年負成長。

　　東南旅行社統計自由行也大幅成長，國際訂房平台發布最新的來台訂房，前 40 名中，新南向遊客就占了 4 名，不過旅遊業者表示新南向旅客，多半停留在大台北地區，主要原因在於交通問題。第二個因素在於針對東南亞市場銷售的行程以 4 天為主，超過四天價格就會提高，也因此東南亞來的自遊行旅客多以台北做為旅遊的主體。

表 1: 新南向主要客源市場(東協 10 國及印度、不丹)

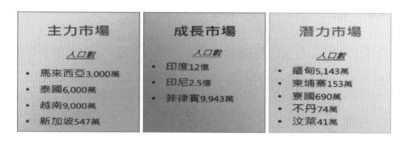

　　資料來源:交通部

(二)東協經濟發展及消費能力

　　分析 2016～2017 年東南亞旅客結構，來台旅客成長最快的是越南，從 19.6 萬人倍增到 38.3 萬人，其次是菲律賓，從 17.2 萬人增加到 29 萬人。觀光局計算，東南亞旅客每天每人平均消費 152.25 美元，雖然不及大陸，卻高於歐洲。其中，菲律賓人日均消費額 175 美元，高於平均金額。[17]遠見

16　〈108 年/1 月 ～108 年/1 月　來臺(居住地)人次統計〉，《中華民國交通部觀光局》，〈https://stat.taiwan.net.tw/inboundSearch〉。

17　〈東南亞觀光客突破 200 萬人次　越南飆升最多、菲國居次〉《遠見》，刊登日期：2018 年 10 月 01 日，〈https://www.gvm.com.tw/article.html?id=46166〉。

雜誌預計 2019－23 年亞洲新興亞洲國內生產總值將以年均 6.1%的速度增長，預計東南亞將繼續 2019 - 23 年增長 5.2%，高於 2012 - 16 年的增長速度。印度增長預計為 7.3%，超過 2012 - 16 年的平均 6.9%。[18]聯合國發展經合組織資料指出至 2022 年，東盟經濟前景基於國內需求和基礎設施，東南亞的國家終將以柬埔寨，寮國和緬甸、菲律賓和越南將的經濟增長最快，由印尼，馬來西亞，菲律賓，泰國和越南的經濟領先增長。[19]但經濟能力是否等同於消費力，本文將藉由交通部選出的 12 個主力市場、成長市場和潛力市場說明各國經濟發展及消費能力對我國觀光業的影響。

(三)東協各國經濟發展及消費能力

交通部透過來台人數將南向國家區分成長市場、主力市場、潛力市場，本文依據其分法，分析其消費力。

1、主力市場

(1) 越南

相對其他國家，越南和台灣關係相當密切，有 36 萬越南人在台灣工作、讀書、生活，又六萬名的台灣人在越南工作及生活。[20]越南的人均國內生產總值達到 1,735 美元(和 2010 年相比)。2017 年越南 GDP 成長率為

---

18 "Economic Outlook forSoutheast Asia, China and India 2019",OECD Development Center, 〈http://www.oecd.org/development/asia-pacific/01_SAEO2019_ Overview_ WEB.pdf〉.。

19 "Economic Outlook for Southeast Asia, China and India2018"OECM ,
〈https://www.oecd.org/dev/SAEO2018_Preliminary_version.pdf, P19. 〉 。

20 〈越南經濟現況與消費市場展望〉，台灣貿易中心駐胡志明市辦事處，
〈http://camtw.com.tw/cambodia/wp-content/uploads/2017/06/%E8%B6%8A%E5%8D
%97%E7%B6%93%E6%BF%9F%E7%8F%BE%E6%B3%81%E8%88%87%E6%B6%
88%E8%B2%BB%E5%B8%82%E5%A0%B4%E5%B1%95%E6%9C%9B.pdf〉。

5.7％，預計 2018 年至少成長至 6.1％。民眾消費，尤其是年輕族群，消費力驚人。[21]越南到了 2030 年預計食品，酒精和煙草的支出將遠遠達到 45％，住房和交通方面的支出將佔 13％，教育和娛樂類別佔總數的 6％和 2％。[22]

(2) 新加坡

1985-2016 年新加坡人的消費，教育佔據 2.4％，海外支出佔 8.9％，食品服務及其他佔 18％，購買衣服、家具等用品佔 10.2％，整體來說，新加坡是唯一將海外旅遊、留學當作生活開銷的國家。[23]

(3) 馬來西亞

旅遊業對馬來西亞生產總值的直接貢獻為 140 億美元，佔總額的 4.7％，馬來西亞的工資增長速度非常緩慢，落後於聯合國經合組織的標準。2016 年世界銀行的報告指出馬來西亞的商業環境排在世界第 18 位,在東南亞排名第二，僅次於新加坡。[24]2016 年，馬來西亞人均食品支出為 1,117.9 美元。馬來西亞人均食品支出從 2010 年的 909 美元增加到 2016 年的 1,117.9 美元，年均增長率為 3.83％。[25]

---

21 〈越南是全球增速最快的電商市場之一〉,《今周刊》,
〈https://www.businesstoday.com.tw/article/category/80393/post/201809140018/%E8%B6%8A%E5%8D%97%E6%98%AF%E5%85%A8%E7%90%83%E5%A2%9E%E9%80%9F%E6%9C%80%E5%BF%AB%E7%9A%84%E9%9B%BB%E5%95%86%E5%B8%82%E5%A0%B4%E4%B9%8B%E4%B8%80?utm_source=%E4%BB%8A%E5%91%A8%E5%88%8A&utm_medium=autoPage〉。
22 "DBSASIAN INSIGHTS",〈file:///C:/Users/user/Downloads/180725_insights_live_more_work_less.pdf, p28.〉.
23 "DBSASIAN INSIGHTS",〈file:///C:/Users/user/Downloads/180725_insights_live_more_work_less.pdf, p33〉.
24 "Ease of Doing Business Report". Archived from the original on 6 February 2015.〈http://www.doingbusiness.org/en/rankings.〉.
25 "REPORT ON HOUSEHOLD EXPENDITURE SURVEY 2016" DEPARTMENT OF STATISTICS MALAYSIA,〈https://www.dosm.gov.my/v1/index.php?r=column/pdfPrev&id=WnZvZWNVeDYxKzJjZ3RlUVVYU2s2Zz09.〉.

(4) 泰國

世界銀行已把泰國列為中等偏高收入經濟體，泰國市場，消費主力為中產階級小家庭以及城市消費者，全泰國每戶家庭平均每月收入為 26,915 銖。泰國的人均支出，2017 年達 583.310 泰銖。預計 2016 至 2021 年間，泰國的消費支出預期每年將溫和增長 5.2%，增長較大的類別是教育 (7.4%)、通訊(5.9%)、保健產品及醫療服務(5.6%)，以及食品與非酒精類飲料(5.5%)。[26]

2、成長市場

(1) 印度

印度「經濟與政治週刊」（Economic and Political Weekly）報導，印度人口中最富有的 1%，擁有印度全國財富的 58.4%，最富有 10%擁有全國 80.7%的財富。印度觀光客多屬高端消費群，[27]根據 2019 年匯豐銀行的資料統計印度人均 GDP 達到 1,861 美元，相較 2010 年，印度 GDP 比其高於 4.8%。[28]隨著印度經濟上漲，居民的消費能力已經從基本生活開銷跨足到衣物以及食物上。[29]城市化發展將促使印度在 2030 年食品和衣物的需求仍然存在消費總量的近 40%。

26 〈聚焦東盟：泰國消費市場〉，《香港貿易發展局》，
〈http://economists-pick-research.hktdc.com/business-news/article/%E7%A0%94%E7%A9%B6%E6%96%87%E7%AB%A0/%E8%81%9A%E7%84%A6%E6%9D%B1%E7%9B%9F-%E6%B3%B0%E5%9C%8B%E6%88%E8%B2%BB%E5%B8%82%E5%A0%B4/rp/tc/1/1X000000/1X0A8YMK.htm〉。
27 〈觀光局：印度旅客消費是日中旅客 4 倍〉，《中央社》，刊登日期: 2018 年 01 月 16 日，〈https://www.cna.com.tw/news/aopl/201801160187.aspx〉。
28 "Economic Outlook forSoutheast Asia, China and India 2019",Development Center,
〈http://www.oecd.org/development/asia-pacific/01_SAEO2019_Overview_WEB.pdf〉。
29 "DBSASIAN INSIGHTS", 〈file:///C:/Users/user/Downloads/180725_insights_live_more_work_less.pdf, pp20-22.〉。

(2) 印尼

印尼憑大量的勞動力及豐富資源，發展為重要的生產基地，現為全球第四大的消費市場，印尼目前有 30%人口屬於中產，[30]印尼人均 GDP 若以複合年增長率，2030 將達到 7,360 美元，印尼對住房和非食物的消費較高，未來印尼對於住房、家具和非食物的消費也將陸續提高。截至 2016 年，印尼和馬來西亞的收入水平相似，GDP 生產總值為 3,974 美元。[31]

(3) 菲律賓

在食品、娛樂、住房等支出項目中，菲律賓消費者對進口食品飲料的接受度甚高，菲律賓的主要消費人口以專業醫師、工程師或管理階級職位為主，其他包括技術人員、教師、護理人員、銀行行員以及零售業助理人員，經濟中級階層的職業為大多數。[32]截至 2016 年菲律賓人均國內生產總值為 2,753 美元，未來菲律賓將會支出住房的支出，其次食品所佔的比例將為 41%，服裝消費為 0.9%，餐廳，估計為 5.1%，總體而言，餐飲業將占到 2000 億美元，餐飲業消費將會是菲律賓人支出的最大部分。[33]

---

30 〈印尼人口多消費力高 港商廣拓人脈利進駐〉，《香港貿易發展局》，
　　〈http://economists-pick-research.hktdc.com/business-news/article/%E5%95%86%E8%
　　B2%BF%E5%85%A8%E6%8E%A5%E8%A7%B8/%E5%8D%B0%E5%B0%BC%E4%
　　BA%BA%E5%8F%A3%E5%A4%9A%E6%B6%88%E8%B2%BB%E5%8A%9B%E9
　　%AB%98-%E6%B8%AF%E5%95%86%E5%BB%A3%E6%8B%93%E4%BA%BA%E
　　8%84%88%E5%88%A9%E9%80%B2%E9%A7%90/hkthkc/tc/1/1X000000/1X0AEB8V
　　.htm〉。
31 "DBSASIAN INSIGHTS", 〈file:///C:/Users/user/Downloads/180725_insights_live
　　_more_work_less.pdf, p23.〉。
32 〈決勝新興市場 解析致勝關鍵〉，(台北：經濟部國際貿易局)，頁 7
33 "DBSASIAN INSIGHTS", 〈file:///C:/Users/user/Downloads/180725_insights_
　　live_more_work_less.pdf, p31.〉。

3、潛力市場

(1) 緬甸

緬甸人均年收入為 1,140 美元，該國 5100 萬人口中約有 37%生活在貧困線附近或以下。工資低於區域競爭對手柬埔寨，也吸引投資者泰國和和越南的製造商投資。[34]

(2) 柬埔寨

2017 年柬埔寨的人均國內生產總值最終記錄為 1135.20 美元。柬埔寨的人均國內生產總值相當於世界平均水平的 9%，[35]生活成本比台灣低 20.92%。

(3) 汶萊

石油和天然氣行業對 GDP 的貢獻穩定在 20%左右。根據世界經濟論壇2012-2013 年全球競爭力報告，汶萊經濟弱於馬來西亞，新加坡，菲律賓，泰國和越南。[36]汶萊居民每個月比例花在最多的項目為居住的租金 33.3%；其次為投資，根據該國統計，居民花在運動休閒為 7.3%。[37]

(4) 寮國

2017 年之統計，人口僅約 712 萬，國內生產毛額仍僅約 159 億美元左右，是東南亞國協中，最小的經濟體。2016 年該國經濟三級產業結構分別

---

34 "Myanmar raises minimum wage to S$4.80 a day as economy staggers,"ASIA, 〈https://www.straitstimes.com/asia/se-asia/myanmar-raises-minimum-wage-to-s480-a-day-as-economy-staggers.〉。

35 "Cambodia GDP per capita", TRADING ECONOMICS, 〈https://tradingeconomics.com/cambodia/gdp-per-capita.〉。

36 "The Global Competitiveness Report2012 – 2013", World Economic Forum, 〈http://reports.weforum.org/global-competitiveness-report-2012-2013/.〉。

37 Cost of Living in Brunei. Prices in Brunei, numbeo, 〈https://www.numbeo.com/cost-of-living/country_result.jsp?country=Brunei〉。

為農業占 21.3%、工業占 32.5%、服務業占 39.4%。[38]

(5) 不丹

不丹經濟受印度影響，根據 IMF 統計不丹的外來統計來自印度，不丹人均 GDP 還不足 3000 美金。不丹約有 70%從事農牧業為主。經濟方面與印度甚為密切，除雙方貿易緊密外。[39]

2018 年越南來台旅客數達到 49 萬 774 人次，超越新加坡的 42 萬 7,222 人次，成為新南向國家僅次於馬來西亞的第 2 大入境市場。[40]在有條件免簽證和簡化簽證手續下，新加坡、馬來西亞、菲律賓、泰國、越南、印尼、印度等七個我主要推廣觀光的國家，其中以菲律賓增長 44.13％為最多，其次為越南 28.03％和泰國 9.39％。

綜合以上來看，除了新加坡及汶萊將觀光旅遊納入生活所需，大多數的東南亞國家仍以食品支出最為做主要的消費。2017 年由購物來觀察，大陸觀光團體旅客(平均每人每日 121.33 美元)、新南向 18 國觀光團體旅客(平均每人每日 77.11 美元)。[41]其中陸客在珠寶或玉器類購買金額為 40.20 美元，購買率佔整體的 33.13%。名產或特產的購買金額為 30.952 美元，購買率佔整體的 25.51%。新南向 18 國觀光團體購買金額最高的品項為名產或特產，其金額為 26.83 美元，佔整體購買率的 34.79%；其次為服飾或相關配件，金額為 11.60 美元，佔整體購買率的 15.04%美元。[42]從人數到購買金

---

38 主要國家投資環境-寮國，全球台商服務網，〈https://twbusiness.nat.gov.tw/countryPage.do?id=356843529&country=LA〉。

39 〈主要國家投資環境-不丹〉，《全球台商服務網》〈https://twbusiness.nat.gov.tw/countryPage.do?id=381845513&country=BT〉。

40 〈拉攏高檔越客 我成立胡志明辦事處〉，《中國時報》，刊登日期：2019 年 03 月 18 日，〈https://www.chinatimes.com/newspapers/20190318000447-260114〉。

41 〈中華民國 106 年來臺旅客消費及動向調查〉，《交通部觀光局》，〈https://admin.taiwan.net.tw/FileDownLoad/FileUpload/2018080710135046231.pdf〉，頁 13-16。

42 〈107 年 10 月觀光市場概況摘要〉，《觀光部交通局》，〈https://admin.taiwan.net.tw/

額來看，陸客無論在消費或在人數上，仍為台灣旅客的主要來源。據觀光局 2018 年調查指出，陸客來台平均每人每日消費金額約 184.3 美元，2018 年 266 萬人次約帶進新台幣 1,047 億元觀光商機，[43]新南向旅客中「純觀光」的東南亞旅客日均消費為 42.43 美元。從購買力來看，陸客與東南亞觀光客購物消費力的差距並不是東南亞來台人數攀升就能抵銷陸客人數驟減的問題。

表 2：我國來台旅客人數統計趨勢一覽

單位：千人，%

項目/年(月)	2014 年	2015 年	2016 年	2017 年	2017 年 1~10 月
來台旅客人數	9,905	10,440	10,690	10,740	8,923
成長率(%)	23.56	5.34	2.40	0.46	3.59

資料來源：交通部觀光局，台灣經濟研究院產經資料庫整理，2018 年 12 月。

4. 新南向觀光政策的市場問題

交通部觀光局「東南亞語隨團導遊或翻譯人員補助要點」鼓勵通曉該東南亞語別能力之翻譯人員投入旅遊市場。觀光局表示，審核符合規定者，給予每團最高 1 萬元之補助措施[44]。為積極吸引東南亞旅客來台觀光，考選部從 2008 年新增泰語導遊人員考試，2013 年新增越南語、印尼語、馬來語

ActivitiesDetailC003320.aspx ?Cond=c1e34c3e-7a2a-49e5-a238-30db305fb. 〉 。

43 楊文琪，〈陸團客遊台 去年大減 18％〉，《經濟日報》，刊登日期：2019 年 1 月 27 日，〈https://money.udn.com/money/story/12718/3616830〉。

44 東南亞語隨團導遊或翻譯人員補助要點，中華民國 105 年 10 月 24 日交通部觀光局觀業字第 10530045371 號令訂定發布 全文 13 點，〈http://www.rootlaw.com.tw/LawContent.aspx?LawID=A040110121020600-1051024〉。

導遊人員考試，但除了泰語及格人數達到 117 人外，越南語及格人數為 75 人，印尼語、馬來語分別是 66 人、22 人。106 年導遊、領隊人員專技普考試放榜，泰、越、印尼、馬來語等東南亞語導遊考取者占 0.7%，總計 92 名。[45]在東亞語系類科，考生則集中在泰語、越南語兩國，其次是印尼語，最後則是馬來語。因應旅行業的需求，針對稀少外語導遊需求需要《旅行業管理規則》第 23 條第 2 項已經調整為：接待或引導非使用華語之國外稀少語別觀光旅客旅遊，得指派或僱用華語導遊人員搭配該稀少外語翻譯人員隨團服務。

但國外稀少語別之類別及其得執行該規定業務期間，由交通部觀光局視觀光市場及導遊人力供需情形公告之。[46]為了吸引更多的新住民參與觀光局擴大與教育部、移民署等單位合作合作辦理「旅行業與導遊人員市場現況說明及座談會」，使其成為觀光產業之生力軍。但事實上東南亞語系導遊執業率也僅約 74%，顯示此市場並沒有這麼大。[47]星馬地區的旅客表示「清真認證餐廳不足」。越南及菲律賓的旅客則認為台灣「簽證申請不易」、「語言不通」及「花費偏高」，[48]都揭示台灣觀光發展的困境。東南亞旅客來台偏好居住在台北市，對台灣花東或中南部地區的經濟挹注力較低。從文化、市場的問題皆能說明面對新南像地區的旅客，在接待上，台灣仍需再文化問題上加強，但從市場面向來看，新南向來的旅客數量及對導遊的市場需求可能都需要再評估。

---

45 〈東南亞語導遊 錄取者倍增〉，《聯合新聞網》，〈https://udn.com/news/story/6939/2432563〉。

46 〈旅行業管理規則〉，《全國法規資料庫》，〈https://law.moj.gov.tw/LawClass/LawAll.aspx?pcode= K0110002〉。

47 〈推新南向 考選部：導遊執業率僅 7 成 顯示市場沒這麼大〉，《中時電子報》，2017 年 12 月 22 日，〈https://www.chinatimes.com/realtimenews/20171222004699-260407〉。

48 《東南亞旅客未曾訪台 簽證、餐廳是主因》，《中國時報》，刊登日期：2018 年 08 月 02 日，〈https://www.chinatimes.com/realtimenews/20180802002131-260405〉。

(四) 研究假設與相關理論梳理

研究假設本文旨在探討「兩岸關係因素」與新南向觀光政策的抉擇做為檢證此核心之命題，根據既有資料說明其他影響政策的可能因素，藉以檢驗民調與兩岸關係、「新南向政策」之關聯性。藉此解釋抉擇陸客及新南向的發展問題，並藉此梳理兩岸關係下，新南向觀光政策的發展困境。本文以「兩岸關係」作為影響因素，作了兩個假設如下。

假設一：衡量兩岸關係與新南向政策觀光發展

假設二：新南向市場是否為考量兩岸關係的相對得分

2016 年顯示超過八成五的民眾認為台灣應該增加外國觀光客，但贊同增加陸客約佔 6.6%。[49]台灣智庫曾針對「九二共識」與增加客源，結果顯示 78.1%的民眾認為，台灣應積極開發觀光客源，僅有 13.5%民眾同意接受「九二共識」，另有 85%的民眾贊成增加大陸以外國家的客源，以降低對大陸的經濟依賴。[50]在兩岸關係下，拓展陸客必須正視「九二共識」，蔡英文拒不承認「九二共識」，導致陸客量減少，也間接影響台灣旅遊業發展。新南向的政策，蔡英文曾定調是「兩岸善意互動與合作」，[51]菜英文在就職典禮上就表示將推動新南向政策，提升對外經濟的格局及多元性，告別以往過於依賴單一市場的現象，也願意和中國大陸就區域發展問題，尋求各種

---

49 〈喜迎陸客？民調公布結果：台人贊同增加陸客比例慘不忍睹〉，《趨勢民意調查》，〈http://www.polls.com.tw/webc/html/news/show.aspx?root=2&num=325&page=1〉。

50 〈台灣過半民眾認為蔡英文就職演說不必提九二共識〉，《美國之聲》，刊登日期:2016年 5 月 17 日，〈https://www.voacantonese.com/a/hq-dc-survey-majority-not-deem-1992-consensus/3333673.html〉。

51 〈總統召開「對外經貿戰略會談」通過「新南向政策」政策綱領〉，《總統府》，2016年 8 月 16 日，〈https://www.president.gov.tw/NEWS/20639/%E6%96%B0%E5%8D%97%E5%90%91%E6%94%BF%E7%AD%96〉。

合作與協力的可能性。[52]蔡英文認為「新南向政策」是擺脫過度依賴中國大陸市場的一種策略，「願意和中國大陸就區域發展問題，尋求各種合作與協力的可能性」是善意表現。在經濟學人的撰文中，他寫到在「兩岸政策是在既有的憲政框架下，建立一致性、可預測且可持續的兩岸關係」，也希望透過「新南向政策」與其他國家進行交流及合作。[53]從蔡英文的言談中，我們可以推測：他希望在「兩岸」與「新南向」尋找「和」的可能性，然就中國大陸的觀點，拒絕回應「九二共識」就失去了對話的基礎。觀光產業呼籲政府改善兩岸關係，但蔡英文仍可以依據民調亦可以解釋，擴大陸客以外的客源也是呼應民意，減低對中國大陸的依賴，尋找新的出路都是多數民眾對政府的期望。

根據外交部民調結果顯示，超過 70%的受訪民眾對政府目前推動的「踏實外交」及「新南向政策」表示贊同。[54]2018 年，TVBS 在蔡英文就職兩週年，針對大陸市場及新南向市場所做的民調顯示，民眾希望減少對大陸的經濟依賴及開拓市場，對於政府推動南向政策，滿意者 26%，不滿意的比例為 45%，同時有 19%民眾表示不清楚南向政策作為，10%未表示意見。[55]另外，財訊民調指出：「新南向政策」方面，調查顯示，民眾多認為對提升台灣經濟有幫助的，比重有 55%，遠高於認為沒幫助的 32%。[56]

---

52 〈中華民國第 14 任總統蔡英文女士就職演說〉，《總統府》，2016 年 5 月 20 日，〈https://www.president.gov.tw/NEWS/20444/%E5%85%A9%E5%B2%B8%E9%97%9C%E4%BF%82%20%E6%96%B0%E5%8D%97%E5%90%91〉。

53 〈英國《經濟學人》雜誌《The World in 2017》專刊刊登總統專文〉，《總統府》，2016 年 11 月 28 日，〈https://www.president.gov.tw/NEWS/20913/%E5%85%A9%E5%B2%B8%E9%97%9C%E4%BF%82%20%E6%96%B0%E5%8D%97%E5%90%91%20%E8%A7%80%E5%85%89〉。

54 〈民調結果顯示 7 成以上受訪者贊同政府目前推動的外交政策〉，《新南向政策資訊平臺》，〈https://nspp.mofa.gov.tw/nspp/print.php?post=120208&unit=255〉。

55 〈TVBS 民調／就職 2 週年！60%不滿意蔡英文〉，TVBS，刊登日期：2018 年 5 月 16 日，〈https://news.tvbs.com.tw/fun/920714〉。

56 〈財訊民調：小英滿意度止跌 新南向政策 5 成 5 民眾支持〉，《自由時報》，刊登日

從上來看，相對兩岸關係，新南向相對加分。從現實面而論，蔡英文從不肯對「九二共識」表態，甚至冷處理與大陸的關係，應該都是「選擇」，蔡英文接受「法新社」採訪曾談到：

首先，中國越來越具有侵略性，主要的當然他們想壓制臺灣，不讓民主自由的臺灣離中國越來越遠。

其次，過去持續地承受來自中國的壓力，不過近來有很多的事件，這些事件的力道跟強度已經衝擊了我們現在所說的臺海現狀。再者，我們要全球布局，不但在中國布局，在東南亞、在印度等國家，能夠加大我們的力道，去充分開發那裡市場潛力，同時與該區域許多國家，共同在醫藥、醫療、農業、經濟發展、技術交流上面，甚至在人才訓練教育上進行許多合作。

從上來看，「國家安全」、「兩岸關係」到「新南向政策」都是基於外界環境變化所做出的選擇。在這樣的思考下，民眾對「踏實外交」及「新南向政策」的支持也間接說明推動新南向政策的重要性。對蔡英文而言，面對「大陸問題」與「選擇經濟」是不同層面的問題，第一，選擇「新南向市場」的重要性在於台灣必須覓尋新的道路，這也是台灣民眾所支持的。第二，「新南向政策」回應因應全球情勢變化及區域整合趨勢，作出相應的調整，第三，「新南向政策」不論成功或失敗都是轉移或降低過度仰賴市場的一種方式。

值得關注的是，蔡英文上台到「九合一」選舉。陸客、兩岸關係與新南向政策被視為影響此次選舉的重要因素。尤其該次選舉「九二政策」被視為藍營勝選的重要因素。「習五條」後，兩岸政策協會民調顯示：81.2%

期：2017 年 03 月 08 日，〈https://news.ltn.com.tw/news/politics/breakingnews/1997769〉。

民眾不接受「九二共識在推動經濟發展的同時，會矮化中華民國的主權，淪為中華人民共和國的地方政府」。[57]從上述則能推測，如果在主權議題與兩岸關係中選擇，民眾寧可選擇台灣主權。

在「主權」與「兩岸關係」問題上，台灣民眾尤其不接受大陸「一個中國原則」的「九二共識」。故，我們能間接推論，一旦「九二共識」與「一個中國原則」畫上等號，也將進一步影響爾後的兩岸關係發展。從客觀面來看，兩岸關係始終是蔡英文的最難課題。新南向觀光政策儘管對台灣經濟的幫助不大，但在政策的發展上，增加大陸以外國家的客源，降低對大陸的經濟依賴，是戰略，亦有民意基礎最為施政基礎作為支撐。

從理性決策觀點出發，第一，行對者對於問題的認知有其好惡。第二，外在環境也可能對於決策者提供機會或思考限制。第三，決策者根據環境因素決定對其有利的回應。

首先，透過「法新社」採訪，我們可以發現蔡英文對於兩岸和前進東南亞國家的選擇已有定數，如同蔡對其採訪的內容中，用辭是「中國越來越具有侵略性」。對蔡英文而言，中國大陸壓制台灣更加促使台灣尋求新的佈局。[58]「新南向政策」推動的目的在尋求台灣發展新動能，藉由軟實力及多面向的合作與他國進行合作。

其次，面對中國大陸的壓力，尋求新的市場也符合台灣民眾期待，儘管台灣民眾對於蔡英文在兩岸關係上的處理上不滿意為多，但蔡英文並不準備就兩岸政策作大幅調整的調整，這也說明，執政當局知曉新南向旅客來台的消費力不高，但仍選擇新南向這條路線。

---

57 周佑政，〈民調：6 成民眾認為是否接受九二共識 對兩岸發展重要〉，刊登日期：2019 年 01 月 03 日，〈https://udn.com/news/story/6656/3571995〉。

58 總統接受「法新社」（AFP）專訪，中華民國總統府，刊登時間：2018 年 06 月 25 日，〈https://www.president.gov.tw/NEWS/23447/%E6%96%B0%E5%8D%97%E5%90%9 1〉。

再者，從民意來看，普遍民眾對於新南向政策的滿意度雖不滿意，但相對兩岸關係，新南向政策可為其加分。對蔡英文而言，他曾釋出善意，大陸以陸客制裁台灣經濟，導致台灣經濟受挫，是大陸分化台灣的手段，而新南向觀光政策就是降低台灣對其依賴。

五、結論

從文獻來看，新南向的旅客無論消費、旅遊天數都低於大陸旅客，且陸客仍為我方觀光之大宗，面對中國大陸團客的縮減，蔡英文盡可能依賴新南向的市場彌補客源的流失。

長期以來，兩岸現狀建立在同屬一中的「九二共識」基礎上，從經濟的角度來看，陸客是台灣觀光的重要市場，但蔡英文則以國家安全的威脅來檢視，經濟安全可以定義為：「國家安全免於受經濟活動或經濟政策的負面影響」。對蔡英文來說，避免向中國大陸傾斜的另一條路徑，是基於國家安全的考量。馬英九執政時期，陸客來台振興台灣市場，2016 年民進黨再度執政，雖主張「維持現狀」卻未提具體作法，使陸客來台人數急凍，兩岸關係又進入冷凍期。從觀光的角度來看，「新南向」的實質效益相對陸客貢獻小，對觀光產業而言，推動新南向政策或許是錯誤政策，但對執政者來說，吸引大陸以外的旅客有一定的民意基礎，也間接強化《新南向政策-觀光政策》的合理性。在這樣的思維下，2020 年之前，新南向觀光政策是既定且不變的方針。

對未來而言，「習五條」出爐，是兩岸新的變數，對民進黨更是天上掉下來的餡餅。儘管「新南向」難以取代與大陸的聯繫，但未來無論哪一個黨派執政，新南向政策都將會是台灣對外關係的重要戰略。

第二篇

政府體制與國家發展篇

我國行政、立法制衡關係之檢討—以立法院第 8 屆修憲提案為中心

呂文玲[*]

一、前言

我國憲法前言明文規定「中華民國國民大會受全體國民的付託,依據孫中山先生創立中華民國之遺教,........制定本憲法,頒行全國,永矢咸遵。」故我國憲法之基本精神,即係遵循孫中山先生之遺教。我國於 1947 年行憲,而為因應國家情勢、社會變動,於 1991 年至 2005 年間進行 7 次修憲,其中尤其在政府體制部分,相較憲法本文規定,已有相當調整。惟距上次修憲近 10 年間,政治實務上之運作結果,迭有學界及政界人士拋出各式修憲議題。

憲法為國家之根本大法,近期朝野黨派於 2014 年九合一選舉之後,皆積極提出修憲主張,並有政黨主席極力支持,[1]立法院第 8 屆目前共計有 40 個憲法修正提案,[2]分別就政府體制及人權保障等議題提出修正。前揭立法院修憲提案,有關政府制度方面,包括有採行內閣制、考試院及監察院簡併等議題。因憲政體制之設計應防止權力過於集中,而行政、立法兩者間

---

* 作者為立法院法制局副研究員。
1 自由時報綜合報導,〈朱立倫:政治體系失能修憲一定要做〉,《自由時報》(2014 年 12 月 16 日);王鴻國,〈朱立倫:修憲一定要做的〉,《中央社》(2014 年 12 月 16 日)。
2 截至 2015 年 5 月 31 日為止。

之關係，對一國之政府體制影響最大，易言之，國家權力重心在總統抑或國會，或者是兩者共享，如何規劃權力結構之設計，為政治制度採擇之重要問題。本文爰擬就我國行政、立法之制衡關係進行檢討，並以立法院第 8 屆修憲提案為觀察中心，主要係以文獻分析法為主，並輔以分析憲法修正提案，利用體系解釋方法，探究整體憲法秩序，以期理論與實務研究並行，最後就我國憲政改革方向提出建議。

二、我國政府制度沿革概述

（一）憲法本文有關政府制度之設計

1. 我國政府體制採總統制與內閣制之混合制，屬修正式內閣制

孟德斯鳩首創三權分立理論，以達到限制政府權力、保障人民權利之目的，孫中山先生則提出五權憲法之構想，其五權憲法則以權能區分之構想為基礎，而提出權能區分之緣由，係為解決人民所欲、所懼之萬能政府，其謂「有一位美國學者說：『現在講民權的國家，最怕的是得到了一個萬能政府，人民沒有方法可以去節制他；最好的是得到一個萬能政府，完全歸人民使用，為人民謀幸福。』......在民權發達的國家，多數政府都是弄到無能的；......有一位瑞士學者說：『各國自實行了民權以後，政府的能力便行退化。』這個理由，就是人民恐怕政府有了能力，人民不能去管理。所以人民總是防範政府，不許政府是萬能。所以實行民治的國家，對於這個問題便應該想方法去解決。」[3]依權能區分理論，由國民大會選舉總統，總統任命五院院長並均向國民大會負責，此具有總統制特徵；惟總統為虛位元首，由國民大會選任五院院長，或由總統提名推薦，經國民大會同意後任命之，五院院長向國

---

3 秦孝儀主編，《國父全集》第 1 冊(臺北：近代中國出版社，1989)，頁 104。

民大會負責，此復具有內閣制特徵，故學者爰認我國日後究採總統制或內閣制之政府體制，頗有彈性，均不違背五權憲法理論。[4]

　　五五憲草係採總統制，惟於制憲之時，因張君勱先生力主內閣制，憲法內容爰有所折衷，對行政、立法之制衡設計進行調整。我國有關行政與立法之關係，依後來制定之憲法本文規定，我國政府體制並非典型之總統制或內閣制，而係採總統制與內閣制之混合制，其主要特徵整理如下：

總統制	內閣制
總統發布緊急命令權(憲法第 43 條)	總統依法公布法律，發布命令，須經行政院院長之副署，或行政院院長及有關部會首長之副署（憲法第 37 條）
總統對於院與院間爭執，得召集有關各院院長會商解決之（憲法第 44 條）	行政院院長由總統提名，經立法院同意後任命；行政院副院長、各部會首長及不管部會之政務委員，由行政院院長提請總統任命（憲法第 55 條、第 56 條）
總統就行政院對於立法院變更重要政策之決議，或立法院決議之法律案、預算案、條約案，認為有窒礙難行時，得核可後，移請立法院覆議（憲法第 57 條）	行政院對立法院負責(憲法第 57 條)

---

4 朱諶，《中華民國憲法與孫中山思想》2 版，(臺北：五南，1995)，頁 136-137。

依憲法所定行政院對立法院負責之重要特徵，我國政府體制的確具有內閣制之特色，然而，我國並未採一般內閣制之不信任投票及解散國會之配套設計，另亦未限制內閣成員必須為國會議員，故其屬一種修正式之內閣制。

2. 憲政機關之定位不明，職權運作有相當解釋空間

憲法明定立法院為國家最高立法機關，由人民選舉之立法委員組織之，立法委員並具向行政院院長及各部會首長質詢之權。由此觀之，立法院並非單純之治權機關，而具有政權機關之性質。嗣依司法院釋字第 76 號解釋，國民大會、立法院、監察院共同相當於民主國家之國會。[5]此號解釋進一步將立法院及監察院，即孫中山先生定位之治權機關解釋為三權分立下之立法機關，使渠等具有政權機關之性質。故而，憲法本文所定之立法院，其定位非常模糊。

惟憲法本文對權力制衡設計，因總統依憲法第 43 條之發布緊急命令權、第 44 條之院際爭議處理權或第 57 條第 2 款之覆議核可權等僅能於特定情況行使之，且並未具實效，另行政並無解散立法院之權，均欠缺制衡力量，但立法院具有憲法第 55 條所定行政院院長同意權及憲法第 63 條所定國家重要事項參與權，此時，行政、立法權力難謂已具制衡。

---

5 司法院釋字第 76 號解釋：「我國憲法係依據 孫中山先生之遺教而制定，於國民大會外並建立五院，與三權分立制度本難比擬。國民大會代表全國國民行使政權，立法院為國家最高立法機關，監察院為國家最高監察機關，均由人民直接間接選舉之代表或委員所組成。其所分別行使之職權亦為民主國家國會重要之職權。雖其職權行使之方式，如每年定期集會、多數開議、多數決議等，不盡與各民主國家國會相同，但就憲法上之地位及職權之性質而言，應認國民大會、立法院、監察院共同相當於民主國家之國會。」

（二）憲法修正後政府制度之轉變

　　我國憲法雖於 1946 年 12 月 25 日通過，1947 年 1 月 1 日公布，並於同年 12 月 25 日施行，但 1948 年 3 月公布動員戡亂時期臨時條款，1949 年 5 月 19 日臺灣實施戒嚴，迨至 1991 年憲法第 1 次修正，施行逾 40 年之臨時條款終告廢止，此段時間憲法本文並未完全落實。而我國憲法歷經 7 次修正，增修條文與原本憲法本文已有不同，爰將各次修憲有關政府體制之重點臚列如下：

修憲次數	時間	重要內容
第 1 次修憲	1991 年 5 月 1 日	國民大會、立法委員、監察委員選舉方式改變；國會全面改革，解決資深中央民意代表問題
第 2 次修憲	1992 年 5 月 28 日	將總統、副總統及國民大會代表之任期修正為 4 年；調整國民大會、監察院及考試院職權，國民大會增加大法官、考試委員及監察委員之人事同意權，監察院修正為準司法機關，依法獨立行使職權
第 3 次修憲	1994 年 8 月 1 日	總統、副總統之選舉，由自由地區人民直接選舉；總統發布依憲法經國民大會或立法院同意任命人員之任免命令，無須行政院院長之副署
第 4 次修憲	1997 年 7 月 21 日	精簡省級組織；並調整總統、行政

		院院長及立法院間之關係，總統任命行政院院長無須立法院同意，降低覆議門檻，增訂立法院得對行政院院長提不信任案，及總統之被動倒閣權
第 5 次修憲	1999 年 9 月 15 日	延長國民大會代表及立法委員任期
第 6 次修憲	2000 年 4 月 25 日	將國民大會虛級化，修正為任務型機關，人事同意權由立法院行使
第 7 次修憲	2005 年 6 月 10 日	修正立法委員選舉制度及名額；國會大會職權完全凍結

　　憲法本文傾向內閣制，而若總統採行直接民選，民選總統具相當實權，亦為民意所期待。自我國總統採行直接民選後，憲法修正傾向逐漸加大總統權力。數次修憲中，尤以 1997 年第 4 次憲法修正，將我國轉以總統為權力核心，變動最大。按 1997 年修憲後，依憲法增修條文第 3 條規定，行政院院長由總統任命，而毋庸經立法院同意，此舉使得行政院院長僅為總統之幕僚長，惟憲法增修條文仍維持行政院對立法院負責之設計，此種未適當釐清總統、行政院院長間之權力劃分關係，更易造成政治實務上之運作疑義。

　　另 2000 年 4 月憲法第 6 次修憲，將國民大會朝虛級化方向修正，此後國民大會為「任務型」機關，僅於特定任務例如複決憲法修正案時，始由人民選舉產生，而於完成任務後即行解散。迨至 2005 年 6 月第 7 次修憲時，國民大會被完全停止職權運作，與孫中山先生權能區分理論之精神已有不同，並結束我國複數國會之爭議。

而我國數度修憲,李總統任內修憲結果雖傾向總統制,惟陳水扁總統表示「台灣的憲法,大家有很多的討論,在本人前任－李前總統任內,10 年內做了 6 次的修改,本人也在 2005 年完成任內第一次的憲改工程」、「目前台灣內部有很多問題,有一部分是完全源自於憲政制度的混亂,因為台灣不是一真正總統制的國家,也不像德國一樣的內閣制國家,也不是法國是所謂的雙首長制國家,我們是一個什麼都不是的憲政體制國家。」[6]相對而言,馬英九總統則說「他於 5 月 20 日宣誓就職時,第一個承諾就是『余必遵守憲法』,這是很大的承諾,對於每一個環節,他都必須考慮憲政上的意義……,事實上,他本來就不應該在很多政策議題上站到第一線來,雙首長制或半總統制本來就是這樣的定位。」[7]故我國 7 次修憲結果,縱使國家元首總統本身,對我國權力結構如何設計,憲政體制究竟如何運作,亦有不同解讀。

三、立法院第 8 屆有關內閣制之修憲提案

我國憲法雖經數度修正,惟諸多政府體制上之問題仍未解決,導致諸多憲政上運作之僵局,亦造成民意強悍反彈,2014 年即發生太陽花學運,對政府長久怠於憲政改革並落實民主,提出強烈抗議。[8]有關政府制度之現況,各界提出檢討之聲浪甚高,立法院第 8 屆朝野立法委員亦提出許多憲法修正提案,目前修憲委員會已審查完竣,惟尚未完成黨團協商。

立法院第 8 屆修憲提案有關政府體制之改革,均主張內閣制,共有 4 案,整理如下:

---

6 總統府新聞稿,〈總統出席「與德國柏林視訊會議」〉,總統府(2007 年 4 月 25 日)。
7 總統府新聞稿,〈總統偕同副總統與國民黨籍及無盟立委座談〉,總統府(2008 年 6 月 18 日)。
8 羅承宗,〈後太陽花運動的憲政危機與轉機〉,《臺灣法學雜誌》第 254 期(2014 年 8 月),頁 122-124。

委員賴士葆等33人提案（委員提案第 17370號）	委員呂學樟等50人提案（委員提案第 17459號）	委員江啟臣等34 人提案(委員提案第 17591號)	委員賴士葆等58 人提案(委員提案第 17747號)
	憲法增修條文第2 條第 2 項：總統發布行政院院長與依憲法經立法院同意任命人員之任免命令及解散立法院之命令，<u>須經行政院院長之副署或行政院院長及有關部會首長之副署</u>。		
	憲法增修條文第2 條第 5 項：總統於立法院通過對行政院院長之不信任案後十日內，經諮詢立法院院長後，得宣告解散立法院。		憲法增修條文第2 條第 5 項：<u>立法院通過對行政院院長之不信任案後十日內，行政院院長得提請總統宣告解散立法院。但戒嚴或</u>

	但總統於戒嚴或緊急命令生效期間,不得解散立法院。立法院解散後,應於六十日內舉行立法委員選舉,並於選舉結果確認後十日內自行集會,其任期重新起算。<u>對於重行選出之立法院,一年內不得再解散之。</u>		<u>緊急命令生效期間,行政院院長不得提請總統解散立法院。</u>立法院解散後,應於六十日內舉行立法委員選舉,並於選舉結果確認後十日內自行集會,其任期重新起算。
憲法增修條文第 3 條第 1 項:行政院院長由總統<u>提名,經立法院同意任命之。</u>行政院院長辭職或出缺時,在總統<u>未提名經立法院同意任命行政院院長前,由行政</u>	憲法增修條文第 3 條第 2 項:行政院院長由總統<u>提名,經立法院同意任命之。</u>行政院院長辭職或出缺時,在總統未任命行政院院長前,由行政院副院長暫行代	憲法增修條文第 3 條第 1 項:行政院院長由總統<u>提名,經立法院同意任命之。</u>行政院院長辭職或出缺時,<u>行政院院長職務,</u>在總統所提行政院院<u>長人選未經立法</u>	憲法增修條文第 3 條第 1 項:行政院院長由總統<u>提名,經立法院同意任命之。</u>行政院院長辭職或出缺時,在總統未任命行政院院長前,由行政院副院長暫行代

院副院長暫行代理。憲法第五十五條之規定，停止適用。	理。	院同意前，由行政院副院長暫行代理。憲法第五十五條之規定，停止適用。	理。憲法第五十五條之規定，停止適用。
		憲法增修條文第3條第2項：行政院依左列規定，對立法院負責，憲法第五十七條之規定，停止適用： 一、行政院有向立法院提出施政方針及施政報告之責。立法委員在開會時，有向行政院院長及行政院各部會首長質詢之權。 二、行政院對於	憲法增修條文第3條第2項：行政院依左列規定，對立法院負責，憲法第五十七條之規定，停止適用： 一、行政院有向立法院提出施政方針及施政報告之責。立法委員在開會時，有向行政院院長及行政院各部會首長質詢之權。 二、行政院對於

		立法院決議之法律案、預算案、條約案，如認為有窒礙難行時，得經總統之核可，於該決議案送達行政院十日內，移請立法院覆議。立法院對於行政院移請覆議案，應於送達十五日內作成決議。如為休會期間，立法院應於七日內自行集會，並於開議十五日內作成決議。	立法院決議之法律案、預算案、條約案，如認為有窒礙難行時，得經總統之核可，於該決議案送達行政院十日內，移請立法院覆議。立法院對於行政院移請覆議案，應於送達十五日內作成決議。如為休會期間，立法院應於七日內自行集會，並於開議十五日內作成決議。

| | | 覆議案逾期未議決者，原決議失效。覆議時，如經全體立法委員二分之一以上決議維持原案，行政院院長應即接受該決議。

三、立法院得經全體立法委員三分之一以上連署，對行政院院長提出不信任案。不信任案提出七十二小時後，應於四十八小時內以記名投票 | 覆議案逾期未議決者，原決議失效。覆議時，如經全體立法委員二分之一以上決議維持原案，行政院院長應即接受該決議，<u>或於十日內提出辭職，並得提請總統解散立法院。</u>

三、立法院得經全體立法委員三分之一以上連署，對行政院院長提出不信任案。不信任案提出七 |

		表決之。如經全體立法委員二分之一以上贊成，行政院院長應於十日內提出辭職，並應同時呈請總統解散立法院；不信任案如未獲通過，一年內不得對同一行政院院長再提不信任案。	十二小時後，應於四十八小時內以記名投票表決之。如經全體立法委員二分之一以上贊成，行政院院長應於十日內提出辭職，並得同時提請總統解散立法院；不信任案如未獲通過，一年內不得就同一事由再提不信任案。
	憲法增修條文第 3 條第 1 項：行政院院長、副院長、各部會首	憲法增修條文第 4 條第 9 項：立法委員除得兼任行政院院長、副	憲法增修條文第 4 條第 9 項：立法委員除兼任行政院院長、副院政院院長、副院

	長、不管部會之政務委員、秘書長、政務副首長，得由立法委員兼任之。憲法第七十五條之規定，停止適用。	院長、各部會首長、不管部會之政務委員外，不得兼任官吏。憲法第七十五條之規定，停止適用。	長、各部會首長、不管部會之政務委員、秘書長外，不得兼任官吏。憲法第七十五條之規定，停止適用。
	憲法增修條文第4條第1項：立法院立法委員自第九屆起一百五十人，任期四年，連選得連任，於每屆任滿前三個月內，依左列規定選出之，不受憲法第六十四條及第六十五條之限制：	憲法增修條文第4條第1項：立法院立法委員自第九屆起一百五十人，任期四年，連選得連任，於每屆任滿前三個月內，依左列規定選出之，不受憲法第六十四條及第六十五條之限制：	

四、憲政改革之制度選擇

(一)近年來我國憲法修正條文著重政府體制之變革，雖孫中山先生創立之中華民國遺教仍貫徹於我國憲法，但已非修憲之界限

李登輝總統任內所開始主導之修憲，迄至陳水扁總統之修憲，十餘年來主要重點在於權力分立之設計。我國憲法前言明文規定，憲法係依據孫中山先生創立之中華民國遺教，故孫中山先生之三民主義、五權憲法、權能區分等，為我國憲法之重要內容及界限。而依憲法原理，憲法之基本原則即國民主權、權力分立及基本人權保障，均屬重要內容及界限。

進一步言之，權力分立與制衡為現代民主國家之基本原則，權力分立之目的，不在有無分權，而在於如何制衡，易言之，避免權力過度集中以致濫權，此項原則業經司法院釋字第 342、387、419、436、461、498 等多號解釋強調在案。而近代歐美政治體制，權力分立與民主主義思想相結合，孫中山先生亦移植之，提出五權憲法原理，並使五權憲法與三民主義，特別是民權主義相結合，將其成為政治體制之指導原理，[9]故孫中山先生之三民主義及五權憲法即為權力分立與制衡之展現。

我國憲政實務上，1999 年第 5 次修憲後，因延長國民大會代表任期等爭議，司法院作出釋字第 499 號解釋，亦明確表示憲法中具有本質之重要性而為規範秩序存立之基礎者，如聽任修改條文予以變更，則憲法整體規範秩序將形同破毀，該修改之條文即失其應有之正當性。該號解釋具體指出，憲法條文中，諸如：第 1 條所樹立之民主共和國原則、第 2 條國民主權原則、第 2 章保障人民權利、以及有關權力分立與制衡之原則，具有本質之重要性，

---

9 李鴻禧，〈三民主義‧五權憲法之病理病灶〉，《臺灣法學雜誌》第 2 期(1999 年 6 月)，頁 7-9。

亦為憲法整體基本原則之所在，而基於前述規定所形成之自由民主憲政秩序，乃現行憲法賴以存立之基礎，凡憲法設置之機關均有遵守之義務。故有關權力分立與制衡原則之憲政相關設計，應為修憲時應遵守之界限。

依孫中山先生權能區分之構想，係由國民大會代表國民行使「政權」，掌握選舉、罷免、創制及複決等權限，然而，第 7 次修憲時將國民大會凍結，國民大會為孫中山先生為國民行使直接民權而設，本次修憲之重要憲政意義，即在於打破孫中山遺教為我國修憲界限之主張，[10]亦即，凍結之舉打破孫中山先生權能區分、五權憲法之主張，與孫中山先生提出之權力分立設計已有不同。

(二)現行雙首長制導致權責不清，權力分立之設計並未達其制衡之目的，其劃分方式仍有審酌空間

民主國家政府體制大致上可分為總統制、內閣制及混合體制，總統制主要運行於美國及拉丁美洲區域國家，內閣制國家則以英國為代表，其分布較為廣泛。有關總統制及內閣制之評論甚多，而此種政治制度相較於社會、經濟或文化等因素，對民主政體之成功及失敗更具影響力，[11]故我國憲政改革時，應如何選擇合於民情之政府體制並配套規劃，不可不慎。總統制及內閣制之優缺點，正好相對，美國人民可能認為總統制最佳，因政府效能強大，惟總統如果濫權，亦不易節制；而令英國人民驕傲之內閣制，其政策固具有靈活性，但若不信任案提出頻繁，行政、立法關係易有不穩定之狀況。即言之，總統制係行政、立法分立，惟因總統制緣於總統及國

---

10 姚中原、張淑中，〈廢除國民大會的始末及其憲政意涵--從第七次憲改角度分析〉，《國家發展研究》第 9 卷第 2 期(2010 年 6 月)，頁 179-184。

11 MatthewS.Shugart,JohnM.Carey 著，曾建元等譯，《總統與國會：憲改設計與選舉動力》(臺北：韋伯文化，2002)，頁 1-3。

會各具民意基礎，各有任期，雖可彼此牽制，故若分由不同政黨掌控時，易造成憲政困境。內閣制因行政、立法合一，政府效率固然較高，但如內閣無法掌控立法部門，特別是國會尚無穩定多數黨時，可能發生倒閣之危機。此外，半總統制並非總統制或內閣制之變形，惟其係具備總統經由全民直選、總理領導政府向國會負責之兩要件，並自此發展出不同類型者。[12]

　　孫中山先生對我國採行總統制或內閣制，並無定論，制憲之初，起草者張君勱係以內閣制為雛形，規劃中央政府行政權之運作方式，[13]最後憲法本文採混合制之傾向內閣制。而 1997 年第 4 次修憲後，憲法增修條文則朝向總統制調整，行政院及立法院之關係修正為較傾向總統制之雙首長制，此時我國修憲後所確立之雙首長制，乃以五權憲法形式架構下，強化總統權、分裂行政權，並以內閣制之倒閣與解散國會機制，[14]以重新架構總統、行政及國會間關係之方式。

　　在政治實務上，我國於總統直選後，歷經兩次政黨輪替，惟其中 2000 年至 2008 年陳水扁總統執政時期，並未掌控立法院多數，即行政、立法未呈現合一狀態，雖初期任命唐飛為行政院院長，然嗣後即由民進黨人士擔任行政院院長，行政、立法發生衝突。此時，因立法院並無閣揆人事同意權，行政院院長僅為總統之幕僚長，亦導致行政部門向立法部門負責之精神不易落實。而有權之總統決定國家政策，卻僅由行政院院長出面負責，而相對的，另一方之立法院以行政部門應向立法部門負責之手段，對總統進行牽制，爭議迭起。以憲法增修條文第 3 條第 1 項規定觀之，總統直接

---

12 尤美女，〈道阻且長:從國會改革談修憲的課題與挑戰〉，《全國律師》第 19 卷第 5 期 (2015 年 5 月)，頁 38。

13 王泰升，〈論中華民國憲法的台灣化〉，《臺灣法學雜誌》第 254 期(2014 年 8 月)，頁 40。

14 林爵士，〈政府體制的「法」與「力」--臺灣憲改的未竟之路〉，《亞洲研究》第 69 期 (2014 年 9 月)，頁 131-132。

任命行政院院長，無需立法院同意，此行政院院長本即未獲立法委員多數支持，加以憲法增修條文第 3 條第 2 項規定將覆議門檻由憲法第 57 條所定之三分之二降為二分之一，易言之，僅須全體立法委員二分之一以上決議維持原案，行政院院長應即接受該決議，故行政院院長覆議難度增高，推行政務較為不利。

此外，因停建核四案所引發行政、立法間之衝突，司法院釋字第 520 號解釋一再強調立法院之國家重要事項參與決策權，亦使少數政府難以進行重大政策。再者，1997 年第 4 次憲法修正後，雖立法院有倒閣權，但如因此引發總統解散立法院，立法委員考量其須重行選舉，行使倒閣權之意願不高，且既然總統任命行政院院長無須立法院同意，總統於策略上亦可再任命屬意之人選而毋庸考慮立法院，若此，行使倒閣之效益更低，故憲政上易生僵局。

2008 年國民黨贏得總統大選，且掌握國會多數，8 年來少數政府之問題落幕，修憲之呼聲應可降低，惟馬英九總統因民意支持度低落，但總統受任期保障，而相關罷免之門檻復因過高，導致總統無法被監督，憲法規定違背民主精神之批評再起，[15]而究應如何規劃行政、立法間之關係，以確立責任政治，亦再度成為關注焦點。

(三)修憲提案傾向改為內閣制，惟修正幅度似仍嫌不足

1996 年臺灣進行第一次總統全民直選，臺灣歷經民主轉型，現今所面臨者為民主鞏固階段，[16]如何於憲政體制上鞏固民主，為當下所亟須努力之

---

15 楊惟任，〈內閣制修憲可行性之分析〉，《國會月刊》第 41 卷第 2 期(2013 年 2 月)，頁 41。

16 依 Huntington 所定衡量民主鞏固之標準，即「雙翻轉測驗」(two-turnovertest) --如果在轉型期的初次選舉中掌權的政黨或團體，在此後的選舉中失利，並把權力移交給選戰中的獲勝者；如果這些獲勝者又和平地把權力移交給次一屆選舉中的獲勝

方向。立法院目前(第 8 屆)朝野立法委員提出憲法修正提案，如前所述，就我國政府體制朝內閣制修正之草案，即有主張恢復立法院對閣揆之同意權，另有進一步主張除恢復閣揆之同意權外，並恢復其副署權，而立法委員得兼任閣員等。

以立法院修憲提案觀之，如恢復立法院對閣揆之同意權，雖可較為落實行政院對立法院負責之內閣制精神，惟僅憑此點，似仍難以避免我國現行雙首長制於分立政府時運作之缺失。另總統制與內閣制的重要差異之一，即國會議員得否兼任閣員，因修憲提案所主張立法委員得兼任行政院院長、副院長、各部會首長、不管部會之政務委員、秘書長、政務副首長等官員，觀之英國國會議員縱兼任閣員，亦非事務官，故我國修憲提案就內閣制之構想，係立法者不參與個案執行之決定，行政、立法依舊形成分立局面。

惟半總統制欲運作順暢，應盡量使總統與國會多數一致，故除時機上兩者選舉時程應相近或同時，以降低兩者不一致之機會外，而制度設計上應使國會對行政院院長之人選具同意權，但排除總統對行政院院長之免職權，以避免總統對行政院院長之干涉，再者，總統與行政院院長之權限應明確劃分，使兩者權力衝突降低。[17]因二十世紀以來，穩定之民主國家除美、法等少數國家以外，多數係採行政、立法合一之內閣制，故檢視前揭修憲提案，如我國應採行內閣制，將重心由總統、行政而移向立法院，修憲提案所提立法院享有閣揆同意權，應為必須之設計，然而，縱使閣揆同意權再加上其副署權，並使立法委員得兼任閣員，其修正幅度似尚嫌不足，總

者，這樣的民主政權就可被認為是已經鞏固。詳見 SamuelP.Huntington 著，劉軍寧譯，《第三波：二十世紀末的民主化浪潮》(臺北：五南圖書，2012)2 版，頁 324。
17 蘇子喬，〈兼容並蓄或拼裝上路？--從內閣制與總統制優劣辯論檢視半總統制的利弊〉，《臺灣民主季刊》第 10 卷第 4 期(2013 年 12 月)，頁 37-39。

統依舊係有權無責，難以解決政治實務上所生憲政難題。

五、結論

　　孫中山先生以分權制衡為手段，以建構萬能政府，並達到主權在民與全民政治為目標，其構想精神貫穿整部憲法，惟孫中山先生亦謂「民權不是天生出來的，是時勢和潮流所造就出來的。」，[18]憲法具高度政治性，亦無絕對標準模式，其修正最終取決於政治勢力之決定。我國政府體制歷經憲政改革，以及政黨輪替等過程，其運作缺失逐步浮現，其中雙首長制之實務運作批評聲不斷，憲政機關如何分權亦意見分歧，本文認為我國憲法就行政、立法之規劃設計，未盡妥適，現行雙首長制運作結果導致權責不清，憲法本文及增修條文均無法發揮定紛止爭之功能，立法院第 8 屆修憲提案傾向改為內閣制，雖為解決之方案，惟尚未達到確實分權制衡之目標，尤其總統仍有權無責之抨擊，其爭議仍亟待解決。

---

18 朱諶，《中華民國憲法─兼述國父思想》(臺北：五南，1994)，頁 157。

從分權理論與政府類型學論孫中山政府體制主張

何振盛*

　　孫中山對於政府體制的主張究係為何？向為學界爭議不休、難以論斷的課題。其主要原因在於，一方面孫中山的政府體制主張有其創見，實難就既有的政府體制分類標準加以歸類；另一方面他既是思想家，亦是革命家，在理想與現實的拉扯中，要維持前後論述的一致性，實有所難，也導致後人各自詮釋、莫衷一是。有鑑於此，本文首要釐清的即為孫中山政府體制主張之主要內涵與特徵為何？其次，本文嘗試運用政治分權理論與政府類型學，評述孫中山政府體制主張。

一、孫中山政府體制主張之內涵與特徵

　　孫中山對於政府體制之偏好，顯然受到歐美過去政治發展經驗之深刻影響。然而歐美各國彼此之政治發展經驗亦不完全相同，因而導致各國政府體制存在某種差異。孫中山試圖針對中國當時的現況，擷取歐美各國政治體制上適合中國之部分，結合中國傳統政治制度之特長，並以個人新創之學理，試圖建構一個獨特的政府體制，藉此為新生的中國奠定長治久安的基礎。論者常以歐美民主國家的內閣制與總統制型態為孫中山政府體制主張「定位」，其結果不僅扞格不入，難以自圓，且因牽強附會，肇致謬誤。

　　孫中山對於政府體制之主張，主要見諸其五權憲法思想。然而五權憲

---

* 作者為佛光大學未來與樂活產業學系教授兼系主任。

法思想究竟始於何時？按照「中國五權憲法學會」的認定，是民國前六年，即 1906 年 12 月 2 日。是日孫中山演講〈三民主義與中國民族之前途〉，其前半篇以三民主義為內容；後半篇即以五權憲法為內容。[1]但據學者高旭輝的研究，孫中山五權憲法思想的醞釀時點還要倒推至民國前十五年，亦即西元 1897 年。[2]然而最早的文字紀錄當屬 1906 年的那篇演講，孫中山明白主張要制定一部五權分立的憲法。[3]自 1906 年至 1919 年間，孫中山雖曾多次發表過五權憲法演講，但其內容在理論上均不脫 1906 年演講的要旨。1919年孫中山完成〈孫文學說〉，論及革命方略，特別針對五權憲法制度指出：「……各縣之已達完全自治者，皆得選舉代表一人，組織國民大會，以制定五權憲法，以五院制為中央政府：一曰行政院，二曰立法院，三曰司法院，四曰考試院，五曰監察院。憲法制定之後，由各縣人民投票選舉總統以組織行政院，選舉代議士以組織立法院，其餘三院之長，由總統得立法院之同意而委任之，但不對總統、立法院負責，而五院皆對國民大會負責。」[4]此段話表明五權憲法已邁入一個嶄新階段，值得重視。

　　1921 年 7 月，時任非常大總統的孫中山在廣州國民黨特設辦事處演講〈五權憲法〉，強調「政治裏頭有兩個力量，一個是自由的力量，一個是維持秩序的力量。……總要兩力平衡，物體才能保持平衡狀態。」[5]這段話無異是孫中山後來提出權能區分的初步構想，著重憲法上如何協調人民與政府之間的關係。[6]這篇演講也以「治國機關圖」有系統地說明五權制度下的政

---

1 高旭輝，《五權憲法與三權憲法之比較研究》(台北市：中華文化復興運動推行委員會，1981 年)，頁 23。
2 同註 1，頁 23-24。
3 孫中山，〈三民主義與中國民族之前途〉，《國父全集》第一冊(台北市：中國國民黨黨史委員會)，頁 205-207。
4 孫中山，〈孫文學說〉，國民黨黨史會編，前引書，第一冊，頁 464。
5 孫中山，〈五權憲法〉，國民黨黨史會編，前引書，第二冊，頁 416。
6 同註 1，頁 28。

府部門關係，較之〈孫文學說〉所涉及的更為具體明確。1922 年，孫中山撰寫〈中華民國建設之基礎〉一文，表明了分縣自治與全民政治對國民大會、五權憲法的重大關係。[7]1924 年 4 月，當孫中山發表〈建國大綱〉，並進行〈民權主義〉第五、六次講演時，五權憲法思想終於在歷經漫長過程後，進入成熟與完成階段。〈建國大綱〉係五權憲法思想的制度化與條文化，其中第 24 條明定：「憲法頒布之後，中央統治權則歸國民大會行使之，即國民大會對於中央政府官員，有選舉權，有罷免權；對於中央法律，有創制權，有複決權。」[8]此點與〈孫文學說〉中的規畫不盡相同，實因〈孫文學說〉仍留有三權憲法的遺緒，而〈建國大綱〉則突顯五權憲法的特色。至於〈民權主義〉第五、六次講演則是對於五權憲法理論進一步的說明與闡釋，其中最重要者在於闡明「權能區分」就是確認人民應有其「權」，政府應有其「能」。[9]前者是政權，代表人民控制政府的力量；後者是治權，代表政府管理公眾事務的力量。

　　梳理孫中山關於五權憲法的著作與演講後，吾人可以發現其觀念係於時序漸進中逐步完整且系統化。先前某些觀念也因對客觀條件的重新認知或發展理論所需的邏輯性，而相繼做出修正。因此其政府體制主張應以〈建國大綱〉、〈民權主義〉第五、六講等最終論述為基準，再參考其它撰述與講辭，才得以正確論斷其根本意涵。準此，「權能區分」的新創學理實為孫中山政府體制設計的核心概念，國民大會代表政權機構，五院則代表治權機構，其重要特徵如下：

---

7 孫中山，〈中華民國建設之基礎〉，國民黨黨史會編，前引書，第二冊，頁 177-180。
8 孫中山，〈建國大綱〉，國民黨黨史會編，前引書，第一冊，頁 753。
9 孫中山，〈民權主義〉第五、六講，國民黨黨史會編，前引書，第一冊，頁 119-156。

（一）以權能區分解決政府獨裁與效能的兩難問題

　　孫中山提出「權能區分」概念的首要目的在於解決民主與效能的問題。孫氏心中期待萬能政府的出現，又恐統治權的集中與擴張而傷害民權，在觀察西方民主政體無法解決此一兩難問題後，渠於概念上將國家權力區分為控制政府的「權」(政權)與施行治理的「能」(治權)，並在制度設計上將政權交由國民大會負責，而治權交由五院負責，其中居間協調五院者為總統，總統與五院並須對國民大會負責。然而西方民主政體是否完全沒有權能區分的觀念與制度設計？恐怕亦非如此。若從主權理論觀之，在民主政體中主權屬於國民全體，人民行使主權，運用選舉、罷免、創制、複決等憲政權力控制政府，即可視為一種政權機構，發揮主權行使所產生的最高與最終的裁決效力。惟西方民主政體在理論上並未完整與清楚地闡述「權」「能」的區別與關係，在制度設計上又因針對直接民權的種種限制而使得人民的「權」成為備而罕用，甚至備而不用的權力，以至於難以發揮控制政府的效果。另一方面，三權分立的立法權包含代表人民、監督政府以及制定法律三種意涵與權限，前兩者應屬於人民的政權，最後者則屬於政府的治權，權能混合為一，自然議會權重，易於造成議會獨裁、政府無能的現象[10]。因此按照孫氏「權能區分」理論，將三權分立中立法權的政權與治權劃分開來，將政權交給一個獨立的人民代表機構，而保留立法權中制定法律的治權，將可避免議會專擅並予以有效的監督。

10　吳玉麟，《孫文五權憲法研究－理論建構與實踐層面之探討》(台北市：文翔，1984 年)，頁 1-2；高旭輝，前引書，頁 57。

(二) 以政權機構國民大會落實人民主權

　　在孫文遺教中，國民大會很清楚地被界定為政權機構，總統與五院等治權機構均對其負責。政權的行使項目也具體明列為選舉、罷免、創制與複決等四項。然而長久以來，學界對於國民大會的憲政角色存在兩項疑問，一是國民大會為政權機構是否等同主權機構？二是國民大會行使四項政治權力究係直接民權還是間接民權？就第一個疑問而言，國內法上的主權可說是決定國家最高意思的權力[11]，而若干學者認為國民大會行使選舉、罷免、創制與複決等四項政權，即具有主權的作用，故可將國民大會視為主權機構。因此有學者認為「權能區分」的「權」，既可指主權，也可指政權，儘管兩者在概念上不同，但政權係由「國民主權」而生[12]，實難切割。然而亦有學者持不同看法，認為政權為主權所表現的方式之一，但並非即是政權涵蓋主權的全部意義，因此只能說國民大會為政權機構，而不能說是主權機構[13]，本文採納此說。就第二個疑問而言，對於直接民權與間接民權的區別，一般政治學著作均以人民可否直接行使權利為判定的標準，據此自然認定國民大會所行使的四項政權為間接民權[14]。然而按照孫文遺教中的「分縣自治」與「全民政治」二個概念，五權憲法原本就是主張直接民權，僅因在中央行使直接民權勢非所能，乃設國民大會以代行之。以形式而言，此乃間接民權，殆無疑義。然而倘若參考界定西方議會性質的委任說，議會議員與原選舉人的關係，若是一種命令的委任，受命議員在議會內所為言論與表決，均須遵守原選舉人的訓令，否則原選舉人得罷免之[15]。國民大

11 劉慶瑞，《中華民國憲法要義》(台北市：三民，1981 年)，頁 35。
12 崔書琴，《三民主義新論》(台北市：商務，1974 年)，頁 168-169。
13 同註 1，頁 92-93。
14 吳玉麟，前引書，頁 9-10。
15 同註 11，178。

會代表人民行使政權，倘若在制度設計上採取委任說，即具有直接民權的
實際功能。

(三) 總統協調五院並對國民大會負責

在五權憲法中，總統的憲政角色究係為何，也是經常引起學界爭辯的
議題。其原因在於孫中山對於行憲後總統的憲政角色並未清楚界定，而於
他當時所處的現實政治環境中因權宜考量，有時強調總統的實權角色，有
時卻又明確主張採行內閣制，以至於後人各陳己見，莫衷一是。然而早年
五權憲法研究的主流意見顯示，多數學者指出孫中山提過「選舉總統以組
織行政院」[16]，又說「行政首領就是大總統」[17]以及「在行政人員一方面，
另外立一個執行政務的大總統」[18]，加上五院制的中央政府需要一個強有力
的總統統合協調，使能發揮萬能政府的效能，因而主張五院制的總統應具
有主導行政、統轄五院的實權[19]。但若同樣舉出孫氏曾明示之語：「其餘三
院之長，由總統得立法院之同意而委任之，但不對總統、立法院負責，而
五院皆對國民大會負責」[20]言下之意，五院並不對總統負責，總統亦無督統
之權，其功能僅為協助組成五院制的中央政府，並於形式上代表整個政府。
論者若僅拘泥於孫氏所言總統為行政首領並執行政務等語，即斷言總統擁
有主導行政、統轄五院的實權，恐將與憲政原理與權能區分理論扞格不入。
首先，無論三權分立或五權分立，均為透過分權手段避免政府權力過度集
中，以致於濫權，因而各個分權獨立行使，勢所必要。倘於五權之上，另

---

16 同註 4。

17 同註 5，第二冊，頁 423。

18 同註 5，第二冊，頁 422。

19 華啟球，〈五權憲法與實權總統〉，收錄於中國五權憲法學會編，《五權憲法倫文選集》
 下冊(台北市：帕米爾，1965 年)，頁 1718-1720；高旭輝，前引書，頁 98-99。

20 同註 4。

設總統加以督考，必將破壞各分權獨立行使之可能性。其次，從權能區分概念而言，五權雖然分立，但均統屬治權，其分立是為了分工合作，而非三權分立下的牽制平衡，倘若地位在五院之上的總統督考管轄五院，是否將越俎代庖而影響國民大會直接行使政權控制治權的功能？另一方面，若讓總統主導行政，在院際出現紛爭時，總統是否能持平處理行政院與其它各院間的爭議，不無疑問。因此本文認為，五院制的總統應不具有實權並不負實際政治責任，方能維持五院各自獨立行使職權，並於發生紛爭時公正調和，俾使五院治權一體，協同合作。

(四) 立法院著重專業立法不同於一般民主國家的議會

採三權分立的民主國家，其議會具有代表人民、監督政府與制定法律等職權，以權能區分概念而言，前兩者屬於政權，後者則為治權。五權憲法的立法院僅有制定法律的職權，代表人民與監督政府等政權則歸屬國民大會，因此立法院絕不等於一般民主國家的議會。[21]孫中山所以將立法權列為治權，乃是認為立法權與行政權需要相互配合，使其分立而不對立，合作而不牽制，方可使政府有能，造福人民。[22]況且，現代的立法權正趨向於治權性質，立法的創議之權已逐漸轉入行政部門之手，內閣制國家固然如此，總統制國家則於國會內設立各種常設機構，由專家從事立法工作，以確保行政部門得以順利執行。孫中山所規劃的立法院，在性質上正是現代化立法專家的立法院，立法委員宜求其學識能力為首要，代表性則為其次。[23]因此學者朱諶強調，五權憲法中之「立法權」是「治權」之一，是「政府

---

21 同註1，頁107。
22 葉經柱編著，《中國五權憲法學會之研究成果》(台北市：帕米爾，1986年)，頁119。
23 林清井，《五權憲法中央政制》(高雄市：國父遺教研究會高雄市分會，1986年)，頁223；高旭輝，前引書，頁108-109。

權」之一,是「治權機關立法技術專家」所組成之立法院來行使的權。立法院不是民意代表機關,不是政權機關,不是國會,儘管立法委員由人民選舉產生,但其權力仍屬治權性質。[24]

(五) 行政院為五種治權的核心,惟與其他四院為分工合作的平行機構

孫中山在〈民權主義〉第六講中論及五權憲法,列舉五權,以行政權為首。[25]在〈建國大綱〉第十九條中規定五院制,以試行五權之治,其序列亦以行政院為首。[26]因此有學者明白指出,政府的本質是行政,行政權既為五種治權的中心,又最能表現政府的功能,因此其它四權皆以配合行政為首要。[27]由於孫中山對於五院制中行政院是否像其它各院一樣設置院長,並未明說,但他又曾經說過:「選舉總統以組織行政院選舉」,因此有學者認為行政院當以總統為行政首長,是否另設院長,此為名稱問題,並不重要。[28]言下之意,總統即為行政院長,或者兼任行政院長。然而不少學者認為上述說法仍屬牽強,按〈建國大綱〉第十九、二十一條規定,在憲政開始時期,中央政府當完成設立五院,憲法未頒布以前,各院長皆歸總統任免而督率之。[29]其中隱含總統與行政院長職權有所區別,且因行政院事務繁劇,如不另設行政院長,由總統兼任也是無法勝任。[30]學者傅啟學即明白指出,總統代表整個政府,負責統治任務;行政院長則負擔行政任務,執行立法院議決的法案。[31]兩者憲政角色與職權明顯有別,加以五院分工合作須總統

---

24 朱諶,《憲政分權理論及其制度》(台北市:五南,1997年),頁35。
25 孫中山,〈民權主義〉第六講,國民黨黨史會編,前引書,第一冊,頁153。
26 同註8。
27 同註1,頁99、104。
28 吳玉麟,前引書,頁15;崔書琴,前引書,頁202。
29 同註8。
30 華啟球,前引文,頁1721-1722;高旭輝,前引書,頁99-100。
31 傅啟學,《中國政府》(台北市:商務,1968年),第十章第五節第二項。

居中協調，倘若總統即兼行政院長，勢必因角色衝突而難以履行憲政職責。至於行政院是否等同一般內閣制國家的內閣？學界也有不同看法。有學者認為五權分立下的行政院與三權分立下的內閣並不相同，因兩者行政職權不盡相同(前者不包含考試權)，且內閣制中的內閣對國會負責，而行政院與立法院為五種治權中的平行機關，彼此分工合作，並非制衡關係，地位與其它三院相同。[32]然而，三權分立下的國會兼具政權與治權機構的性質，內閣制中內閣對國會負責，係就其政權屬行而負責。五院制中的立法院已不具政權性質，但行政院連同其它四院仍須對具政權性質的國民大會負責，其理與三權分立下的內閣並無不同。其次，內閣制強調行政立法合一，而其內閣具有行政領導立法的特質[33]，此制度特性與五權憲法以行政院為治權核心，而立法院須配合行政院履行專家立法的功能，極為近似，因此雖說行政院並非完全等同內閣制中的內閣，但應具有其中重要的類似性質。因此若干學者強調，五權憲法既以五院制為中央政府，又主張五院皆對國民大會負責，所以五院制就有內閣制的精神。[34]行政院作為治權的核心，也最能代表與突顯內閣的特質了。

(六) 司法院、考試院與監察院獨立行使職權並對國民大會負責

司法院、考試院與監察院均為五權憲法中獨立行使職權的重要治權機關。關於司法院的職權與組織，孫中山遺教中並未提及，在三權分立的國家，司法權一般指狹義的法院審判權，但就五權憲法精神而言，司法權應該包含廣義上的司法行政與憲法解釋等權力。[35]

---

32 葉經柱編著，前引書，頁 104-105；高旭輝，前引書，頁 105-106。
33 潘公展主編、胡經明編著，《五權憲法與各國憲法》(台北市：正中，1946 年)，頁 16-17。
34 劉友華，《五權憲法與三權憲法之研究》(台北市：國父遺教研究會，1973 年)，頁 80；
　　華啟球，前引文，頁 1721、1723。
35 葉經柱編著，前引書，頁 156；高旭輝，前引書，頁 111。

　　要言之，孫氏既言「五院皆對國民大會負責」，則司法院必須對國民大
會負責，若司法院僅擁有審判權，審判必須獨立，又如何對國民大會負責？
因此所謂「負責」，當然指涉非審判的司法行政事務與執行其組織法規的適
切性而言。所以有學者主張，我國司法行政部(目前更名為「法務部」)應隸
屬司法院，而非行政院。[36]關於考試院部分，孫中山主張考試權自行政權獨
立出來的原因，主要在避免行政機關對於公職人員「盲從濫選及任用私人
的流弊」。[37]所以〈建國大綱〉第十五條明定：「凡候選及任命官員，無論中
央與地方，皆須經考試銓定資格者乃可。」[38]因此孫中山主張以考試確定資
格，並非限於對官吏或一般公務人員，而特別包括了民選之公職人員在內。
因此，上自總統、立委、監委，下至省、縣、市長與議員，均應經考試及
格始能參與競選。[39]然而有人認為候選人須經考試，與民主原則不合。但這
種論調似是而非，頗有討論的餘地。申言之，民主是主權在民，人民享有
普通選舉之權，不應加以限制。但被選舉權因事實上僅限於少數人，重在
選賢與能，若予資格限制，不能謂之不民主。[40]至於監察院部分，其行使的
監察權，或稱彈劾權，在歐美國家多由立法機構行使，在中國古代則由御
史主掌類似的糾察之職。為了除弊興利，打破議會專制，使政府有能，五
權憲法將監察權自立法權獨立出來，由監察院行使。監察權原本是一種監
督權，何以列入治權而不列入政權？主要是監察權屬於治權的內控機制，
原本每一個行政主管都有監察或督導其部屬之權，但可能因失察不周或官
官相護，需要一個獨立的監察機構來整飭政府綱紀，嚴肅政府風氣，因此

---

36 同註 22，頁 156-159。
37 孫中山，〈三民主義與中國民族之前途〉，國民黨黨史會編，前引書，第二冊，頁 206。
38 孫中山，〈建國大綱〉，國民黨黨史會編，前引書，第一冊，頁 752。
39 同註 10，頁 18。
40 同註 22，頁 232。

監察權就帶有行政權的性質，自然屬於治權，[41]而有別於外控機制的政權機關–國民大會。〈孫文學說〉第六章曾提及：「各院人員失職，由監察院向國民大會彈劾之；而監察院人員失職，則國民大會自行彈劾而罷黜之。」[42]易言之，彈劾的發動權(除監察院人員外)屬於治權機關的監察院，而彈劾的審議權(與連帶的懲處權)屬於政權機關的國民大會。由於兩者均為監督治權的內外控機構，且監察院對國民大會負責，因此監委應可由國民大會選任。[43]

二、分權理論下五權制與其它政府類型之比較分析

孫中山〈五權憲法〉思想受到西方分權理論的影響頗鉅，而西方分權概念與制度起源甚早，遠在古希臘羅馬時期，即有代表政權機構的國民大會(斯巴達)、公民大會(雅典)、新公民大會(羅馬)，以及代表治權機構中立法部門的參議會(斯巴達)、五百人議會(雅典)、參議院(羅馬)；行政部門的國王(斯巴達、羅馬)、行政委員會(雅典)、執政官(羅馬)；司法部門的法院(雅典)；監察部門的監察會(斯巴達)、五百人議會(雅典)、護民官大會(羅馬)等[44]，其中則缺乏獨立的考試部門。在分權理論方面，古希臘政治哲學家如柏拉圖、亞里斯多德、鮑利貝士(Polybius)均提出了不同的分權構想並設計相關的制度。譬如，柏拉圖設計了一種混合政體的組織，包含民主制與貴族制的兩種因素，具有牽制與平衡的精神[45]；亞里斯多德主張任何政府的組織

---

41 同註 22，頁 249。

42 同註 4。

43 同註 39。

44 Raymond G. Gettell, Lawrence C. Wanlass, History of Political Thought, NY：Allen & Unwin, 1953, p.35-37, 48-49, 75-86；林桂圃，《民權主義新論》上冊(台北市：中國文化學院，1969 年)，頁 252-253；張金鑑，《西洋政治思想史》(台北市：教育部，1968 年)，頁 58。

45 張翰書，《西洋政治思想史》上冊(台北市：商務，1966 年)，頁 38；Raymond G. Gettell, Lawrence C. Wanlass, op cit. p.59。

應有討論機構、執行機構與司法機構等三個部門，並將政治權力適當分配於此三者中，將更能謀求國家安定與人民幸福[46]；鮑利貝士則讚揚羅馬的混合政體，其執政官代表君主制精神，參議院具有貴族性質，而各種公民大會富於民主色彩，三者具有相互制衡的權力，形成一種嚴密良好的制衡制度。[47]古希臘學者的分權思想即已將統治權區分為不同類型的權力，並據以規劃不同權力類型間的牽制關係以制定相關制度，這些學說奠定了近代分權理論基礎。

　　近代民主憲政分權理論起源於英國，英儒洛克在《政府二論》(Two Treatises of Civil Government)中提出政府權力劃分為立法權、行政權與外交權三種，在其「天賦人權」及「社會契約」思想下，洛克主張「主權在民」並據以分析國家統治權力劃分的議題。洛克認為立法權解釋自然法則並規定人民權利，為政府中最高權，而行政權與外交權則從屬於立法權。立法權雖為政府最高權，但因係人民基於主權所委託的權力，故其權力亦非絕對，仍應受限。一旦立法權不能達成委託的目的時，人民便可行使主權，以國家最高權予以撤免或變更。[48]行政權為適用與執行法律並解決人民間爭端的權力，立法機構於制定法律後無需始終存在，惟掌握行政權的行政機關則因法律執行不可一日停止而必須始終存在[49]，但行政權仍受立法權之監督。至於司法機關之權為執行法律之事，故應置於行政權內。所謂外交權則用以維持國家的獨立、安全與繁榮，其性質特殊而重要，故應設立單獨

46　George H. Sabine, A History of Political Theory, NY: Holt, Rinehart and Winston Inc., 1937, p.112.

47　Raymond G. Gettell, Lawrence C. Wanlass, op cit. p.84；談子民，《政黨論》上冊(台北市：正中，1968 年)，頁 35。

48　John Locke, The Second Treatise of Government : an essay concerning the true original extent and end of Civil Government, NY: The Macmillan Co., 1956, p.75.

49　John Locke, op cit. p.153.

機構行使。[50]但是按照當時的情況，洛克所謂的外交權，實際上也就是行政權。因為這兩種權，一為對內，一為對外，所以事實上往往不得不趨於合併。[51]外交權與行政權都是與立法權相對的執法權，而立法權為制法權，因此有學者認為洛克的分權理論實則僅是制法權與執法權的「二權分立」。[52]

　　繼洛克之後，近代分權理論的另一位大師為法儒孟德斯鳩。孟氏在其名著《法意》(The Spirit of the Laws)[53]中提出分權的立論基礎有二：第一是如何保障人民之自由、平等、生命及財產安全；第二是如何始能突破掌權者必擴張其權力至極限的經驗法則。孟氏認為人民的政治自由只有在權力不被濫用時才存在，因此他表示為了不使濫用權力，就只有採用以權制權的規定。[54]然而以權制權的前提則是權力分立，孟氏的分權說深受洛克的影響，但是他將洛克的分權說加以修正。孟氏保留立法權的獨立地位，並認為立法權能夠表現「全意志」(General Will)，故此權應屬於全體人民，由人民選擇代表從事立法工作。[55]但是孟氏主張外交權應併入行政權內，因兩者性質相同，所以行政權的意義應予擴大，且立法權沒有終止行政權的能力，僅能查核行政權執行法律的態度與作為。為求政府工作效率的提高，行政權應由國家最高執政者來掌握。[56]另一方面，孟氏特別將司法權劃出於行政權外而予獨立行使。其原因在於過往君主常以司法權，迫害政敵，排除異己，若司法權與行政權合併，執法者就是審判者，司法官將可濫其淫威，

50　同註 49，頁 74-75。

51　同註 49，頁 147。

52　同註 24，頁 11。

53　Baron De Montesquieu, The Spirit of the Laws, trans. by Thomas Nugent, NY: Hafner Publishing Co., 1949, Book XI, Chap.3.

54　同註 53，Chap.4.

55　同註 53，Chap.6, p.154.

56　同註 53，Chap.6, p.156.

人民更無自由可言。[57]孟氏特別說明上述三種權力各有其三種能力。第一是決策能力，是一種命令支配權，第二是阻卻能力，使其它權力所採之決議事項無效之權，亦即否決權；第三是同意權，當不行使阻卻能力而發表贊成聲明時，便生出此項能力。[58]所以權力分立後，透過以權制權的過程，彼此相互牽制而趨於平衡，有權者便不至於濫權。孟氏的制衡觀點是對洛克分權理論的進一步補充。

綜觀西方分權理論，遠古先民時期權力的劃分均基於實際政治運作的需要，以不同的政治機構來彰顯權力的類別，但於權力的性質與內涵，則無清楚的界定與說明。然而權力分立與彼此某種程度的制衡關係，則早已存在於西方先民政治生活之中。迨至歐洲封建君主專權時期，政治權力高度集中於統治者手中，十六世紀法國學者布丹(J.Bodin)在其著作《共和六書》(Six Livres de la Republique)中倡議君主主權說，使得分權思想的發展因而受阻。直至十七、十八世紀，自然法思想與國家契約說大行其道，國民主權原理也隨之勃興，論者認為主權既屬於國民，一切國家機關必須直接或間接由國民產生，且其權力又必須直接或間接源於主權者的國民。[59]因此，同屬自然法學派的洛克與孟德斯鳩等思想巨擘，遂透過權力分立、選舉制度與代議政治的論述，以實現主權在民的理念與保障人民的政治自由，而近代分權理論遂發軔肇基於此。

孫中山的政府體制主張與西方分權理論淵源深厚，但孫氏的五權思想並非僅是西方的三權加上中國的二權而已。五權思想的最重要貢獻還是在於藉由「權能區分」概念，將權力的性質予以釐清與界定，並進而重新分類與賦予意涵。質言之，「權」是政權、人民權；「能」是治權、政府權；

---

57 同註 53，Chap.6, p.153；George H. Sabine, op cit. p.558；劉友華，前引書，頁 45-46。
58 同註 24，頁 17。
59 劉慶瑞，《比較憲法》(台北市：大中國圖書公司，1976 年)，頁 46-47。

前者是主權的運用，著重「控制」；後者是治能的發揮，強調「效率」。反觀洛克的「二權分立」或孟德斯鳩的「三權分立」，其核心思想雖係作為主權者的人民具有決定國家最高意思的權力，但權力分立的目的主要是消極地保護主權者的地位與權益，而非積極地促進政府統治的效能。因此，「以權制權」背後的思維不僅是讓統治權劃分為相互牽制的不同權力屬性與類別，更讓某種類別的權力機構(立法)代行主權者控制政府的部分權力。主權與統治權的界限模糊了，遂造成權能不分的現象，也影響政府的施政能力。此與孫中山期待建立「萬能政府」的主張，大相逕庭。

其次，按照新制度主義的觀點，制度的變化有其「路徑依循」的傾向，過往主權與統治權均屬君主一人，兩者產生的權力作用本無區別。在主權由君主轉移至國民之際，洛孟兩氏所提出之分權理論係遷就於當時的歷史現況與政治經驗，雖於概念上區分主權與統治權之不同，然尚未於制度上明確劃分，顯係受到路徑依循的影響。申言之，主權是決定國家最高意思的權力，統治權則是基於主權授意而實際處理國家事務的權力，前者位階高於後者，並具有檢核後者的最終可否權。因此主權對於統治權理當具有監督與控制的功能。在君主主權時期，主權與統治權同屬一人，自無監督與控制的必要；但於國民主權時期，主權與統治權分屬不同群體，自有監督與控制的必要。然而洛孟兩氏卻於其分權理論中，讓立法權兼具代表、監督與制法等三種功能，顯係仍未釐清主權與統治權的分野，一方面讓整體統治權減損其效能，另一方面也讓立法權代行主權監控的功能而趨於專擅。

再者，洛孟兩氏所提出之分權理論係以間接民權–代議政治為實現「主權在民」的手段。法國政治哲學家盧梭則提出直接民權的主張，他強調主權不能代表，亦如主權之不能讓渡，主權乃是人民的全意志，意志有不可

代表的性質。[60]孫中山接受盧梭的直接民權觀念，其分權理論結合「全民政治」、「分縣自治」兩個概念，在地方上以直接民權方式落實主權在民，在中央雖仍受限於現實因素，不得不以國民大會的間接形式以實現主權在民，但於概念上對於主權與統治權屬性的分野，則十分清楚。況且，國民大會的代表若是一種命令的委任，則必須恪遵人民的訓令，實際上等同人民直接行使政權，在實質意義上即具有直接民權的性質與功能。然而洛孟兩氏的分權制度係建立在間接民權的基礎上，為防範行政權的專擅與濫權，以保障人民的自由與權利，大多透過立法權代行主權的部分控制功能。申言之，一般民主國家的議會除具有立法權外，尚有預算議決權、監督權與調查權[61]，其中預算議決權與監督權(彈劾除外)均係主權的控制功能，加上原屬於統治權內控機制的彈劾權與調查權亦由議會行使，自然容易使得立法權獨大，甚至影響政府的行政效能。反觀孫中山的分權理論以「權能區分」概念劃分政權與治權，不僅因治權重合作、輕牽制而能提升政府效能，更因政權機構-國民大會的常設化，而利於強化主權控制治權的功能。

　　至於孫中山政府體制主張比較偏向西方政府類型學中的哪一種？學界的看法相當分歧。西方政府類型學的主要分類有四種：總統制、內閣制、半總統制與委員制。其分類的標準為：一、行政權的歸屬；二、行政權與立法權的關係。[62]前者是指元首與行政首長是否合一，後者則指行政權是否對立法權負責，抑或兩者分立而相互牽制？在總統制，總統既是元首，又是行政首長，且不對國會負責，而直接對人民負責。在內閣制，總理或首相不是元首，但是行政首長，必須對國會負責，惟內閣與國會之間具有解散權與倒閣權的對抗機制。在半總統制，總統與總理分享行政權，總統不

60　Jean Jacques Rousseau, The Social Contract, NY: Cosimo Inc., 2008.

61　同註 59，頁 224-268。

62　同註 59，270-271、286、293-294；劉慶瑞，《中華民國憲法要義》，頁 160-162。

對國會負責,但對人民負責,而總理須對國會負責,國會雖有倒閣權,總統亦有解散權。在委員制,行政委員會集體掌握行政權,惟行政委員由國會選出並對國會負責,且無對抗國會之權力。以此觀察孫中山的政府體制主張,因其分權理論係建基於直接民權,與西方分權理論乃建基於間接民權而有所不同,又因孫氏權力分立的性質與標準亦不同於西方分權理論,所以不少學者將它視為一種特殊的政府體制類型,而直呼其為「五院制」或「國民大會制」。[63]亦有學者認為孫氏創新分權理論後,並未明確說明其政府體制為內閣制或總統制,因此只要制度設計上秉持權能區分與權責分明,採用內閣制或總統制均無不可。[64]然而另有學者認為孫氏既以五院制為中央政府,又主張五院制皆對國民大會負責,所以五院制就有內閣制的精神。因此五院之上的總統,其實權就不能像總統制中的總統之權那樣大,但因須調和五院並向國民大會負責,其權力又比內閣制總統大,故可稱為「新總統制」。[65]

本文認為孫中山的分權理論固有其獨特創新之處,在政府體制設計方面亦有其除弊興利的優點,當然可稱之為「五院制」或「國民大會制」。惟民主憲政原理仍有其普世的標準,即為國民主權、權力分立與政府效能,藉由比較分析了解孫氏政府體制接近西方政府體制類型中的某一種,仍有助於深刻理解其制度設計的特色與優缺點。吾人倘若依照行政權的歸屬以及行政權與立法權的關係來檢視,孫氏政府體制設計仍較接近民主國家的內閣制。質言之,傳統分權理論中的立法權實際上將主權與統治權兩個概念融於一爐,雖然在洛克的學說中,立法權是政府最高權,而非國家最高權,但也強調它是主權的委託。而孟德斯鳩則認為立法權能夠表現「全意

---

63 高旭輝,前引書,頁87;劉友華,前引書,頁73-79。
64 同註24,頁24。
65 同註34,頁80。

志」，故此權應屬於全體人民，亦隱含著立法權是主權的化身。因此在內閣制國家，行政權對立法權負責，則意味著對主權者的代理人負責，立法權從而擁有對行政權監督與控制的權力。孫氏的政府體制設計依其權能區分主張，將國民大會定位為政權機構，而將五院定位為治權機構，而治權機構對政權機構負責。就行政權的歸屬而言，孫氏雖未言明總統是否兼/即行政院長，但以總統具有調和五院爭議之職責，其地位自需超然客觀而不宜統領行政事務，因此另設行政院長似較合乎法理。另就行政權與立法權的關係而言，五院中的立法院只是單純的制定法律的機構，原屬西方議會的主權代理職權已劃歸國民大會，因此擁有行政權的行政院雖不對立法院負責，但仍對代理主權的政權機構-國民大會負責，而國民大會亦有監督與控制包括行政院在內之治權機構的權力。易言之，行政院對國民大會(主權代理機構)負責，符合傳統分權理論中行政權對立法權(主權代理機構)負責之精神。因此無論就行政權的歸屬或者行政權與立法權的關係而言，孫氏的「五院制」或「國民大會制」均較接近民主國家內閣制的精神，與其稱它為「新總統制」，不如稱它為「新內閣制」。

三、結語

任何理論或制度的形成，必以其歷史經驗與時代背景作為思考或推動的基礎。傳統的分權理論係以對抗專制君權為著眼點，因此強調主權歸屬國民全體，任何政府的統治行為必基於國民的授權與同意。然而在專制君權時期，主權與統治權均專屬君主一人，早期分權理論雖於概念上區分主權與統治權的不同，但在制度上依循歷史路徑未能明確劃分兩者之不同，僅就國家權力運作之現況，將權力劃分為二權或三權，並賦予其中立法權兼具統治權與代行主權之性質。因此，在內閣制中立法權固然高於行政權，

即便是總統制中立法權因兼具預算審議與人事同意等主權控制功能，亦凌駕於行政權之上。孫中山倡議的新分權理論係基於當時中國君權專制與政府無能之現況，以設計符合中國需要的民主憲政體制。孫氏透過權能區分概念，清楚區分主權控制功能(政權)與統治權作用(治權)之不同，前者稱為人民權，後者稱為政府權。在制度設計上，孫氏以國民大會為政權機構，具有主權代理機構的性質，係人民控制政府的獨立機構；以五院制為治權機構，彼此分工合作，發揮萬能政府的治理效能。孫氏新創的分權理論與制度設計，雖未能有真正實踐的機會，但在學理上卻對權力的性質作出更精準的界定與劃分。至於孫氏的政府體制主張，依政府類型學的分類標準，行政權應歸屬行政院長，總統只有以其超然地位居間調和五院的有限權力；而行政權與立法權的關係則應以治權機構是否向主權代理機構負責而論，則行政院對國民大會負責，接近一般內閣制國家內閣向國會(兼具主權代理機構性質)負責的關係，因此本文認為孫氏政府體制主張固可稱為「五院制」或「國民大會制」，亦可因其具有類似內閣制的特質而稱為「新內閣制」。

台灣政治發展之省思：中間選民與第三勢力之探討

劉性仁[*]

一、前言

　　政治發展(political Development)是民主政治研究中的重要內容，關於政治發展的研究，一般學界又可以分成三種理論面向，一種是現代化理論取向途徑(modernization approach)、一種是轉型理論途徑(transition approach)、另一種是結構理論途徑(Structural approach)，現代化理論取向途徑主要探討民主或成功民主所必須具備的經濟與社會因素；轉型理論主要強調政治過程與菁英之互動及選擇並說明從威權邁向民主的理由；結構理論則強調結構對於民主化發展的變遷。[1]這些理論都在探討政治發展的原因及意涵。

　　台灣的政治發展無論從日據時期經歷威權時期到民主化時期，這段期間經歷政治變化及經濟發展和社會結構調整，使臺灣社會呈現不同的面貌，無論是政治社會結構或是政經體制都不停地轉化與調整，從技術官僚到政權更迭其中有許多都值得學界進行探討，其中民意便是一項影響選舉行為及表達民眾好惡直接展現的現象直接展現的現象。

　　民意(Public Opinion)一直是政治學探討的主要重點，在遇到某些事件和節點的時候，有些民意情緒化成分居多，它可能對政策產生一定的壓力。在

---

[*] 作者為文化大學國家發展與中國大陸研究所副教授。本文乃係在佛光大學第十一屆發展研究年會所發表的論文，感謝葉明勳老師提供寶貴的建議供本文後續修改，在此表達謝意。

1 David Potter 等著，王謙等譯，《民主化的歷程》(Democratization)，台北：韋伯文化，初版，2000 年 5 月，頁 13。

這個時候，政策也不能完全被民意牽著鼻子走。呂亞力教授認為，民意是指在公共事務領域內，人民認為政府應或不應採取行動的看法或立場。學者 Yeric 與 Todd 將民意定義為一群人對共同關心的事務所共有的意見；學者 Key 則認為，民意是指一些政府要慎重注意的民眾意見，包括民眾對於候選人的意見、對政黨的看法、對政府表現的態度、對公眾事務好壞的判斷標準以及對政府的期望；學者 Hennessy 則認為，民意是在一項重要問題上，由一群顯著的大眾所表示出來的偏好之綜合。學者 Glynn 等人曾將民意認為民意是個人意見的集合、民意是多數人信仰的反映、民意是建立在團體利益的衝突上、民意是媒體與菁英的意見並且民意是一種有形或無形的虛構與建構。

無論任何學者基本上對於民意都有幾個普遍的看法：

1.議題的出現及產生。

2.有一群對該議題持續關心的民眾。

3.民眾偏好之綜合性看法。

4.民眾對該議題都有勇於表達的意願。

5.參與表達意見的人數都具有一定的影響力。

這些對於民意的普遍認知，都認為民意是政府覺得重要之任何人民的偏好。故人民之任何偏好，只要是政府認為應該重視的，就是民意。

然而民意探討的過程中，台灣的中間選民的政治態度更是政治學界及選舉研究中所特別探討及關注的議題。所謂的中間選民(Independent voter)一般乃係指一群沒有特別偏向某一個政黨或是政治立場的民眾，通常在一般的政黨偏好及選舉調查研究中，這些民眾往往在民調的呈現中產生大部分，比例越來越高。根據政治大學歷年所呈現的數據可以顯示這類的選民總是最多，然而這些選民倘若更進一步分析，或許可以得到不同的結論和發現。

中間選民也可以被當成是一種理論來研究，此理論首先由 Duncan Black 於 1948 年在名為 《On the Rationale of Group Decision-making》 的論文中提出，所謂的中間選民理論用來分析選民投票的行為。該理論的假設如下：在多數決的選舉中，所有選民的選擇偏好都可以在座標平面上找到對應的一點，這樣的政策偏好圖(也就是民意分布圖)呈現在座標平面上時大部分會是一個常態分配的鐘形曲線；且所有的選民都只會將他手中的選票投給所提政見與自己的政策偏好最接近的候選人 (即單峰偏好 "single-peaked preference")，並沒有雙峰偏好("double-peaked preference")的情形；在一個選舉只有兩個候選人競爭的情況下，候選人要得勝出的方法，就是要得票數極大化；為了獲得更多的票數，候選人所提出的政見必須更往此圖的中間靠攏。如果雙方候選人為了勝選，皆採用將政見向中間靠攏的策略，在激烈的競爭下，會使得雙方所提出的政見最後都座落於選民政策偏好圖的中點之上， 雙方所提的政見並不會有任何的差異，而使得雙方所獲得的票數都會一樣多(各獲得半數選民的票數)；倘若候選人所提的政見有任何的偏離，而另外一方未偏離中點時，會導致自己可獲得的票數比對方少而落選。

台灣社會中間選民的出現，其投票行為成為影響選舉結果的關鍵因素，中間選民在投票過程中發揮決定性的重要角色；中間選民打破台灣藍綠基本盤結構，當我們無法解釋即預測選舉結果，由於對於中間選民的流向並沒有掌握十分精確。從台灣多次選舉的結果可以看出，凡選情處於搖擺情況並不只是藍綠基本盤產生變化，而是中間選民的投票行為所致。

中間選民數量的成長只會在藍綠候選人中做出選擇，並不會成為團結的一股政治勢力，主要的關鍵當然還是在於台灣的選舉制度。對於中間選民來說議題才是影響他們選票取向的關鍵。

台灣從 1996 年開始總統大選後先後舉辦\六次總統選舉，隨著台灣社會

及政治生態的改變，再加上選舉制度的變化，使得中間選民成為影響台灣政治發展之關鍵性因素。

　　至 2019 年台灣民眾政黨偏好分佈如下圖所示：

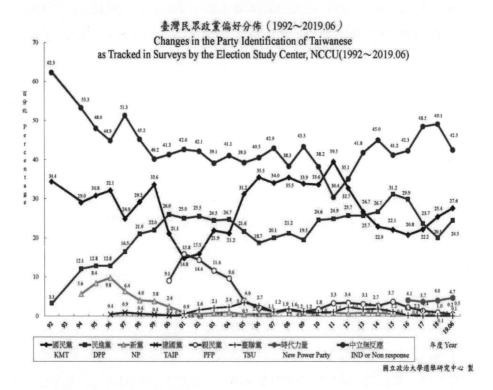

資料來源：政治大學選舉研究中心

　　事實上，中間選民通常是把沒有在政黨立場上表態者通通列入，但是問題是這些不願在民調中表態的選民，難道就真的沒有政治立場嗎？引發本文的問題意識，而這些選民對於台灣未來政治發展及中華民國未來前途自然也成為重要的左右力量，對於 2020 總統大選具有決定性的指標，引發本文的研究動機。而本文的研究目的則是企圖透過政治發展、民意和中間選民與第三

勢力的探討，期盼能對台灣現階段的政治現象及選舉具有新的觀察點及啟發意義。

二、中間選民與第三勢力之概念釐清

中間選民與第三勢力並非全然相同的概念，　西方學者一般來說對於中間選民多半認為是較理想、較理性、較具責任感及獨立思考和理性選擇，[2]而在中間選民分析中有幾項我們必須留意：

(一) 中間選民在選舉調查中拒絕表態不等於沒有政黨立場

由於中間選民不願在各種民調中表達政治傾向及政黨態度，因此往往形成選情的誤判，以致於被解讀為隱性選民(closet partisan)，而這群人很難透過各種調查方式來探求其真意，因此在選舉研究中常將中間選民認為是沒有政黨立場，事實上中間選民也可能有政黨立場。

(二) 中間選民的偏好往往會隨著環境的變化而改變

中間游離選民的投票偏好往往會隨著環境的變化而改變，會隨著時間、選舉層次、候選人的個人因素而改變，這些因素使中間選民的投票意願及熱誠也會產生改變。

(三) 中間選民自稱不偏向某一政黨或政治立場不見得都是真實的

由於中間選民的說法及不表態更使得每一次的選舉產生奇妙的變化，也常常令許多專家跌破眼鏡，更是選舉觀察中的重要眉角。

---

2 莊天憐，〈我國獨立選民的發展與變遷 1989-1999)，《選舉研究》，第 8 卷第 1 期，2001 年，頁 71-115。

(四) 中間選民可能是非藍非綠的無黨人士,但仍有價值偏好

自稱不特定偏向藍或綠之政治立場選民,它們口中所謂的中立有可能是無黨的藉口,特別在台灣現今藍綠兩大政黨下,第三勢力往往以中間選民作為掩飾,其實都有一定的偏好及投票取向。

至於台灣到底有無第三勢力?怎麼樣才算第三勢力?總的來看,第三勢力的界定不清、發展不易。這可以從西方政治發展的經驗來看,第三勢力的存在必須在一個具有活力與自主性高的市民社會中,而所謂的第三勢力乃係透過公共事務的參與,並彙集理念相同之社團或群體的意見,第三勢力並不一定透過政黨來落實及表達意見,而是不但可以監督各主要政黨的作為,也可以關注一些比較特殊議題或政策而不被主流多數所重視的議題。

西方學者在研究政黨認同,多半是從社會分層區隔化來形塑選民的政黨認同,那台灣的政黨認同是如何形塑的呢?是一種敵我意識,與大陸的敵我意識及黨際間的敵我意識;是一種統獨意識;是一種區域意識;是一種族群意識與原鄉認同,靠著四股力量形成台灣獨特的政黨認同,至於候選人的認同有影響但卻不是關鍵。這種南北分裂北藍南綠的情況,是否意謂著再怎麼努力,提出再好的政見,也喚不會人民用政策、用是非、用理智來判斷,作為投票的依據。

西方政黨政治,多數民主國家往往以左、右派政黨的折衝競爭為主,右派政黨傾向資本主義,比較站在資本家一方,著重經濟發展,左派政黨則傾向社會主義,站在勞動者一方,注重資源的公平分配,台灣的兩大黨都聲稱站在勞動者一方,但是勞動者始終是弱勢族群,需要更多的保障,台灣因此有左派政黨的空間,關鍵是第三勢力是否能填入這個空間,獲得多數勞動者的支持。

一般來說,台灣第三勢力的發展主要乃係透過兩個基本的途徑:

一是透過媒體與輿論宣傳，使大眾社會群體能夠關注特定問題，或對各項議題提出不同的看法，甚至對政府與各主要政黨進行監督。台灣第三勢力存在的最大理由，一方面突顯台灣多元的決策渠道，可以讓各方的意見納入決策過程中，另方面也包含著相互究責的機制(accountability)，使得政府在運作過程中不致於濫權腐化或是悖離民意進而損害民眾權利。這些問責機制包括水平的(即各政府部門之間的權力分立與制衡設計)以及垂直的(即政府部門層級的領導，以及民意對政府組成與監督的制度設計)。台灣第三勢力往往透過網路或各項管道闡述意見，進而希望達成間接影響政黨與政府各部門的作為。

二是透過直接參與選舉，來爭取進入制度化的政治決策過程之中，而讓自己的理念得以透過政治途徑來實現。這是影響公共事務更為直接的方式，雖然想贏得國會多數並不容易，但至少在競選過程中，特別是大選舉區和複數選區可以讓自己的理念更有機會闡明，或是在國會中囊括少數席次，因為只要部分選票就可以對政治產生發揮相當的影響力，發揮關鍵少數情況。

臺灣政治環境的特殊性在於，其左右政治光譜並非以傳統的意識形態劃線，而是以統獨立場作為標準，統派政黨被歸為右翼，而獨派政黨則被劃分在政治光譜的左翼。

以台灣目前政治現況來看，可歸為第三勢力的兩大類型。某些利益團體具備第三勢力的部分特徵，但其缺乏政治性、獨立性，故不能視為第三勢力。部分無黨籍人士、無黨派政治團體及脫黨參選者雖標榜無黨派，若其政治行為的背後或有某些組織團體暗中支援，或已形成某種鬆散的組織，甚至已搭建起自己的競選班子，則勉強納入第三勢力的範疇。

臺灣第三勢力的類型，筆者將中國社科院台研所王鴻志研究員分類包括政黨型、社會運動型、無黨籍個人及其團體、脫黨參選者及混合型第三勢力

共五種類型改成四種類型，將無黨籍個人及其團體和脫黨參選者併成一類。

（一）政黨型第三勢力

在兩大黨或兩大政黨聯盟之外，一般都有政黨型第三勢力的生存空間。從議題上分，政黨型第三勢力可分為單一議題型政黨與複合型政黨。單一議題型政黨是指追求的目標較為單一的政黨，很多政黨形態的第三勢力常常在政治綱領中表現出某種特殊的理想，並期望以自身新穎獨特的主張喚起人們的關注與支持。複合型政黨是指政黨提出的主張所涉及的議題較為多元，以面面俱到的政綱來吸引民眾支持。

（二）社會運動型第三勢力

台灣某些社會運動在兩大黨之外有獨立空間，不受藍綠政黨影響，就可納入第三勢力的範疇進行考察。臺灣的社會運動產生較早，民進黨成立後，台灣社會運動中的一部分投入民進黨，另一部分游離於兩大黨之外，成為社會運動型第三勢力。臺灣有代表性的社會運動型第三勢力包括反核四運動、泛紫聯盟、廢票聯盟、紅衫軍倒扁運動等。

（三）無黨籍人士及其團體

無黨籍人士乃以參與選舉與權力分配為目標，自我標榜中立，為吸引中間選民的支持或其他某些原因，選擇不加入政黨的政治人物。這些政治人物在一定條件下也會聯合成立團體以壯大實力、發揮更大影響力。2004 年以前的臺灣無黨籍聯盟，當時其成員包括前國民黨立委林炳坤、呂新民，前親民黨立委邱創良、前民進黨立委鄭余鎮、朱星羽，以及無黨籍立委顏清標、陳進丁、蔡豪、高金素梅以及瓦歷斯·貝林等 10 人，皆標榜自身無黨派的中立

色彩。

(四) 混合型第三勢力

所謂混合型第三勢力是指以上四種第三勢力之間以兩者、三者或四者結合的形式所組成的新的第三勢力。如紅黨。

無論是哪一種類型的第三勢力，筆者認為他們都具有相當的搖擺性、政治性、自我標榜非藍非綠及路線模糊性，因為這些特性，故第三勢力要永遠固定存在恐怕在台灣政治發展中並非易事，第三勢力也多半是自我標榜。

第三勢力泛指國民黨及民進黨以外，參與台灣政治的政黨或個人，第三勢力之所以存在主要在於 1.台灣民眾對於國、民兩黨的認同感下降 2.青年群體對現狀的不滿與相對剝奪感強 3.深受全球民主化浪潮與新媒體發展的推波助瀾 4.國民黨和民進黨實力相近，第三勢力容易成為關鍵性少數。

第三勢力要發展必須在社會團體蓬勃的情況下，並且有別於藍綠，為非典型且兼具特色的發展團體。第三勢力的正面功能在於中道，避免走偏鋒；負面的功能在於使社會更加分裂，各種意見並存不利於社會整合團結。

2019 年 7 月 31 日宣布籌組台灣民眾黨，可以說是台灣第三勢力之代表。8 月 1 日柯文哲於每日記者聯合採訪接受記者提問向外界說明臺灣民眾黨成立的理念，「以台灣為民、以民眾為本，我們希望台灣就是我們，我們就是民眾。」柯文哲之所以選擇 8 月 6 日為建黨日，除了是他的 60 歲生日外，同樣亦是蔣渭水的生日，具有代表性的雙重意義。2019 年 8 月 6 日在臺大醫院國際會議中心舉行台灣民眾黨(TPP)這是由現任臺北市長柯文哲擔任黨主席。而時代力量由於委員一一退黨，已經無法成為第三勢力的代稱。

台灣民眾黨此種第三勢力，為柔性政黨，不收黨費、容許雙重黨籍該黨的中心思想：台灣的整體利益，人民的最大福祉，並確認民主自由多元開放

法治人權，關懷弱勢，永續經營的台灣價值得以具體實現。黨的決策的三原則：民意、專業、價值。黨的行政原則：清廉、勤政、愛民。對於內政與兩岸及國際關係的主張上，該黨黨章稱，將遵守國家現有憲政體制，內政上強化國家治理以興利除弊，對外關係上則採取務實路線以爭取台灣最大之生存空間，確保主體性。

黨主席柯文哲並表示，以台灣為民，以民眾為本，台灣就是我們，我們就是民眾，我們相信眾人的智慧會超越個人的智慧，所以要集合眾人的力量來改造台灣，確保每一個在國會、在全台各地為我們打拼的夥伴，都能實踐正直誠信與改變政治文化的理想，希望這個政黨的成立，在藍綠以外，讓台灣人民有另外一個選擇的機會。我們成立了台灣民眾黨，是一個理念的結合，我們不是政治上的領導者，而應自詡為文化的傳道者，謹守於民意、專業、價值做為政策決定的原則，以清廉、勤政、愛民作為我們執政的自我要求，在我過去的四年半執政的經驗裡，清廉、勤政、愛民的信念是可以做到的，也可以做為我們執政的價值。因此台灣民眾黨究竟能不能成為台灣第三勢力仍有待後續的觀察。

另外喜樂島聯盟是否能夠成為關鍵的第三勢力？他強烈主張台灣獨立，提出「獨立公投，正名入聯」的目標，希望通過宣揚和實踐公民投票，向全世界展現這一代台獨支持者追求台灣成為國際社會一個正常化民主國家的意志和決心。2019 年 7 月 20 日，宣布正式組織政黨。在 2020 年總統大選中，亦推薦呂秀蓮和彭百顯參選 2020 年總統與副總統角逐[3]，亦成為台灣政治發展的面向之一。

---

3 〈喜樂島推呂秀蓮選總統 搭彭百顯任副手〉，《自由電子報》，2019 年 9 月 17 日，〈https://news.ltn.com.tw/news/politics/breakingnews/2917945〉。

三、2020大選之中間選民與第三勢力之探討

自2018年九合一選舉台灣的選舉就已經不再是藍綠，許多第三勢力甚至是號稱是中間選民者成為影響選舉的關鍵。而影響中間選民投票的關鍵不在於藍綠的顏色，而是在於議題和選舉過程中的議題發酵和自身感受。

至於所謂的第三勢力與中間選民，以第三勢力來說，第一種觀點認為，除了藍、綠兩大陣營，其餘的政治勢力稱為第三勢力；第二種觀點認為，除了國、民兩黨外，其餘的政治勢力為第三勢力。第三勢力之所以能稱為勢力，必須相對成形化，也就是第三勢力必須要有一定的組織化及政治訴求，但第三勢力往往都有碎片化的特點，碎片化正是第三勢力的主要特徵之一。

在探討中間選民同時，也會思考台灣究竟有無第三勢力？學者包正豪就認為因為台灣政治區分你我的那條分界線，國族認同的強大威力。國族認同幾乎無從妥協，只能你死我活。加上選舉制度影響行為的結果，所謂第三勢力的長期穩定發展空間，真的只是短暫而虛幻的存在，終究還是要回歸到藍綠對決的。[4]包教授認為或許是一種自我期待與想像，因為選民對國民黨和民進黨的不滿，我們總是認為台灣政治存在第三勢力的空間。事實上，從1995年立委選舉新黨奪得21席立委開始，所謂「第三勢力」或者「第三黨」便時不時出現。接續新黨的是親民黨，然後柯文哲的異軍突起，再來就是時代力量。這樣看起來，第三勢力的政治空間好像確實存在，也難怪在2020總統暨立委選舉前夕，國內政壇突然出現幾個政黨，譬如喜樂島、安定力量、一邊一國、台灣民眾黨相繼成立，而國內媒體與社會輿論也毫不令人失望地用「震撼彈」來形容這樣的發展。

包正豪教授更直指含淚投票的行為模式其實很理性，因為受到選舉制度

---

4 包正豪，〈第三勢力終究夢幻泡影〉，《中時電子報》，2019年8月4日，
〈https://www.chinatimes.com/opinion/20190804002360-262105?chdtv〉。

的制約。台灣選民經歷過這麼多年的訓練，早就知道如果不採取策略性投票，放任「三腳督」的情形，最後痛苦的還是自己。所以在單一席次的選舉，特別是總統或縣市長這種事關行政權力歸屬的，已經完全不需要政黨的動員，自己就會做策略性投票的決定。政黨要做的事情，反而是說服選民，自己是哪個比較有機會當選的人。

2019 年 7 月 18 日所公布的一項民調為例，38.7%的受訪者表示支持國民黨，20%表示支持民進黨，另有 27%則表示中立或無反應。自認中立的選民比例，竟然高於執政黨的支持者，政治人物很難不感覺怦然心動，認為只要妥善經營這批中間選民，選戰直搗黃龍豈非易如反掌？[5]楊教授認為有相當比例的台灣選民對藍綠兩黨同感失望，認為他們只知爭權奪利並未真正關切人民福祉。但政治人物如果認為，他們可以透過文宣或造勢，爭取民調中自認中立者的認同與支持，最後可能將大失所望。

2019 年 7 月 22 日台灣民意基金會公布最新民調，關於台灣人政黨認同，二十歲以上成年人，有四成的人是民進黨認同者，三成九是國民黨認同者，一成八是中性選民。此項民調說明藍綠兩大政黨認同者已平分秋色，而且兩黨認同者加起來竟高達台灣選民總數的近八成左右。[6]那麼中間選民存在多寡值得探討。

---

5 楊泰順，《台灣民眾黨的悲壯與落寞》，《優傳媒》，2019 年 8 月 5 日，
〈https://www.facebook.com/notes/%E6%A5%8A%E6%B3%B0%E9%A0%86/%E5%8F%B0%E7%81%A3%E6%B0%91%E7%9C%BE%E9%BB%A8%E7%9A%84%E6%82%B2%E5%A3%AF%E8%88%87%E8%90%BD%E5%AF%9E-20190805-%E5%84%AA%E5%82%B3%E5%AA%92-%E6%A5%8A%E6%B3%B0%E9%A0%86%E7%9C%8B%E5%8F%B0%E7%81%A3/2559791487378126/〉。

6 (游盈隆：台灣中性選民消失　相當罕見)，《中國評論新聞網》，2019 年 7 月 22 日，
〈http://hk.crntt.com/doc/1054/9/3/2/105493202.html?coluid=142&kindid=0&docid=105493202&mdate=0722115058〉。

圖9：台灣人的政黨支持（2019/7）

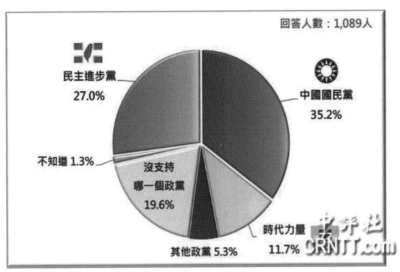

　　台灣民意基金會董事長游盈隆分析，這顯示台灣選民已經高度政治化，大選年早已選邊站，這同時也意味著中性選民的消失，原本為數可觀的中性選民急遽萎縮到兩成以下，這是相當罕見的事。這種現象的出現顯然非常不利於無黨籍獨立參選人。

　　關於台灣人的政黨支持，台灣民意基金會最新民意顯示，35.2%中國國民黨，27%民主進步黨，11.7%時代力量，2.3%親民黨，其他小黨合起來5.3%包括新黨、綠黨、台聯等支持率都在一個百分點或以下，19.6%中性選民，1.3%不知道、拒答。　如果以個別政黨為單位，並以選民支持多寡來考量，國民黨無疑是第一大黨，民進黨第二，時代力量第三，親民黨第四但已出現泡沫化危機，其他小黨更不足論矣。

圖 10：台灣人的政黨支持：兩次比較 [2019/1、2019/7]

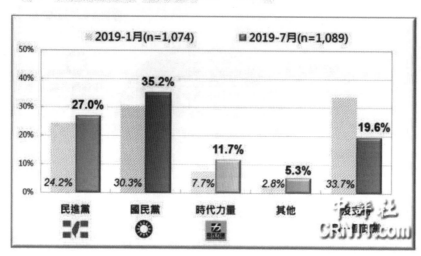

其次，當 2020 大選出現兩大政黨對決時，在台灣二十歲以上成年人中，45%支持蔡英文，40.1%支持韓國瑜，12.5%尚難決定，2.4%不知道、拒答。換言之，蔡英文暫時領先韓國瑜 5 個百分點。 台灣民意基金會進一步指出，在政黨認同的調查中，有一點必須指出的是，台灣的政黨體系和美國典型兩黨制不同，所以政黨認同測量的結果，在一定程度上，是在反映藍綠兩大政治勢力的大小，而不完全等同於民進黨與國民黨的實際選民支持規模。

因此，2020 年總統大選台灣究竟還有多少中間選民，特別許多游離選民在台灣藍綠之外找到其他選擇，中間選民自然就被壓縮。

另外，中間選民所關注的議題往往並非藍綠和統獨議題，而是經濟發展及社會各式各樣議題，因此中間選民政治意識形態的淡薄卻在許多社會議題上有許多堅持。

此外，由於經濟議題對於中間選民的重要，連帶使中間選民對於兩岸問

題及各項議題往往也是影響台灣整體社會觀感的重要組成部分。中間選民已經成為制約兩岸發展方向的重要力量，中間選民等於反映兩岸關係的中道力量，對於激進台獨及急統勢力普遍來說中間選民都是排拒的。

近年來，台灣民粹主義有漸漸抬頭的情況這與第三勢力之間究竟是一種什麼關係？或許由於台灣民粹主義運動的發展有助於成就第三勢力，例如柯文哲便是典型的例子；此外隨著台灣公投門檻的降低，今後台灣民粹主義會更多會以公投的方式凝聚力量，進而有可能催生新的政治明星或政黨，例如台灣民眾黨等。

而台灣第三勢力的發展同樣也會推動台灣民粹主義運動，隨著對國、民兩黨失望的台灣民眾越來越多，如果現行政治制度(含主要公職的選舉制度)不變，這股失望的情緒與力量會不斷積累，而成為第三勢力的主要來源。

此外，台灣兩大黨主導的政治生態存在於台灣民粹主義與第三勢力衝擊下，內部都有可能發生分裂的可能性，這也是促使兩大黨自我革新的動力。例如 2018 年九合一選舉民進黨的大敗、韓國瑜旋風，都將給民進黨和國民黨在選後進行黨的重組或改造，提供一次機會。

四、結論

中間選民與第三勢力並不是完全相同的，我們必須認知二者之間的區別，透過本文的探討，更能找出對於台灣政治發展的影響。 從台灣多次選舉結果來看，中間選民的投票取向確實是影響大選勝敗的關鍵因素，但中間選民並非沒有看法，而是根據議題來選擇投票取向，這些重要性議題不斷地在選舉的過程中出現，也左右中間選民的觀感。

台灣民眾的政黨認同在一定程度上，是在反映藍綠兩大政治勢力的大小，但不完全等同於民進黨與國民黨的實際選民支持規模，因為中間選民始

終存在。不管中間選民有無消失，都是研究和觀察台灣政治發展中所不可迴避的問題。

我們會不斷的問台灣到底有多少中間選民？甚麼樣的選民才是中間選民？他是一個動態的、難以定義的且隨著不同時間和環境變化會與時俱進的一個概念。

如果 2020 最後只有蔡英文和韓國瑜兩組人馬，這種一對一的競爭，對蔡英文相對有利，從台灣民意基金會的民調發現：45%支持蔡英文，40.1%支持韓國瑜，12.5%尚難決定，2.4%不知道、拒答。但如果柯文哲參選恐怕對蔡英文相對不利。

當然關鍵在於蔡英文獲得絕大多數高達 89.8%民進黨認同者支持，而韓國瑜僅獲 84.7%國民黨認同者支持，顯示兩大黨認同者雖都出現了高度整合，但國民黨內部矛盾還在，以致於凝聚力不如民進黨；但柯文哲在年輕和中間淺綠具有相當大的影響力自然對蔡英文的選情產生較大的影響。

如果非國、民兩黨固定支持者，就是第三勢力或是中間選民，那麼台灣第三勢力的人數應該非常多，勢力應該非常龐大，那為什麼每次重要選舉都是國、民兩黨輪流分庭抗禮？說穿了，這主要與台灣的選舉制度有密切的關係，因為現在台灣除了縣市議員採用複數選舉制度(多席次單計不可讓渡相對多數制)(single non-transferable vote under multi-member district , SNTV - MMD)，一個選區有多個當選席次，但其他中央層級的公職選舉(總統、立法委員等)都採用單一席次相對多數當選制。這種單一席次相對多數當選制當然有利於兩大政黨，並且在這樣的選舉制度下便於操作棄保效應等策略性投票，因此使第三勢力對於選票的影響並不顯著。

因此，當我們討論第三勢力或中間選民時，從某種意義上說，第三勢力在選舉中就成為中間選民，即那些不固定投票給國、民兩黨的選民。他們不是國、民兩黨的忠貞支持者，投票時或在國、民兩黨中游離，或乾脆不投給

這兩黨。但在選舉制度及政治氣氛下，這些民眾為了不浪費選票，更多時候是在國、民兩黨中游離。舉凡這兩個大黨誰讓他們失望，他們就投給另一個大黨。當然，這兩個大黨誰讓他們看到希望，他們也會更願意將選票投給它，足見 2020 年的總統大選必然也是呈現這樣的情況。

關於第三勢力的分析，可以看出有幾種趨勢：

(一) 台灣凡是二元對立，第三勢力難以出頭

台灣在高度政治動員情況下，民眾在這些年來政治人物高度激化的情況下，已經養成二元思考模式；而民眾的政黨偏好已經朝向兩個極端的方向發展。如果把不投票選民算入第三勢力是不準確的；臺灣目前中間選民如果不再是多數，已經變成冷漠群體，根本不願意再碰觸到公共事務，第三勢力向中間靠攏只會讓政黨失去安全感與方向感，擔心最終落得兩頭空。

(二) 第三勢力打破藍綠框架，結果往往都是失敗的

台灣過去有新黨及民進黨的大和解咖啡、簡錫堦等人所籌組的泛紫聯盟，過去推動廢票運動，現在又推動修改選罷法，試圖將以上候選人均不接受的選項納入選票；反對軍購案與反對兩大黨推動第七次修憲的民主行動聯盟；以及由施明德等人領導，為反貪腐而尋求群眾街頭路線的「紅衫軍」、白色力量等。這些團體的領導者都包含跨黨派的學者與知識份子，在具體行動上也同時批判各主要政黨，而試圖訴求社會中間的力量，但最後都仍無疾而終。

(三) 標籤理論及媒體讓第三勢力無法生存

第三勢力最常使用發聲的管道便是媒體。在台灣，各種媒體充斥，新聞

也有高度自由，故第三勢力應該不乏發聲管道。但問題在於，不論是電子或是平面媒體，幾乎都在極化的政治環境下被貼上了標籤。這種結果使得媒體的監督與批判角色，都蒙上政治立場的陰影，因此所謂「獨立的第四權」，相形之下就不容易突顯出來，這也使得第三勢力所提出的主張，不是容易受到特定立場媒體的扭曲或過濾，就是被認為在與特定政治立場的媒體唱和，而很難展現出跳脫政黨對抗的中立路線。

(四) 選舉制度改革也不利於小黨及第三勢力存在

台灣第三勢力直接參與政治的前景，也不樂觀。由於第七次修憲將選舉制度進行改革，在新的單一選區並立式兩票制的選舉制度下，一般來說將不利於小黨的生存，而有利於兩黨制的發展。這無疑將壓縮第三勢力直接參與政治的機會。

(五) 人民並沒有熱烈渴望出現第三勢力

雖然所謂籌組第三勢力的聲音不斷在台灣浮現，但往往被形塑成失意政客聯盟，並且如果所謂第三勢力的籌組，只是政治人物基於爭奪權力的政治計算，而非抱持一定的理念，那這種組合仍不過是現有政治勢力的重新排列組合，或許一時聲勢浩大，但終難持久，也非真正的第三勢力。

因此，臺灣要真正打破非藍即綠的思考模式，並非不可能，但主要還是要靠人民自我意識及高度拋棄成見。只有當多數民眾意識到政治人物是藉激化對立來牟取政治利益，並大聲反抗；同時以理性來檢視政治人物的主張與作為，第三勢力的建立才有可能真正實現。並且台灣標籤理論太強，當政治立場已經超越是非黑白時，理性辯論的空間就已經消失，因人廢言，自然第三勢力也就難有成長的空間。

　　台灣的中間選民或第三勢力究竟有沒有空間？那麼多人脫離(國、民)兩黨參選的候選人？基本上，這些脫黨參選者有些原本就是有一定實力的地方派系人物。更重要的是，他們中除少數人期待能當選外，多數人可能是參選志不在當選，而是參選本身就能夠凝聚一些資源和人脈，為今後自身或者家族的發展打基礎；但若不參選則根本沒有這樣的機會，所以寧可脫黨(宣佈退黨或者被黨開除)也要參選。但無論如何，選舉為台灣的第三勢力及中間選民提供了成長的舞台。

　　民粹主義不信任代議民主而強調訴諸直接民主，面對當前台灣的確存在民粹主義不斷攀升的態勢；未來其主要表現形式將是體制內的公民投票及街頭示威遊行活動；台灣民粹主義還有可能被台獨利用而將兩岸關係推向危險的邊緣。台灣民粹主義與台灣第三勢力之間存在一種大體正相關的互動關係，二者的相互激盪在一定程度上衝擊著現有的兩大黨體系，並且不排除在一定條件下促使台灣既有政治生態的重組；而中間選民也在其中扮演一定程度的角色。

　　特別值得留意的是，中間選民對於兩岸關係期盼走向穩定發展的和平狀態，中間選民成為影響兩岸關係很重要的一股力量。中間選民希望兩岸關係維持一定的和平關係，箝制台灣藍綠過於偏激的想法與主張，故中間選民的兩岸態度也是我們必須注意的。而台灣的中間選民已經具備獨立思考的能力，這正是台灣民主發展中的重要成果。

網路安全對國家安全之重要性：以台灣的網路安全為例

曾于蓁*

一、前言

科技能否驅動政治？更精確的說，科技發展能否有足夠的國際安全影響力？關於日新月異的網路科技發展是否對國家安全造成威脅，素為國際政治下網路安全辯論之焦點。在資訊科技化的時代，國家如何有效控管網路安全，避免他國惡意入侵竊取重要資訊，甚至預防破壞基礎設施造成經濟社會重大損傷的網路戰(cyber-warfare)，已成為國家安全的重要議題。

從文獻回顧中，可發現學界對於網路安全的研究抱持著兩種截然不同的觀點。持「網路戰懷疑論」的學者認為網路威脅被過份誇大，科技網路的發展僅是促進了資料與觀念的流通，儘管可能也增加了網路犯罪的可能，但根本上並不改變戰爭本質，也不會造成人員的傷亡；另一方面，「網路戰肯定論」警告網路戰爭已近在眼前，隨著科技發展與網路資料儲存空間的大量建置，各種重要資訊即時性地傳遞於網路空間，增加國家安全與利益受損的風險，此種來自網路空間的威脅將使國家面臨嚴峻的經濟和國防安全之挑戰。

本文的貢獻在於借用 Lindsay(2014)分析中美網路威脅類型之分析架

* 作者為佛光大學公共事務學系副教授，本文初稿曾發表於「中華民國國際關係學會第八屆年會暨學術研討會」，誠摯感謝中央研究院政治學研究所張廖年仲助研究員給予本文理論的指導；國關年會評論人張競博士以及在場先進亦給予相當多寶貴的意見。此外，也感謝本文審查過程中，匿名審查委員給予之提點。然本文責由作者自負。

構，[1]與目前兩岸關係的網路安全議題進行對話。將網路威脅分為四種不同的類型：開放的網路空間、競逐中的網路空間、網路戰爭及網路安全守則，分別探討兩岸在網路安全領域所面臨的危機與安全威脅。此一意義也在於透過類型學的分析，可以更有系統的分辨網路威脅種類，以及可能的國家安全危機。

　　最後，筆者認為探討網路安全對國家安全的影響，除了從國防軍事面向切入，也應著眼於整體國家社會的層次。由於中共對台灣的網路威脅目前是以滲透、重視「社交工程」等情報蒐集的隱性網路攻擊為主。基於此，我國如何強化網路安全中的「非科技因素」，並尋求國際合作，將是臺灣維護國家整體安全體系的關鍵。

二、文獻回顧

　　網路領域議題素有無一致定義、概念模糊的問題。許多重要術語有不同的內涵與解釋，例如「網路空間(cyberspace)」一詞，在不同的國家政府或是國際組織中有不同的定義；[2]如何定位「網路攻擊(cyber attack)」？乃至於何謂「網路安全(cybersecurity)」等重要術語的定義常莫衷一是。此外，不僅名詞(或動詞)術語本身所包含的概念範圍不同，術語本身也有一定的難度，既包括了高科技的專業內容，其複雜的內涵往往也需要確認，使得在與網路相關的談判、界定攻擊行為或是意圖的判定等議題中常出現爭論。[3]

1　J.R.Lindsay,"The Impact of China on Cybersecurity: Fiction and Friction.", International Security, 39(3), 2014, pp. 7-47.

2　Rajnovic 比較了 11 個包括專業字典、國家官方定義以及歐盟等國際組織的定義發現各定義含括了不同的概念與指涉對象。請見 Damir Rajnovic, "Cyberspace—What Is It?" 2012, 〈https://blogs.cisco.com/security/cyberspace-what-is-it〉.,Latest update 17 Sep. 2015.

3　Kenneth, Lieberthal G. and Peter W. Singer. , "Cybersecurity and U.S.-China Relations." 2012,

本文試著在龐雜的資訊中，描繪網路安全的基本輪廓，並藉此討論網路安全對於我國國家安全的重要性與影響。

(一)網路安全定義及相關概念

　　網路安全的重要性主要有三：首先，在我們生存的世界中，存在具敵意地或反社會行為者蓄意傷害或損害我們的金錢、隱私或是竊取我們的想法。第二，我們越來越依賴數位科技去執行生活中的社會職能。第三，不論如何精心打造的數位科技系統，皆不可避免地具有脆弱性，存在受有心人士利用的漏洞。因此，Clark, Berson and Lin 提出廣義的網路安全定義是：安全的網路空間是運用技術、流程和政策，防止和/或減少在網路空間內可能發生的敵意/惡意破壞行為之負面影響。[4]須注意的是，「安全」並不只是免於危險的概念而已，安全與敵人(adversary)的存在息息相關，如同戰爭或性別的概念，需要兩個相異的面向相互判別。因此，唯有當敵人欲透過網路途徑獲得私人資訊或從事破壞系統等行為，才會讓網路問題(cyber problem)成為了網路安全議題。[5]

　　至於網路安全的目標，則源於所謂的「CIA」基本原則：包括了保密性(Confidentiality)、完整性(Integrity)、及可用性(Availability)。[6]這樣的目標可

　　〈http://www.brookings.edu/~/media/research/files/papers/2012/2/23-cybersecurity-china-us-singer-lieberthal/0223_cybersecurity_china_us_lieberthal_singer_pdf_english.pdf〉,. pp. 7-11. Latest update 17 Sep. 2020

4　David D ,Clark., T. A. Berson, and Herbert Lin, At the nexus of cybersecurity and public policy: some basic concepts and issues (National Academies Press, 2014), pp. 4-5. 〈http://www.ncbi.nlm.nih.gov/books/NBK223210/〉. Latest update: 2020/12/1

5　P. W. Singer, and Allan Friedman. "Cybersecurity and cyberwar: what everyone needs to know" (New York, NY: Oxford University Press, 2014),P.34.

6　「保密性」是指資料具有隱私，特別是在數位世界中，資訊是具有價值的，因此保護這些資訊極為重要，需要透過加密和存取控制，以及法律保護等技術工具來支援；「完整性」意味著系統和資料不被不當更改或擅自更改，意味著信任，相信系統如所預期

以呼應 Clarke & Knake 所認為網路安全是用於網路空間中，國家所具有的防禦(或是進攻)能力的定義，其認為一個國家弱勢能夠切斷網際網路、掌握其網路空間邊界進來或是出去的資訊流動，就可以說該國具有強大的網路防禦或進攻能力。[7]

另一需確認定義的名詞，是討論網路安全文獻中不斷出現的「網路空間」一詞。其常被誤認為無邊界、無限延伸的虛幻世界，事實上，網路空間具有物理元件，包括大型電腦主機、中央處理機、電線、硬碟和網路，因此網路戰場具有一定的邊界，並非無邊無界的抽象概念。[8]隨著人類儲存資訊需求以及資訊傳播速度的增加，網路空間的領域也隨之擴大。Sheldon詳列出網路空間的內涵，包括網路空間依賴於電磁波、是人為打造的(Man-Made Objects)、可以被不斷複製、進入網路空間的成本是相對便宜的。此外，網路空間是由四層面所打造，包括基礎架構層(infrastructure layers)、實體層(physical layers)、語法作業層(syntactic layers)及語義層(semantic layers)，並且，控制其中一層並不意味也能控制其他層面。由此可見，網路空間是操作網路行動的場域，是由具有承載網路功能的實體所組成。[9]

般的正常使用的信心，這也是老練的駭客頻繁攻擊的目標，例如 stuxnet 病毒攻擊時，儘管已經受到蠕蟲的破壞，但伊朗運營商系統仍然告知功能一切正常，這使我們懷疑所依賴的正常功能系統是否真的正常運作？「可用性」不是單純指涉發生藍螢幕等故障情況，它成為安全問題是當有人企圖破壞其可用性以獲得可欲目的。例如駭客於衝突時破壞 GPS 系統妨礙軍事單位運作，或是「勒索(ransomware)」攻擊，用以威脅系統失效後的損失獲得利益。P. W. Singer, and Friedman Allan, pp. 34-36.

7 Richard A, Clarke ,and Robert K Knake. "Cyber War: The Next Threat to National Security and What To Do About It" (New York: Harper Collins,2010), p.72-74.

8 P. W. Singer, and Allan Friedman."Cybersecurity and cyberwar: what everyone needs to know" (New York, NY: Oxford University Press, 2014), pp. 13-14.；Martin C, Libicki. 2007."Conquest in Cyberspace: National Security and Information Warfare"(Cambridge: Cambridge University Press, 2007).

9 John B, Sheldon."Toward a Theory of Cyber Power: Strategic Purpose in Peace and War"

綜合上述，本文認為網路安全是在網路空間中、與敵人在攻防戰略之間的角力，網路安全的關鍵不在於如何解決(solved)問題，而是能夠控制(manageable)網路空間中可能發生的敵意或惡意破壞行為所導致的負面影響。[10]網路安全除需考慮科技因素外，亦需明白許多問題來自於非科技的因素，可能同時涉及組織、法律、經濟以及社會等相關面向，因此，全面地考量網路安全議題需重視使用的過程以及相關的管理政策。有鑑於未來資訊科技只會持續地擴張發展，網路安全的問題不可能消逝，也不存在絕對的網路安全，所以對決策者而言，如何有效地控制網路安全是一個需持續努力的目標。

(二)網路安全對國家安全的影響

儘管網路安全議題漸受到各國政府的重視，然而，其對於國家安全的影響卻沒有定論，特別是國與國之間的網路攻擊行為，即所謂的「網路戰」(cyber warfare)是否可能發生在現實世界仍存在爭辯。懷疑論者認為網路戰的威脅被過於誇大，因為網路攻擊屬於非暴力手段，並不改變戰爭的本質，且科技並不是影響國家間權力平衡的主要因素；[11]另一方面，肯定論者則呼

---

in Derek S. Reveron, ed., Cyberspace and National Security: threats, opportunities, and power in a virtual world. (Washington, DC: Georgetown University Press,2012), pp. 207-224.

10 P. W. Singer, and Allan Friedman, p.36 ; David D ,Clark., T. A. Berson, and Herbert Lin, At the nexus of cybersecurity and public policy: some basic concepts and issues(National Academies Press,2014), pp. 1-3.

11 Evgeny Morozov, "Cyber-Scare: The Exaggerated Fears over Digital Warfare,"Boston Review, 34(4). 〈http://www.bostonreview.net/us/cyber-scareevgeny-morozov 〉; Jerry Brito and Tate Watkins. "Loving the Cyber Bomb? The Dangers of Threat Inflation in Cybersecurity Policy."(Arlington, Va.: Mercatus Center, George Mason University,2011) ; Martin C, Libicki, "Conquest in Cyberspace: National Security and Information Warfare"(Cambridge: Cambridge University Press, 2007) ; Thomas Rid.,"Cyber War Will Not Take Place",Journal of Strategic Studies, 35(5), 2012a, pp. .5-32. ; David

籲政府需正視網路安全的迫切性，他們認為隨著人類生活與網路密切相連
結，科技發展與網路資料儲存空間的大量建置，各種重要資訊即時性地傳
遞於網路空間，增加國家安全與利益受損的風險，此種來自網路空間的威
脅將使國家面臨嚴峻的經濟和國防安全之挑戰。[12]究其爭論的根本，在於科
技的發展能否有足夠的能力去影響國際安全，網路科技將對國家安全產生
革命性的威脅，抑或只是電腦犯罪、情報與電子攻擊的進化？

　　在探討網路安全對國家安全的影響之前，有必要瞭解網路攻擊(Cyber
Attack)與傳統的動能攻擊(Kinetic Attack)所不同之處：第一、在效果方面，
傳統如炸彈等動能武器通常可得到直接物理上損傷效果，而網路攻擊是會
透過電腦、網路等載具，產生間接的效果。第二、在能否回復方面，動力
武器造成的損害可回復性較低，需要較長的一段時間去重建，而網路攻擊
的回復程度高，在短時間內可以加以修復；第三、在所需的情報資訊方面，
動能武器若不需要配合網路攻擊，不需要過多細節的情報資訊即可發動攻
擊，而成功的網路攻擊(包括實現預期的目標和儘量減少附帶損害)，往往取
決於目標電腦和網路的實際配置的許多細節，因此需要正確且細節的情報
提供。最後、情報的多寡會影響到攻擊規劃的精確性，在動力學的世界中，

Betz.,"Cyberpower in Strategic Affairs: Neither Unthinkable Nor Blessed", Journal of
Strategic Studies, 35(5), 2012, PP.689-711.; Erik Gartzke.,"The Myth of Cyberwar:
Bringing War in Cyberspace Back Down to Earth", International Security, 38(2), 2013,
pp. 41-73.

12　Richard A, Clarke ,and Robert K Knake. "Cyber War: The Next Threat to National
Security and What To Do About It"(New York: Harper Collins,2010)；Joseph S,
Nye."Nuclear Lessons for Cyber Security?" Strategic Studies Quarterly, 5(4), 2011, pp.
18-36; Timothy J, Junio., "How Probable Is Cyber War? Bringing IR Theory Back In to
the Cyber Conoict Debate", Journal of Strategic Studies, 36(1), 2013, PP.125-133; Dale,
Peterson, "Offensive Cyber Weapons: Construction, Development, and
Employment,"Journal of Strategic Studies, 36(1), 2013, pp. 120-124.；Lucas Kello,"The
Meaning of the Cyber Revolution: Perils to Theory and Statecraft,"International Security,
38(2), 2013, pp. 7-40.

彈藥影響可以經常是基於計算基於物理演算法的計算模型，經過實際測試後可以降低後果的不確定性；但在網路攻擊中，因網路的匿名性、隱藏性等特點，很難透過遠端的資訊情報蒐集加以偵察，在無法向指揮官提供具體可信的情資下，較難有足夠的資訊加以計畫或評估，進而提高網路攻擊的不確定性。[13]

表1：「動能攻擊」與「網路攻擊」之比較

特徵	動能攻擊	網路攻擊
有效性	通常有直接效果	通常為間接效果
可回復程度	低，需要長時間重建	通常為高程度、短時間可回復
獲得武器成本	大部分用於採構	大部分用於研發
基地科技	多是受限的	廣佈的
欲達成功所需情報	通常少於網路攻擊	一個成功的網路攻擊仰賴許多細節，需要正確的情報提供
規劃的不確定性	若沒有涉及網路攻擊，通常具一定程度確定性	需要情報配合，有較高的不確定性

資料來源：Herbert, Lin,"Operational Considerations in Cyber Attack and Cyber Exploitation, p. 38.

---

13 Herbert Lin,"Operational Considerations in Cyber Attack and Cyber Exploitation," In Derek S. Reveron,ed., Cyberspace and National Security: threats, opportunities, and power in a virtual world. (Washington, DC: Georgetown University Press, 2012)，pp. 38-49; P. W. Singer, and Friedman Allan, pp. 68-72.

　　由於網路攻擊與傳統動能攻擊的差異，學界關於網路攻擊對一國國家安全的影響、以及網路戰是否會爆發，有兩種截然不同的觀點：

1. 網路戰肯定論

　　肯定網路戰迫切性的學者如 Kello 等人，強調安全研究學者們應該要摒除成見、打破學門間的界線，探討網路科技對國家安全所造成嚴重的威脅。[14]由於資訊科技的高速發展，網路戰爭導致軍事事務革命性的轉變(Revolution in Military Affairs, RMA)，政府及相關部門不僅應當加強相關人才與設備訓練，更須將網路戰爭視為等同於傳統軍事作戰等重要軍事領域。[15]例如，美國前國防部副部長林恩三世(William J. Lynn III)即是呼籲網路戰已經是立即性的國家安全威脅，因為即使是綜合國力弱於美國的對手，也有能力立即籌建並發動攻擊。因此，網路領域的重要性不亞於陸地、海洋、天空、甚至是太空等軍事領域，保護軍事所依賴的通訊網路、所連結的關鍵基礎設施及相關的保護產業政策，至關重要。[16]

　　由此觀之，網路戰爭遲早會構成一種戰爭行為，國家之間的網路攻擊可能引發另一場網路攻擊(例如 Stuxnet 攻擊事件)，無怪乎美國國防部長 Leon Panetta 曾提出警告：「這類型攻擊的結果可能成為網路珍珠港事件，

14　Lucas Kello., "The Meaning of the Cyber Revolution: Perils to Theory and Statecraft", International Security, 38(2), 2013, PP.7-40.

15　Richard A, Clarke ,and Robert K Knake. "Cyber War: The Next Threat to National Security and What To Do About It" (New York: Harper Collins, 2010); James P, Farwell. and Rohozinski Rafal.,"Stuxnet and the Future of Cyber War", Survival, 53(1), 2011, pp.23-40.；Joseph S, Nye., "Nuclear Lessons for Cyber Security?"pp. 18-36.

16　William J, Lynn III.,"The Pentagon's Cyberstrategy, One Year Later: Defending against the Next Cyberattack", Foreign Affairs, 2011, 〈https://www.foreignaffairs.com/articles/2011-09-28/pentagons-cyberstrategy-one-year-later〉.

導致物理破壞及生命損失」。[17]支持論者甚至將網路戰爭和核子戰爭相提並論，認為網路戰對經濟、社會與實體領域造成的潛在破壞力是如同核子武器威力一般。但不同於核武攻擊的是，網路戰除了匿名性外，還具散佈性的特徵，如此一來不僅攻擊的來源、形式沒有可循模式，且可能來自任何地方，使得嚇阻變成無用武之地。[18]

網路戰另一新型態的安全挑戰，還在於網路駭客只須利用一台電腦或設計的網路攻擊軟體程式，就可以製作攻擊對方之網路武器，在成本上是較為低廉且較易取得。[19]Knapp and Boulton 便指出，由於網路戰缺乏准入門檻，虛擬攻擊將會絡繹不絕地發生。[20]同時，網路特有的匿名性讓被偵測到的風險極低，在發動攻擊上也就較不需考慮遭受反擊之風險。因此，網路戰爭比起一般傳統戰爭來說更具備「不對稱戰爭」(Asymmetric Warfare)的特性，是綜合國力較弱的國家可以藉以改變權力平衡的武器。[21]

從國際事件來看，包括中美之間的網路駭客爭議、北韓發動的網攻事件等等，皆顯示出國家之間權力角力正頻繁的上演，尤其西方國家高度發展的資訊技術，更加成為網路戰爭的著力點。Clark and Levin 曾預測網路戰將不可避免地擴大，最後將涉及到社會各階層，例如美國將面臨關鍵國家基礎設施的網絡被中斷，包括地面和空中交通、能源發電和配電以及金融

---

17 Elisabeth Bumiller and Thom Shanker, "Panetta Warns of Dire Threat of Cyberattack on U.S," New York Times, October 11.

18 Soren, Olson., "Shadow Boxing: Cyber Warfare and Strategic Economic Attack", Joint Force Quarterly, 66, 2012, PP.15-21

19 Derek S, Reveron,"An Introduction to National Security and Cyberspace." In Cyberspace and national security: Threats, opportunities, and power in a virtual world, (Georgetown: Georgetown University Press, 2012), pp.3-19.

20 Kenneth J. Knapp and William R. Boulton. "Cyber-Warfare Threatens Corporations: Expansion to Commercial Environments", Information Systems Management Journal, 23(2), 2006, PP.76-79.

21 Joseph Jr, Nye., "The Future of Power in the 21st Century" (Cambridge, MA: Public Affairs, 2011).

體系等。弱國若能藉由網路戰打擊、癱瘓強國的關鍵基礎設施系統使其功能癱瘓，甚至造成該國社會陷入紛擾，即是增加自身生存的安全能力，以小懾大、以攻為守，以資訊優勢彌補常規劣勢。[22]

但弔詭的是，肯定論者一方面相信網路戰爭終將發生且致力於網路戰備，另一方面同時流露出網路戰可能對自身國家造成安全脆弱性的恐懼--擔憂高度發展的網路戰科技可能被用來「反制」於己身。例如，美國前國安局長、網路電戰部司令 Keith B. Alexander 表示：「零時差攻擊漏洞落入惡人之手的可能性是他個人最大的擔憂」。一些較為悲觀的學者甚至認為美國可能會遭遇重大的網路攻擊浩劫，且不見得有能力保護自己。[23]

2. 網路戰懷疑論

相對於上述網路戰爭即將來臨的說法，另一派學者就網路戰爭的「本質」以及「效果」提出許多質疑。從戰爭的本質來看網路戰爭，Thomas Rid 認為「沒有已知的網路攻擊已達到克勞塞維茨對戰爭行為的定義之標準」。[24]定義戰爭的核心本質時，克勞塞維茨認為必須包括三大要素，即戰爭是暴力或是準暴力；且這種暴力具有目的性，是一為達到目的之工具存在；此外，人類利用此暴力工具，所欲達成的目標需具有政治性效果。[25] 基於此

---

22 Wesley K. Clark and Peter L. Levin. "Securing the Information Highway", Foreign Affairs, 88(6), 2009, PP.2-10.

23 Richard A, Clarke ,and Robert K Knake. "Cyber War: The Next Threat to National Security and What To Do About It" (New York: Harper Collins,2010), p.53-74. ；Shane P Courville"Air Force and the cyberspace mission defending the Air Force's computer networks in the future" (Maxwell Air Force Base, Ala: Center for Strategy and Technology, Air War College, Air University, 2007),
〈 http://www.au.af.mil/au/awc/awcgate/cst/csat63.pdf. 〉

24 Thomas Rid "Cyber War Will Not Take Place" (London: Hurst/Oxford University Press,2013).

25 Carl von Clausewitz 等著，王怡南等譯，《戰爭論》(On War)，臺北：國防部史政編譯

一判斷標準，學者認為網路戰爭是炒作多於事實，迄今吾人所看到的網路攻擊行為，無論是愛沙尼亞事件還是 Stuxnet 震網病毒，基本上都不符合這些標準。[26]主要原因如下：

首先，就暴力的程度而言，網路戰不會流血，網路攻擊所造成的傷亡(如果有的話)較為輕微，即使發生所謂的「數位珍珠港」事件，傷害也不會較 70 年前的「珍珠港事件」嚴重。[27]事實上，一些常被用來說明網路攻擊的案例其實只是心理上的打擊，目前並沒有已知的網路攻擊使人喪命。例如，2007 年 4 月愛沙尼亞因爭議性的前蘇聯紅軍官兵「青銅戰士」銅像遷移事件，受到網路攻擊長達三週，支援愛沙尼亞最常用的網頁伺服器塞滿網路存取的要求，灌爆了伺服器並因負荷量過大而當機關閉，致使該國人民無法使用最大銀行—漢莎銀行網上服務，全國商業及通信亦皆受到影響。然而，這只能說是一個造成社會極大困擾的騷擾行為，因該網路攻擊使得銀行一天內下線 90 分鐘、次日下線兩小時而已，銀行的內網並未被滲透且目標並非針對改變該國行為，也沒有政治層級為其負責，因此不具暴力性與政治性的效果。[28]

其次，從工具性來看，儘管網路戰肯定論者認為網路是一快速組裝、

室，1991 年 3 月

26 Jon R, Lindsay., "The Impact of China on Cybersecurity: Fiction and Friction", pp.7-47. ；Erik, Gartzke., "The Myth of Cyberwar: Bringing War in Cyberspace Back Down to Earth", pp.41-73.

27 Tim Maurer. "The Case for Cyberwarfare." Foreign Policy, 2011, 〈http://foreignpolicy.com/2011/10/19/the-case-for-cyberwarfare/. Latest update:2020/12/1〉.

28 S. Blank., "Web War I: Is Europe's First Information War a New Kind of War?", Comparative Strategy, 27(3), 2008, PP.227-47. ; Thomas Rid "Think Again: Cyberwar", Foreign Policy 192, 2012b, 〈http://foreignpolicy.com/2012/02/27/think-again-cyberwar/〉.；Erik Gartzke. "The Myth of Cyberwar: Bringing War in Cyberspace Back Down to Earth", International Security, 38(2), 2013, PP.63-65.

便宜且可取得性高的攻擊工具,然而網路攻擊並沒有變得更加容易,且事實上成本高昂到幾乎難以發生在真實世界。網路武器開發的成本極高,涉及時間、技能、所需目標情報等各個層面,是強國才能負擔的武器,[29] 但遺憾的是,網路打擊所能涉及的目標範圍卻是極有限的少;再者,歷經長時間開發出來的網路武力如震網蠕蟲軟體,攻擊的潛力可能並不如想像中來得高,一件網路武器只能打擊一次,某次特定的惡意軟體發作被發現,敵方關鍵的系統將很可能會得到迅速修補。儘管網路攻擊再厲害,如此大規模的投資卻不能重複使用,基本上不能稱得上是種武器。[30]

由此可見,網路戰引起的影響是暫時的、可修復性的,不像火箭攻擊煉油廠或破壞一國的軍事元素,基本上只是造成暫時失能,所帶來的威脅也具有侷限,不會帶來全球性的破壞,終究僅能作為充實常規戰、地面作戰的現有功能,但是並不能夠取代軍事暴力行動。因此,懷疑論者對於網路戰可以改變權力平衡的看法相當不以為然,[31]他們認為網路戰不僅難以達到不對稱戰爭的效果,且可能只會遭致報復;他們並提醒那些擔心數位珍珠港事件的人,應該想想當年日本發動珍珠港襲擊後所遭受的下場。[32]

三、中國大陸對臺灣之網路威脅

近年來台灣受到網軍及駭客攻擊駭侵情勢及網路犯罪情勢與日俱增,應正視此一議題的重要性,除需研擬對策外,並應投入大量資源組建防禦

---

29 Jon R, Lindsay., "Stuxnet and the Limits of Cyber Warfare", Security Studies, 22, 2012, PP.385-389.

30 Thomas Rid "Think Again: Cyberwar", Foreign Policy 192, 2012b,
〈http://foreignpolicy.com/2012/02/27/think-again-cyberwar/. Latest update:2020/12/1〉

31 Erik Gartzke. "The Myth of Cyberwar: Bringing War in Cyberspace Back Down to Earth", International Security,38(2), 2013, PP. 43.

32 Jon R. Lindsay and Lucas Kello. "Correspondence: A Cyber Disagreement", p.184.

措施。尤其中共自 2002 年起，擴充發展網路戰能量，近年來已蓄積相當能量，整體軍事機關網軍組織架構基本成形，預判其正視編制內人力約 10 餘萬人，光當年投資經費推估已超過 8000 餘萬美元，可見其對網路科技之重視。[33]另外，中共也瞭解網路技術在軍事上的運用，已成為未來戰爭的決勝制高點。過去透過置換網頁或對於目標網站發動騷擾式的行為，已逐漸演變為透過網路竊取資訊、癱瘓對方系統或是利用病毒破壞重要關鍵基礎設施都是近期中國網路作戰的模式。[34]

本文為能分析現階段中共對我國的網路威脅，借用了 Lindsay 討論中美間的網路威脅類型分析架構，他運用前述關於網路戰的辯論中網路科技發展是革命性科技發展(revolutionary Technology)抑或僅是進化性發展(evolutionary Technology)，輔以兩國之間是合作性政治環境(cooperative Political Environment)抑或是競爭性政治環境(competitive Political Environment)，分類出四種不同的網路威脅類型如下表 2，每個類型中有其基本假設，以及相對產生的威脅，最後並提出仍存在的爭論。

(一)「開放性的網路空間(Open Internet)」意味著科技的發展和合作性的政治環境，這種自由主義式的思想，極有利於社會經濟等價值觀的交換。相應的威脅則為國家對於網路的審查和監控是傷害人權且降低人民對網路的信任感。爭論則是事實上中國對於網路的監控意不在對外，而是對內社會的「維穩」控制；

(二)「網路安全守則(Cybersecurity Norms)」意指電子化政府時代，因為諸多政府相關資訊都公開上網，在國際間各國政府應要接受一些共同的

---

33 立法院公報，〈立法院第 8 屆第 3 會期外交及國防事務委員會第 20 次全體委員會議紀錄〉，2013，《立法院外交及國防委員會編印》。
34 林穎祐，〈中國近期網路作為探討：從控制到攻擊〉，《臺灣國際研究期刊》，12(3)〈2016〉，頁 51-68。

守則歸約。以保護網路不受破壞災難。然而，各政府對於本國網路的管理主權也會傷及強調全球治理、公開透明、由下而上決策過程與具有包容性的多方利益關係者(multi-stakeholder system)模式，不過，目前對於中國政府是否能遵守準則的信用問題仍然是存疑的。

(三)「競逐中的網路空間(Contested Cyberspace)」同樣是在進展性的科技發展下，但兩國之間的政治環境是不友善的競爭性關係。其假設為網路科技的發展將明顯有助於情報的蒐集方式和機會，不過也拜網路科技的突飛進展，讓一些網路攻擊得以悄然入侵對手的網路空間，造成財物、資源上的損失。不過，網路科技的進步讓發動網路攻擊者同樣面臨來自國外的網路攻擊威脅，對付敵手的手段也有獲得同樣的反制可能；

(四)更進一步，當科技讓網路有產生革命性的安全威脅，同時又面臨國外不友善的政治關係時，便產生右下角的「網路戰爭(Cyber Warfare)」，其假設網路空間是一個危險、不對稱的、具攻擊性的場域。相應的威脅是中國在低成本的武器門檻情況下可以癱瘓美國的C^4ISR自動化指揮系統(指揮 Command、控制 Control、通信 Communication、電腦 Computer、情報 Intelligence、監視 Surveillance、偵察 Reconnaissance)，在西方國家盟軍趕到前贏得勝利。但亦存在爭論認為中國的網路攻擊能力並沒有到達他說的算之程度，同時，解放軍追求信息化的腳步，也會讓自己陷入和西方國家一樣依賴網路的矛盾--承受C^4ISR被控制的危機。最後，運用網路戰可能讓敵手「誤判意圖」導致戰爭升級，反而不利於己。

表 2：Lindsay 網路威脅四類型

	進化性科技發展	革命性科技發展
合作性政治關係	一、開放的網路空間 假設：網路加強了社會和經濟等價值觀的交換 威脅：國家對於網路的審查和監控傷害人權並降低對網路的信任感 爭論：中國對於網路的監控甚過於本國或是外地的網路攻擊	二、網路安全守則 假設：政府必須接受共同的守則以保護網路免於破壞災難 威脅：對於網路的「主權」危及到多方利益關係者模式 (multi-stakeholder system) 爭論：中國的信用問題
競爭性政治關係	三、競逐中的網路空間 假設：網路科技增加了情報搜集的機會和方式 威脅：APT 等攻擊 爭論：中國同樣也面臨來自國外的攻擊威脅	四、網路戰爭 假設：網路空間是一個危險的、不對稱的、具攻擊性的場域 威脅：中國在低成本下可以癱瘓美軍C⁴ISR系統 爭論：中國的網路攻擊能力並非無敵，同時，解放軍追求信息化的腳步，也會讓自己陷入和西方國家一樣對於網路的依賴。並且也可能讓敵方「誤判意圖」導致戰爭升級。

資料來源：Lindsay, 2014: 12.

四、中共對台網路威脅分析

將 Lindsay 此一分析架構運用在兩岸關係,台灣和美國一樣是開放性的自由網路,加以台灣與中國大陸亦存在既合作又對立的競合政治環境,應屬於分類中的「競逐中的網路空間」以及潛在的「網路戰爭」類型。

(一)競逐中的網路空間

根據 Lindsay 的研究假設,網路科技的進化,並不足夠成為國際安全的決定性影響力,因此,網路科技對於國家安全來說,僅會是電腦犯罪、情報與電子攻擊的進化,並不會影響國際間的權力平衡。[35]拜網路科技的突飛猛進,網路攻擊亦不斷更新技巧,正面而言有助於自身國家情報的蒐集和機會,但反過來亦是面臨同樣來自國外的網路滲透、間諜等威脅。

臺灣各部會長期以來一直是中國網軍持續鎖定攻擊的對象,中共將我國視為網路攻擊試驗場。網路戰爭需要事先充足的情資蒐集,過程繁複且需要複雜的細節資訊,這皆有賴於平時的情報蒐集與偵察。由於台灣與中國大陸有相近的文化、高程度的數位基礎設施的發展,以及相通的語言,讓台灣成為中國網軍練兵的首選,中國網軍某些攻擊手法甚至是全球首見,將台灣當作網路資訊攻擊試驗場(testing ground),再以攻擊台灣的經驗轉用於其他西方國家。

中共的網路攻擊目標指向我國政府與相關機構,且發動攻擊者充分掌握我國內部當時的政經事件,例如最著名的是 1999 年 7 月前李登輝發表兩國論後,8 月陸續發生監察院、屏東縣政府、營建署、台大圖書館等單位網站的首頁被大陸駭客入侵,原有網頁被取代為「世界只有一個中國、也只

---

35 Jon R. Lindsay., "The Impact of China on Cybersecurity: Fiction and Friction", p. 9.

需要一個中國」等標語。

不過，近年來中共對我國的網路攻擊形式有所轉變，更加細緻有計畫地、長期性、具目標導向攻擊，是一種進階持續性的滲透攻擊(Advanced Persistent Threat，以下簡稱 APT 攻擊)。不同於過去單純的干擾網路穩定性、或是釋放政治訊息，現在 APT 攻擊目標不僅僅是獲得戰略性情報，也希望能夠逐漸掌握台灣的關鍵數位基礎設施，好在衝突時可以加以控制。[36]

美國在台協會處長酈英傑亦指出 2018 年由中國支持、對台灣科技產業進行的網攻數量比 2017 年多了 7 倍，在 2019 年更上看近 20 倍。傳統上，中國的網攻一向以台灣的半導體產業為目標，但現在中國已擴大到智慧機械及電子元件產業，以各種手段竊取台灣及美國的營業秘密、智慧財產權及最寶貴的數據資料。若中國控制 5G 基礎設施，就能獨占流經這些網路的資料，甚至具備癱瘓他國網路的潛力，不可不多加留意。[37]

除總統府、行政院是被鎖定攻擊的對象外，負責兩岸頻繁商務貿易談判的經濟部、握有許多機敏資料的外交部，以及掌管電子化公文的國發會，也是網軍主要鎖定攻擊的對象。甚至，2019 年發生我國高達 59 萬筆的公務員服務單位、職稱等個資，被張貼在國外網站「突襲論壇(RAIDFORUMS)」，來源經查是從中國申請 Gmail 信箱，再透過此信箱申請成為突襲論壇會員，由於國安情報人員的個資也包含其中，讓這起資安事件提升至國安危機。[38]

學者林穎佑分析中國「網軍」的概念、組成與作為，並討論中共藉由

---

36 Tobias Burger. "Cyber target practice", Strategic Vision, 17, 2014, PP.9-13.

37 「共同強化資安 AIT：台美 11 月首度網路攻防演練」，中央社，2019/09/17，〈https://www.cna.com.tw/news/firstnews/201909170216.aspx〉。2020/11/20 檢索。

38 「【中國可能在馬政府時就掌握】國安 8 大情治人員個資大外洩！整組在國外網站上俗賣 350 元」，報橘，〈https://buzzorange.com/2019/07/03/590k-taiwanese-official-information-leaked/〉。2020/11/20 檢索。

組織民間駭客，有系統的規劃網軍部隊利用「社交工程(social engineering)」
手段輔以特色在於長期潛伏、大量收集資料的 APT 攻擊，針對特定關鍵人
士竊取重要情資，危害資訊安全。[39]國防大學教官載正龍亦指出，當前中共
網軍運用網路和資訊科技，利用社交工程手法，藉機敏機關或重要人士周
邊關係，迂迴地滲透以獲取國防、外交或兩岸動態，在受攻擊者瀏覽或開
啟附加檔案後，及同時也被安裝惡意程式，接著就可能遭到遠端入侵、攔
截、追蹤、監聽或成為另一個攻擊行動的跳板，甚至可發動下一波的攻擊
行動。[40]

　　據美國資安公司的報告，發動 APT 攻擊主要目的有三：竊取專利、竊聽
政府單位敏感通訊、破壞國安單位防護。換言之，網軍的最終目的是長期潛
伏並不間斷竊取機密資料。在攻擊手法上，APT 攻擊呈現縝密周延、有組織、
有部署的網軍分工合作；具有組織性犯罪的特質；通常還有敵手政府撐腰；
而且特別擅長隱匿行蹤。根據 Mandiant 的一份報告，在所有資料外洩事件
當中，駭客平均躲藏的天數是 205 天，在這種「低風險、高報酬」的情況下，
政府背景的駭客能一再發動惡意攻擊而不會遭到任何懲罰。[41]

　　在中共對我國的網路攻擊對象方面，已由原先的官方機構改尋找其他
准官方或非官方之「脆弱點」。2013 年我國時任國安局副局長張光遠於立法
院表示中共對我發動網路攻擊竊密的對象，已由政府機關、駐外使館，轉
向民間智庫、電信業者、委外廠商等，並轉變思維攻擊我較為疏於防護網

39 林穎佑，〈大陸網軍與 APT 攻擊〉，《展望與探索》，11(3)〈2013〉，頁 95-110；林穎
　　佑，〈必也正名乎 從國家安全論網軍的本質〉，《前瞻台灣未來國家安全戰略：理論
　　與實務》(臺北：淡江大學臺北校區，五樓校友聯誼會館，2015)。
40 載政龍，〈中共網軍發展與網路攻防：間論我國資通安全之政策規劃〉，《戰略與評
　　估》，4(4)〈2012〉，頁 97-118。
41 TREND LABS 趨勢科技全球技術支援與研發中心，〈《有本事就來抓我啊~》 駭客平
　　均躲藏天數 205 天〉，2015 年 8 月 31 日，〈http://blog.trendmicro.com.tw/?p=13483〉。
　　2020/11/20 檢索。

路節點設施或車輛交通誌儀設備、寬頻路由器、工業微電腦控制器、網路停存系統等嵌入式系統裝備。未來恐將擴及我國關鍵基礎設施與個人，並逐步蒐集民間黨政規劃、經貿分析、學術著作，以及電信網路、關鍵基礎設施系統等隱性資訊，或是透由網路攻擊癱瘓我國運作。[42]現在中共對我網路 APT 攻擊已綿密到會為目標量身打造惡意程式，例如國內 2 名學術人員平日透過電子郵件討論研究，網軍會先冒用其中一人的電子郵件寄了一封推薦助理的信件給另一名學者，並附上履歷，引誘使用者點擊挾帶惡意程式而成功入侵。如此手法已常見於部分學術單位或智庫，若能成功入侵到目標單位長期監控並回傳機密資料，對我國之國家安全將造成嚴重影響，不可不察。其他還包括對於 DDoS 的應變以及傀儡網路的阻斷，都是目前政府亟需面對的資安風險。

(二)網路戰爭

其假設網路空間是一個危險、不對稱的、具攻擊性的場域。一般來說主要的網路攻擊是打擊敵人的軍事能力，更精準的來說，是打擊敵人的「攻擊」能力。成功的網路攻擊是讓該目標系統失能、癱瘓或是難以處理資訊及操作，因此得以削弱敵方的 C^4ISR 自動化指揮系統、武器性能表現、後勤或是其他關鍵任務等功能。在衝突剛剛開始的時候，能夠率先降低對方的 C^4ISR 是極為有利的，至少可以在對方修復之前搶得攻擊之先機。

基於此，中共執行其軍事目標(例如當台灣宣佈獨立時將飛彈瞄準台灣)，考量需在美國介入之前達成任務時，就需要延遲美國的軍力，好爭取更多的部屬時間整裝就位。此時，有效的策略即是滲透一些非機密性的網

---

42 立法院公報，2013，〈立法院第 8 屆第 3 會期外交及國防事務委員會第 20 次全體委員會議紀錄〉，立法院外交及國防委員會編印。

路，中斷美國的科學化後勤部署系統以及 C⁴ISR 自動化指揮系統，讓其無法正常運作。[43]

學者林中斌在《核霸》一書中即指出，中共若欲遂行佔領台灣的意志，點穴戰的利益會遠大於傳統的軍事武力佔領效果。因對台發動海、空軍及導彈攻擊等硬殺武器，不但可能摧毀一切基礎建設，且還可能導致國際干預，就經濟利益來說是弊大於利，反不如使用破壞資訊、網路等電子設備的戰術，在他國干預之前速戰速達到既有目地。[44]學者張競亦曾分析網路空間衝突與戰爭的法理概念，討論了網路攻防涉及的法理原則，認為網路攻防強調的是一種「巧勁道」，直取對手罩門與要害，在不過份作為避免引發軍事作戰情況下，「兵不血刃」地獲得勝利。[45]

不過，Gompert and Libicki 提醒採取網路戰策略，易加劇危機的不穩定性。[46]

原因如下：首先，由於網路戰是從根本上破壞對方軍隊運作所依靠的網絡系統，一旦網路攻擊得逞，敵方 C⁴ISR 系統、武器性能、軍隊後勤或其它發揮關鍵任務的運作功能受到影響或中止，在此情況下，可能導致受攻擊方用傳統武器加以反擊。也就是說，受到攻擊的一方在修復網路期間，將面臨是否使用傳統武器的兩難，若要動武必須在遭受下一次的網路攻擊前使出，否則就可能面臨無用之地，所以到底是要先評估看看(wait and see)還是直接採取先發制人(pre-emptively)令決策者在判斷時可能因採取傳統武器反擊而使危機升高。

---

43 David C. Gompert and Libicki Martin.,"Cyber Warfare and Sino-American Crisis Instability", Survival, 56(4), 2014, PP.10.

44 林中斌，《核霸: 透視跨世紀中共戰略武力》(臺北：臺灣學生書局，1999)。

45 張競，〈網路空間衝突與戰爭的法理概念〉，《中國大陸在網路空間戰略的競逐》(臺北：國立台灣大學社科院綜合大樓，國際會議廳，2014)。

46 David C. Gompert and Libicki Martin., "Cyber Warfare and Sino-American Crisis Instability", Survival, 56(4), PP.12-16.

　　其次，前述提及成功的網路攻擊需要長時間的情蒐與相關細節提供，但對敵對國家進行情蒐與滲透，容易被過度解讀為戰爭的前哨行為，此種誤判易導致危機升高；第三，由於網路攻擊的效果難以同時被攻擊者和防衛者所評估，這樣的模糊特性會降低戰爭的有效性，在難以明確發動者的意圖及後果評估的情況下，容易誤判情勢，受攻擊的國家可能會採取軍事攻擊加以反擊。美國國防部副部長 William Lynn 闡述五角大廈網路行動戰略時，就曾要求以軍事行為自衛，他說：「根據武裝衝突法，美國有權在我們選擇的時間和地點，以相稱及合理的軍事行動回應嚴重的網路攻擊」，這種說法實際上就是升高危機的反應思維。[47]不過，令人感到寬慰的是，敵對國家間並不會如想像中好戰，學者統計敵對國家間網路衝突與受害程度，發現國家間實際上相當的克制。[48]下圖 1 的「網絡戰的總體趨勢」，顯示雖然網路的攻擊事件數目(紅線)越來越普及，但這些攻擊的嚴重程度(藍線)仍然很低，多是網路的滋擾，還沒有涉及嚴重傷亡。回應了前述文獻回顧中之論點--隨著科技發展並沒有促使網路戰爭容易發生的趨勢和證據。

47　James, Bamford. "NSA Snooping Was Only the Beginning. Meet the Spy Chief Leading Us Into Cyberwar", 2013,〈http://www.wired.com/2013/06/ general-keith-alexander-cyberwar/〉, Latest update 01 Sep. 2019

48　Brandon, Valeriano and Maness, Ryan C.,"The dynamics of cyber conflict between rival antagonists, 2001–11"， Journal of Peace Research, 51(3), 2014, PP. 347-36.

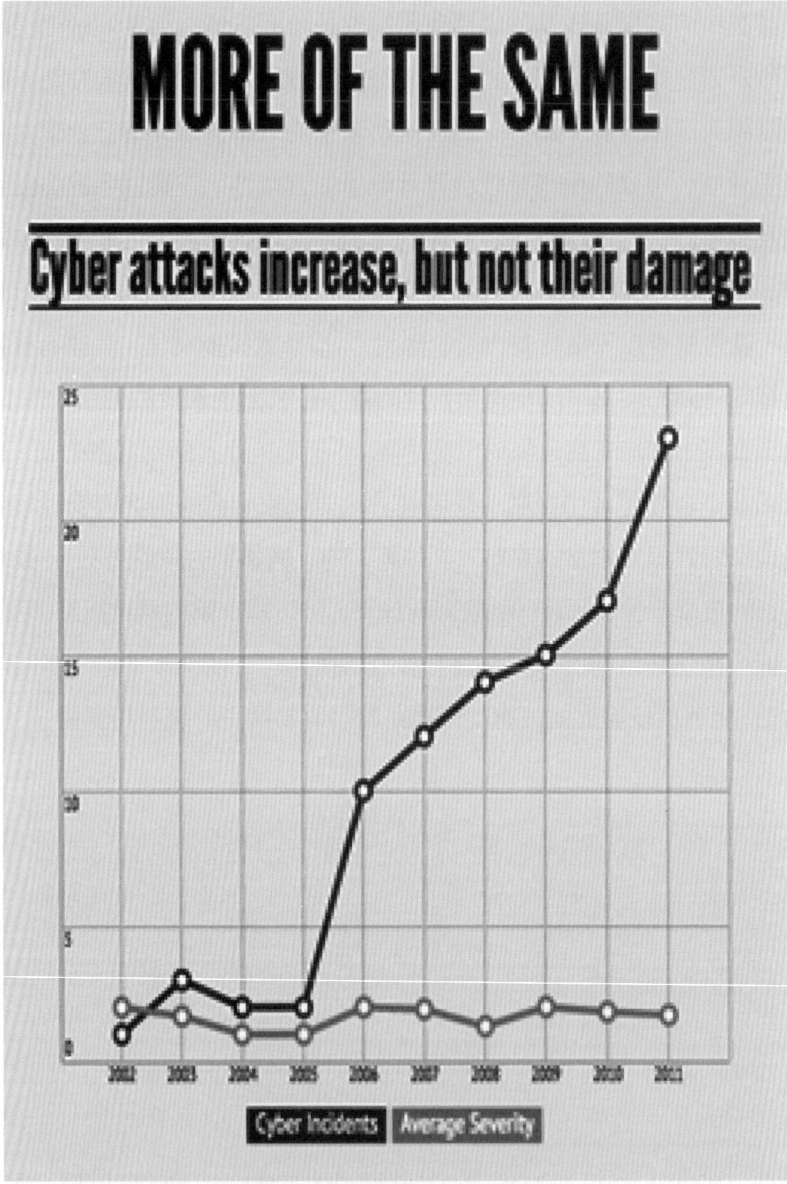

圖 1：2001-2011 年敵對國家網路衝突程度&次數圖

資料來源：Valeriano & Maness (2015)

五、結論

　　從統計數字上，我國確實受到中國大陸網軍密集且頻繁的網路攻擊，不過，目前尚無發生因中共對我網攻致使人員傷亡的情形，多半是以網路的滋擾、竊密為大宗。[49]換句話說，從 Lindsay 的分析架構來說，我國受到的中國大陸網路威脅多集中在「c.競逐中的網路空間」領域。在此一意義上，由於受到影響的網路空間除了計算機系統和網路外，還包括了技術人員，網路營運商、供應商、機構等等社會面向。因此，我國在軍事國防國家安全不可鬆懈外，也應從更廣泛的視角，也就是需考量整體經濟社會等面向，強化法律、公共安全、人才培養與產業政策等，全面性地評估現有的網路安全意義。

　　對此，我國政府近年發展相應對現勢的資安政策，以「國家資通安全戰略報告」為上位指導方針，提出各期「國家資通安全發展方案」，並由各部門依資安治理層級推動執行，落實「資安即國安」戰略。政府資通安作為除了現有的政策外，也將加強資安人才培育、機關(構)資通安全責任等級及資訊系統分級、建立國家資安體系、推動國防資安自主研發等重要議題。

　　事實上，面對中國網軍的攻擊，恰恰給了台灣政府一個絕佳的機會，可透網路安全議題重要性尋求與國際社會的合作，共同解決中國駭客在全球網路安全上的威脅。中共許多針對台灣政府單位的網路攻擊中，有許多手法會接續出現在其他西方國家，或者是網軍將台灣當作入侵美國網站的後門，這讓台灣具有情報上的優勢，可以分享經驗給其他也飽受中國網路

---

49 行政院公布資安事件等級統計顯示，2019 年台灣政府機關受到的 1、2 級輕微的「試探」攻擊大約佔總體年國家資通安全通報應變網站所接獲之 674 件通報事件中的 96.45%，3 級則佔了 3.55%件，0 起涉及重要國家機密被竊的四級資安威脅。資料來自：「108 年國家資通安全情勢報告-行政院國家資通安全會報」〈https://nicst.ey.gov.tw/File/3EF8F98ED0EEA3B8?A=C〉。2020/11/25 檢索。

攻擊的國家,提昇自己與這些國家的關係和安全合作關係。例如,2019 年
11 月美國首次與台灣共同舉行「大規模網路攻防演練」(Cyber Offensive and
Defensive Exercises),匯聚至少 15 國代表,共同因應由美國政府提供針對
北韓網路威脅的培訓和演練、社交工程攻擊、關鍵基礎建設弱點及金融犯
罪等問題。另外,透過國際資安交流,與各領域業界、廠商和白帽駭客相
互分享先進的資安管理策略及實務經驗交流,皆可升台灣產業資安效能及
加強國際資安產業合作或資安技術共同研發。[50]透過國際間的合作,除可增
進台灣自身實力外,亦可藉此議題拓展台灣目前有限的國際空間,實為台
灣政府接續需努力之方向和領域。

---

50 美國在台協會處長酈英傑曾表示,美國一直在盡其所能加深與台灣在網路方面的合
   作,美國要協助台灣加入美國國土安全部的「自動指標分享系統」(Automated
   Indicator Sharing),之後便能以機器的高速分享網路威脅指標。「共同強化資安 AIT:
   台美 11 月首度網路攻防演練」,中央社,
   〈https://www.cna.com.tw/news/firstnews/201909170216.aspx〉。2020/11/21 檢索。「台
   美首網路攻防演練 政院資安處:台每月被攻擊 3 千萬次」,聯合報,
   〈https://udn.com/news/story/6656/4143093〉。2020/11/21 檢索。

第三篇

公民社會與經濟篇

非營利組織及公民社會的意義與發展

郭冠廷[*]

一、前言

「非營利組織」(Non-Profit Organization, NOP) 或「非政府組織」
(Non-Government Organization, NGO)，又稱「第三部門」，有別於代表「政
府」的「第一部門」以及代表「企業」的「第二部門」。

非營利組織係政府、企業之外的獨立部門，既不隸屬於國家，也不依
市場法則來運作，其所代表的乃是「公民社會」的力量。西方的「公民文
化」主要便是建立在為數甚多的這類非營利組織之上，舉凡教會、職業公
會、產業工會、學術團體、醫療機構、社運組織以及政黨，莫不致力於發
展其「公共性」，創造出公共領域，使「社會」不致完被「國家」所宰制。
目前，歐美國家中的環保、人權、教育、兩性關係、少數族群、弱勢團體、
社會福利、文化藝術、公共安全等議題愈來愈受到關注，顯示出公民參與
的管道日趨多樣化，非營利組織的功能以及影響力也益形重要。[1]

非營利組織存於人類社會中，已有相當久遠的歷史，舉凡教育、醫療、
人權、宗教、救災……均在其列。長久以來，利於人類社會向上提昇的公
共性議題多由非營利組織所催生。以我國伊甸殘障福利基金會等團體，窮

---

[*] 作者為佛光大學公共事務學系副教授。
[1] 顧忠華，〈公民社會與非營利組織──一個理論性研究的構想〉，《亞洲研究》，26 期 (民
1998 年 4 月)，頁 16。

二十年之力推動殘障福利法，推動弱勢團體的工作權及尊嚴。勵馨、善牧基金會在受虐少女、原住民子女之保護上，不遺餘力。最後不祇讓舉國上下重視未成年少女之保護，更促使立法單位通過我國第一個未成年保護法案，其他更有許多非營利組織在文化、社服、環保……上分擔「公民責任」。總體而言，非營利組織可以說是「一種點化人類的媒介，它們努力在社會變遷下造就脫胎換骨的人類」。

公民社會是獨立於國家和市場的聯盟和行動之外的領域，在其中公民能組織起來，以追求社會價值和對群體有利的公共事務。公民社會的角色包括慈善團體、教堂、地區組織、社團、公權遊說團體、家長會、聯盟、貿協等機構。公民社會中的角色可從政府公部門與企業私部門的若干面向加以區分。當政府尋求提供公共秩序和大眾物資，並運用其權力以募集資金，創造理想的公共願景，企業透過志工服務交換的機制，提供私有物資和服務。公民社會中的各個角色尋求建構公民的價值和目的，而諸公民群體能活化企業和政府。如果政府透過法律制定、賦稅制度，以動員資源之運用；企業透過資源的交換與動用，公民社會組織就能透過對價值和社會使命而動用資源。

當企業以追求私有利潤為導向，政府以建構公共利益為導向時，公民社會的成員關懷社會中各社群團體，包括那些生存條件差的群體的利益。一般而言，非營利組織具有如下的特徵：[2]

(一) 以服務大眾為宗旨。

(二) 不以營利為目的。

(三) 有一個不利己營私的管理制度。

---

2 郭冠廷，〈「全球化」對 NGO 和市民社會的影響〉，《廿一世紀臺灣非政府組織建構及公民社會發展研討會論文集》(宜蘭：佛光人文社會學院，2001 年 10 月 26 日)，頁 13。

(四) 本身具有合法免稅地位。

(五) 具有可提供捐助人減稅的合法地位。

另根據美國約翰‧霍普金斯公民社會研究中心的研究，非營利組織的特性
為：[3]

(一) 組織性：非營利組織都有一定的制度及結構。

(二) 私有性：非營利組織在制度上與國家分離。

(三) 非營利性：非營利組織不提供利潤予其「所有者」及「經營者」。

(四) 自治性：非營利組織能夠獨立地處理自己的事務，不受政府或其
他機構的干預 (法律監督除外)。

(五) 自願性：非營利組織的成員並非法律要求而組成的，非營利組織
的財力及人力來源在一定程度上也屬「自願」性質。

以上就非營利組織的性質做了簡要的說明，但是欲真正了解非營利組
織的精神與真義，仍需從宏觀的角度來做一進步的分析。本文的目的，即
在於以宏觀的角度來探討公民社會以及非營利組織的特性，並從而探討其
未來的發展趨勢。

二、三大部門與非營利組織

欲了解「非營利組織」的定位，需先探討「三大部門」的意義。所謂
三大部門，即是代表「政府」的「第一部門」、代表「企業」的「第二部門」、
以及代表「非營利組織」 (Non-Profit Organization, NPO) 或「非政府組織」
(Non-Government Organization, NGO) 的「第三部門」。

---

3 Lester M. Salamon, Global Civil Society: Dimensions of the Nonprofit Sector (Maryland:
   John Hopkins Center for Civil Society Studies, 1999), Chapter 1.

概括而言，第一部門的運作媒介主要為「權力」，第二部門的運作媒介主要為「貨幣」，第三部門的運作媒介則主要為「溝通及說服」。「權力」具有普遍性的強制力量，「貨幣」滿足人類的物質需求，至於「溝通及說服」則合乎人類的理想追求。

就產出與社會功能而言，第一部門的產出主要為「秩序」與「公共財」，第二部門的產出主要是「財貨及勞務」，第三部門的產出則主要為「服務」及「精神價值」。

至就發展的條件與基礎而言，則第一部門的成功條件在於「合法性」的取得，第二部門的成功條件在於「效率性」的提高，第三部門的成功條件則在於「理想性」及「專業性」的標舉 (請參見下表「政府、企業、非營利組織三大部門的特性」)。

表一：政府、企業、非營利組織三大部門的特性

部門別	運作媒介	公私領域	產出	發展條件與基礎
第一部門 (政府)	權力	(普遍的) 公領域	秩序 公共財	合法性
第二部門 (企業)	貨幣	私領域	財貨及勞務	效率性
第三部門 (非營利組織)	溝通與說服	(特定的) 公領域	(分眾的)服務 及精神價值	理想性 專業性

惟以上的區別僅是就其大端而言，非謂第一部門僅以權力為運作媒介，而無貨幣或者溝通、說服之運用；亦非謂第二部門只產出財貨及勞務，

228

且不具專業性及理想性;同時也並不意指第三部門就無物質性之產出。

　　以上三大部門,雖然性質與功能各異,但三者卻是習習相關、甚至是相互依存的。政府部門可以提供企業部門穩固的制度環境,也可以提供非營利組織各項補助;企業部門可以為政府部門提供各項稅捐,也可以為非營利組織提供捐贈;非營利組織可以為政府部門提供社會服務、增進公民參與,也可以為企業部門創造消費。

　　另就權力的性質而言,政府部門的權力性質為「統治」;企業部門的權力性質為「管理」;非營利組織的權力性質為「治理」。第一部門的權力結構強調「由上而下」,以貫徹其命令;第二部門的權力結構強調「水平溝通」,以發輝其效能;第三部門的權力結構則以「由下而上」為理想,以促進溝通及參與 (儘管實際上不易實現)。

　　「治理」有四個特徵:第一、治理不是一整套規則,而是一個過程;第二、治理過程的基礎不是控制,而是協調;第三、治理既涉及公共部門,也涉及私人部門;第四、治理不是正式的制度,而是持續的互動。治理是一種使相互衝突的、或不同的利益得以調和,並且採取聯合行動的持續過程。它既包括迫使人們服從的正式制度和規則,也包括各種人們同意、或認為符合其利益的非正式制度安排。[4]由此可知,「統治」重在強迫與服從,「管理」重在技術與利益,「治理」重在認同與溝通。

　　為進一步說明三大部門的權力性質,特以下表說明之,並同時說明全球化趨勢下,三大部門的角色與功能。

---

4 顧忠華,〈二十一世紀非營利與非政府組織的全球化〉,《新世紀智庫論壇》,11 期 (2000年 9 月),頁 19-21。

表二：政府、企業、非營利組織等三大部門之權力性質及其「全球化」表現

部門別	權力性質	權力結構	全球化媒介	全球化表現
第一部門	統治	由上而下	主權讓渡	國際組織
第二部門	管理	扁平構通	資金、技術、人才、資訊的流動	跨國企業 全球商業網絡
第三部門	治理	由下而上	溝通互動	全球公民社會

　　如就「物質性」產出而言，則第一部門的產出為集體性的公共財，而第二部門的產出則為個體性的私有財，至於第三部門，則非以生產物質性的財貨為目的，其物質性的產出僅為附產品而已。至於「精神性」的理想實踐，則第一部門的理想實踐是屬於「大眾性質」的，第三部門的理想實踐是屬於「分眾性質」的。

　　若就公私領域而言，第一部門之運作屬「公領域」的範疇，此殆無疑問。而市場所使用的貨幣雖合乎普遍人性需求，但是第二部門所追求的則是「私利」，因此第二部門的乃是屬於「私領域」性質的。至於非營利組織所憑藉的「價值」雖往往是分眾的，但其所為者通常是「公益」之追求，故第三部門的乃是屬於「公領域」性質的。一樣屬於公領域，那麼第一部門與第三部門又有何區別呢？一般而言，第一部門之「公領域」是普遍性的，而第三部門之「公領域」則往往是分眾性的、特定性的。

三、介於政府與非營利組織的組織體

　　以上說明了政府（政治）、企業（經濟）以及非營利組織（公民社會）之

間的區別,然而一般人往往忽略了,事實上還有一種介乎「政府部門」以及「非營利組織」之間的組織體,這就是「公法人」組織。至於介乎「政府部門」以及「企業部門」之間的組織體則為「公營事業」。

公法人(juristische Personen des öffentlichen Rechts)係指依據公法成立,且在公法上享有權利能力的行政主體。公法人一方有別於國家行政機關,另一方面則有別於依私法設立之私法人。約略而言,「公法人」一詞,係指某一單位被賦予公法之人格,從而獨立成為權利義務的主體。本處所稱「獨立」,非指其與國家或原母體機關間完全斷裂,而成為化外之地,而係指其較諸原先內部單位或民間單位地位或屬性,有進一步的保障。其既然取得法人格,已經成為權利義務的主體,得經由其機關而作成意思表示,也因而成為公法上責任歸屬的主體(例如於要件該當時必須承擔國家賠償責任)。公法人須受國家監督,常見的監督機關為原先母體機關,監督的手段與程度得依各該公法人之類型不同而有差別,惟整體而言得區分為「適法性」與「適當性」之監督,前者係針對公法人經法律賦予所享有的自主決定領域事項(自治事項),後者則針對國家所委託辦理之事項(委託事項)。如就廣義的解釋,則國家及地方自治團體均為「公法人」。[5]而就狹義的定義而言,「公法人」係特指獨立於國家及地方自治團體以外,依公法或公法授權而設立,具權利能力之組織體。本研究計畫所稱之公法人,係指狹義之公法人,在此行表明。

德國行政法上之公法人概念,乃係繼受民法而來。民法上之法人,係指自然人以外,由法律所創設,得為權利及義務之抽象組織體。[6]而德國法上公法人概念之其首度使用係將國家解釋為公法人。至十九世紀中葉,公

---

5 「地方制度法」第二條第一款:「地方自治團體:指依本法實施地方自治,具公法人地位之團體。省政府為行政院派出機關,省為非地方自治團體。」
6 施啟揚,《民法總則》,1989年4月,頁111。

法人概念迅速擴充，遂將公法社團、公共營造物及公法財團納入公法人之概念中。民法上凡具權利能力之主體，即為法人，少有例外。而德國多數學者也認為，具完全權利能力之公法社團、公共營造物及公法財團，亦即，可以對抗所有人，包括其設置之國家，地方自治團體或其他公法人，作為訴訟及賠償之主體者，才是「公法人」。[7]

要言之，公法人之構成要素有以下三點：

(一) 公法人乃基於公法或公法授權而設立之組織體；
(二) 公法人乃一具有權利能力之組織體；
(三) 公法人之目的在於履行公共任務。

公法人的類型，依德國法有三大類，亦即公法上的社團法人、公法上的財團法人、公法上的公營造物法人。

(一) 公法上的社團法人或社團公法人 (die öffentlich-rechtliche körperschaft)：係屬於人的組合，而享有公權力(Hoheitsgewalt)之行政主體。社團公法人又可分為四類，即「區域性公法社團」(Gebietskörperschaft)、「屬地性公法社團」(Realkörperschaft)、「屬人性公法社團」(Personalkörperschaft)以及「同業團體性公法社團」(Verbandskörperschaft)。

在組織設計上，社團法人常以社員大會為最高決議機構，然後設有理事會作為一般決議與執行機構，必要時並得有分級管理之設計(例如大學除了學校整體之外，尚有各學院，學院在體制下也有一定之自主決定權限)。社員總數一般反應該自治體之內部不同屬性成員之比重，理事的產生從而一般均能反映內部之不同團體之比重。這可見諸健康保險之理事會由雇主

---

7 蔡震榮，〈公法人概念的探討〉，《當代公法理論：翁岳生教授誕辰祝壽論文集》(台北：月旦，1993)，頁 254。

集團、勞工集團之代表們分別出任，以及大學之最高決議機構由教員、研究人員、職員、學生依一定比重而加以分配席次。

(二) 公法上的營造物法人或營造物公法人(die öffentlich-rechtliche Anstalt)：所謂營造物(Anstalt)，或譯為「公共機構」、「福利營建機構」。Otto Mayer 將營造物公法人定義為：「公行政主體為了一個持續性的公共目的，所掌握之物與人員的組合體。」[8]公法上的公營造物法人係一十分寬廣的概念，凡公法上特殊的行政機關而旨在結合人與物以提供服務者，例如研究性的公營造物、供民眾參觀閱覽的公營造物類型，或特殊無法以傳統行政機關指稱的類型者，均屬之。

(三) 公法上的財團法人或財團公法人 (Stiftung des öffentlichen Rechts)：財團公法人乃是指為履行公共目的，由國家或其他公法社團捐助資產一公法而成立的組織體。公法上之財團法人也可稱為公法上之基金法人，主要以公部門所為之財產捐助作為手段，從事政策之完成。公法上之財團法人現今已經少被採用，蓋公部門之財政負荷困難；此外也為組織、行政程序(指廣義者，亦即事情之處理程序與方法)、預算上之便捷性，以及方便國際交往。私法上之基金會而公部門一定之出資從而握有一定之影響力之方式，毋寧為當今之主流。

非營利組織又可分為「社團法人」與「財團法人」二者，社團法人為人的集合，財團法人為財的集合，其目的均在追求法人之特定理想。因此，凡「公法人」具有社團法人性質的即為「公法社團法人」，具有財團法人性質的即為「公法財團法人」。「公法人」為物與人員的組合體的則為「公法營造物法人」。茲列表說明如下：

---

8 Maurer, Allgemeines Verwaltungsrecht, 1990, S.511.

表三：介乎「政府部門」以及「非營利組織」、「企業部門」之間的組織體

類別	組織名稱	性質	傾向
介乎「政府部門」以及「非營利組織」之間的組織體	公法社團法人	人的集合	較傾向於第三部門之社團法人
	公法財團法人	財的集合	較傾向於第三部門之財團法人
	公法營造物法人	物與人員的組合體	較傾向於第一部門之營造物
介乎「政府部門」以及「企業部門」之間的組織體	「公營企業」		較傾向於第二部門之企業

　　進一步言之，如就公法社團法人、公法財團法人以及公法營造物法人三者之性質而言，則公法社團法人在屬性上較傾向於第三部門之社團法人，公法財團法人在屬性上較傾向於第三部門之財團法人，公法營造物法人則在屬性上較傾向於第一部門之營造物（政府之控制與介入較強）。至於公營企業，則較傾向於第二部門之企業。

　　如以政府組織改造之觀點視之，則所謂的組織改造即是將原屬政府部門的業務，交由介乎「政府部門」以及「非營利組織」之間的組織體，亦即「公法人」執行，此即為「法人化」；或者將政府業務交由介乎「政府部門」以及「企業部門」之間的組織體辦理，此即「成立公營企業」；或者由民間逕行營運、辦理，此即去國家任務化或者民營化；或者導入民間力量，辦理機關業務，此即「委外辦理」。

　　這種介乎「政府部門」以及「非營利組織」之間的組織體，目前在許

多國家已廣為設置，這雖非典型的非營利組織，但對公民社會的發展而言，無疑是有促進作用的。因此，公法人的未來發展，也就非常值得深入觀察。

四、生命層次與非營利組織的定位

本節擬就生命層次來論非營利組織的定位。何謂生命層次？「生命層次」是指將個體生命的發展階段與意義進行分類與定位。就單一個體而言，就是「我」的問題。依筆者初步之思索、歸納，生命之層次大別為四類：一是情意我的層次、二是認知我的層次，三是道德我的層次，四是形上我的層次。茲分別說明如次：

(一) 形上我的問題：形上我的問題是追求人的超越、解脫與救贖，這是屬於形上學以及宗教的層次。

(二) 道德我：這裡的道德係指作用於人際關係網絡上的道德，而非形而上的道德。道德我的問題是追求社會的倫理、秩序、公平與正義，這是屬於倫理學的層次。但道德我之省察與前文所謂強調社會關懷仍有不同。道德我之省察是將倫理、價值的追求，做「內在」的探尋；而社會關懷則通常將社會的公平、正義問題，歸因於「外在」社會、政經結構以及他人性格、品行的良窳。

(三) 認知我：認知我的問題是追求知識、見解的深化與圓滿，這是屬於認識論以及理性的範疇。理性的認知與感性的經驗不同。理性的認知是對世間各種現象具備客觀的、系統的體察。感性的知覺則未必具有客觀性與系統性。理性的認知我由於能夠客觀體察事務，因此人情練達、思慮縝密。

(四) 情意我：情意我的問題是追求個人情感以及生理的滿足。情意我的追求又可分為兩部分，一是個人情感的探討與反省，這是屬於心理學的

範疇；一是個人生理與情意的滿足，這是屬於經濟學以及其他實用技術的層次。如更進一層析論，則情意我又可分為四個層次：一、物質需求的層次，飲食男女是也；二、潛意識的需求與衝動，如對於名、權、利、情愛的需求，以及各種無明的衝動與情緒；三、本能的直覺，對於外在事物以及他人心理，具備直覺的感應，惟這種本能的直覺未必是合乎理性的，也就是說直覺未必是正確的；四、感官的知覺，眼、耳、鼻、舌、身、意等覺知是也。

　　現將以上所述，整理為表一以說明之：

表四：個體的生命層次與說明

生命的層次	說　明
形上我	形上我的問題是追求人的超越、解脫與救贖，這是屬於形上學以及宗教的層次。
道德我	道德我的問題是追求社會的倫理、秩序、公平與正義，這是屬於倫理學的層次。
認知我	認知我的問題是追求知識、見解的深化與圓滿，這是屬於認識論以及理性的範疇。理性的認知與感性的經驗不同。理性的認知是對世間各種現象具備客觀的、系統的體察。感性的知覺則未必具有客觀性與系統性。

	感官的知覺	如眼、耳、鼻、舌、身、意等覺知是也。
情意我	本能的直覺	對於外在事物以及他人心理,具備直覺的感應,惟這種本能的直覺未必是合乎理性的,也就是說直覺未必是正確的。
	潛意識的需求與衝動	如對於名、權、利、情愛的需求,以及各種無明的衝動與情緒
	物質需求的層次	如飲食男女。

　　考察人類進化的階段,是符合上述的生命層次的。太古之初,人類茹毛飲血,此時的人類,處於情意我的物質需求、潛意識的需求與衝動、本能的直覺等層次。隨著人類文明的發展,感官的知覺漸次發達與細緻化,於是而有各種音樂、圖畫、舞蹈之作。再隨著人類文明之進化,於是產生理性的知識、學術。至於道德與形上的追求,則必須在人類的情意我、認知我相當發達之後,始有成就的可能。總而言之,認知我必須以情意我的發展為基礎,道德我的發展也必須以認知我的成就為基礎。而形上我的追求也必須站在淨化情意我、認知我、道德我的基礎上。

　　另依人類心理發展的角度而言,人的自我實現也是循著情意我、認知我、道德我、形上我的次第而展開的。初生的嬰兒,大抵上只有物質的需求,隨後才漸次進到潛意識的需求與衝動、本能的直覺以及感官的知覺等層次。接受教育之後,則又漸次尋求認知我、道德我之圓成。

　　以上的發展階段,就是本文所謂的生命層次。愈是高層次的生命境界,則對個體的「效用」愈高;但是,愈是低層次的生命境界的發展,對個體的「必要性」愈高。如套用經濟學的術語來說,低層次的生命境界,對個體而言乃是「必需品」;愈是高層次的生命境界,對個體而言則是「奢侈品」。

因此，所謂生命境界之高低，並非以高層次的境界來否定較低的層次，而是站在低層次圓成的基礎上，更向高層次的境界追求。

另外，生命的各個層次，並非不能同時發展，而是說低層次的境界如未能達到一個基礎的滿足點，則高層次的境界亦難開展。再以經濟學的術語來說，一個人如果連飯都不能吃飽，則鑽石對他而言是沒有效用的。但是財富裕足後，若將所有金錢用來滿足吃飯，則不但得到的是「反效用」，同時也失去了享有鑽石的機會。所謂邊際效用遞減，飯吃太多，不但是效用遞減，甚且是反效用的。而若一個人財富雖非十分裕足，但在衣食無缺的情形下，是可以同時擁有少量鑽石的。

生命層次愈高，則其悅樂程度愈高，此為本文之基本假設。

如就生命層次而言，企業部門主要是在物質層次上發展的，而政府部門的功能主要為道德層次(倫理規範)以及物質層次(公共財)，至於非營利組織所追求的則跨越各個層次，有以形上我為追求的，如宗教團體；有以道德我為追求的，如各類議題倡導組織，有以認知我為追求的，如教育學術機構，有以情意我為追求的，如各種娛樂性社團。

五、價值分殊與非營利組織的分類

非營利組織的目的既然跨越各種生命層次，那麼各種非營利組織可以說是價值分殊的團體，各種非營利組織往往生命層次互異，而且甚至有產生價值衝突的可能。如強調老人福利的團體與強調兒童福利的團體，兩者的價值就具有衝突性；又如各個宗教團體的價值觀也往往衝突。因此，非營利組織功能與意義，不在於彰顯人類的共通價值，而在於讓「眾神喧譁」，以營造多元的公民社會。

從「價值分殊」的觀點，我們就可以了解非營利組織何以有如此多的

類別。現依據「非營利組織國際分類」 (International Classification of Nonprofit Organizations, ICNPO)，將非營利組織分為 12 大類，27 小類，從這裡就可以看出非營利組織「價值分殊」的情形。

第一組 文化及娛樂 (Culture and Recreation)

1100 文化與藝術 (Culture and Arts)

1200 體育 (Sports)

1300 其他娛樂及社交俱樂部 (Other Recreation and Social Clubs)

第二組 教育及研究 (Education and Research)

2100 初等及中等教育 (Primary and Secondary Education)

2200 高等教育 (Higher Education)

2300 其他教育 (Other Education)

2400 研究 (Research)

第三組 健康 (Health)

3100 醫院及復健 (Hospitals and Rehabilitations)

3200 護理機構 (Nursing Homes)

3300 心理健康及危機干預 (Mental Health and Crisis Intervention)

3400 其他保健服務 (Other Health Service)

第四組 社會服務 (Social Service)

4100 社會服務 (Social Service)

4200 應急與救濟 (Emergency and Relief)

4300 收入資助與維持 (Income Support and Maintenance)

第五組 環境 (Environment)

5100 環境 (Environment)

5200 動物保護 (Animal Protection)

第六組 發展和住宅 (Development and Housing)

6100 經濟、社會及社區發展 (Economic, Social and Community Development)

6200 住房供給 (Housing)

6300 就業與培訓 (Employment and Training)

第七組 法律、倡導及政治 (Law, Advocacy, and Politics)

7100 公民及倡導組織 (Civic and Advocacy Organizations)

7200 法律服務 (Law and Legal Service)

7300 政治組織 (Political Organizations)

第八組 慈善媒介與志願促進 (Philanthropic Intermediaries and Voluntarism Promotion)

第九組 國際 (International)

第十組 宗教 (Religion)

第十一組 商業和專業協會、工會 (Business and Professional Associations, Unions)

第十二組 [其他組織] [Not Elsewhere Classified]

六、非營利組織的未來發展

全球社團革命對於 20 世紀晚期的意義，就如民族國家之興起對於 19 世紀末期的意義一樣重大。由於企業部門主要是在物質層次上發展的，而政府部門的功能主要為道德層次(倫理規範)以及物質層次(公共財)，並無法滿足人類其他生命層次的追求，因此非營利組織發展乃是必然的。又因非營利組織是「價值分殊」的，因此各色各樣的具不同目的的非營利組織，也會不斷地創設。

　　顧忠華指出:「在全球議題的範圍內,非政府/非營利組織近十幾年來才逐漸獲得重視,其成長空間還相當大,尤其在非西方地區的民主化進程中,總會出現公民參與強烈的呼聲,而聯合國歷年舉辦的大會,則刺激了更多在地的非政府/非營利組織相繼成立。如 1972 年聯合國在瑞典召開環境議題大會時,尚且只有不到 300 個非政府組織參加,20 年後在秘魯舉行的大會,已有超過 1400 個非政府組織註冊,並有一萬八千人參與了非政府組織論壇;又如 1975 年墨西哥世界婦女大會,有 114 個非政府組織派出六千人與會,1985 年在中國舉行第四次大會時,有 3000 多個非政府組織及三萬多位代表共襄盛舉,這樣的趨勢,可謂有增無減。」[9]

　　綜合言之,隨著人類物質條件以及經濟活動的改善,人類不再只是關心低層次的安全與生存問題,而是進一步追求情感、道德、精神的實踐與滿足。非營利組織於是蓬勃發展,且扮演愈來愈重要的角色。由於非營利組織的理想性格遠遠高出政府部門以及企業部門,因而愈來愈受到人們的尊敬與讚佩,從而也將發揮愈來愈強大的影響力。未來,非營利組織的蓬勃發展是可以期待的,而其何以如此,透過本文的論述,應有助於了解其宏觀的結構。

---

9 顧忠華,〈從人類發展指標看 NGO 的全球使命〉,《廿一世紀臺灣非政府組織建構及公民社會發展研討會論文集》(宜蘭:佛光人文社會學院,2001 年 10 月 26 日),頁 3。

原住民的美麗與哀愁─談原住民地方文化產業發展的可能性

黃馨慧[*]

一、前言

　　根據聯合國的統計，全世界約有三億七千萬以上自我認同為原住民族的人，佔世界上約百分之五的人口，其中大概有五千個不同的原住民族群。許多原住民族群認為國家不應該賦予原住民族群一個定義，因此現今國際上傾向於不給予原住民族統一的定義，放在不同的社會脈絡裡面，原住民族可以指稱不同的群體。Jose R. Martinez Cobo 等學者指出(Jose R. Martinez Cobo，1984：6)，大部分的原住民族群保有現代性入侵前或者殖民入侵前的文化連續性、現在處於相對而言非強勢的文化位置、居住在祖先的領土、特殊的語言與文化模式，特別是他們特殊對待世界的文化觀點，例如與土地與自然資源共生、而非物質性利用的態度，可以算是原住民族的特性。Cobo 也特別提到，原住民族有絕對的權力自我認同(self-identification)誰是其群體的一部分，而不受外力干擾，這也是原住民定義裡面重要的一環。在國際事務上著墨甚多的 Indigenous Work Group for Indigenous Affairs (IWGIA)自我定義原住民族群為那些在國家成立前原居於土地上的人們，並處於相對弱勢的地位，其特殊的文化使他們區別於其他群體(Jeffcutt, Paul,

---

[*] 作者為逢甲大學通識教育中心助理教授。

John Pick and Robert Protherough, 2000:130-131)。

臺灣是個多族群、多元文化的社會，居住著各種族群，族群間彼此交融。原住民原本廣居於臺灣各地，然而，由於不斷有外來者以武力及強勢的文化入侵，原住民開始經歷不同的挑戰，也產生了許多的改變。長久以來，原住民在外族的壓迫下，一直是社會中的弱勢族群、少數人口。隨著時代的變遷，原住民的生活亦日漸受到影響，原本依靠狩獵、農耕為生的生活形態，在社會變遷的發展下逐漸無法再支應原住民的生活，久居於山地部落的原住民為了生計，開始逐漸朝平地移動，在民國六十年以後，更是大量的朝都市移動，形成一股潮流。然而，我們卻也發現，原住民遷徙到都市後，礙於個人能力與條件上的限制以及社會的歧視，原住民的生活雖獲得改善，但仍極為艱辛。

在不同的社會情境裡面，原住民族被稱為高山族(hill tribes)、原生群體(aboriginal or native)、少數民族(minority nationalities, ethnic minorities)、民族、部落群體(tribal group)、表列部落(schedule tribes)、邊緣群體(marginalized group)等等。但由於這些詞彙可能隱含不同程度的歧視，因此現今一般國際通例稱為 Indigenous Peoples，至於北美的美國與加拿大使用"First Nations"稱呼(Adorno, Theodor, 2001:8)。臺灣原住民族群在過去被不同的外來殖民力量稱為番、高山族、山地同胞等等，然而這些稱呼往往有輕視的味道，直到 1994 年，原住民這個名詞才正式為官方認可使用。

在臺灣，截至 2015 年，臺灣約有 546,698 原住民人口，約占總人口數 2.32%，[1]現在認可的原住民族群有 16 族。[2]臺灣原住民的運動從 1980 年代

---

1 資料來源：內政部內政統計查詢〈http://statis.moi.gov.tw/micst/stmain.jsp?sys=100〉，檢索日期：2016 年 3 月 15 日。

2 目前官方所認定的族群共有 16 族：阿美族、泰雅族、賽夏族、布農族、鄒族、排灣族、魯凱族、卑南族、達悟族、邵族、噶瑪蘭族、太魯閣族、撒奇萊雅族、賽德克族、卡那卡那富族、拉阿魯哇族。

開始，歷經不同的訴求階段，仍然面臨著文化傳統與語言的流失、社會地位、政治與經濟的相對弱勢，這兩年族人走上街頭的議題主要為臺東美麗灣事件、蘭嶼核四廢料廠的議題、平埔族正名、原住民族自治、在傳統領域捕獵議題、7-11 要不要在蘭嶼設立、傳統的神聖儀式被地方政府當作文化消費等等。

　　原住民本身擁有多元的文化特色，是目前最具備發展人文及生態旅遊潛力的選擇地點，但其涉及地方環境的保護，更涉及文化的保存，使得原住民部落於發展產業及觀光時增加了文化向度的思考。此外為因應全球化、標準化及高科技的浪潮，原住民族必須運用其所擁有之優勢，發展具特色的在地經濟，以提升產業競爭力。若能運用原住民地區的人、文、地、產、景等資源為基礎，輔導原鄉地區中、小、微型企業或社區產 業發展成具歷史性、文化性或獨特性之地方產業，此即是反映全球化與在地化的雙軸發展趨勢之「在地化」，藉由對原住民族在地型地方特色及傳統產業提供適度政策資源，促進地方特色發展及產業升級、累積文化涵量，進而提高經營能量，相信定能提高原鄉經濟效益、增加在地就業機會及提升整體生活品質。我國在地文化產業已經蓬勃發展，抑是政府認為屬於前瞻性的六大新興產業項目之一，所以非常值得在原住民族地區推廣。

二、問題意識

　　在 1960 至 1980 年代間，臺灣原住民從部落遷往都市謀生還算順利，只是大多從事勞力工作，這類工作替代性高，原住民勞工隨時可能因產經結構變遷而失業。然事實上，自 1990 年代起，臺灣產業結構及勞動條件已出現明顯變化，包括國際市場競爭、產業轉型、企業出走及外勞引進等(黃樹民，2010；劉璧榛，2010)。在此情況下，使得原住民在都市的就業機會

相繼流失或被外勞取代，有些失業原住民因而返回原鄉，但囿於原鄉產業低迷不振，回鄉的生活機會亦相當有限。

對此，我國自 1996 年原民會成立後，已較積極規劃專屬於原住民族的社會福利政策和原鄉產業發展計畫，以因應原住民回鄉的潮流及解決部落的就業需求。而行政院在 2002 年提出「挑戰 2008：國家重點發展計畫」，其中更有專章規劃「原住民新部落運動」、「部落永續發展計畫」等政策項目，並責成原民會規劃執行，其目標即在推動原鄉產業發展、創造就業機會和吸引年輕族人回流。若如是，不但可促成部落邁向自主發展之路，且可讓部落族人能優先選擇留在原鄉謀生，而返鄉討生活者亦能找到滿意工作機會和尋回自尊(self esteem)，[3]尤還可讓參與部落產業活動的族人重新尋回對自族的文化認同。問題是，至今有關原鄉發展計畫，不僅涉及中央各部會權責而難整合，特別是政府部門一向採行「由上而下」的政策規劃思維，導致原鄉發展計畫往往無法符合在地意識和地方需求，終而影響原鄉計畫的成效(郭俊巖、許佩茹，2010：24)。

本文研究的動機在於：

(一)如何將臺灣原住民獨特文化結合在地方創生上，將原住民部落的人文、歷史、藝術、手工藝、自然生態等相關議題，透過部落社會人士的活化讓部落更有生命力，能夠提昇部落的生產、生活、生態及生命相關的文化，讓部落能夠確定產業的主體性、營造部落經濟的發展、提昇部落文化的相關產業。

原鄉中不論原來是何種類型的產業，傳統的農漁業、土產特產業、觀光遊憩業，都可以加上文化性的包裝，增加其吸引力和價值。另一方面，傳統的和創新的文化特質，也可以走向「農業化」的方向，而附加上經濟

---

3 Elster(1988:67)提及，工作不僅能賺取薪資，且還能帶來許多非金錢的好處，其中最核心的好處即是自尊。

價值，例如傳統建築、手工藝品、節慶活動，都可以加以包裝，建立地方特色。謝登旺(2005)也提到原住民在發展文化產品時的形式可分為：保存性產品(舊部落遺址，自然景觀)、記錄性產品(傳統文化技藝保存、歌舞、母語)、再生性產品(傳統之木雕、石雕、編織、飾品等)、活動性產品(祭祀、節慶)、紀念性產品(結合文化特色包括現代與傳統風格，兼顧實用與欣賞的產品)，也許還可以加上自然性產品(如黑豆、小米)。

(二)原住民地方文化產業的興起對原住民有莫大的影響，過去原住民經濟上的弱勢在於原鄉欠缺工作機會，然而近年來興起之文化產業及文化觀光活動，對於臺灣各原住民族群的衝擊如何，是否隨著這些節慶及文化體驗活動的營造，可重建原住民文化的認同，進而影響原住民族群權力實質的改變，則值得深入探究。

三、地方創生的概念與發展

「地方創生」一詞係效仿於日本，而我國地方創生的相關政策設計也與日本地方創生政策的精神及內涵具有相當程度的相似性，人口是國家構成的要素之一，也是社會經濟活動的主體，少子高齡的人口結構轉變，導致國家發展浮現多元且複雜的困境，各國不約而同提出解方。本研究取徑日本地方創生策略，嘗試為目前臺灣社會發展的困境提供解決途徑。

(一)何謂「地方創生」？

地方創生，非近年所提出的地方發展新概念。事實上，可以回溯至珍・雅各(Jane Jacobs)，她認為城市的建設與發展應由居民共同創造，從市民的需求與角度出發，非由他者或者依循規劃都市化理論出發。

　　非營利組織 Project for Public Space[4]則對地方創生的定義為「是指人們共同構思與重塑共享的公共空間，成為社群的核心。」[5]地方創生不僅讓城市在硬體建築方面改變，更多的是注入「人」，以人為主體，城市空間為載體，共築市民空間，凝聚社群力量，以經濟的觀點來看，市民認同的公共空間，可以獲取更多的正面回饋及創造龐大的外部效益。

　　21 世紀的全球，都市與地方的發展各自面臨不同的挑戰，例如空間規劃、自然環境、社會變遷、經濟型態，以及人口結構。由都市的發展沿革來看，都市是工業化後產出的聚落，儘管工業化成就都市實質環境與非實質環境雖優於地方。然而，都市的現況就如同珍·雅各提到「太有效率，往往下場都不好，能長期保持經濟活力的都市，市民勇與研發與創新，即便短期內無利可圖」，指出都市發展歷程急於追求效率，失去都市發展的前瞻規劃，都市與永續之間恐出現拉扯的狀況。

　　反觀，地方的發展，既有的競爭條件雖不及都市，卻也因為有更悠久的內在條件，例如自然景觀、地方特色與文化等相對更有利永續發展的條件。然，地方卻也因為許多的因素而停滯了永續發展的可能性，例如人口外移、資源不足等。這些實質與非實質的條件侷限地方發展，組成地方的單位社區卻意識到永續對地方的重要性，凝聚社區發展的共同價值，成為地方永續發展的立基，例如，日本的古川町、美國的費城、西雅圖、德國的佛萊堡等，透過社區凝聚改變的力量，回饋地方，讓地方永續發展。

　　地方創生的過程要以社區作為發展的基石，地方才有力量推動永續發展，社區居民的認同感更是重要的因素；然而，人口少子與高齡化讓地方的發展陷入困境，如何再度找回地方的活力，被視為國家發展的挑戰。

---

4 Project for Public Space，為一非營利組織，主要針對城市空間規劃，人與城市之間的關聯性。
5 資料參考網站〈https://womany.net/read/article/15637〉。

(二)日本「地方創生」發展策略源起與特色

　　2014 年日本民間研究機構「日本創生會議人口減少問題研討小組會」發表了一份調研報告，根據今後人口減少的趨勢，預測日本將有半數以上(達 896 個)地方城鎮可能消失，此報告在日本社會引起極大關注。此外，估計至 2050 年日本的總人口數將會首度跌破 1 億人，減少至約 9708 萬人，其中 65 歲以上的高齡者佔 38.8%，也就是每 5 個日本人中就有 2 位為高齡者。在人口減少、超高齡化及人口高度集中於大都市的狀況下，日本安倍政府企圖以「地方創生」為新的關鍵詞，從中長期的策略觀點出發，並將此議題的重要程度拉高至國家政策等級，於 2014 年起在內閣府創置了負責地方政策的「城鎮、人、工作創生總部(まち ひと しごと創世)」，同時設置「地方創生相」，並頒布「城鎮、人、工作創生法」，表示對此議題之重視(張力亞，2018，頁 24)。此外，透過日本國會追加預算與發放緊急交付金的方式，推動日本各鄉鎮市的地方產業與永續經營之規劃行動，將地方創生政策付諸實行(謝子涵，2018，頁 50-58)；為推動地方創生，安倍政府陸續提出地方創生版的三支大箭，分別為情報支援之箭、人才支援之箭、財政支援之箭。分別為

表一：地方創生三支箭

第一支箭：情報網站RESAS地方經濟分析系統	提供情報資訊	社群服務
第二支箭為地方創造人才培育	透過活絡地方傳道師政策	地方創生實習制度
第三支箭是財政支援	地方創生交付金	企業進駐地方、繳稅

資料來源：〈http://www.kantei.go.jp/jp/singi/sousei/policy_index.html〉

制表：陳宜亨、莊旻達、黃馨慧(大學的角色與責任：臺灣社會與永續發展的一支箭)

.

　　日本在地方創生的三箭架構下，推動了涵蓋城鎮發展等區域的再生計畫，包括：

1. 區域再生制度：支持地方政府自主開發與運營的制度，以促進區域經濟全面有效振興，創造就業機會；

2. 促進小型區域管理組織：在人口外流、人口高齡化顯著的地區，保持構成日常生活圈的「社區居住區」，為確保與當地社區相適應的生活服務功能和交通網絡，並促進小型基地的形成；

3. 促進地區管理活動：以民間組織為主體，在特定領域發展社區發展與區域管理。例如：農村商業區與公共私營制的城鎮規劃等；

4. 緊湊型城市：為了振興地方，且考慮到未來社會的持續高齡化，未來以汽車交通運輸為前提的郊區生活方式將不會成立，取而代之的是聚焦在運用市政府、大醫院、圖書館、市民大廳等公共交通設施集中的方式，發展緊湊型城市；

5. 商業街活性化：商業街活性化旨在振興商業購物區，透過補助、培訓、增加個別店舖吸引力，重振地方經濟活力。[6]

此外，根據木下齊在 2017 年出版的《地方創生：小型城鎮、商店街、返鄉青年的創業 10 鐵則》發現，日本地方創生在管理、經營、行銷等概念方面，以日本盛岡市的公共私營制模範－紫波町小鎮「OGAL PROJECT」執行經驗為例，推動地方創生應要有經營事業的思維而須具備以下三大要點：[7]

第一，經濟團體要因應當地發展脈絡與環境，搭配能活絡地方的活動。區域發展應配合當地脈絡與環境，自主發展在地經濟，應用「因地制宜」將目標縮小在小型市場，不在競爭激烈的市場裡消耗資源，使得民間的事業團隊能夠清楚專注在自身差異性的業務活動領域。

第二，不依賴補助金，一開始便要準備好自行獲利以振興地區產業的企劃。良好區隔「地方再生」與「地方創生」的差異，讓地方政府能夠自發性思考、減少依賴政府補助金，透過自行獲利以振興地區產業，創造在地財務的自主性與永續性。以日本商業改良區的例子來看，特定地區若由業者共同出資，不僅投資能改善該地區的事業，更可提升資產價值與地方觀光的經濟效益。

第三，要以民間主導、政府參與的方式合作，而非全由政府主導。除了運營模式由民間取代官方開發，資金籌措與調度及風險承擔也皆由民間負責處理，以開發符合自身格局的商業模式，避免不必要的浪費；如此一來，將不僅提高行政處理效率且可降低人事費用，也能不被鄉鎮公所規則

---

6 參考自張佩瑩譯，木下齊原著（2018），地方創生：觀光、特展、地方品牌的二十八則生存智慧。新北：不二家。

7 參考自張佩瑩譯，木下齊原著（2017），地方創生：小型城鎮、商店街、返鄉青年的創業 10 鐵則。新北：不二家。

綑綁，讓行政機關的角色朝向後勤公關為主，讓創業者得以活用鄉鎮公所的信用關係，培養與當地媒體良好的企業互動模式。

根據地方創生總部於 2018 年 2 月對外透露，日本內閣辦公室針對 2017 年地方創生計畫的幾項主要關鍵績效指標(key performanceindicators, KPI) 進行盤點，結果發現：(1)城鄉人口結構：全國總人口目前持續下降，而各地區仍存在城鄉差異，尤其是農村地區人口流入東京地區的數量並未有減少跡象，但由東京地區回流至地方的人口僅 10 萬人，改善成效仍有待提升；(2)地方就業機會：截至 201 年中期，地方創生對青年提供的就業機會，已經突破 18 萬人的水準，距離五年內僱用 30 萬年輕人的目標已有顯著進展，尤其是第一次生育且仍保有工作的婦女工作繼續率持續增加，也讓地方創生另一個目標－建構友善婦女生育工作環境－更邁進了一大步；(3)觀光消費方面：根據日本觀光廳 2017 年發布「旅遊觀光消費趨勢調查概要」的結果指出，2016 年觀光旅遊消費支出達到 209,547 億日元(較 2015 年成長 2.7%)，旅客總數也達到 640.08 萬人次(較 2015 年成長 6.0%)，對於地方城鄉產業發展具有一定成效(謝子涵，2018，頁 50-58)。

整體來說，目前日本地方創生成效仍有幾個部分須待政府持續強化，包括：(1)受到日本國家債務嚴重未能改善的影響，財政對地方產業的補貼以及國家公職人員不足的問題，尤其在農村自治的城鄉發展仍有待改善；(2)在地方政府與居民之間的溝通仍有待加強，如：鼓勵共享組織、公共關係及區域管理等；(3)除人口流動之外，地方政府也應加強自身管理能力的提高，鼓勵新資本和人力資源能進入地區不同行業，確保農村資源能無縫轉移到實際生產價值端；(4)積極引入以績效為導向的評估體系，提高地方產業解決問題需求，創造一個可以讓地方業持續賺錢的體系，而非短期資金的補貼以及成功案例的模仿。

日本所謂的「地方創生」核心定義就是如何解決社會人口結構問題。

不同以往單純只是農業活化、造町活化、產業改造、生活環境改造、資產保存維護、空間使用等單面向策略做法，但上述這些都只是地方創生的一種手法，因此日本地方創生政策是以『創造地方生活的吸引力』為策略做法。

(三)臺灣的地方創生現況

臺灣目前面臨與日本類似的現象：總人口減少、高齡化、人口向都市集中，出現城鄉失衡、產業空洞化、人才外流等問題，而「地方創生」可為其解。各城鎮所擁有的資源與面臨的現況皆不相同，但若能將複雜簡單化，先從容易著手的事開始，並整合各單位資源，聚焦核心能力，延伸附加價值，便能踏出第一步。具體而言，可透過各地的特色創造獨有的「體驗」，如藝術、祭典、食文化、公共場域設計，創造「人」與「土地」的連結，加深關聯性、參與感與認同感，帶動在地的正向經濟循環。

如同日本一樣，為改善臺灣城鄉地區產業經濟、生活品質、人力資源不斷地擴大差距所造成的城鄉失衡問題，以及過去各級政府大多重視硬體建設，而忽略文化藝術、生活美學、服務設計、活化地方產業等軟體建設之不足課題。中央政府這兩年也陸續提出各項攸關「地方創生」的政策計畫，例如：2016 年國家發展委員會「設計翻轉、地方創生」計畫、2017 年教育部「大學社會責任計畫」等。其中，「設計翻轉地方創生」計畫，是國家發展委員會企盼藉由：1、整合設計人力資源；2、盤點區域特色資產；3、媒合跨界合作平臺；4、創生能量國際化等四項策略，協助地方政府挖掘在地文化底蘊，形塑地方創生的產業策略所規劃的政策計畫。(國家發展委員會，2017，頁 15)

2016 年 12 月 1 日至 12 月 10 日於松菸文創園區─四號倉庫推出「設

計翻轉·地方創生」計畫成果聯合特展。綜觀特展內容發現，各縣市政府計畫成果多元，例如，在基隆以振興廢棄的太平國小為標的，透過參與式設計的手法，與社區居民、在地職人匠師合作，進行空間再生的地方創生行動，協力打造饒富趣味的公共休憩空間；在臺南白河，關注如何以該地區人文地景產為核心，導入創意、創新思維，讓設計與地方產業異業聯結、以提升具美感、創新產品與推廣在地文化體驗，以產學合作發展「太空包重生、紅土鹹蛋復刻、藕粉創意調理，以及荷+荷染表新意」等；至於南投竹山，是以竹山光點聚落群聚青創能量、經由不同的專業人士返鄉創業，孕育商業價值與社會價值共構的茶竹源鄉生活等。[8]

　　然而地方創生目的在於：振興/活絡地方經濟，其中不僅牽涉地方資源盤點、商品設計，更涉及基層地方政府的職能、人力資源留/返鄉的友善環境營造，以及不同利害關係人之間對於城鎮發展願景的集體共識、協力合作等課題。

　　是以，面對複雜的地方創生網絡系統，「設計」的概念應該跳脫單純物件的設計層次，轉向以發掘人性以及思考如何透過社區設計牽起人際網絡，進而以社區的力量發展符合在地社政經文脈絡的方案，解決在地面對的課題，如此方能為地方注入新的發展想像與動能。

　　城鄉發展失衡是全球普遍面臨的窘境，直接反映在人口結構。都市的快速膨脹，意味著傳統產業沒落、青壯年外流嚴重的鄉村，連同其上的文化地景、產業風貌等等，一併瀕臨消失。都市減壓，同時推動地方再造，成為永續發展的必要之舉。行政院將 2019 年明定為臺灣地方創生元年，即是強調盤點、再創新地方資源，進而活絡在地產業。當產業再度釋出就業

---

8 郭翡玉、韓孟志（2016）。國發會推動「設計翻轉、地方創生」理念，鼓勵地方政府參與，國發會新聞稿，〈https://www.ndc.gov.tw/News_Content.aspx?n=114AAE178CD95D4C&s=E84333B5EA32C49E〉。

機會與發展潛能，人口即會回流，達到生產與生活的共榮。藍圖縱然美妙，地方發展往往囿於人力、創意而停滯，有時欠缺的僅是一把推動的力量。臺灣人口老化速度已是世界第一，65 歲以上高齡人口占比預估將超越14%，而正式進入聯合國世界衛生組織所定義的「高齡社會」，2025～2026年時更將超過 20%而邁入「超高齡社會」。同時依人口推估，人口負成長預計將於 2021～2025 年 間發生，換言之，未來4～8 年後將正式邁入人口減少時代。在人口朝向負成長，以及人口結構呈現高齡少子化的量變與質變之趨勢下，資源相對不豐的鄉鎮地區(包含直轄市中的偏遠或發展沒落地區)，未來勢必將面臨更大的地方發展挑戰，相反的，擁有較佳的大眾運輸、醫療、休閒娛樂、社會照顧、教育資源等優勢條件的核心都會區，將繼續吸引人口不斷移入集中，而造成都市過度擁擠、助長房價炒作等負面效應。因此，從整體國土區域平衡發展的角度而言，促進地方創生已是涉及未來國家發展戰略高度的重要政策課題，而在地方創生的戰略中，為非直轄市之縣市存在缺人(人口不斷流失)、缺錢的問題，擬出有效方法為地方留住青年，也成為一大關鍵。

四、原住民地方創生發展盤點

　　政府自 2019 年起積極推動地方創生，希望為地方創造生意、生命與生機，期望藉由尋找地方 DNA、凝聚共識，以達到人口成長、青年返鄉、發展地方特色產業等目標。對於原鄉而言，地方創生不僅助於原鄉的發展，更是使世人能更深入認識臺灣原民文化內涵的契機。

(一)從原住民面向看地方文化

　　為強化原住民地方文化之資源整合與利用，原住民委員會於2006年開

始進行「部落產業發展計畫」，於2006－2009年4年間共編列經費5億餘元，共遴選、輔導79個重點部落，為部落進行各項產業診斷與輔導，開展部落產業發展之契機。期望經由強化運用原住民族地區特有之觀光資源，結合部落人文與自然環境特色，建立部落民宿經營管理機制，進行產品之研發及加強行銷策略與通路，以發揮原住民文化產業之特色與效益。1998年度並辦理「原住民藝術家駐村促進部落在地就業計畫」第一年度計畫，計輔導38位藝術家及扶植學員76人，提供完整之藝術創作環境，使其得以將部落文化更精緻的延續與呈現，並成為種籽學員，回到部落帶領更多原住民投入文化特色產業。

為發展原住民族產業，帶動原住民族地區文化產業整體發展，原住民委員會輔導原住民文化產業發展對象包括：農特產品加工與經營、設置觀光農場、成立工藝中心、傳統工藝訓練課程及民宿經營等。目前在原住民整合行銷網站上(原味流行購物誌)，即可找到許多具有原住民文化特色之商店與商品，如：苗栗南庄的賽夏美創意工坊、 嘉義阿里山鄉的鄒族音樂工藝坊、花蓮吉安的湛賞文化藝術工坊等；其商品類別涵括木林、皮革、陶瓷、玻璃、染織、食品等，皆充分顯現原住民的文化特色。

而在2009年後更進一步的再辦理原鄉產業投入資源計畫，並確實檢討各階段成果如表二。

表二：歷年原鄉產業投入資源及階段成果

計畫名稱	98-105 投入經費	階段成果
原住民族部落活力計畫	4 億 5,332 萬 4,000 元	98-101 年度合計補助 288 個部落透過社區營造，完成 415 件產業紮根計畫，並提供 5,106

		人次就業機會。
公益彩券回饋金運用計畫	3 億 897 萬 5,000 元	透過發展地方特色產業，98-102 年合計提供 3,364 人次就業機會。
原住民族產業深耕及行銷推廣計畫	6 億 845 萬 3,000 元	創造觀光及農產品行銷活動參與人次達 261 萬 1,295 人次；活動辦理場次計 1,494 場；產業受益人次達 8,053 人次； 補助生產設施(備)143 項，產業整體產值計 4 億 6,890 萬 餘元。
原住民族經濟產業發展 4 年計畫	6 億 8,284 萬元	103-104 選定 28 區域執行各類產業示範區執行先期規劃， 並依先期規劃結果擇優執行推動計畫，並結合精實創 業、通路建構、加值研發完備產業發展面向。
合計 20 億 5,359 萬 2,000 元		

資料來源：作者自行整理

　　原住民族經濟發展 4 年(2014 年至 2017 年)計畫以「找特色、補不足、種希望」為推動構想，分為「推動原住民族知識發展創意經濟-產業示範區」、「創意經濟加值研發與應用」、「通路環境建構」、「關鍵人才培力」等 4 大分項計畫；關鍵人才培力係為充實產業示範區所需經營人才、通路環境建構係為整體規劃產業示範區生產各項商品或服務之行銷通路、加值研發應用係為協助產業示範區統籌規劃相關原料之加值應用，俾利提升產業示範

區各項產品之附加價值；故各項計畫皆係扣緊產業示範區發展所需之各個環節，以達到整體發展目標(原住民族委員會，2017：15)。

(二)原住民族委員會執行情況

自地方創生計畫啟動以來，積極配合國家發展委員會，共同輔導原住民族地區進行創生事業提案。目前已共有 36 個直轄市、縣政府原住民局處及鄉(鎮、市、區)公所提案。其中，有南投縣政府原民局(仁愛鄉及信義鄉)、魚池鄉、苗栗縣獅潭鄉、嘉義縣阿里山鄉、高雄市那瑪夏區、屏東縣泰武鄉、牡丹鄉、花蓮縣光復鄉、壽豐鄉，以及臺東縣延平鄉、鹿野鄉、關山鎮、池上鄉、卑南鄉等 14 個地方創生計畫提案，已由國發會召開行政院地方創生會報，媒合資源成功。相關提案主要整合地方農特產、生態觀光、文化資源，結合行政資源，以開展創生事業(原住民族委員會，2019：2-3)。

1.108 年度補助都蘭部落地方創生計畫「回家，是土地肥沃的開始」總經費 428 萬 7,999 元，增加部落 14 個就業機會，並復育 15 公頃土地以作為未來農產商業模式準備。為達成原住民族傳統領域建設性公共經營 3 管理之典範，109 年度已先行同意補助 149 萬元於子項計畫「都蘭部落林場生態復育與 農場培育計畫」。

2.補助屏東縣泰武鄉在地企業茂泰生技股份有限公司「108 年原住民族產業創新價值計畫」總經費 565 萬元，成功建立咖啡果皮收購制度以及咖啡果皮產品，創造在地就業機會，吸引青年回鄉發展。在地方基礎環境建設-交通道路改善部分，「原住民族部落特色道路改善計畫」亦搭配核定 2 件工程，經費計新臺幣 1,805 萬元，改善舊武潭及泰武佳興等 2 條聯絡道路

之路面、排水等及護欄等設施,將串聯泰武部落及咖啡種植區聯絡道路,確保族人與遊客進出安全,並促進地方咖啡產業經濟發展(原住民族委員會,2017:15)。

五、原住民地方創生制度性操作模式建議

(一)政府應摒除「扶強棄弱」的心態

原住民地方產業初創時,因受限於財力、物力及人力等因素的影響,著實很難呈現經營成果來通過政府的績效評選制度及經費補助,其中原住民所經營之部落產業更形劣勢,實難獲致政府經費補助來發展事業。據此,政府理應改變扶強棄弱心態,進而積極強化山地部落產業的發展計畫,特別是對於那些相對弱勢的原住民組織應給予更多的扶助與補助。

(二)以地方區域或社區資源為基礎,策劃總體性的地方創生戰略

臺灣的基層鄉鎮發展,往往頭痛醫頭,腳痛醫腳,缺乏整體性的戰略思維。是以,面對複雜的地方社會發展問題,參酌日本的社區設計經驗,[9]筆者主張必須根植於原住民地方的人文、歷史、社會及自然環境等資源之上,透過通盤性的地方區域與社區資源調查,將地方內部不同的資源與議題,如生態環境、地方產業、社會照顧、文化保存、基礎建設,以及公共治理等多元課題化整為零進行瞭解。嗣後,以命運共同體的觀點出發,透過地方社群之間的公民審議對話,思考與規劃足以引發在地居民的共鳴的地方總體發展戰略,方能做為有效活用有限資源的依歸,同時啟動後續更廣泛

---

9 莊雅琇譯、山崎亮(原著)(2015)。社區設計。臺北:臉譜

的集體行動。

(三)創造原鄉產業生根,提供部落人才充分就業機會

著力提昇原住民生產力及技藝培訓輔導,啟發原住民青年潛能,並透過各階段的教育資源及創業輔導機制,協助年輕人返鄉,讓原鄉產業生根,以提高其生產力與競爭力,臺灣原鄉的美麗風景,原住民歌舞與工藝的天賦,應該得到良好的培訓,鼓勵她們創新、與現代社會接軌。

原住民部落營造與永續發展應妥為運用地方的人、文、地、產、景等資源為基礎,輔導原鄉地區中、小、微型企業或社區產業發展成具歷史性、文化性或獨特性之地方產業,此即是反映全球化與在地化的雙軸發展趨勢之「在地化」呼籲,藉由對台灣原住民族在地型地方特色及傳統產業提供適度政策資源,促進地方特色發展及產業升級、累積文化涵量,進而提高經營能量,以回應高度全球化的國際競爭,並提高地方經濟效益、增加在地就業機會及提升整體生活品質。

參考書目

山下祐介(2018)，「都市の正義」が地方を壊す 地方創生の隘路を抜けて，
　　　京都：PHP。

中谷惠子、村瀬慶紀、渡邊聰、細井和彥、富田壽代(2017)，〈大学は地域
　　　社会に如何に関われるのか？—「地域社会論II」の実践から考察
　　　する〉，《鈴鹿大學紀要》，第 23 卷，頁 105-26。

原住民族委員會(2015)《地方產業發展－原住民族部落產業發展成果與展
　　　望》。

原住民族委員會(2017)，《原住民族經濟產業發展4年計畫(107年至110年)》。

原住民族委員會(2019) ，《地方創生計畫執行情況及新冠肺炎 對地方創生
　　　計畫之衝擊報告》。

張佩瑩譯，土下齊原著(2017)，〈地方創生：小型城鎮、商店街、返鄉青年
　　　的創業10鐵則〉。新北：不二家。

梁永安譯(2016)，珍·雅各著，《與珍雅各邊走邊聊城市經濟學：城市，是
　　　經濟發展的溫床》，台北：早安財經。

莊雅琇譯、山崎亮(原著)(2015)，〈社區設計〉。臺北：臉譜。

郭俊巖、許佩茹(2010)。〈失業者返回部落謀生的就業歷程之研究：以信義
　　　鄉為例〉，《社會發展研究學刊》，第7期，頁1-28。

郭翡玉、韓孟志(2016)。國發會推動「設計翻轉、地方創生」理念，鼓勵地
　　　方 政 府 參 與 ， 國 發 會 新 聞 稿 ，
　　　https://www.ndc.gov.tw/News_Content.aspx?n=114AAE178CD95D4
　　　C&s=E84333B5EA32C49E

陳芬苓(2008)〈原住民經濟困境與地方文化產業發展之可能：以桃竹苗地區
　　　為例。〉，《國家與社會》，第4期，頁1-42。

陳淑嬌(2011)。〈原住民產業發展現況與願景：專訪原住民族委員會主委孫

　　　　大川〉，《台灣經濟研究月刊》，第34卷第9期，頁53-58。

黃國超(2001)。原住民社區營造的實踐與反省—以新竹縣尖山鄉鎮西堡部落
　　　　為例。希望的部落—鎮西堡與司馬庫斯八十九年度社區總體營造成
　　　　果報告。新竹縣：新竹縣泰雅爾族部落永續發展協會編印。

黃源協(2014) 《原住民族社會福利：問題分析與體系建構》。臺北：雙葉。

管立豪、陳美惠、張弘毅(2009)。〈社區林業與原住民〉。《林業研究專訊》，
　　　　第 16 卷第 4 期，頁 5-9。

增田寬也(2014)，《地方消滅–東京一極集中が招く人口急減》，東京：中
　　　　央公論新社。

蔣玉嬋，2006， 〈地方文化館與地方文化產業之研究：以新竹市玻璃工藝
　　　　博物館為例〉。 《博物館學季刊》第20卷第3期，頁81-97。

濱田康行、金子勇(2017)，〈地方創生論にみる「まち，ひと，しごと」〉，
　　　　《經濟學研究》，第67卷，第2期，頁29-97。

謝登旺(2005)，〈點燃原住民文化權的番仔火：文化產業的觀點〉。論文發
　　　　表於《多元文化與永續發展研討會》，台灣大學國家發展研究所。

Lash, Scott and Lury, Celia (2007) *Global Culture Industry.* Bristol: Polity.

Jeffcutt, Paul, John Pick and Robert Protherough (2000)"Culture and
　　　　Industry:Exploring the Debate."*Studies in Cultures, Organizations
　　　　and Societies* 6:129-143。

Gibson-Graham, J.K. (2010) "Post- Development Possible for Local and
　　　　Region Development", in A. Pike et al. (eds.), Handbook of *Local and
　　　　Regional Development*,, pp.1-17. London: Rutledge.

Adorno, Theodor (2001) *The Culture Industry*：*Selected Essays on Mass
　　　　Culture.*London: Routledge.

內政部內政統計查詢 http://statis.moi.gov.tw/micst/stmain.jsp?sys=100

從驚弓之鳥到耀眼明星？中國私營企業主的政治參與： 類型、發展與限制

柳金財[*]

一、文獻探討與問題意識

　　20 世紀 70、80 年代興起的第三波民主化運動發展，幾乎每一個國家的民主化最積極支持者皆是來自其內部中產階級力量崛起，特別是東亞國家的中產階級更是成為反對威權體制的進步力量，例如在韓國、台灣與菲律賓的民主化運動中中產階級皆居於主導地位。[1]中國隨著經濟改革的深化，其社會結構已形成並分化具有不同需求的社會利益群體。其中崛起中的私營企業主因其經濟地位評價逐年提高，但卻呈現社會聲望與政治地位不相稱的權力配置，因而產生政治參與需求。這些私營企業主試圖尋求制度性與非制度性途徑參政議政，獲取個人的經濟利益與政治利益。私營企業主無論是被稱為「中產階級」、「中產階層」或「中間階層」、「中間階級」，已成為搜尋中國政治風向最敏感的晴雨表，其政治參與行為與政治改革動力，是否衝擊傳統社會主義中國的國家與社會互動關係模式呢？此研究課題頗受關注。[2]

　　中國私營企業數量超過 3200 萬家，個體工商戶超過 7600 萬戶；民營

---

[*] 作者為佛光大學公共事務學系副教授。

1 張偉，《中國社會中間階層政治分析》(北京：社會科學文獻出版社，2005 年)，頁 376-380。
2 董明，〈國家—社會關係模式：推進私營企業主階層研究的一條可能路徑〉，《美中公共行政》，第 3 卷第 4 期，2006 年 4 月，頁 39-45。

經濟從弱變強不斷發展壯大，貢獻 50%以上稅收、60%以上國內生產總值、70%以上技術創新成果，及 80%以上城鎮勞動就業、90%以上企業數量；在世界 500 強企業中，民營企業已由 2010 年 1 家增加到 2018 年 28 家。[3]私營經濟已成為推動中國發展不可或缺的力量，變成創業就業主要領域、技術創新重要主體、國家稅收重要來源。然自 2017 年中共十九大後，黨國體系對市場的干預越來越明顯，江澤民時期強調的「三個代表」理論包含民營企業家，所謂「先進生產力」在「國進民退」的意識型態壓制下，導致「私企退場論」瀰漫，更強化私營企業主的政治與經濟不安全感。[4]

習近平主政後強調「民營企業和民營企業家是我們自己人」，民營經濟是社會主義市場經濟發展的重要成果及力量，主張減輕企業稅費負擔、解決民營企業融資難融資貴問題、營造公平競爭環境、完善政策執行方式，尤其是構建親清新型政商關係及保護企業家人身和財產安全。[5]故而，私營企業主對企業所在地的政治環境滿意度，通常高於市場環境。[6]中國私營企業主不僅改變其社會組織結構，成為民間社會組織的重要主體。2016 年全國計 70.2 萬個，其中社會團體 33.6 萬個、各類基金會 5559 個及各類民辦非企業單位 36.1 萬個，絕大多數社會組織皆屬民營民辦。同時，改變中共黨組織與黨員的社會分布結構。民營企業中的黨組織與黨員數量快速增

---

3 閻妍、段晨茜，〈中國的民營企業為什麼要加強黨的建設？〉，《人民網》，2019 年 10 月 15 日，〈http://politics.people.com.cn/BIG5/n1/2019/1015/c429373-31400444.html〉。

4 〈「私企退場論」：國進民退加劇，中國民企惶恐情緒蔓延〉，《BBC 中文網》，2018 年 11 月 1 日，〈https://www.bbc.com/zhongwen/trad/chinese-news-45522113〉。

5 王珂園、程宏毅，〈習近平：支持民營企業發展並走向更加廣闊舞台〉，《新華社》，2018 年 9 月 17 日，〈http://cpc.people.com.cn/BIG5/n1/2018/1101/c64094-30377047.html〉。

6 企業主對當下企業所在地方環境的評價，主要涉及政治環境與市場環境兩個方面，根據一項調查中受訪者被要求對每一項進行評分，5 分表示「非常滿意」，1 分表示「非常不滿意」。結果　顯示政治環境的平均得分為 3.983 分，相當於「滿意」；而市場環境的平均得分為 3.380 分，位於「滿意」和「一般」之間，企業主對企業所在地的政治環境滿意度要高於對市場環境滿意度。王品芝，〈企業主對企業所在地的政治環境滿意度高於市場環境〉，《中國青年報》，2018 年 1 月 16 日，版 7。

長，至 2018 年全國 187.7 萬個非公有制企業已建立黨組織，佔非公企業總數 73.1%；30.3 萬個社會組織建立黨組織，覆蓋率為 61.7%。[7]據此而論，許多社會組織為民營企業所辦，且無論是民營企業或是社會組織普遍建立中共黨組織，藉此強化黨組織對民營企業及社會組織控制。

　　儘管私營企業主已成為黨國體系政治穩定政策，及經濟改革政策的最大受益者和堅定支持者；不僅不可能挑戰現存體制，甚至比其他社會群體更加維護既有利益體制。黨國透過政治吸納吸收企業家進入權力體系，創造類似「富人政治」型態，反不利於公眾尤其是窮人的政治參與。私營企業主與黨國體系的利益共生關係愈來愈緊密，尤其是與地方政府的共生關係更為明顯。[8]西方政治發展中所謂「沒有資產階級就沒有民主」的論斷，[9]若將之應用於對中國政治民主化前景發展的檢視與預測並非是一項「金科玉律」，崛起中的新經濟菁英並未成為如同近代歐洲的中產階級。[10]西方國家之所以能夠擴大政治參與，其因在於存在完善的公民社會，擁有一個龐大、穩定和富裕及影響力的中產階級群體；且隨政治參與之擴大提高其在政治過程中發言權，成熟的公民社會成為公民與國家間的聯繫紐帶。[11]

　　儘管中國私營企業主認為自己是社會的中產階級，但在社會改革方面卻持較溫和保守的意識型態，並不認為民主是解決腐敗及增加對政府影響

7　陳永杰，〈40 年民營經濟改變了中國什麼？〉，《人民政協報》，2018 年 11 月 2 日，〈http://industry.people.com.cn/BIG5/n1/2018/1102/c413883-30378736.html〉。

8　董明，〈私營企業主階層與地方政府關係評析〉，《湖北省社會主義學院學報》，2006 年第 5 期，頁 57-61；陳家喜，〈政商「關係」的構建模式〉，《雲南行政學院學報》，2008 年第 2 期，頁 20-22。

9　Barrington, Moore, Social Origins of Dictatorship and Democracy: Lord and Peasant in the Making of Modern World(Boston: Beacon Press, 1966).

10　David S. G. Goodman, "The New Middle Class," in Merle Goldman and Roderick MacFarquhar ed., The Paradox of China's Post-Mao Reforms (Cambridge: Harvard University Press, 1999), pp. 241-261.

11　邱永文，「政治發展理論中的政治參與問題〉，《中共社會主義學院學報》，2008 年第 3 期，頁 61-63。

力的最佳模式。相對於西方政治參與概念是一種著重於影響政府決定或政府活動的政治行為，藉此維護自身權益或改變公共利益；中國私營企業主的政治參與概念不僅層次較低，且流於功利性、工具性價值，著重於意見與利益表達，而非影響政府決策。[12]

　　儘管民主本身是一個「本質上可爭議的概念」，且對民主的理解，亦仁智互見，如加上資本主義與社會主義民主觀爭辯勢必更為混亂；然對民主的理解主要分為價值的民主與工具的民主，其核心就是政治參與。民主政治的發展意味著政治參與權利項目的增加及參與人數的增加，這一點殆無疑慮。無論是政治參與概念係指「平民試圖影響政府決策的活動」，[13]或者是政治參與為衡量政治現代化的重要標誌，為民主政體的重要標準之一，皆可言之成理。[14]新經濟菁英因經濟地位、聲望地位及政治地位的不一致，激勵其政治參與動機尋求漸趨一致的社會地位。階層地位間關係的「過度結晶化」(相關度過高)，將導致資源集中及產生流動的「社會屏蔽」(social closure)，形成政治挫折及政治不穩定。[15]中產階級在中國社會轉型過程中仍未成形，其政治影響力尚難以預測，是否扮演「穩定器」角色缺乏本土經驗的支持。[16]

　　有關中國私營企業主政治參與的探討，學者分從不同面向加以分析。有的研究著重政治參與動機分析，認為企業主群體迅速發展壯大，隨經濟地位提高，政治訴求也日益增多，產生熱衷政治參與現象，其因素為多方

---

12 馮繁，〈當代中國政治利益表達的方式及其特徵〉，收錄於吳國光、程曉農主編，《透視中國政治》(台北：博大出版社，2009 年 3 月)，頁 100-135。
13 薩繆爾.P.亨廷頓，瓊.M.納爾遜，《難以抉擇：發展中國家的政治參與》(北京：華夏出版社，1989 年)，頁 3。
14 邱永文，〈政治發展理論中的政治參與問題〉，頁 60。
15 陳勛，〈從地位不一致到多維地位排序的相對均衡：地位相關關係視角下私營企業主階層地位的變遷邏輯〉，《湖北社會科學》，2008 年第 1 期，頁 42-46。
16 張偉，《中國社會中間階層政治分析》，頁 362-391。

面共同作用的結果，包括政治、經濟、社會、文化及體制因素。[17]有的研究探討私營企業主政治參與途徑之類型，通常可分為制度性參與及非制度性參與，前者係指在法律規定的管道範圍內所進行政治參與活動，通過合法方式與途徑影響政治過程的行為；後者則泛指以各種違規、非常態形式來進行利益表達訴求的政治活動與行為，其目標在於影響政府決策制訂、實施及資源分配。[18]也有研究指出私營企業主經商必須透過與政府官員建立關係尋求幫助，在關係資源所建構的政商關係「圈子」網絡中，即使對政府政策不滿意，也仍會展現支持體制的矛盾態度。[19]上述有關私營企業主的政治參與動機、非正式政治參與及政商關係互動研究，豐富其政治參與研究面向之拓展。

也有學者從單一面向分析私營企業主政治參與，從而認為當前私營企業主的政治地位與過去相較並無太大的變化。例如從「中華全國工商業聯合會」第一至第十屆共 204 人次之高層人事變化進行跨時比較，發現該組織並無真正的私營企業主擔任領導職務，且在副職比例也不高，故政治地位提升之論點有被誇大之嫌。[20]然僅從「中華全國工商業聯合會」高層人事變化進行跨時比較，此種個案分析雖有其學術貢獻，但卻無法從個案推估成全體，且無法觀照私營企業主政治參與多樣性型態及策略面向。

也有研究指出私營企業主的制度性政治參與方式，主要可分為公民在

---

17 李新河，〈轉型期私營企業主熱衷政治現象的多維解析〉，《中州學刊》，2010 年第 5 期，頁 19-22。

18 李廣福，〈私營企業主政治參與的研究綜述〉，《中外企業家》，2011 年第 11 期，頁 178-179；柳金財，〈是阻力？還是助力？中國私營企業主政商關係與政治改革動能關聯之探討〉，《公共事務評論》，第 14 卷第 2 期，2013 年 12 月，頁 27- 60。

19 楊穎超，〈差序格局與政治穩定：論非正式制度裡的中共官員與私企主〉，《中國大陸研究》，第 63 卷第 2 期，2020 年 6 月，頁 77-109。

20 楊穎超，〈中國大陸新興私營企業主政治地位的初探：政治組織席次角度的分析〉，《中國大陸研究》，第 54 卷第 1 期，2011 年 3 月，頁 53-78。

體制內被國家政治權威「政治安排」(political arrangement)，與公民合群結社在體制外「政治嵌入」(political embeddedness)。[21]這些研究從「政治吸納」角度分析大部分私營企業主的政治參與動機極具工具性，往往圍繞在自身經濟利益並實現利益最大化。黨國利用「政治吸納」策略將新經濟菁英吸納至權力體系，包括進行政治安排各種職位，如政協委員及人大代表、從事黨建工作吸收入黨及吸引加入民主黨派等。[22]但這種「政治吸納」所產生「政治安排」有其負面效應，研究者探討浙江先富群體的政治參與型態，已經從分配性、動員性的政治參與轉變為競爭性、自主性、自我保護性的政治參與，然象徵性意義依然大於實質性的政治運作。[23]上述從「政治吸納」策略對私營企業主所進行「政治安排」有其侷限，儘管為私營企業主主要的、被動的政治參與型態，並無法完全梳理其政治參與樣態，但卻能顯現在黨國「政治吸納」下私營企業主被動式政治參與樣貌。

　　職是，本文研究之目的主要是試圖運用「政治安排」與「政治投資」雙重概念，分析私營企業主的政治參與型態、發展及限制，解析中國黨國體系如何運用主動性的「政治安排」策略，有效將潛在的挑戰者吸納至既有權力體系，以解決或滿足私營企業主的政治需求，緩解其政治改革動能。同時，私營企業主又如何透過主動積極策略爭取工商聯職位或進行政治接

---

21 陶　慶，《政治嵌入與政治安排》(北京：社會科學文獻出版社，2012 年 3 月)，頁 1-14。

22 柳金財，〈中共黨國體系政治吸納下的私營企業主政治參與：影響與限制〉，《育達科大學報》，第 28 期，2011 年 9 月，頁 29-56；徐露輝、陳國權，〈社會轉型過程中私營企業主的政治參與〉，《社會科學統一戰線》，2006 年第 6 期，頁 171-177；Bruce J. Dickson, Dilemmas of Party Adaptation: The CCP's Strategies for Survival, In Peter Hays Gries and Stanely Rose eds., State and Society in 21st-century China: Crisis, Contention, and Legitimation(NY: Routledge,2004.) Bruce J. Dickson, "Cooptation and Corporatism in China: The Logic of Party Adaptation," Political Science Quarterly, Vol.115, No.4(2001), pp.517-540.

23 郎友興，〈政治吸納與先富群體的政治參與：基於浙江省的調查與思考〉，《浙江社會科學》，2009 年第 7 期，頁 108-115。

觸，藉由「政治投資」策略以提升自身的政治地位、經濟地位及社會地位。文中所謂「政治安排」係指私營企業主處於被動地位，而受黨國採取主動性的「政治吸納」策略納至權力體系中，其方法包括入黨、擔任人大與政協代表等等；另一途徑則是私營企業主主動爭取至黨國權力體系中的位置，其方式為參與工商聯、強化企業社會責任、公共關係及遊說等等，稱為「政治投資」。本文初步結論以為無論是「政治安排」或「政治投資」，皆受黨國許可或默認，欠缺政治自主性。私營企業主固然已跳脫傳統「驚弓之鳥」角色，儘管形式上一躍變為普受關注的「耀眼明星」，然對政治民主化影響力和扮演促進者角色，其作用仍相當有限。短期內，恐難成為撼動黨國體系或地方政治權威的直接挑戰者。

二、黨國政治安排與私營企業主被動參與

改革開放後，新經濟菁英對中國現存黨國政治體系產生衝擊與挑戰，「行政吸納政治」成為整合菁英有效拓展執政集團統治基礎的途徑。[24]菁英吸納策略將最先或最激烈產生政治訴求的群體優先吸收至政治過程，這使得企業家在經濟受益之同時在政治上亦獲益，致喪失政治對抗與政治變革的要求。企業家的政治行為因而從體制外的政治參與或對抗，轉變為體制內利益表達，從化解菁英的獨立性、自主性及組織性，融入體制以確保社會穩定及降低政治衝擊。然當大眾對經濟菁英感到不滿時，往往也會因而轉移至對政治菁英與黨國體系之不滿。[25]

中國黨國體系基於擴大其統治基礎及強化政權的合法性，藉由建立統一戰線的制度形式實現最廣泛的聯盟，其菁英吸納途徑在於吸納親近體制

---

24 徐露輝、陳國權，〈社會轉型過程中私營企業主的政治參與〉，頁171-177。
25 張振華，〈弱者的武器：群體性事件的政治解讀〉，《中共寧波市委黨校學報》，2012年第4期，頁41-45。

的各種社會階層菁英份子，及排斥對抗體制的敵對份子。黨國主動採取籠
絡(Cooptation)、防範(Perempt)、吸納(Inclusion)戰略，團結與吸收社會菁英
以強化政權穩定，私營企業主實際上是「被組織」而非「自組織」過程，
此種「安排性參與」具有政治安撫作用。[26]黨國體系建立對企業家的政治吸
納機制，主要是透過既有政治制度框架，吸收其進入各級人大、政協組織，
並擴大其比例；積極引導企業家透過政黨參與政治，包括加入共產黨及參
與民主黨派；民間組織納入既有分類控制體系，並成為企業家利益表達經
濟利益及政治願望管道，此即是所謂「擴大有序的政治參與」，其基本前提
是「合法」不得質疑黨國統治的合法性及挑戰其統治權威。[27]

　　這種政治戰略雖然有選擇性地向部分私營企業主敞開，並接納其進入政
治體系；但黨國給予企業主這種政治特權有其基本前提，則是要求這些企業
主必須接受既有黨國壟斷政治領域及高壓統治的事實，不得質疑或反抗黨國
統治的合法性基礎，在某種意義上「政治吸納」如同「政治收買」一般。[28]黨
國體系運用政治吸納策略有效地遏阻新經濟菁英間橫向聯繫，導入政權所設
定既有政治參與軌道，避免其形成有組織性的反抗力量，強化現行體制對社
會力量的桎梏。[29]換言之，共產黨已成為一個適應性政黨及執政黨，藉由提
供政治參與的制度性管道，以擴大及穩固其執政的社會基礎。[30]

---

26 Bruce J. Dickson, Red Capitalists in China: the Party, Private Entrepreneurs, and Prospect
for Political Change(Cambridge University Press, 2003). 柳金財,〈中共黨國體系政治吸
納下的私營企業主政治參與：影響與限制〉,頁 32-33。

27 李雪卿,〈私營企業主政治參與分析〉,《江蘇省社會主義學院學報》,2007 年第 2 期,
頁 54-57。

28 吳國光,〈政治改革、政治鎮壓與政治吸納：中國政治發展及其挑戰〉,
〈http://carnegieendowment.org/files/WuGuoguangpaper.pdf〉。

29 張執中,《中共黨國邊界的設定與延伸：歷史制度論的觀點》(台北：韋伯文化國際
出版有限公司,2008 年 8 月),頁 162-167。

30 朱光磊、楊立武,〈中國私營企業主政治參與的形式、意義和限度〉,《南開學報》,
2004 年第 5 期。

(一) 擔任黨代表、人大代表及政協委員

　　黨國體系對私營企業主的「政治安排」(political arrangement)，係指部分私營企業主以個體公民形式被地方黨政部門安排為地方黨代表大會代表(以下簡稱黨代表)、地方人民代表大會代表(人大代表)、地方政治協商會議委員(政協委員)，甚至被安排擔任地方黨政部門領導，以特殊身份直接但被動地參與地方政治活動。[31]此為黨國體系吸納菁英策略之一，主張政府權威與社會團體的制度性合作，有序化、合法化地將私營企業主的政治參與納入既有體制軌道，利用「統合主義」的理念整合其政治訴求及政治利益，並加以監督與控制，以擴大黨國階級基礎及強化其執政合法性與有效性。這種自上而下的「政治安排」係屬動員式政治參與，從政治身份取得及提出議案往往也是一種被動式的單向度參與。[32]

　　事實上，中共十三大、十四大和十五大的全國黨員代表中，並無嚴格意義上的私營企業家，私營企業家第一次成為全國黨代表始於十六大。2002年十六大對黨章進行修改，私營企業主作為「其他社會階層的先進分子」的一部分以及「六大新社會階層」之一，可申請入黨。2006 年十六屆六中全會，首次明確提出新概念：「推進新經濟組織、新社會組織黨建工作，擴大黨的工作覆蓋面，發揮基層黨組織凝聚人心、推動發展、促進和諧的作用。」緊接著，《關於黨的十七大代表選舉工作的通知》要求十七大代表中來自「新經濟組織、新社會組織」(簡稱「雙新組織」)代表應佔「適當比例」。與中央層面相呼應，地方黨代會也相應增加「雙新組織」代表名額。黨員具民營企業主身份，正是「雙新組織」代表中最主要組成部分。

---

31 陶　慶，《政治嵌入與政治安排》，頁 7-8。
32 汪國華，〈推進「政治參與」有序化：「企業白領」政治參與的實踐反思〉，《中國礦業大學學報》，第 3 期，2007 年 9 月，頁 32-36。

　　黨國體系推薦企業家入黨，主要是根據企業實力、企業家聲望及各區域平衡等因素分配名額，成功地吸納私營企業主至現有權力體系，避免其成為反體制的社會新生力量。依據 2013 年《社會藍皮書》報告顯示，私營企業主在經濟分化中加強政治追求，具有共產黨員身份的人所佔比重已達1/3 左右，且有資產規模越大、共產黨員佔比越高的趨勢；1 億元以上資產規模的私營企業主中黨員比例達到 53.2%。在「非黨員」的私營企業主中，約 40%的私營企業主願意加入中國共產黨，有 15%左右的私營企業主提交過入黨申請書。在「非黨員」企業主中選擇願意加入中國共產黨佔 38%，願意加入民主黨派佔 7%，加入中共的意願明顯強於加入民主黨派。[33]

　　在 2017 年召開十九大計選出 2287 名黨代表，其中共有 148 位企業負責人代表，與十八大共 145 人黨代表人數大致相當。其中有 121 位來自央企、中央金融系統、地方國有企業和集體所有制企業；27 位來自各省份的民營企業。黨的十六大、十七大、十八大中，分別有 7 名、17 名及 34 名私營企業主為黨代表，但十九大下降至 27 位。這顯示私營企業主在黨代表中的人數呈現逐年增加，此群體中黨員人數逐年增加。且中共 16 大、17 大的企業負責人代表中，各有 2 人被選為中央委員，且各有 20 人被選為中央候補委員。[34]其中共僅有 3 位民營企業家，得以連任十七大、十八大、十九大黨代表。[35]儘管私營企業家擔任全國黨員代表名額確實有所增加，但比例非常低且連任率也不高，在十九大代表人數遞減現象。

　　如前所述，私營企業經營資產越高，企業主入黨比例較高。經濟實力

33 龍玉琴，〈社科院：40%黨外私營企業主願意加入共產黨〉，《南方都市報》，2012 年 12 月 20 日，〈http://news.sina.com.cn/c/2012-12-20/042025852029.shtml〉。

34 大陸中心，〈中共 18 大代表，145 人是企業主〉，《ETToday》，2012 年 11 月 6 日，〈https://www.ettoday.net/news/20121106/123895.htm〉。

35 分別是紅豆集團黨委書記、董事局主席周海江，及湖北省百步亭集團總裁王波、山東省登海種業股份有限公司名譽董事長李登海。

使得私營企業主比一般民眾，更具有參政議政管道，而當選人大代表與政協委員為其參政議政或「政治聯繫」的最直接方式；其政治參與水準與地位，亦隨資產規模擴大而提高。2005 年胡潤研究院曾對 100 位富豪進行「政治地位解析」，結果顯示共有全國人大代表 9 位、全國政協委員 16 位，佔總量 25％。[36]「2011 年胡潤百富榜」顯示資產在 20 億以上的富豪中，15％擁有國家政治身份，前 50 名是 30％，前 10 名是 50％，共有 75 位全國人大代表、72 位全國政協委員、12 位全國工商聯副主席、7 位中共十七大代表。[37]2018 年胡潤研究院發佈《兩會中的上榜企業家報告 2018》，顯示第十三屆全國人大代表和政協委員中胡潤百富榜上榜企業家有 153 位，十二屆 209 位。其中有 79 位全國人大代表和 74 位全國政協委員，分別佔第十三屆全國人大代表和政協委員總人數的 2.7％和 3.4％。[38]上榜企業家中來自地產行業的企業家減少，互聯網巨頭則增多。這顯示從 2005 年至 2018 年儘管私營企業主擔任全國人大代表及政協委員人數，已經增加至六倍，然而在總體比例中從未超過 5％。尤其是自習近平上任以來，十九大兩會代表中工人、農民比例逐步上升至 15.7％，較上屆提高 2.28％，而黨政幹部及私營企業家比重有所下降。

　　同樣地，私營企業主擔任縣級人大代表、政協委員的比例，逐漸呈現明

36　呂明合，〈中國民營企業家競逐黨代表，三成希望成為代表委員〉，《中國共產黨新聞》，2007 年 5 月 11 日，〈http://cpc.people.com.cn/BIG5/64107/5718747.html〉。

37　林立公，〈私營企業主階層的狀態及對其統一戰線工作的對策思考〉，《學習與探索》，2012 年 12 期，頁 48-52。

38　王兆陽，〈153 名超級富豪代表：互聯網新貴崛起房地產大佬淡出〉，《香港 01》，2018 年 3 月 4 日，〈https://www.hk01.com/%E4%B8%AD%E5%9C%8B/164926/%E5%85%A8%E5%9C%8B%E5%85%A9%E6%9C%83-153%E5%90%8D%E8%B6%85%E7%B4%9A%E5%AF%8C%E8%B1%AA%E4%BB%A3%E8%A1%A8-%E4%BA%92%E8%81%AF%E7%B6%B2%E6%96%B0%E8%B2%B4%E5%B4%9B%E8%B5%B7%E6%88%BF%E5%9C%B0%E7%94%A2%E5%A4%A7%E4%BD%AC%E6%B7%A1%E5%87%BA〉。

顯上升趨勢。1990-2006 年期間擔任縣以上人大代表人數增長近 4 倍，擔任縣以上政協委員的私營企業主增長 7 倍。[39]就個別年份來說，2001 年私營企業主擔任縣級人大代表約 5400 人、省級人大代表 372 人、全國人大代表有 48 人；縣級政協委員為 8500 人、省級政協委員 895 人、全國政協委員 46 人。2005 年被選為縣級以上人大代表共計 9000 多人；在政協方面，被推薦為縣級以上政協委員的全國有 30000 人，其中為全國政協委員有 100 多人。2006 年調查結果顯示被選為各級人大代表有 23143 人，被推薦為各級政協委員有 48359 人。其中擔任全國人大代表或全國政協委員的約 243 人，擔任省級人大代表或政協委員約 1730 人，擔任省級政協副主席有 2 人。[40]

　　私營企業主擔任人大代表、政協委員的比例呈現明顯上升趨勢。2002 年第五次私營企業抽樣調查顯示，35.1%受訪者擔任過區縣至全國各級政協委員，17.4%受訪者擔任各級人大代表。2008 年第八次私營企業抽樣調查顯示，51.1%受訪者擔任各級人大代表和政協委員。[41]另依據 2015 年全國工商聯調查顯示，私營業主加入中共黨組織比例和其資產規模成正相關，註冊資本在 500 萬元以下的私營企業中共黨員比例 1.8%；註冊資本規模超過一億比例提高 15.8%。註冊資本在 1000 萬元以下企業，企業主參與各級政協和人大的活動微乎其微；註冊資本達到一億以上時，私營業主參與政協活動為 32.3%，參與人大活動的為 19.7%，二者達 52%。[42]不少私營企業主認為「爭取當人大、政協委員」最為迫切，富豪參政主要目的即是保住自己的特權與關係。同時，也顯示這一系列政治榮譽和政治安排的獲致，企

---

39 同前註。

40 張厚義，〈中國私營企業主階層：成長過程中的政治參與〉，收錄於汝信、陸學藝、李培林主編，《2008：中國社會形勢分析與預測(社會藍皮書)》(北京：社會科學文獻出版社，2008 年 1 月)，頁 297。

41 林立公，〈私營企業主階層的狀態及對其統一戰線工作的對策思考〉，頁 50。

42 左正三，〈民營企業家的政治參與：一種經濟學解釋〉，《中央社會主義學院學報》，2017 年第 4 期，頁 99-103。

業家由原邊緣群體的「驚弓之鳥」角色漸擺脫社會歧視；不僅成為體制內權力體系成員，且逐漸成為至少在形式上政治崛起的「閃耀之星」。

　　人大與政協角色更傾向於黨國在民意代表機構中的利益代言人，並非企業家利益的代表與維護者，個別人大代表與政協委員的意見被黨國接受吸納的情況，也顯示這種利益表達方式的有效性，尤其是政協角色其重要性低於人大，只有政策建議權而非具決策權，難以對政策產生實質影響。企業家在人大、政協會議上提案主要可歸納三類：一、圍繞政府中心工作提出具體的政策建議；二、關注社會整體發展議題，包括基礎設施建設、環境保護與整治、教育、社會保障、醫療衛生及失地農民權益；三、關注企業發展議題，包括改善投資環境、企業融資、人才引進與培訓、企業用地等。[43]其政治參與困境，包括一、自主性問題：自上而下的單向控制式參與體制，難以發揮利益聚合與表達功能，淪為行政管理的衍生工具；二、參與目標層次：非爭取政治權利而是尋求政治保護傘，追求政治榮譽而非履行政治職責；三、組織性問題：因企業利益接觸個別官員，較難提出涉及整體行業利益的問題。四、機會均衡問題：選舉與推薦名單淪為走過場形式，參政機會主要是留給較大企業家而非中小企業家。[44]

(二) 菁英吸納及參與黨建工作

　　黨國體系在民營企業中設置黨組織，旨在透過黨建工作機制有效完成各項任務，包括貫徹黨的路線、方針及政策，引導監督企業遵守國家的法律、法規，並依法經營；對企業重大問題提出建議；促進企業和諧協調作

---

43 劉春萍，〈私營企業主政治參與的現狀、問題與對策：以浙江省台州市 L 區為例〉，《南京林業大學學報》，第 7 卷第 2 期，2007 年 6 月，頁 45-46。

44 根據一項調查顯示，受訪者在回答「是否同意大企業比中小企業說話有份量」此問題時，有 35%的人表示不同意，有 65%的人表示同意，參見劉春萍，〈私營企業主政治參與的現狀、問題與對策：以浙江省台州市 L 區為例〉，頁 46-47。

用；發揮黨員先進模範作用；領導工會、共青團等群眾組織；重點培育企業內部具管理技術的人才入黨。[45]民營企業中的黨建工作屬於新興領域，既不同於依託行政資源的農村黨建、國企黨建、機關事業單位黨建等傳統黨建領域，也不同於社區黨建和依託經濟利益的新經濟組織黨建等其他領域。

中共十七大黨章首次改用社會組織來涵蓋原有的社會團體和社會仲介組織，實際上已將新社會組織也囊括在內。新社會組織主要產生於兩種方式，即自上而下的職能讓渡和自下而上的利益聚合，前者是轉型類新社會組織，後者是發展類新社會組織。[46]共產黨雖號稱為工人階級先鋒隊，然其本身即是一種菁英組織，黨國體系利用黨建工作為平台發揮「菁英吸納」與「組織協商」的雙向作用，以「菁英吸納」將社會衝突內化，提供企業家更為廣泛的活動空間，化解其對社會產生之不滿，避免挑戰黨與政府政治權威；另以「組織協商」通過組織內部的協商制度，運用黨內民主機制形成共同意見，變成黨的政治決策及最終成為政府施政方案，藉此強化政治穩定及鞏固黨領導地位之基礎。[47]

自 2002 年以來私營企業中建立黨組織的比例呈增長態勢，基本上以每兩年 2-3%的速度增長；2002 年、2004 年、2006 年和 2008 年的比例分別為 27.5%、30%、36.7%和 47.8%，但至 2018 年僅增長至 48.31%。顯示黨建工作已遇到瓶頸，然若除去不符合黨組織設立條件的企業，已覆蓋將近半數的民營企業。建立黨組織的私營企業中，絕大部分私營企業主本人擔任企業黨委(總支、支部)書記。[48]截至 2019 年企業黨組織設立比例在各行業的差

---

45 朱志，〈黨的建設是民企發展的助動器：淺談民營企業黨建工作〉，《經濟師》，2010 年第 7 期，頁 284。

46 楊　柳，《新社會組織黨建問題研究》(北京：中共中央黨校碩士論文，2010 年)。

47 歐陽素華、李德滿，〈菁英吸納與組織協商：社會管理視角下的黨建工作初探〉，《黨史文苑》，2011 年第 22 期，頁 42-44。

48 有的研究指出私營企業治理結構仍然是業主主導，典型的家族企業約 40%，集投資者與經營管理者於一身。半數私營企業建立董事會、股東大會和工會，而建立黨組

距相當大，製造業的黨組織覆蓋率最高，達 61.71%；批發和零售業最低，僅 26.21%。且民營企業家對屬地黨委的選擇意願顯著不斷增強，規模越大的民營企業其黨組織隸屬於屬地黨委的比例越高。[49]

另外研究調查指出，通常規模較小的私營企業希望其黨組織，隸屬於當地「工商聯黨組」和「個體私營企業協會黨組織」，而非隸屬於屬地黨委。從 2008 年和 2010 年的問卷都詢問「您認為私營企業黨組織由哪一種上級黨組織管理更有利？」兩次調查的結果相近，2008 年和 2010 年分別有 38.6% 和 35.4%的被訪者認為應歸「屬地黨委」；分別有 37%和 42.3%的被訪者認為應歸「當地工商聯黨組」；分別有 23.6%和 21.2%的被訪者認為應歸「個體私營企業協會黨組織」；其中認為應歸「當地工商聯黨組」和「個體私營企業協會黨組織」管理反映「自我治理的意願」均達到六成(60.6%和63.5%)。[50]

私營企業主能否當選黨代表關鍵是「政治先進」，相比其他省分江蘇省與山東省在私營企業中黨建工作明顯較佳，故其黨代表名額也較多。[51]這些「紅色資本家」在政治上被認可意味著其企業擁有更多發展機遇及環境，然其微妙政商關係則可能導致權貴與商業的結合與交易，扭曲政府與市場關係。換言之，企業主通過黨建工作結合現代企業制度運作，創造自身政

織、職代會和監事會的　則不到 40%。林立公，〈私營企業主階層的狀態及對其統一戰線工作的對策思考〉，頁 48-52。

49 〈我國民營企業黨組織建設現狀分析報告〉，《中華工商時報》，2019 年 5 月 23 日，〈https://www.acfic.org.cn/fgdt1/zjgd/201905/t20190523_125262.html〉。

50 龍玉琴，〈社科院：40%黨外私營企業主願意加入共產黨〉。

51 十六大至十八大期間分別有 7 人、17 人及 34 人當選黨代表，其中海爾集團首席執行官張瑞敏連任第十六屆、第十七屆兩屆中央候補委員；春蘭集團首席執行官陶建幸亦曾連任第十五屆、第十六屆中央候補委員，兩位皆來自近年中國發展最快、市場競爭最激烈的家用電器企業。另十八大民營企業家當選黨代表主要來自 22 省市，其中江蘇省有 5 名、山東省 3 名、而民營經濟較為發達的廣東及浙江則僅各 1 名，包括上海與北京等 9 個省市無民營企業家當選。郭芳、趙磊、鄒錫蘭，〈紅色資本家：老闆們是怎樣當選十八大代表的〉，《中國經濟週刊》，2012 年 11 月 5 日。

治優勢,再將此優勢轉化為企業經營成功利基,從而實現政治參與之經濟目的獲取超額商業利益。[52]

私營企業的黨建工作從無到有,其覆蓋面不斷擴大,但仍存有諸多問題,包括黨組織設置進度滯後於企業改革進程,黨員教育管理不同程度地存在「真空」現象,組織活動內容形式化及黨員流動頻繁,導致黨基層組織難以維持最低黨員數量。[53]尤其關鍵,企業主的態度與認同支持為黨建工作能否順利開展的最重要因素之一。[54]儘管私營企業中黨的組建率並不高,企業黨員人數與從業人員不成比例,甚至有些企業存在著「黨員找不到組織」的困境。[55]但從已成立的黨組織的企業來看,通過黨組織此一「橋樑」,可及時地結合企業發展目標與國家的發展政策。[56]儘管私營企業黨組織仍難參與企業重大決策,及完全貫徹「黨管幹部」原則,只能以間接、側面和自下而上的運作方式,透過各種非制度安排途徑影響企業決策,利用非正式途徑提出正確意見及建議。[57]

(三) 統一戰線及參與民主黨派

改革開放後中國的社會階層結構變化,已成為社會轉型與經濟轉軌核心議題,尤其是中間階層迅速成長為其重要特色,這涉及中共黨領導的多黨合作制度發展與黨統一戰線的擴大。「三個代表」的提出強調黨必須代表

---

52 左正三,〈民營企業家的政治參與:一種經濟學解釋〉,頁 99-103
53 黃紅英、王梅秀,〈非公有制企業黨建工作存在的問題及對策〉,《湖北職業技術學院學報》,第 12 卷第 3 期,2009 年 9 月,頁 95-97。
54 邱觀建、金暉,〈非公有制企業黨建工作芻議〉,《武漢理工大學學報》,第 19 卷第 6 期,2006 年 11 月,頁 793-796。
55 邱觀建、金暉,〈非公有制企業黨建工作芻議〉,頁 793-796。
56 孫海生,〈從私營企業建立黨組織看業主的政治參與〉,頁 23-24。
57 陳連喜,〈論國有企業與私營企業黨建工作之異同〉,《中州學刊》,2005 年第 6 期,頁 20-22。

先進生產力，因而中間階層成為黨國體系積極爭取與團結的重要力量，此一吸納渠道即是藉助民主黨派，並構成黨國體系(執政黨)與民主黨派(參政黨)長期合作的互補性政治結構。[58]兩者關係不是彼此競爭而是親密合作，扮演著參政議政角色，既非參與執政也非聯合執政。民主黨派並非西方政黨體制意義下的反對黨，而是以接受黨國體系領導為前提並通力合作的親密友黨，屬於政治聯盟性質的政黨。[59]民主黨派透過政協以黨派組織名義方式，提交提案、意見和建議，履行民主監督及參政議政的職能，反應中間階層對經濟社會發展領域的觀點，藉此展現其參政議政能力及政策影響力。[60]

民主黨派在促進私營企業主的產生與成長，其作用不同於地方黨委、政府與工商聯角色，不僅可利用私營企業主的資源組織企業發展論壇、到民營企業集團及海外商會或企業學習觀摩、考察；甚至被推薦擔任公安、工商、稅務等部門單位的廉政監督員。[61]民主黨派作為參政黨已成為特定社會階層與群體進行利益表達的管道，基本上各民主黨派藉由相對穩定的組織發展範圍，以組織化方式整合各種利益訴求。在利益多元化的社會轉型過程中充當特殊階層的利益代表，強化黨國體系的利益表達和社會整合功能，緩解國家與社會間之衝突，扮演著減壓閥及緩衝器角色以維護政治穩定。[62]

---

58 張獻生，〈中國民主黨派的基本特點〉，《中共長春市委黨校學報》，2006 年第 5 期，頁 46-49；梁樺、余順蓮，〈中間階層的變化與我國的民主黨派〉，《中南大學學報》，第 9 卷第 2 期，2003 年 4 月，頁 171-174。

59 胡洪彬，〈對中國民主黨派參政資源體系的系統分析〉，《中國礦業大學學報》，2010 年第 2 期，頁 34-39；汪守軍，〈中國民主黨派代表性有關問題的探討〉，《重慶社會主義學院學報》，2010 年第 2 期，頁 24-27。

60 蔡之國，〈論民主黨派提升提案質量的路徑〉，《江蘇省社會主義學院學報》，2010 年第 2 期，頁 19-22。

61 鐘樺，〈發揮民主黨派促進非公經濟人士健康成長的作用〉，《湖北省社會主義學院學報》，第 6 期，2008 年 12 月，頁 23-24。

62 方彥明，〈利益多元化下的民主黨派政治穩定功能探析〉，《延邊大學學報》，第 43 卷

由於民主黨派具有政治協商、參政議政、民主監督之職能，新社會階層參與意願逐漸強化，藉此向政府反映意見與建議；通過參加中共各級黨委及統戰部門組織座談會、協商會、情況通報會，表達利益訴求促進事業發展；擔任人大代表與政協委員，提高政治地位。[63]根據規定私營企業主僅能加入中國民主建國會組織，作為以經濟界人士為主體的政黨，在參政過程中不斷地提出解決原工商業者生活待遇問題、企業所得稅「兩稅合一」、擴大民營企業融資渠道及改善民營企業發展環境等建議。[64]

黨國體系運用民主黨派吸收新社會階層，充實其社會根基並引導有序的政治參與，避免新社會階層組織新政黨。[65]但各民主黨派並未能實現與新社會階層的有效對接，反而彼此互相爭奪發展對象，由於未能遵循重點分工，造成界別交叉嚴重，這種組織發展與利益代表的趨同化現象，對民主黨派堅持「重點分工」及「保持特色」產生挑戰。[66]產生流於形式、陷入事務監督趨勢、人員老化、參政意識薄弱及缺乏民意支撐與約束力等問題。[67]目前八大民主黨派皆有私營企業主的參與，且有逐漸增加趨勢，然各民主黨派在綱領與組織成員構成上日益趨同，政治代表性漸模糊及社會基礎日益萎縮。藉由吸納私營企業主進入民主黨派，有效改善基層組織老齡化嚴重現象並不易。[68]

第 3 期，2010 年 6 月，頁 63-67。

63 魯銘、陳文華，〈淺談民主黨派組織發展與社會結構轉型相適應〉。

64 袁廷華，〈論民主黨派政治參與的雙重功能〉，《中央社會主義學院學報》，第 6 期，2007 年 12 月，頁 16-19。

65 黃天柱，〈多黨合作與社會團結：民主黨派的社會屬性與社會基礎研討綜述〉，《中央社會主義學院學報》，2010 年第 6 期，頁 40-43。

66 黃天柱，〈多黨合作與社會團結：民主黨派的社會屬性與社會基礎研討綜述〉，頁 40-43。

67 胡宇彬，〈新時期民主黨派參政議政和民主監督建設存在的問題及思考〉，《湖北省社會主義學院學報》，第 6 期，2012 年 12 月，頁 21-24。

68 彭忠平、盧青豪，〈淺談當前民主黨派基層組織建設存在的問題與對策〉，《廣西社會主義學院學報》，第 20 卷第 1 期，2009 年 2 月，頁 56-58；柳金財，〈中共黨國體系政治吸納下的私營企業主政治參與：影響與限制〉，頁 49-50。

三、私營企業主政治投資與主動參與

(一) 統合主義及參與商會

統合主義理論經常被用於分析拉美國家的勞工組織的政治表達機制，許多學者選擇運用統合主義而非市民社會模式於中國研究。統合主義基本上預設國家與社會間的融洽合作關係及具目標的一致性，國家藉由創設壟斷性的組織，採取政治吸納戰略代替傳統的壓制、輿論宣傳及中央計畫等統治方式。雖然商會已具有某種自主性程度，但仍為黨國所牢牢控制，商會或其他專業團體僅僅只是國家官僚體系的新組成，為被創造出來協助政府部門工作。[69] 目前統合主義被認為對商會與政府間關係的分析最具解釋力，個體勞動協會、私營經濟協會及工商聯其政治自主性相當低，其存在皆為國家所創設及仍屬與國家合二為一的行政部門，因此更多企業家寧可選擇與政府官員構建利益聯盟關係，而非積極匯整企業行業利益以進行利益表達。

當前中國民間商會的快速發展，可說與黨國體系所釋放的政策空間有關，政府一般情況會派員兼任行業協會領導人。這些商會樂於與政府保持親密關係，以確立行業企業中管理者與利益表達者地位；同時民間商會作為利益團體也努力尋求企業家支持與認同，並非是與國家相對抗的組織，

---

69 相關統合主義解釋觀點，包括 Jean C., Oi, "Fiscal Reform and the Economic Foundation of Local State Corporatism in China," World Politics, Vol.45(1992). Bruce J., Dickson, "Cooptation and Corporatism in China: The Logic of Party Adaptation," Political Science Quarterly, Vol.115, No.4(2001), pp.517-540. Chan Anita, "Revolution or Corporatism? Workers and Trade Unions in Post-Mao China," Australian Journal of China Affairs, Vol.29(1993). Jonathan, Unger, "Bridges: Private Business, the Chinese Government and the Rise of New Association," The China Quarterly, No.47(1996), pp.795-819. Kenneth W. Foster, "Embedded Within State Agencies: Business Associations in Yantai," The China Journal, No.147(2002).請參見陳家喜，〈市民社會抑或統合主義：西方學者關於中國商會研究的論爭〉，《國外社會科學》，2008 年第 3 期，頁 104-109。

兩者始終保持著依賴關係，充其量只是「初步形成中的市民社會」，並非尋求與黨國相對抗的利益團體，而是在政府與企業間尋找自主發展空間。[70]就此而論，中華全國工商聯合會(簡稱全國工商聯)雖屬於社團型利益集團，但卻是一種具有明顯「國家組合主義」(state corporatism)特徵的官辦行業協會。這種國家統合主義社團通常被稱為「第二政府」，意味著其為政府政策的執行機構或延伸，主要職責在於執行黨國政策，而非主動表達行業利益，唯隨著社會政治轉型的深化，其利益表達功能逐漸增強。[71]

工商聯在商會與政府間扮演著橋樑作用，兼具統一戰線組織和民間商會的雙重性質，憑藉其政治地位推薦企業家進入人大及政協參政；又扮演著政府部門與行業協會間的緩衝角色，減少直接來自政府的壓力。通常商會具有以下功能，包括：一、作為有組織利益群體，影響國家立法與決策；緩解行業內部、行業間及與政府間利益衝突；三、改變國家與公民關係，促進民主化進程；四、促進信息交流與共享；五、提供培訓與咨詢服務；六、保護國內企業促進國際經濟交往。[72]

全國工商聯組織發展不斷增長且擴及至各地方，且由私營企業主擔任工商聯會長比例逐漸增加。例如 2008 年底全國工商聯擁有會員 220 多萬個，主要為非公有制經濟人士和非公有制企業；縣級以上工商聯組織 3130 個，遍布全國97%縣以上行政區劃，其覆蓋面逐漸增加。[73]截至 2015 年底，

---

70 陳家喜，〈形成中的市民社會：民間商會發展的空間與限度〉，《深圳大學學報》，第 25 卷第 2 期，2008 年 3 月，頁 54-59。

71 楊光斌、李月軍，〈中國政治過程中的利益集團與其治理〉，收錄於黃衛平、汪永成主編，《當代中國政治研究報告VI(北京：社會科學文獻出版社，2009 年 1 月)，頁 186-187。

72 郁建興，〈行業協會：尋求與企業、政府之間的良性互動〉，《經濟社會體制比較》，2006 年第 2 期，頁 118-123。

73 康燕雪，〈私營企業主階層政治參與的動因與發展趨勢論析〉，《重慶社會主義學院學報》，2010 年第 5 期，頁 76。

工商聯企業會員 231.5 萬個，比 2014 年底增加 17.7 萬個，增長 8.3%，工商聯企業會員占全國企業總數的比例為 10.6%。工商聯私營企業會員共 193.7 萬個，比 2014 年底增加 18.8 萬個，增長 10.7%，工商聯私營企業會員占全國私營企業總數的比例為 10.2%。2015 年底，全國共有縣級以上工商聯組織 3,404 個，其中地級工商聯組織 333 個，占地級行政區劃總數的 99.7%；縣級工商聯組織 2,829 個，占縣級行政區劃總數的 99%。[74]大部分地區工商聯所屬商會數量逐漸增加，其中江蘇、浙江、福建、廣西、貴州等地工商聯所屬商會數量增加相對較多。同時，全國第八次私營企業主調查顯示，對非公有制經濟人士擔任工商聯會長試點的支持率，比 2006 年高出 34.8% 達到 69.7%，此顯示私營企業主政治參與熱情普遍高漲。[75]

儘管如此，民間商會與黨國存在非常緊密依賴關係，難以獨立於政府獲致自主性，商會內部職位相互交叉與重疊現象十分普遍，黨政幹部不僅在行業協會兼職，也視行業協會為行政附屬物。[76]儘管，私營企業主政治參與型態已有由鬆散向組織化發展的趨勢，但組織化程度較高的政治參與工具如工商聯、行業協會等皆受到黨國的管控與約束，並非扮演如西方意義上的利益團體角色，其政治活動並未有組織化行為，大多以個人身份參與政治著重於個人或少數人的利益表達，建構企業經營的「保護傘」，主要是

---

74 管相傑，〈2015 年下半年關於會員和組織發展情況的通報〉，《全國工商聯民營企業調查系統網》，2018 年 1 月 15 日，
〈http://www.acficnet.com/f/dcwj/xxgl/gzdt/newsDetails?id=77aba717c8c041e0a43e60903d26fa7b〉。

75 侯小豔，〈新的社會階層人士的政治參與問題研究----以私營企業主階層為例〉，《襄樊職業技術學院學報》，第 9 卷第 2 期，2010 年第 3 期，頁 55。

76 2004 年浙江省民政廳對全省 2536 家協會調查，和政府機關合署辦公協會計 1228 家，佔被調查總數 48.4%；國家機關工作人員兼任會長的協會計 894 家，佔 35.3%；其中寧波市在市一級 80 個行業協會中，有 26 個協會由各級政府官員兼職，佔 32.5%；在區縣一級 144 家協會當中，47 家由公務員兼職，佔 32.7%。陳家喜，〈形成中的市民社會：民間商會發展的空間與限度〉，頁 57。

具體問題處理，甚少涉及戰略性的國家政策方針。[77]

　　工商聯的主要任務在於對私營企業主施加影響，並保證其能遵守國家政策，目前這些企業主協會不可能完全獨立，各級工商聯皆歸屬於各級黨委的統戰部，仍處於國家控制之下，僅只是行政機構的附屬物。儘管如此，大多數私營企業主皆希望擁有一個獨立的利益代表，期望地方政府在政策制訂和執行過程中聽取其意見及考慮其利益；工商聯也自認其主要功能是擴大經濟活動和代表企業利益，無論是在中央或地方的政治與政策層次上逐漸發揮影響力。例如在「私有財產保護」問題上，1998 年全國工商聯以團體提案形式在「兩會」提出「依法保護各類財產的合法權益」修憲建議案，隨後 2002 年、2003 年連續兩次提出「保護私產」提案，最終促成 2004 年 3 月全國人大第十次第二屆會議通過第四次憲法修正案，「保護私有財產」被寫入憲法。國務院《非公經濟三十六條》的出台過程亦藉助全國政協的民營企業家委員，並以政協提案的形式交至國務院，最後以文件形式成為推動民營經濟的重要政策宣示。[78]

　　同時，全國工商聯還參與 40 件法律法規修正草案的修改過程，包括《個人獨資企業法》、《個人所得稅法》、《中小企業促進法》、《行政許可法》等等。另約 20 多個省級工商聯參與當地黨委、政府發展非公有制經濟條例的制訂工作。[79]與此同時，私營企業主積極組織商會或行業協會，在利益表達組織化的基礎上採取集體行動實現自我保護，形成某種政治壓力以發揮其影響力，影響地方政府行為行業。通常行業協會與地方政府具密切關係，行業協會領導人由政府派員兼任，但相比之下，行業商會係因各行業需求

---

77 楊賀男，〈私營企業主階層政治參與的特徵與對策分析〉，《特區經濟》，2007 年第 5 期，頁 104-105。

78 陳家喜，《改革時期中國民營企業家的政治影響》，頁 86-87。

79 楊光斌、李月軍，〈中國政治過程中的利益集團與其治理〉，收錄於黃衛平、汪永成主編，《當代中國政治研究報告VI》，頁 187。

而設置，其民間自發性較強及具有較強的財政獨立性。特別是在浙江省溫州地區，私營企業主的利益表達和政治參與已呈現集團化趨勢。[80]民間商會已成為私營企業主利益表達與匯合的重要機制，成為其參政議政、影響政府決策的重要管道。[81]

民間商會的參政方式，包括向人大、政協和政府提出行業發展的政策性建議；在編制行業發展規劃中充當政府部門的「參謀」與「助手」；反應企業生產經營所遭遇困境。民間商會作為行業代表的角色，逐步積聚與地方政府對話的資本，某種程度扮演著政治壓力集團的角色與意義。[82]例如溫州地區因私營企業主在致富過程中對政府依賴程度較低，形成較強烈的自主性與民主意識敢於挑戰政府權威。[83]溫州商會開啟行業協會參與地方政府政策制定的先河，但這種表達利益的政治參與方式並未完全制度化，且大多數協會還無能力和條件參與政府政策制定。溫州商會的民間性與自主性及所具備組織集體行動的能力較屬相當罕見，其協會對行業經濟政策、法規、產品規格、技術標準等政策規範的制定功能較強。[84]「國八條」出台後，房地產協會提出一系列問題迫使國務院相關部門召開聽證重新評估其合理性，顯見行業協會有助於建構準制度化和組織化的利益表達機制，避免非

---

80 李雪卿，〈私營企業主政治參與分析〉，《江蘇省社會主義學院學報》，2007 年第 2 期，頁 54-57。

81 根據調查顯示高達 87.1%溫州商會係基於市場和行業發展需要，而源自政府職能下放和大企業需要分別為 4.8%及 3.2%。參見郁建興，〈行業協會：尋求與企業、政府之間的良性互動〉，頁 118-123。

82 何顯明，《市場化進程中的地方政府行為邏輯》(北京：人民出版社，2008 年 12 月)，頁 474-476。

83 何顯明，《市場化進程中的地方政府行為邏輯》，頁 477-478。

84 例如 2001 年制定《溫州服裝產業十五發展計畫》即由溫州市政府召集服裝商會等數十位民營企業家多次反覆磋商下所制定；模具協會亦多次與市政府研商行業發展戰略，提出建議「溫州模具城」。吳錦良，〈我國企業主團體政治參與的途徑與機制〉，《中共浙江省委黨校學報》，2005 年第 3 期，頁 18-21。

制度性接觸及形成權錢交易「政商關係」。[85]2020年浙江省鼓勵參與涉企三大政策制定的企業家代表原則上民營企業比例不低於70%，且中小企業比例不低於50%。同時，應適當聽取企業黨組織書記和新生代企業家的意見建議。[86]

(二) 企業社會責任及參與慈善公益

現代企業競爭即是一種服務競爭和企業形象競爭，當一個公司願意承擔企業社會責任(corporate social responsibility(CSR))時，不僅能提高其社會信譽度，亦能有效提高競爭力。所謂企業社會責任係指「企業在創造利潤、對股東利益負責的同時，還要承擔起對企業利益相關者的責任，保護其權益，以獲得在經濟、社會、環境等多個領域的可持續發展能力」。[87]因而，加強民營企業社會責任意識培養，與聲譽建設和品牌建設等量齊觀，私營企業主及個體戶比其他社會階層更偏好參加社會公益活動。[88]私營企業運用戰略性慈善公益方式，利於提升企業的財務績效，增強消費者的認可度和忠誠度，提高企業聲譽資本，獲得政府和立法機構的認同，這些無形資本

---

85 張愛敏，〈私營企業主的非制度政治參與問題研究〉，《理論前沿》，2011年第11期，頁306。

86 三大類涉企政策包括：編制和制定行業發展規劃、行業發展和改革政策、行業標準和規範；制定市場准入、行業監管、環境保護、安全生產、招標投標、政府採購、財政補貼和獎勵辦法等對企業切身利益或者權利義務有重大影響、影響企業生產經營的專項政策；制定經濟社會發展方面的重大改革方案、對外開放政策和宏觀調控政策。岳德亮，〈浙江鼓勵企業家參與涉企政策制定，民營企業代表比例不低於70%〉，《新華社》，2020年4月2日，
〈http://www.gov.cn/xinwen/2020-04/02/content_5498238.htm〉。

87 丁浩，〈我國企業履踐社會責任機理詮釋及路徑依賴〉，《徐州師範大學學報》，第38卷第5期，2012年9月，頁126。

88 依據對廣州市的研究調查指出約42.2%私營企業主及60%個體戶對社會公益活動具偏好，伊德慈，〈階層結構變化對地方政府行為的影響〉，《中共南昌市委黨校學報》，第3卷第3期，2005年6月，頁13。

有利於提升企業的核心競爭力。

　　中國社會轉型過程中，由於制度欠缺明確有效規範、私營企業發展的「原罪」問題及「第一桶金」來源爭議，企業主應發揮其社會責任，履行其發展責任、法律責任、道德責任及政治責任。[89]其中積極從事社會公益活動，不僅可去除公眾對私營企業主的負面評價；同時也助於塑造企業優質形象及提升其信譽度，利於企業永續發展。[90]目前中國企業普受質疑缺乏社會責任及「企業公民」身份，其因源自於產權不明晰導致內部激勵動力弱化，及法律制度、信譽制度不健全導致外部監督約束軟化所造成；[91]及市場與權力的逐利性特徵、公共意識淡薄及欠缺社會認可度。[92]至於民間商會的慈善行為其動力，主要來自於政治合法性訴求及社會合法性訴求之需要、商會領導與政府所共同建構的良好非正式政治關係、商會企業網絡的便利性及內部成員的相互激勵，及民間商會與其他慈善組織的關係網絡的助推作用。[93]

　　依據 2009 年中國慈善排行榜顯示，民營企業捐贈總額佔全部捐贈總額的 41.3%，遠高於國有企業與外資企業。[94]自 2007 年開始民營上市公司發佈社會責任報告數量呈現急速增長態勢，有研究者調查 2008-2010 年期間共 114 家民營企業發佈社會責任報告書，其中 52 家企業有政治關聯佔發佈的

89 馬國慶、鄭粉花，〈資本「原罪」與民營企業家的社會責任〉，《企業研究》，第 20 期，2010 年 10 月，頁 24-25。
90 敖帶芽，《私營企業主階層的政治參與》(廣州：中山大學出版社，2005 年)，頁 77-80 。
91 丁浩，〈我國企業履踐社會責任機理詮釋及路徑依賴〉，《徐州師範大學學報》，第 38 卷第 5 期，2012 年 9 月，頁 126-128。
92 胡鳴鐸、牟永福，〈現階段新社會階層的政治訴求及社會責任承擔〉，《新視野》，2008 年第 3 期，頁 72-73。
93 向家宇，〈民間商會慈善行為的動力機制：以百色閩商投資商會為研究案例〉，《人民論壇》，總第 314 期，2010 年 12 月，頁 112-113。
94 張萍、梁博，〈政治關聯與社會責任履行：來自中國民營企業的證據〉，《會計與經濟研究》，2012 年第 5 期，頁 14-23。

45.61%。民營企業的政治關聯級別若較高，政治關聯促進其社會責任的履行。[95]例如企業因具有政治關聯在四川省汶川地震後更傾向積極參與捐贈行為，在捐贈之後捐贈的企業獲得銀行貸款與稅收方面比沒有捐贈企業獲得更多優惠，顯見企業主利用捐贈鞏固與政府或官員間的政治關聯，以獲得政府支持。[96]換言之，發揚企業社會責任是企業家的政治參與手段或策略，而非是其政治參與原始動機。

根據第六次私營企業調查報告卻指出大部分私營企業主熱衷於社會公益事業，調查顯示 63.6%的私營企業主參加社會公益事業的捐贈，44%參與「光彩事業」。[97]2008 年抽樣調查顯 86.7%的私營企業主有過捐贈行為，各種規模企業的捐贈人數比例皆比 2005 年增加，其中企業規模越大，捐贈人數比例和捐贈額度越高。另一項針對 230 私營企業主對社會公益事業所持的態度調查結果指出，約有 79.6%的企業主以各種方式支持社會公益事業，包括「希望工程」、「扶貧幫困」及「光彩事業」等。企業家支持公益事業主要是彰顯其社會責任感之實踐，如報答父老鄉親、回饋社會及答謝黨與政府的支持，這種比例高達 78.1%。[98]

根據 2018 年公布《民營企業家公益慈善實踐與思想認識研究報告》顯示，民營企業家基金會關注領域多樣化，教育(佔比 83.51%)、扶貧(佔比 75.36%)、醫療(佔比 50.91%)和救災(佔比 32.79%)為重點領域，文化、志願服務、科學研究、藝術、三農、體育等新興領域也日益關注。其中民營企業參與扶貧的方式，有別於政府和社會組織的模式，民營企業往往會將扶

---

95 張萍、梁博，〈政治關聯與社會責任履行：來自中國民營企業的證據〉，頁 14-23。
96 薛爽、蕭興，〈捐贈：民營企業強化政治關聯的手段〉，《財經研究》，第 37 卷第 11 期，2011 年 11 月，頁 102-111。
97 陳誠平、崔義中，〈論社會轉型時期的私營企業主政治參與〉，頁 30。
98 敖帶芽，〈私營企業主階層的政治參與〉，頁 127-128。

貧視為過往公益慈善、企業社會責任行為的延續。[99]基本上，私營企業之公益慈善捐贈動機、行為方式，與其企業所處生命週期、企業發展水平密切相關。一般言之，處於發展期的企業經濟動機和政治動機更強，考慮捐贈帶給企業的經濟效益和政治參與機會的獲得；處於成熟期的企業道德動機更強。[100]

1994 年以來至 2018 年，中國各地「光彩事業」廣泛開展，民營企業界人士到老少邊窮地區和中西部地區開發資源、興辦企業、培訓人才、發展貿易，總計公益捐贈 9.92 億元、實施公益項目 872 個及受益人數達 79 萬人。同時，民營企業推動「萬企幫萬村」扶貧行動已達 7.64 萬戶，幫扶 8.51 萬個村、惠及 973.04 萬建檔立卡貧困人口、產業投入 712.46 億元，及公益投入 127.74 億元、安置就業 67.97 萬人及技能培訓 84.60 萬人。藉此提升企業社會責任、強化影響力及創造更大的社會效益。[101]自 2020 年年初爆發新冠疫情肆虐以來，在各級工商聯的組織動員下，全國共有 110600 家民營企業捐款 172.23 億元，捐物價值 119.32 億元，其中直接捐款到湖北 58.15 億元，捐物價值 47.60 億元；其他多數民營企業通過捐贈到本地政府和慈善機構後轉贈湖北。且自 3 月 25 日至 8 月期間，民營企業投資湖北項目 1577 個，投資金額 4765.13 億元。[102]

私營企業積極建立與維持政治關聯，以獲取政府更多支持為其主要政治動機，通過一次性捐贈難以建立緊密政治關聯，需要以更多次捐贈來確

---

99 張龍蛟，〈民營企業家公益慈善升級需更多服務支持〉，《公益時報》，2018 年 6 月 21 日，〈http://www.gongyishibao.com/html/gongyizixun/14199.html〉。

100 張龍蛟，〈民營企業家公益慈善升級需更多服務支持〉。

101 閆妍、段晨茜，〈中國的民營企業為什麼要加強黨的建設？〉，《人民網》，2019 年 10 月 15 日〈http://politics.people.com.cn/n1/2019/1015/c429373-31400444.html〉。

102 〈全國超 11 萬家民營企業捐款捐物支援湖北疫後重振〉，《新華網》，2020 年 8 月 11 日，〈http://big5.xinhuanet.com/gate/big5/www.hb.xinhuanet.com/2020-08/11/c_1126355423.htm〉。

定或強化此關係,尤其是已建立政治關聯的企業為強化既有關係更會加大捐贈數量。事實上,熱心社會公益事業及具社會責任感的企業主較易進入工商聯、人大及政協。加入共產黨及民主黨派的私營企業主,通常其社會捐贈的比例高於私營企業主平均水平。私營企業主的社會捐助行為或公益捐贈,其目的不僅出於自身利益考量,也是一種政治投資,因為進行捐贈的企業更易獲得銀行貸款,尤其是短期貸款;相對較低的稅收負擔及政策優惠。這是一種保證社會資本及發揮政治影響力的方式,藉由社會捐助強化企業主在地方政府與民眾中正面形象,拉近企業與消費者、潛在消費者的關係,此或可稱為一種具公益性色彩的政治參與模式。[103]

四、結論

本文所探討私營企業主之政治參與型態,大多是因黨國體系主動「政治吸納」所產生,尚處在一種「政治安排」狀態,造成一種「假象」及流於「走過場」形式;且政治參與門檻相對較高,黨國體系所能容納私營企業主政治參與的規模極其有限,最終這將可能導致部分私營企業主不願走向正式或制度性參與途徑。儘管也有些私營企業主選擇採取主動性政治參與,但最終其象徵性意義仍大於實質性的政治影響,難以形成促進形成中國政治改革的動力機制。[104]新經濟菁英雖認為自己中產階級,且不滿自身所處政治地位;然卻持溫和及改良主義的意識型態,無論是從黨國採取主動的「政治安排」策略,抑或是從私營企業主主動性的「政治投資」策略加以檢視,「政治安排」策略形同是一種「政治褒揚、犒賞」,其榮譽性遠高於其所能真正施展政治權力;「政治投資」策略其所涉政治參與範圍與深

---

103 王曉燕,《私營企業主的政治參與》(北京:社會科學文獻出版社,2007 年)頁 45-60。
104 楊建平,〈關於私營企業主階層非制度化政治參與的分析與思考〉,頁 33-37。

度皆不足，所參加社團組織或民間商會其政治自主性相當低，尚難以促進公民社會與公共領域的成熟發展。大部分企業家接受黨國壟斷權力的現實，其在政治參與上被吸納猶如被黨國體系「制度同化」。

中國黨國體系透過「政治吸納」策略，不僅利於擴大合法性基礎和執政基礎；同時以「政治安排」此種政治試驗方式消弭政治參與呼聲，將其從制度外納入體制內，以維護黨國體系穩定性。而私營企業主因尚未成為獨立政治力量，為獲取政治資本以保護經濟利益及社會認可，大部分也願意被黨國體系所吸納。黨國體系採取主動的「政治安排」策略與私營企業主主動所採取「政治投資」策略，一拍即合互有所需；地方政府或官員的政績升遷目標與企業主的政治經濟利益需求，產生聯繫具高度一致性。從私營企業主來說，其「政治投資」策略係屬相對較為自主性的政治行為；而對黨國體系來說，「政治安排」策略屬於控制性的政治策略。這導致「富人政治」的興起造成權力與資本的合流，其政治參與傾向功利性參與而非理念性參與。[105]況且黨國體系並未允許作為資本力量的私營企業主，能夠毫無禁忌地在草根民間社會中自主地組織商會，並發展成公民社會組織的一環，最多僅徘徊在體制內「政治安排」的層面，遠未能發展成體制外「政治嵌入」與體制內「政治安排」共存改革思路。[106]

中國私營企業主政治參與的滿意度與其政治忠誠度呈現正相關關係，即當政治參與(受政治安排)滿意度愈高，對黨國體系愈忠誠及愈擁護黨與國政策。[107]儘管企業家的政治參與動機目標逐漸趨於明朗與穩定，主要是追求自身經濟利益、社會地位及政治地位；而在提高政治意識與社會責任感

---

105 郎友興，〈政治吸納與先富群體的政治參與----基於浙江省的調查與思考〉，頁108-115。
106 陶　慶，《政治嵌入與政治安排》，頁237-238。
107 華正學，〈私營企業主政治參與中的滿意度研究〉，《河北省社會主義學院學報》，2005年第1期，頁42-46。

方面逐漸上升，但仍有持續增長空間。企業家雖擁有鉅額財富但卻「深度嵌入」黨國體系中，並無免於黨國控制之特權，大多數企業家也沒有利用公民權利，轉化為政治手段來反抗黨國體系。[108]兩者關係隨其政權控制力度越來越趨緊密互賴，越呈現「互利共生」結構，但黨國仍吸納控制私營企業主。本文初步研究認為，短期內由於黨國體系採取制度性的政治參與方式，利用「政治安排」解決企業家政治參與及利益表達需求，這種「政治吸納」效果十足，並限制企業家自主性的政治參與，但其對政策影響十分有限；同時，私營企業主的主動性政治參與其「政治投資」效益難以高估，尋求「政治保護」動機太強，因而對政治民主化的促動與影響其實有其偏限性。

---

108 陳健民、丘海雄，「腐敗、吸納與民主：中國政商關係的張力」，收錄於關信基、熊景明編，《21世紀初的中國》(香港：中文大學出版社，2009年)，頁121-143。

後疫情時代全球經濟板塊再塑

王珍一[*]

一、疫苗普及穩定國家發展

　　從 2019 年底到 2020 年新冠肺炎(COVID-19)疫情肆虐全球直至今日(2021 年 9 月 3 日)已經造成 219,062,869 人確診、死亡人數則高達 4,541,414 人次，造成 2020 年全球經濟大衰退、各國邊境至今仍無法完全開放，每日確診人數仍不斷向上攀升。[1]但是在 2020 年中，世界先進國家深知新冠肺炎病毒絕對無法因封鎖國家邊境、暫停社會活動，就可以有效阻止病毒傳播，而唯有加速疫苗研發，提高施打普及率，才能迅速恢復國家經濟活動。

　　而目前獲得世界衛生組織(World Health Organization,WHO)所認證的疫苗只有美國和德國合力研發的輝瑞(Pfizer)、美國莫德納(Moderna)、嬌生(Johnson & Johnson)、英國阿斯利康(AstraZeneca)、中國的科興及國藥。[2]但疫苗接種劑量需求卻遠遠大於供給，而目前各國所持有疫苗數量卻也呈現兩極化差距，如下圖 1 所現，全球疫苗接種進程中，以美國為首的西方國家，疫苗接種覆蓋率已超過100%，然而亞洲、非洲等許多第三世界國家，仍面臨疫苗短缺問題，甚至有部分國家接種率連 1%都未能達到。

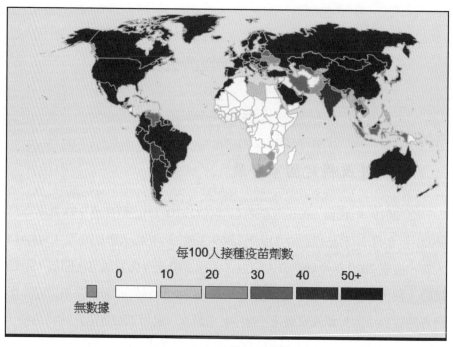

圖 1：全球疫苗接種進程

資料來源：Our World in Data, ONS, gov. UK

表 1：各國新冠疫苗接種統計表

國家	每 100 人接種劑數	總計數	地區
美國	109.9	369556911	北美
加拿大	139.9	53257191	
韓國	83.9	43060463	亞洲
越南	19.5	19151122	
泰國	45.4	31771819	

日本	102.1	128759863	
臺灣	45.8	10928720	
中國大陸、香港和澳門	142.1	2064091138	
印尼	35.5	98149666	
新加坡	150.3	8861176	
英國	135.3	90743580	
德國	121.1	101608475	
法國	128.7	86977760	
捷克共和國	106.8	11451458	歐洲
立陶宛	117.3	3155245	
俄羅斯聯邦	54.8	80012028	
直布羅陀	234.1	78854	
以色列	154.9	13614101	中東
土耳其	109.7	93318338	

註解：疫苗接種總數指已接種疫苗劑數，不是指接種人數。因此，每100人接種劑數可能多於100。

資料來源：Our World in Data, ONS, gov. UK (檢索日期：2021年8月31日)

　　從上表來看英國海外領土直布羅陀(Gibraltar)人口僅3萬多人，疫苗接種率為全球最高，不外乎直布羅陀位於歐洲及紅海的重要地理要點，也是歐洲主要航運轉運站。而亞洲國家人口眾多，目前只有中國大陸、新加坡、日本在每100人接種劑數上超過100，其他東南亞國家包含臺灣，每100人接種劑數仍不到50，主要原因在於全球疫苗供給分配不均，疫苗分配已成

為國際強權之間的政治談判籌碼。

二、疫苗施打後全球經濟狀況

　　2019 年底受新冠肺炎疫情影響各國採取嚴格的邊境管制作為，導致全球經濟市場萎縮，其中以原物料出口國和人力密集型的發展中國家影響，各國企業在考量利益下，紛紛轉移市場，使原先發展中國家(Developing country)更是難以生存，而已開發國家(Developed country)卻也因開發中國家無法適時供應原物料及提供人力資源，造成全球供應鏈斷裂，也迫使已開發國家面臨物價上漲、通貨膨脹，進而導致失業率升高等一系列連鎖效應，已開發國家政府無不想方設法突破困境，透過各種紓困、補貼等相關政策進而維持國家運作。

　　筆者藉由蒐集當前各國政府經濟指標數據如下表 2 所示，進而分析新冠肺炎疫苗施打前後對國家經濟所造成的差距進行分析以及說明。

表 2：各國經濟指表統計表

國家	GDP (十億美元)	利率	通貨膨脹率	失業率	政府預算	負債/GDP	人口(百萬人口)
美國	20,937	12.20%	5.40%	5.40%	-14.90%	107.60%	329.48
中國	14,723	3.85%	1.00%	5.10%	-3.7%	66.80%	1,443.50
日本	5,065	0.10%	-0.30%	2.80%	-12.60%	266.20%	125.67
德國	3,806	0.00%	3.90%	3.60%	-4.20%	69.80%	83.17
英國	2,708	0.10%	2.00%	4.70%	-14.30%	97.40%	67.20

印度	2,623	4.00%	5.59%	7.00%	-9.40%	69.62%	1,347.12
臺灣	611	1.13%	1.95%	4.36%	-4.50%	28.20%	23.55
泰國	502	0.50%	0.45%	1.90%	-6.10%	50.50%	66.65
新加坡	340	0.27%	2.50%	2.70%	-13.90%	131.00%	5.70
越南	271	4.00%	2.82%	2.62%	-5.80%	46.70%	97.58
印尼	1,058	3.50%	1.59%	6.26%	-6.50%	38.50%	270.20
墨西哥	1,076	4.50%	5.81%	4.40%	-4.60%	52.10%	126.01
韓國	1,631	0.75%	2.60%	3.30%	-6.10%	42.60%	51.78
俄羅斯	1,484	6.50%	6.46%	4.50%	-3.80%	17.80%	146.20
以色列	402	0.10%	1.90%	5.00%	-11.70%	71.10%	9.29

資料來源：筆者蒐集《世界銀行》數據庫整理(檢索日期：2021 年 9 月 7 日)

　　筆者將各國依「疫苗研製國家」、「高度普及率國家」等類別進行分類探討。針對疫苗研製國家，目前有美國、英國、德國、中國、印度等國家所研製的疫苗是世界衛生組織所認可，然而俄羅斯的「史普尼克五號」(Sputnik V)、臺灣高端疫苗(MVC COVID-19 Vaccine)雖已研發，卻尚未通過世界衛生組織的嚴重特殊傳染性肺炎疫苗實施計劃(COVID-19 Vaccines Global Access, COVAX)。[3]

　　首先對疫苗研製國家，中國、美國、英國依序說明分析；2019 年底中國武漢地區先行爆發新冠肺炎病毒，原以為此病毒如同一般流行性病毒，後續評估才發現此病毒具有高度傳染力以及致死率，於是中共政府率先對武漢地區實施封鎖，但由於中國境內交通發展完善，航運、鐵路及公路網

3　直至本論文研究期間俄羅斯的「史普尼克五號」(Sputnik V)、臺灣高端疫苗(MVC COVID-19 Vaccine)尚未通過世界衛生組織認證，但都已成為該國家政府所認證疫苗

絡的交互使用，使病毒也加速傳播至中國境內各級省分以及國外，造成全球大流行爆發。但也由於中共政府高壓控制手段，在各省邊境派遣武警實施駐點封鎖，管制中國百姓人口移動，並透過研發疫苗、新冠肺炎病毒快篩、施打疫苗、、數位健康碼(Health Code)控制疫情，雖是第一個疫情爆發國家，卻也是第一個有效控管的國家。[4]使國家經濟快速復甦。

後續由中國所研製的科興(CoronaVac)及國藥兩支疫苗迅速在中國以及全球開發中國家施打。[5]

目前透過 Our World in data 所提供的數據顯示，中國大陸疫苗接種目前總接種劑量為 20.4 億劑，完整接種人數約為 8.89 億人，但由於中共政府可能封鎖部分資訊，官方資訊與實際接種情況可能有所落差，所以在下圖顯現上，並非相當正確，只能僅供參考。

---

4 健康碼(Health Code)是 2019 年新冠病毒在中國大陸疫情期間以手機應用軟體 APP 為載體的定位追蹤應用程式，作為個人的電子通行證使用，經讀取後可確認與證明持有人的健康情況，並以之出入需要出示該證明的場地。

5 BBC，〈中國科興疫苗 你可能想知道的幾個問題〉，《BBC》，2021 年 7 月 21 日，〈https://www.bbc.com/zhongwen/trad/chinese-news-55251508〉(檢索日期：西元 2021 年 9 月 7 日) 。

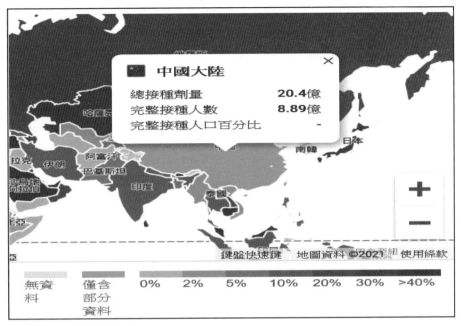

圖 2：中國大陸疫苗接種現況圖

資料來源：Our World in data〈Statistics and Research Coronavirus (COVID-19) Vaccinations〉(檢索日期：西元 2021 年 9 月 7 日)

　　中國大陸自改革開放以來，年均增長率超過 9%，只有在 2020 年成長率僅達 2.3%，但 2020 年卻是全球唯一實現經濟正增長的主要經濟體。依季度觀察，一季度受疫情影響最嚴重，GDP 同比下降 6.8%；二季度開始觸底反彈，增長 3.2%；三季度增速繼續加快，增長 4.9%；四季度增速達到 6.5%。[6]如下圖 3 所示：

---

6 BBC，〈中國經濟：去年 GDP 增速 2.3% 或成全球唯一正增長〉，《BBC》，2021 年 1
　月 18 日，〈https://www.bbc.com/zhongwen/trad/business-55702760〉(檢索日期：西元
　2021 年 9 月 7 日)。

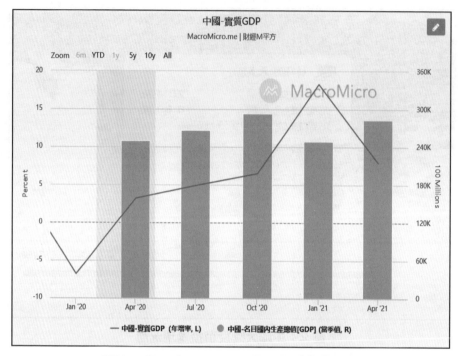

圖 3：2020-2021 年中國大陸經濟成長圖

資料來源：MacroMicro〈中國-GDP 綜合指標〉，

〈https://www.macromicro.me/collections/22/cn-gdp-relative/984/cn-gdp-perce
ntage〉(檢索日期：西元 2021 年 9 月 7 日)

　　中國大陸能在全球疫情肆虐下有如此成長，歸因於中共政府強制的封
鎖和各項管控手段，使中國大陸民眾能盡儘速投入各產業，恢復經濟活動，
特別是中國大陸製造業的恢復，對全球經濟來說更是一劑強心針。

(一) 美國

　　美國在 2020 年初完全忽視新冠肺炎威力，認為新冠肺炎只是一般流行

性感冒，直至新冠肺炎確診以及每日死亡人數不斷攀升，美國政府(時任為川普政府)才意識到嚴重性。下圖4為美國因新冠肺炎死亡人數累計圖，如圖所示，2020年7月前為一疫情高峰，當時美國總統川普(Donald John Trump)著重在2020美國大選，忽視疫情嚴重性。直到總統大選結束，美國對新冠肺炎的應對政策才有所轉變。

然2021年1月過去之前已確診人數基礎下美國缺乏對於新冠肺炎治療所需醫療資源，導致因新冠肺炎死亡人數，再度攀升。直到後續疫苗研發，美國民眾普遍施打後，因新冠肺炎而死亡人數才有顯著下降。

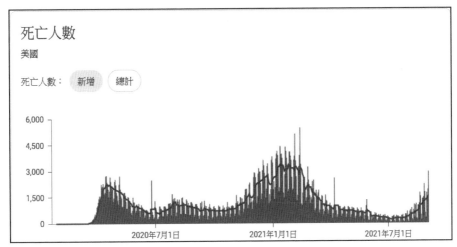

圖4：美國因新冠肺炎死亡而死累計圖

資料來源：Our World in data〈Statistics and Research Coronavirus (COVID-19) Vaccinations〉(檢索日期：西元2021年9月7日)。

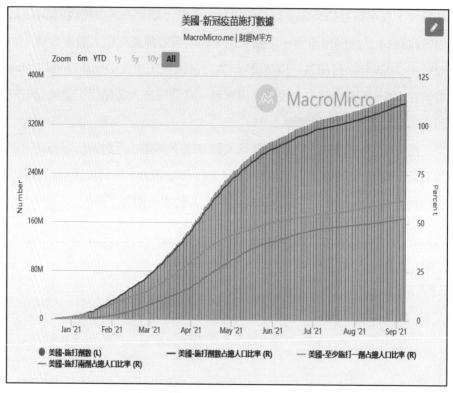

圖 5：美國-新冠疫苗施打累積圖

資料來源：Our World in data〈Statistics and Research Coronavirus (COVID-19) Vaccinations〉(檢索日期：西元 2021 年 9 月 7 日)。

　　如上圖 5 截至 2021 年 9 月 7 日，美國施打 375,995,378 劑，施打劑數佔總人口比率 111.80%，至少施打一劑佔總人口比率 61.72%，施打兩劑佔總人口比率 52.53%，而筆者對照 2020-2021 年美國實質 GDP 經濟成長發現，在 2020 年第二季美國受到新冠肺炎影響，美國實質 GDP 年增長率為 -9.1%，直到 2021 年第一季才恢復到 0.5%。如下圖 6 所示：

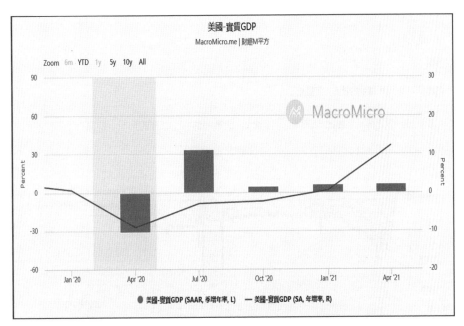

圖 6：2020-2021 年美國實質 GDP 經濟成長圖

資料來源：MacroMicro〈美國-GDP 綜合指標〉，

〈https://www.macromicro.me/collections/2/us-gdp-relative〉(檢索日期：西元

2021 年 9 月 7 日)。

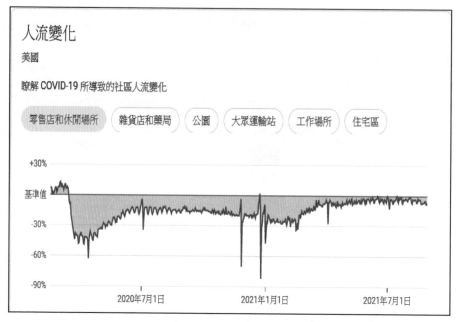

圖 7：2020-2021 美國人流變化(零售店和休閒場所)

資料來源：Google COVID-19 Community Mobility Reports(檢索日期：西元 2021 年 9 月 7 日)

註：這項匯總資料呈現了去識別化的人流趨勢變化，涵蓋地點包括餐廳、咖啡廳、購物中心、主題樂園、博物館、圖書館和電影院。

　　筆者觀察圖 7、圖 8、圖 9 以及美國社區人流變化，發現主要三個極端值分別是美國國慶假期 7 月 4 日、2020 美國大選 11 月 3 日以及聖誕假期和新年(12 月 24 日至 1 月 1 日)，美國人民眾在 2020 年減少到戶外消費和工作場所活動，幾乎都待在住宅區生活，直到 2021 年 6 月 15 日各州政府才陸續解禁恢復正常生活。[7]

---

7 林宏翰，〈美國加州即將告別口罩與社交距離 6 月恢復正常生活〉，《中央通訊社》，2021 年 5 月 22 日，〈https://www.cna.com.tw/news/firstnews/202105220016.aspx〉(檢索日期：西元 2021 年 9 月 7 日)。

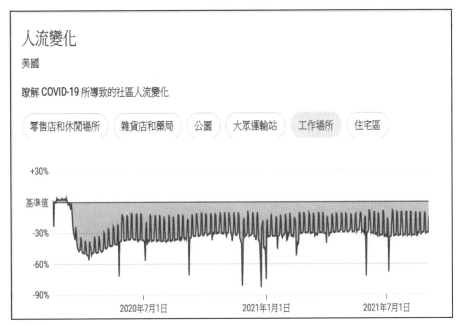

圖 8：2020-2021 美國人流變化(住宅區)

資料來源：Google COVID-19 Community Mobility Reports(檢索日期：西元 2021 年 9 月 7 日)

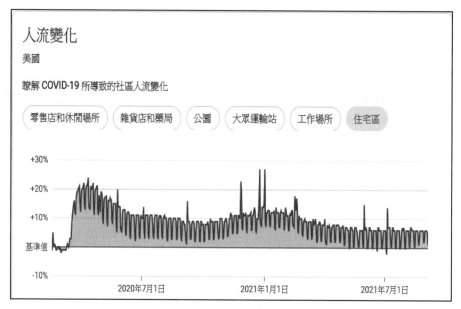

圖 9：2020-2021 美國人流變化(住宅區)

資料來源：Google COVID-19 Community Mobility Reports(檢索日期：西元 2021 年 9 月 7 日)。

(二) 英國

　　而英國與美國等西方國家一樣，起初對於新冠肺炎疫情在評估上就只是一般流行病，直到英國確診患者大量增加，癱瘓全國醫療體系，英國首相強森(Boris Johnson)才不得不面對現實，如圖 10 所示，英國死亡人數整體分為兩個高峰期，第一階段在新冠肺炎疫情初次向外擴張爆發時期，人們對新冠肺炎病毒傳染及致死率在認知上有差距，後續透過封鎖、管制才使疫情趨緩。第二階段則是發現新冠病毒有新病毒變異株，使原本受控制疫情再度爆發。[8]

8　中央社，〈英國變種病毒怎麼進到台灣？它更致命嗎？QA 一次看〉，《中央社》，2020

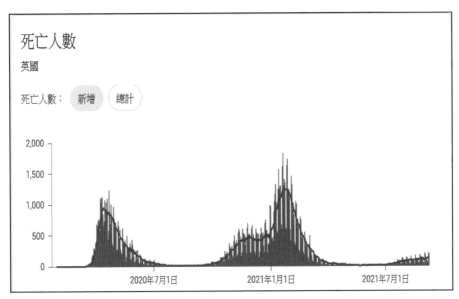

圖 10：英國因新冠肺炎死亡而死累計圖

資料來源：Our World in data〈Statistics and Research Coronavirus (COVID-19) Vaccinations〉(檢索日期：西元 2021 年 9 月 7 日)

下圖 11、12、13 觀察英國人流變化，皆可發現新冠肺炎疫情期間，人們都待在自家住宅附近，減少外出休閒娛樂以及出外工作，直到牛津-阿斯利康(Oxford-AstraZeneca)新冠疫苗研發，開始施打疫苗，英國疫情才逐漸穩定如下圖 14，直到英國疫苗施打達 91,827,909 劑，施打劑數佔總人口比率為134.63%，至少施打一劑佔總人口比率為 70.80%，施打兩劑佔總人口比率達 63.83%才使英國整體恢復穩定。

年 12 月 30 日，〈https://www.cna.com.tw/news/firstnews/202012305009.aspx〉，(檢索日期：西元 2021 年 9 月 7 日)。

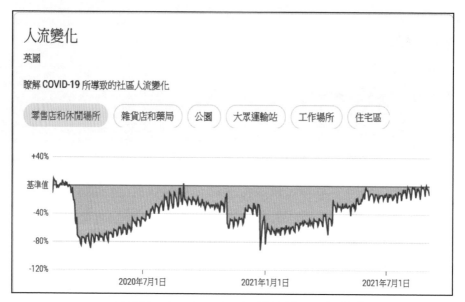

圖 11：2020-2021 英國人流變化(零售店和休閒場所)

資料來源：Google COVID-19 Community Mobility Reports(檢索日期：西元 2021 年 9 月 7 日)。

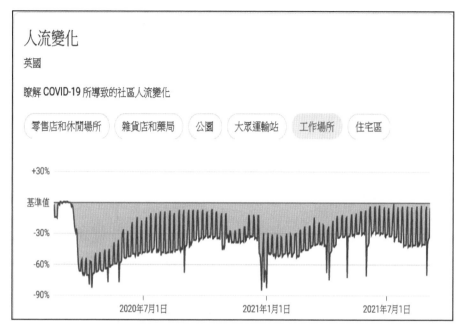

圖 12：2020-2021 英國人流變化(工作場所)

資料來源：Google COVID-19 Community Mobility Reports(檢索日期：西元 2021 年 9 月 7 日)。

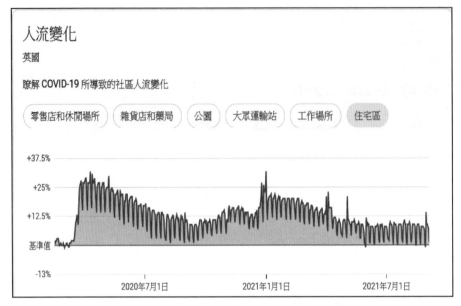

圖 13：2020-2021 英國人流變化(住宅區)

資料來源：Google COVID-19 Community Mobility Reports(檢索日期：西元 2021 年 9 月 7 日)。

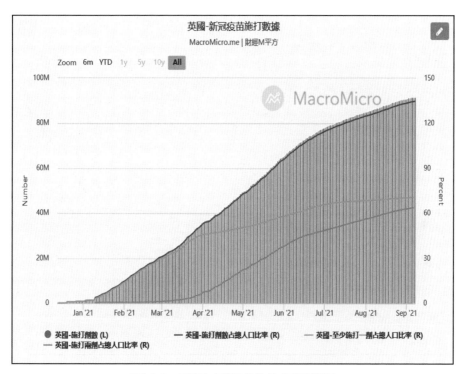

圖 14：英國-新冠疫苗施打累積圖

資料來源：Our World in data〈Statistics and Research Coronavirus (COVID-19) Vaccinations〉(檢索日期：西元 2021 年 9 月 7 日)。

　　觀看英國經濟在 2020 年第二季英國實質 GDP 年增長率為-20.8，一直到 2021 第二季 22.2%，從下圖 15 來觀察英國實質 GDP 走勢從 2020 年 1 月跌盪到 2020 年四月，直到 2021 年 1 月才開始向上爬升。

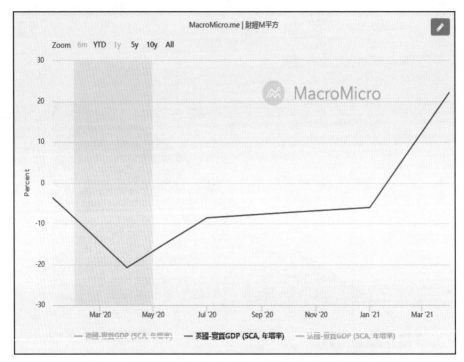

圖 15：2020-2021 年英國實質 GDP 經濟成長圖

資料來源：MacroMicro〈英國-GDP 綜合指標〉，

〈https://www.macromicro.me/collections/13/uk-gdp-relative〉(檢索日期：西元 2021 年 9 月 7 日) 。

(三) 以色列

筆者接續針對「施打疫苗高普及率國家」—以色列進行探討，從下圖 16 以色列在施打劑數為 14,148,244 ，施打劑數佔總人口比率 160.96%， 至少施打 1 劑者佔總人口 68.44%，施打兩劑者佔總人口比率 62.70，以色列政府在疫情爆發後，總理納坦雅胡(Benjamin Netanyahu)即採購數百萬劑疫

苗，於今年 3 月底前要求以色列國民皆要完成施打，以色列政府不惜耗費巨資與各大藥廠簽約採購疫苗，更是同意提供輝瑞接種者數據，以換取優先提供疫苗。[9]

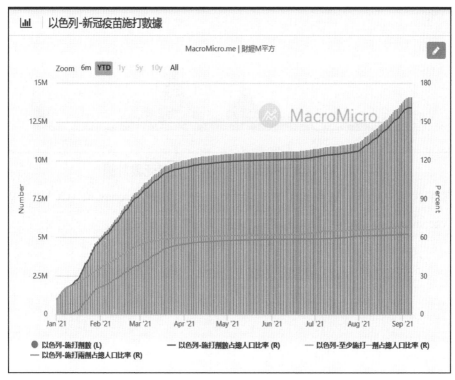

圖 16：以色列-新冠疫苗施打累積圖

資料來源：Our World in data〈Statistics and Research Coronavirus (COVID-19) Vaccinations〉(檢索日期：西元 2021 年 9 月 7 日)。

---

9 謝錦芳，〈以色列超前部署的代價〉，《風傳媒》，2021 年 6 月 13 日，
〈https://www.storm.mg/article/3746832〉(檢索日期：西元 2021 年 9 月 7 日)

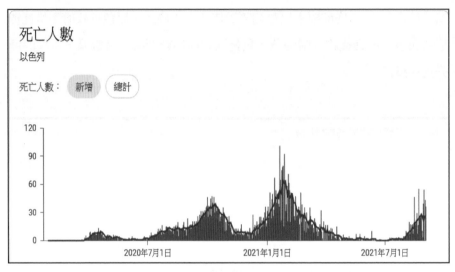

圖 17：以色列因新冠肺炎死亡而死累計圖

資料來源：Our World in data〈Statistics and Research Coronavirus (COVID-19) Vaccinations〉(檢索日期：西元 2021 年 9 月 7 日)。

　　而現今以色列死亡人數僅 7,261 人，分析以色列人流變化，則可發現以色列因提早施打疫苗，國家迅速恢復經濟活動。

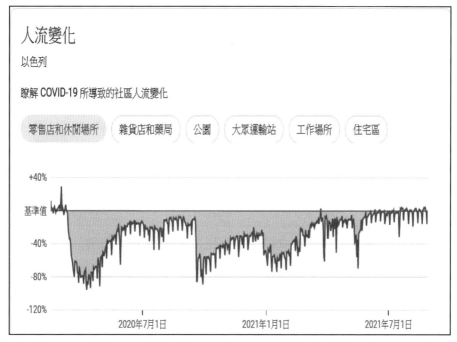

圖 18：2020-2021 以色列人流變化(零售區和休閒場所)

資料來源：Google COVID-19 Community Mobility Reports(檢索日期：西元 2021 年 9 月 7 日) 。

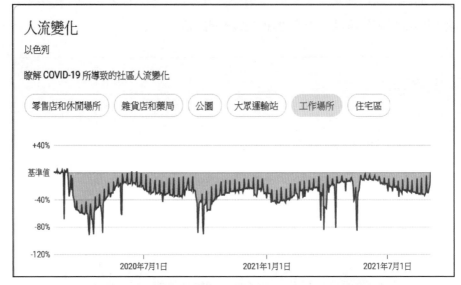

圖 19：2020-2021 以色列人流變化(工作場所)

資料來源：Google COVID-19 Community Mobility Reports(檢索日期：西元 2021 年 9 月 7 日) 。

圖 20：2020-2021 以色列人流變化(住宅區)

資料來源：Google COVID-19 Community Mobility Reports。

　　綜觀以色列整體疫苗策略，生醫技術雖有一定水準，但由於初期疫情嚴峻、國產疫苗也尚需研發時間，政府領導決策層當機立斷簽約買進輝瑞疫苗。同時也雙軌並行，研發國產疫苗，使以色列疫苗庫存量充沛。也由於以色列整體防疫策略成功，使國家實質 GDP 經濟成長率大幅提高，如下圖 21 所示在 2020 年第三季到第四季實質 GDP 成長率高達 8.8%

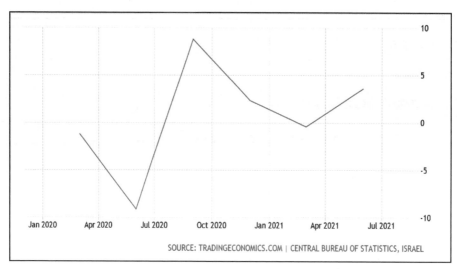

SOURCE: TRADINGECONOMICS.COM | CENTRAL BUREAU OF STATISTICS, ISRAEL

圖 21：2020-2021 年以色列實質 GDP 經濟成長圖

資料來源：Central Bureau of Statistics, Israel

〈https://tradingeconomics.com/israel/gdp-growth〉(檢索日期：西元 2021 年 9 月 7 日)。

三、臺灣防疫策略功與過

對比臺灣防疫策略，初期採防堵政策，在 2020 年全球新冠肺炎肆虐期間，臺灣雖有來自境外確診案例，但尚無本土死亡個案，直到 2021 年 4 月底、5 月初，受到全球讚譽有加的臺灣「防疫神話」在短短的數周之間破滅，先是有華航機師諾富特酒店群聚感染事件，接續又爆發萬華茶室群聚和多個地方的衍生感染。[10]如下圖 22 所示

10 BBC，〈台灣疫情：「神話破滅」背後的四個看點〉，《BBC》，2021 年 5 月 25 日，〈https://www.bbc.com/zhongwen/trad/57187804〉(檢索日期：西元 2021 年 9 月 7 日)。

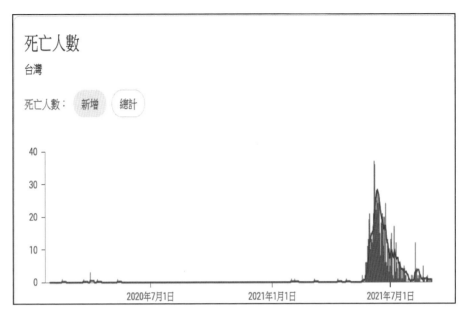

圖 22：臺灣因新冠肺炎死亡而死累計圖

資料來源：Our World in data〈Statistics and Research Coronavirus (COVID-19) Vaccinations〉(檢索日期：西元 2021 年 9 月 7 日)

　　由於臺灣跟以色列防疫策略都是以發展國產疫苗為主，但我國政府卻未預料防疫破口所造成的影響速度遠快於疫苗研發進度，至今我國目前所施打疫苗多數由國外所捐贈，分別是美國莫德納 250 萬、日本 334 萬 AZ 疫苗、捷克 2 萬 AZ 疫苗、立陶宛 2 萬 AZ 疫苗，截止至 9 月 7 日，施打劑數為 11,548,606，疫苗覆蓋率為 48.41%，如下圖 23 所示：

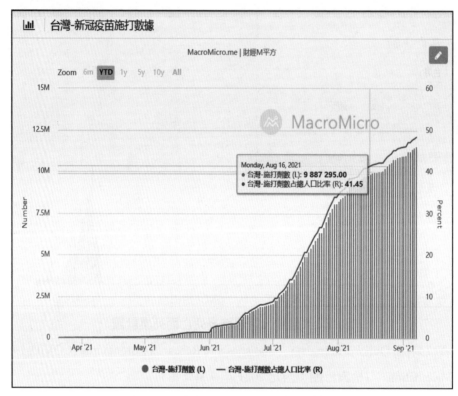

圖 23：臺灣-新冠疫苗施打累積圖

資料來源：Our World in data〈Statistics and Research Coronavirus (COVID-19) Vaccinations〉(檢索日期：西元 2021 年 9 月 7 日)。

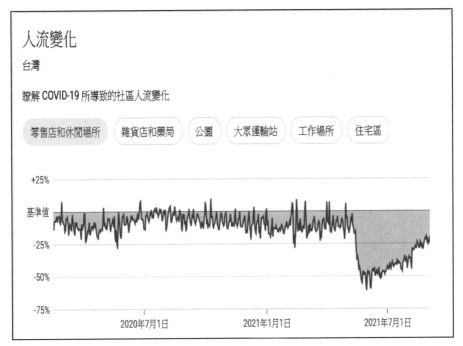

圖 24：2020-2021 臺灣人流變化(零售店和休閒場所)

資料來源：Google COVID-19 Community Mobility Reports(檢索日期：西元 2021 年 9 月 7 日) 。

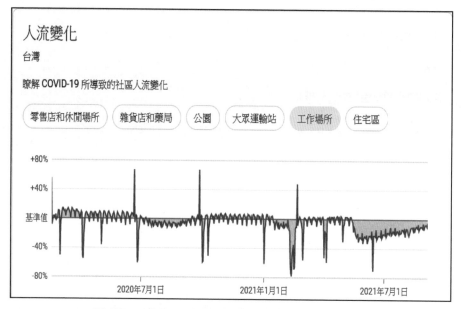

圖 25：2020-2021 臺灣人流變化(工作場所)

資料來源：Google COVID-19 Community Mobility Reports(檢索日期：西元 2021 年 9 月 7 日) 。

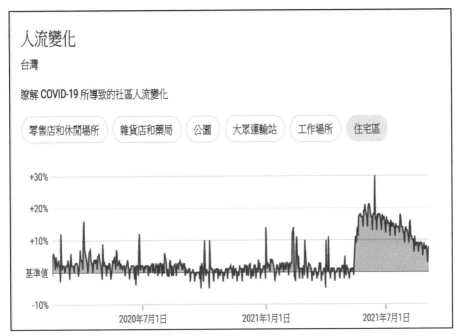

圖 26：2020-2021 臺灣人流變化(住宅區)

資料來源：Google COVID-19 Community Mobility Reports(檢索日期：西元 2021 年 9 月 7 日)。

　　從圖 24、25、26 臺灣人流變化，可見臺灣在 2020 年幾乎是正常生活，直至防疫破口產生，將全國警戒升級至 3 級，人流變化才有所變化，而臺灣也因新冠肺炎疫情，影響國內民生經濟，造成經濟衰退。從圖 27 來看臺灣實質 GDP 經濟成長在 2020 年第二季受到全球新冠肺炎疫情影響造成衰退，但憑藉未受疫情干擾，持續對外出口，使臺灣 GDP 大幅成長 7.43%，成為 2020 年少數 GDP 年增長率正成長國家。

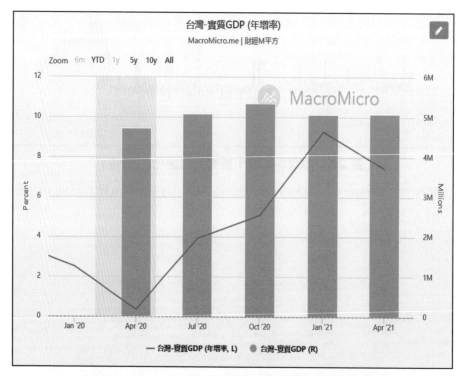

圖 27：2020-2021 年臺灣實質 GDP 經濟成長圖

資料來源：MacroMicro〈臺灣-GDP 綜合指標〉，
〈https://www.macromicro.me/collections/11/tw-gdp-relative〉(檢索日期：西元 2021 年 9 月 7 日)。

四、疫苗供給成國際談判籌碼

在 2020 年年中，新冠疫苗研發有如過去軍備競賽一般，世界各先進國家無不投入大量研發資金、人力資源開發疫苗，而疫苗研發也只能成為科技強國的競爭遊戲。就現階段世界衛生組織、流行病預防創新聯盟(Coalition for Epidemic Preparedness Innovations, CEPI)、全球疫苗免疫聯盟(Global Alliance for Vaccines and Immunisation, GAVI)、比爾蓋茲基金發起「獲取 COVID-19 工具加速計畫」(Access to COVID-19 Tools Accelerator, ACT Accelerator)正在加速為所有國家尋找有效疫苗。

然而美國杜克大學((Duke University))全球健康創新中心(Global Health Innovation Center)統計全球 20 多個富裕國家加上歐盟，總計購買約 60 億劑 COVID-19 疫苗，其餘國家則合計購買超過 30 億劑疫苗。[11]

2021 年 3 月 7 日中共在十三屆全國人大四次會議記者會上宣布推出「春苗行動」(Spring Sprout)，此計畫雖提出給中國大陸海外公民施打，但卻是不折不扣的大外宣以及國際政治談判籌碼，目前中國大陸春苗行動，已在全球 120 多個國家實施。[12]

而擁有足夠疫苗國家，將疫苗供給視為新談判工具，如美國為強化美國半導體供應鏈，4 月邀集三星等多家國際企業高層召開半導體執行長峰會，呼籲各企業加強對美投資。[13]其中也包含台灣的台積電加入美國半導體

---

11 李彥瑾，〈歐美富國囤疫苗、訂單滿到 2023 年！讓窮國望眼欲穿〉，《MoneyDJ 新聞》，2021 年 6 月 3 日，〈https://chinalife.moneydj.com/w/wp/wp05A.djhtm?a=%7B9B6A0380-EC11-444F-B8AA-85BE68DD1AF0%7D&c=NA〉(檢索日期：西元 2021 年 9 月 7 日)。

12 央視網，〈「春苗行動」已在 120 多個國家開展〉，《央視網》，2021 年 5 月 19 日，〈https://news.cctv.com/2021/05/19/ARTIqKwuwYfSkUXwIe8Upp1S210519.shtml〉(檢索日期：西元 2021 年 9 月 7 日)

13 廖禹揚，〈文在寅訪美 商議半導體投資與疫苗互換受矚〉，《中央通訊社》，2021 年 5 月 20 日，〈https://www.cna.com.tw/news/aopl/202105200232.aspx〉(檢索日期：西元

聯盟(Semiconductors in American Coalition,SIAC)。[14]

　　而歐洲國家如捷克、立陶宛也透過對臺捐贈疫苗，刺激中國大陸對台灣主權的敏感神經，從疫苗捐贈換向美國釋放外交訊號，願意與美國等西方國家結盟，成為反中同盟[15]然而全球疫苗供給，無形之中也成為美中角力新戰場。

五、結論

　　由於新冠肺炎疫情在 2020 年造成全球經濟動盪，使過去中美貿易戰對抗再度有了新變化，中國憑藉其龐大內需市場，在疫情爆發後迅速恢復經濟，而美國因初期忽視疫情其影響性，造成美國經濟元氣大傷。就目前後疫情時期觀察，全球仍受到新型冠狀病毒新病毒株 Delta、Mu 等侵襲，使原先穩定的疫情又再度爆發，再度衝擊現今經濟全球化的國際體系，未來前景令人堪憂。

　　現今主要經濟體皆加速開發新疫苗以及增加施打劑數，以防止疫情持續擴散影響區域經濟體系，然開發中國家以及第三世界國家在抗疫戰爭下只能讓富有強權國家予取予求，而歐盟體系下國家下也因透過疫苗贈與，遊走在中美兩強權，從而形成疫情時代的新同盟以及特殊二元關係，造就新國際秩序誕生。

2021 年 9 月 7 日）。

14 陳煜，〈晶片換疫苗風聲再起！美官員證實「曾洽談」　台積電回應了〉，《風傳媒》，2021 年 6 月 30 日，〈https://www.storm.mg/article/3785293〉(檢索日期：西元 2021 年 9 月 7 日）。

15 陳奕銓，〈立陶宛等國「挺台」拒中原因　《外交家》：美中角力與商業利益〉，《新頭殼》，2021 年 8 月 30 日，〈https://newtalk.tw/news/view/2021-08-30/628345〉(檢索日期：西元 2021 年 9 月 7 日）。

第四篇

新時代思想篇

孫中山思想與民粹主義

匡思聖*

一、前言

孫中山曾說「政是眾人之事，治是管理，政治二字合在一起就是眾人之事的管理。」眾人之事管理的主要目的，古今中外各思想家的論述雖有差異，但其核心目標應是一致，那就是維持人類群體的生存、運作，進而追求更美好的生活。在眾人之事的管理制度中，人類社會歷千餘年發展，近 200 年來，治理制度由君主專制走向民主政治，這樣的轉變牽涉到統治者與人民關係的根本改變，那為何要經歷這樣的改變呢？主要應在於近代人類文明發展，已由重視群體轉向重視個人，洛克、盧梭、孟德斯鳩等西方理論家透過「人的自然權利論」、「社會契約論」等論述為民主政治奠下理論的基礎，也確立了民主政治制度建立的初衷：「保障個人權利，進而追求讓人民過更好的生活，擁有自我實現的機會。」

孫中山作為革命運動的領導者，按其說法，就是在「喚醒民眾」追隨其去追求中國現代化的成功，辛亥革命，孫中山成功地喚醒民眾終結了 2000餘年的帝制，這成功的政治動員，也就是民粹的政治動員，此一民粹的政治動員卻獲得極高的評價，但民國建立後，空有民主之名確無民主之實，人民從人權保障、過更好的生活與自我實現均未獲得落實，但這些卻無損於大家對辛亥革命與孫中山正面的評價；台灣自 1990 年代邁入民主化後，

* 元培醫事科技大學助理教授兼副國際長

在近 30 年的民主實踐經驗中,歷經了三次政黨輪替,回顧這段時間的發展,除了在個人權利的保障得到極大的落實外,過去 20 年,台灣發展陷於停滯,我們離追求更美好的生活好像越來越遠,當然離每個人均擁有自我實現的機會,也越來越遠,此也是台灣年輕人對現狀不滿的普遍原因,而何以致之?多數的學者與社會輿論均認為,台灣的民主朝民粹政治方向發展是其中很重要的因素。同樣是民粹的政治發展取向,但為何孫中山的民粹動員獲得高度肯定,台灣現今的民粹式民主卻被歸為台灣現今困境形成之主要因素之一?此為本文撰寫的問題意識。

民粹既是「多數民眾的政治動員」,與民主的「多數決定」又有何差別?為何「民粹式的民主」在台灣是負面的影響?因此本文將從民粹與民主異同探討切入,其次,中華民國在台灣現今的政經發展格局深受孫中山思想的引導與影響,本文也想進一步分析孫中山對政治動員的看法,瞭解其對民粹的態度與其民權主義中的相關主張,最後再透過對 20 餘年台灣民主政治發展的檢視,去思考如何讓台灣的民主政治朝對的方向發展,讓台灣重新走向成長,落實民主政治體制建立的初衷。

二、民粹與民主

民粹主義一詞從 Populism 翻譯而來,就字義而言「民粹是一種政治人物作用於民意的政治策略和政治運作,左翼、右翼,以致保守、中間、自由派的政治家都在應用;簡單說是一種政治動員,以直接親近的方式面對民眾,訴諸民意、影響民意,動員民眾,形成共識的政治宣傳和組織。」[1] Robert S・Jansen 亦認為「民粹主義的核心特徵是一種政治動員工具,因此

---

1 選學文,〈到底什麼是「民粹」?重新認識一個被誤解和濫用的詞彙〉(2016 年 03 月 28 日),<https://goo.gl/wTXWQ2>,搜尋日期:2016.9.15。

將民粹主義視為一種政治手段可以有效避免其在概念上的模糊和分歧。民粹主義不應再被僅僅限定為一種運動或者政權類型，而應該被理解成一種尋求政治支援的靈活方式。」[2]從上述二段對民粹主義的定義可知，民粹本應是一個中性的詞彙，其主要意涵是在直接動員民眾，支持某一政治理念或政策的落實。民粹作為一種直接的政治動員方式，在過去的歷史經驗中，常呈現出動員者與被動員者常將自身所追求的政治目標視為絕對，而對不同意見者有著強烈的排他性，「我」與「他」涇渭分明，水火不容，「Albertazzi and McDonnell 則更進一步認為民粹主義是種團結主權人民對抗外在 他者的意識型態。在民粹主義的想像裡，菁英與外部的「危險他者」(the dangerous "others")形成共同的集團，意圖染指人民的權利、價值、財產、認同及發言權。」[3]在這樣的模式下，民粹式的政治動員常為達目的不擇手段，常在追逐目的的過程中挑戰體制的權威或甚而破壞、推翻體制。莊吟茜就認為「民粹主義會對民主體制造成衝擊，對個人自由造成損傷，同時還非常容易導致族群爭端和社會撕裂，甚至使整個社會處於政治癲狂和運動浪潮之中。」[4]由於民粹式的政治動員，平民所代表多數的我，懷抱我的主張是正確的是真理的絕對態度，使其主張無理性討論的空間，並願意透過任何手段追求政治目的的實現，包含破壞體制及允許政府濫權，使民粹具有極端、激進與非理性的意涵。

　　民主作為當代主流的政治意識形態與制度，其主要立基於肯定人擁有自然權利並依據社會契約論的觀念，將政府和人民的關係定位為一種契約關係，並強調社會契約應經過人民的同意，在這樣的思維下，政府的統治

---

2 Robert S・Jansen，〈民粹動員：一種研究民粹主義的新方法〉，《湖北行政學院學報》80 期，(2015 年 2 月)，頁 12-18。

3 黃昱珽〈台灣民粹主義轉變的探討：選舉民粹主義的形成〉，《弘光人文社會學報》17 期，頁 52-73。

4 莊吟茜，〈對民粹主義概念的再認識〉，《唐都學刊》31 卷 1 期(2015 年 1 月)，頁 97-102。

權力是來自於人民的授權，政府存在的目的是在保障人民權利，進而追尋讓人民過更好的生活，也因此當代民主強調「主權在民」認為人民是國家公共事務最終的決定者，也在這樣的意涵中，人民從君主專制時代，權利的被施捨者成為可以主動決定自己讓渡多少權利的權利制定者，人民成為國家的主人，尊嚴與個人權利均得到保障。民主的制度則依民主的理念設計出投票的公民參與形式，並定出少數服從多數的遊戲規則，進而建立起政黨競爭形式的代議政體的政治制度，少數服從多數遊戲規是依盧梭《民約論》中的「多數意志＝全任意志」而來，民主在此與民粹出現交集，均肯定人民的多數決定具有對公共事務決定的正當性。但除了此肯定多數決定，民主亦強調「多數尊重少數」，肯定社會應為「多元價值」的群體，在此一狀況下「言論自由」的確保成為民主重要的條件，伏爾泰的名言「我不同意你的意見，但我誓死捍衛你表達此一意見的權利」，說明民主要在多元價值並存與保障言論自由的社會土壤下才能獲得實踐。在政府制度上，民主政府大部分均依孟德斯鳩權力集中必將使人腐化，政府權力應分立制衡的觀點去設計，不管何種政府制度，重視契約精神，人民不可違法，政府不可濫權、逾權是當代民主憲政體制最重要的原則。也因此，當代民主政治不允許為達目的不擇手段事情的發生，不論政治主張具有多大正當性與道德性，公共事務的決定均須依法律規範與程序，認為正當程序是必要且不可破壞的，羅爾斯在其著名《正義論》中主張：建構一個決定正義原則的公平程序是必要的，正義不僅是結果的正義，公平程序是正義的另一種展現。[5]正說明了程序正當在民主政治制度運作中的重要性。

　　在前述的分析下，民粹與民主均肯定人民為主體，只是民粹主義者認為某一政治主張只要能得到多數人民的認可，能動員多數人民表態，就可

5　參閱 John Rawls, A Theory of Justice , (Cambridge, Massachusetts: The Belknap Press of Harvard University Press, 1971), p.60.

以去做、去執行，同時，民粹主義思維下，人民的對立「他者」常被認為是加害者與迫害者，在人民最大的思維下，對政治目的的追求，可衝撞體制，不受程序規範的限制。莊吟茜的分析「其一，民粹主義與民主主義的共同點是兩者均強調『人民至上』但不同點是民粹主義不適當地強調『人民至上』，並將『人民至上』抬拉到了一個不受任何約束和限制的高度，……其二，由於將『人民至上』放到了一個至高無上的『懸空』位置，使得民粹主義因缺乏實際具體內容而變的抽象和空洞，以至於被政治精英打著『人民』的旗號而賦予他自己需要的政治內容。簡言之，極端化的『人民至上』很容易被利用。其三，由於民粹主義 將民主主義條件下的『人民至上』原則片面化和極端化，故在實踐中常常將尊重民意變為盲從民意，將引導民意變成操縱民意，將依賴『人民』變成利用『人民』」[6]清楚說明民粹主義被濫用與誤用的負面影響。此也是政治民粹化後，民主體制可能會被破壞，一個民粹化的社會也可能因理盲、濫情與走向威權獨裁，導致民主政治的初衷未能完全實現。民主則是在重視多元價值與契約精神、保障言論自由與維護程序正當下，肯定人民多數的決定可以為全體的決定，但強調任何主張的追求均不可破壞體制並要依一定的程序去進行投票式的公民參與，方為完成。

基本上，民主理念是奠基在西方理性主義的基礎上，民粹思想則主要是由西方浪漫主義的脈絡下發展，兩者在思想想背景上即有極大差異，因此，民主與民粹主要有以下的分野：

（一） 民主在價值信念上重多元價值，肯定少數意見表達的權利；民粹則強調「我」與「他」的對立與差異，缺乏包容異見的態度。

（二） 民主政治在制度上重視政府與人民的契約關係，彼此之間是處在一種

---

6 莊吟茜，〈對民粹主義概念的再認識〉，《唐都學刊》31 卷 1 期(2015 年 1 月)，頁 97-102。

相互約束的狀態，民主不反對任何變革，但追求的是一種符合制度約束的漸進式的變革；民粹主張者則認為「多數的主張」即具正當性，可不受制度此一社會契約的約束，常藉衝撞及破壞體制，以躍進的方式追求其主張的實踐。

（三）民主政治遵守多數決定的原則，注重公共政策形成程序的正當性，民粹論者則以達到目的為最高目標，為達目的可以忽略程序的正當性。

在瞭解民主與民粹的分野後，回顧過去經驗，從十九世紀俄國農民運動起，經歷希特勒的德國復興運動、美國黑人民權運動、印度獨立運動到2008 年金融海嘯的占領華爾街運動，以及台灣的紅衫軍與太陽花學運…等中外政治運動皆可被視為具民粹性質的政治動員，分析此類重大政治運動，其觸媒多跟民族主義、社會公平有關，而許多政治人物也因其自身政治利益，透過政治宣傳，喚起前述處境下人民的情緒，在此一情境下，所動員的群眾常因自身處境而顯得較為激進、極端，並具有盲從的傾向。法國大革命時，羅蘭女士所留下的名言「自由、自由多少罪惡假汝之名為之。」與 Robert S・Jansen 的認知「民粹動員可能被認為是政治動員的一個子類別，是指對通常被邊緣化的社會群體的動員，使他們進入公眾視野及抗爭性政治行動。也就是說，是對那些窮人、體制外的及其他之前沒有被動員起來的人的動員，使他們進入有組織的、通常是抗爭性的政治活動中。這可能會通過挑戰統治地位的社會政治慣例、結構 或統治者的遊行、集會、示威等來實現。」[7] 正說明民粹動員的對象與性質。

在當代社會，民粹式的動員，常在民主國家中發生，那麼，民粹是否必然會有礙於民主或最後瓦解了民主？答案應是民粹對民主有傷但卻不一

---

7 Robert S・Jansen，〈民粹動員：一種研究民粹主義的新方法〉，《湖北行政學院學報》80 期(2015 年 2 月)，頁 12-18。

定會瓦解民主制度，在民主國家中，政治動員是一正常的政治行為，民粹式的動員基本上應只是民主政治中政治動員的一種方式，屬於非理性的動員，此種動員發展到極端最終有可能顛覆了民主體制，一戰後德國希特勒政權的崛起即可為證，但大部分時候民粹並未能挑戰民主體制，甚至進而瓦解民主體制，也就是在今日，民粹式的政治動員是民主政治運作現象之一，某種程度上，民粹可以說是民主的異化現象，「對民粹主義與民主主義的關係還可以有另一種 表述，即前者是後者的異化。這種異化的方向是多樣的。 異化後的民粹主義有時會產生嚴重的負面影響，有時也並非一定會產生負面影響。」[8] 政治動員若是透過理性訴求人民取多數支持，尊重及遵守民主政治的精神與制度，則此種治動員並無損於民主，反而有利於達到民主的初衷；反之，動員群眾時，若訴諸於人民的情緒，以製造對立為手段，為達目的可以破壞體制的「情緒式動員」，即是民粹的政治動員，可能傷害民主，甚至瓦解民主。

三、孫中山對政治動員的態度與民權思想

孫中山一生透過革命事業推動，致力於追求中國現代化，其革命事業其實就是一種對人民的政治動員，其思想可以辛亥革命做分野，在辛亥革命前，孫中山雖已有初步的民權與民生思想，但其革命動員民眾的方式，仍以民族主義為主，同盟會的誓詞「驅逐韃虜 恢復中華 建立民國 平均地權」即是以民族主義作為其政治動員主要訴求，孫中山在民族主義中強調「能知」與「合群」，即是希望透過民族主義喚起中華民族的救亡意識，希望透過民族主義訴求動員多數人民支持其革命主張，因此，在辛亥革命前的階段，孫中山的政治動員是屬情緒式的民粹政治動員；民國建立之後，

---

8 莊吟茜，〈對民粹主義概念的再認識〉，《唐都學刊》31 卷 1 期(2015 年 1 月)，頁 97-102。

孫中山對民初亂象的反省，其認為主因是思想準備不足，因此提出「三民主義」，作為革命與中國現代化追求的思想綱領，開始重視對人民的思想教育與宣傳，並主張「主義就是思想，由思想產生信仰，由信仰產生力量。」孫中山這樣的觀念說明，在辛亥革命後其所領導的國民革命運動，在政治動員上，已訴諸人民的理性，希望人民在理性認識三民主義後，再進而支持國民革命運動，可以說是一種理性式政治動員方式。

　　孫中山的革命思想雖以民粹的方式對人民進行政治動員開始，但在民國建立後，孫中山基本上是肯定西方建立起的民主代議政體，在民主部分孫中山接受洛克《社約論》的觀點「統治者的權力是奠基於被治者的同意」，接受人民為國家的主人，在「社會契約論」觀念的影響下，孫中山用「權能區分」劃清人民與政府的關係，其謂「在我們的計畫中，想造成新的國家，是要把國家的政治大權，分開成兩個。一個是政權，要把這個大權，完全交到人民的手內，要人民有充分的政權，可以直接去管理國事，這個政權便是民權。一個是治權，要把這個大權，完全交到政府機關之內，要政府有很大的力量，管理全國事務，這個治權，便是政府權。」[9]此表示孫中山基本上雖重視「人民的政治動員」但不主張人民的多數可以去逾越制度，要修改契約，則須人民運用其參政權依程序為之。在〈中國國民黨第一次全國代表大會宣言〉中，孫中山宣示「蓋民國之民權，唯民國之國民乃能享之，必不輕授此權於反對民國之人，使得借以破壞民國。」[10]肯定人民權利的擁有來自於對國家社會契約的肯定，也說明人民不可藉民權或人權之名義去從事破壞國家體制，行顛覆國家之事。

　　孫中山在〈建國大綱〉中提出其著名的「建設三程序論」其謂「建設

9　秦孝儀編，《國父全集第一冊》（台北：近代中國，1989 年 11 月），頁 122--123。
10　孫中山數據資瞭庫，〈http://www.sunyat-sen.org:1980/b5/125.92.250.161/ sundb/sundbzz/show.php?id=249〉，搜尋日期：2016.9.20。

需依軍政、訓政及憲政之三程序來建立，軍政時期以武力掃除革命障礙，奠定民國之基礎；訓政時期則以黨治國，推行地方自治；憲政時期則還政於民，憲政完成之日即革命成功之日。」[11] 說明孫中山在軍政時期的政治動員，允許對體制的衝撞，甚至是要推翻體制，但此時期所破壞的體制，是君主專制政體並不是民主政體，訓政時期是教育與訓練階段，是從君主專制到民主政治的過渡階段，到憲政時期，還權於民，則民主體制不容被挑戰，也說明在孫中山自始即清楚的認識到，情緒式的民粹政治動員是推翻君主專制的過渡時期手段，在訓政時期，教育人民，使人民能理性參與公共政策的決定，在進入憲政民主時代的政治動員，依孫中山的觀點，理性式政治動員是可以被允許的，理性式政治動員符合民主體制公共政策應由人民作主但需依制度與程序的規範的準則。基本上「孫中山在從辛亥革命到民初期間，制定和頒佈的一系列重要憲章法令，大都體現了《民約論》中的重要政治理念，如天賦人權論、契約立國論、人民主權論和公意統治論等。」[12] 說明孫中山雖在革命前期會利用民粹進行政治動員，但孫中山的民權思想是認可民主政體，最終是要透過建設三程序，在中國建立符合時代需求的民主政治體制。

除了對民主體制建立的堅持外，孫中山在辛亥革命後，改變其辛亥革命前推翻異族，「驅逐韃虜　恢復中華」情緒式政治動員的民粹主張，而強調「吾黨所持之民族主義消極的為去除民族間的不平等，積極的為團結國內各民族，完成一大中華民族。」[13]，並強調「漢族當犧牲其血統、歷史與夫自尊自大之名稱，而與滿、蒙、回、藏之人民相見以誠，合為一爐而治

---

11 國父全集索引，〈https://goo.gl/zAAzRC〉，搜尋日期：2016.9.14。
12 王國永，〈《民約論》與孫中山的民權主義〉，《浙江萬里學院學報》21 卷 1 期，頁 27-31。
13 秦孝儀編，《國父全集第二冊》(台北：近代中國，1989 年 11 月)，頁 112。

之，以成一中華民族之新主義，斯為積極之目的也。」[14]說明孫中山肯定當時的中國社會是一個多元的社會，在多元社會中，人口多數的民族應與其他少數民族或族群透過平等對話取得共識；孫中山的此種觀點在論「世界大同」時更為明確，「對於世界諸民族，務保持吾民族之獨立地位，發揚吾故有文化，且吸收世界之文化而光大之，以期與諸民族並趨於世界，以馴至於大同。」[15]說明孫中山的世界大同理想是一個多元一體的世界大同，大家在異中求同，而在同中有異，而孫中山在民族主義中的此種觀點，正與民主政治重視價值多元相一致。

四、台灣經驗的檢視

中華民國在台灣自 1986 年解除戒嚴後，逐步走向民主化，在野百合學運的催化下，1992 年國會全面改選，可以說初步完成民主化，1996 年總統直選，2000 年完成第一次政黨輪替，至 2016 年完成第三次政黨輪替，基本上中華民國已經是一個民主國家，民主在台灣得到鞏固，但回顧這 20 餘年的民主進程，中華民國的民主，在過度強調人權保障下，中華民國的民主一直走在民粹影響下，蕭榕即認為「臺灣在 20 世紀 80 年代束終結了威體體制，今年也實現了政黨靜二次輪替，但是臺灣政治生態仍受到民粹主義的影響。民粹主義日益成為臺灣政黨政治的重要生態，成為影響各種政治力量的主導性力量。臺灣的民主政治仿佛陷入了『本土文革』之中，籠罩著民粹主義的陰影。」[16]在民粹主義的影響下，民主政治無法理性化發展，陷台灣於發展的停滯，在三次政黨輪替中，第一次是因國民黨的分裂，不屬於民粹的動員外、陳水扁在總統連任時，除用防禦性公投，以民粹手段

---

14 前揭書，頁 335。

15 秦孝儀主編，《國父全集第三冊》(台北：近代中國，1989 年 11 月)，頁 355。

16 蕭榕，〈民粹主義：產生、發展及警惕〉，《黑龍江史志》(2008 年 2 月)，頁 16。

動員選票外，兩顆子彈疑雲下的連任成功，即是情緒式民粹動員的結果。第二次政黨輪，因陳水扁前總統的貪腐疑雲，馬英九獲得總統直選以來，最高的 750 餘萬票，可說是理性政治動員的結果，無關民粹，第三次政黨輪替，可說是 2014 年太陽花學運影響下的結果，亦是情緒式民粹下的選民選擇，上述歷史事實均說明民粹深深影響了台灣民主的發展。

事實上在第一次政黨輪替前，1990 年代的民主化進程，基本上即是用民粹的形式去推動，黃昱珽即敘「台灣社會的民粹主義，其實在 1990 年代政治轉型的時候便已經出現，並在民主化過程裡扮演重要角色。解嚴初期的台灣社會，國民黨政權仍舊維持黨國體制，保守勢力對國會全面改選、司法改革等民主議題並不熱衷，民間社會因此醞釀著長期的不滿能量，最終以解嚴之後最大規模的學生運動的形式爆發出來。」[17]李登輝時期所推動的民主化工作，基本上是利用其權威去影響黨國機器，並利用其台籍身分的光環，去動員人民，由上而下主導憲法的修改，是威權形式的民粹動員，黃光國即評斷「1990 年代的民粹主義式修憲修法，儘管打著『民意』為正當性基礎，但真正目的在貫徹政治人物的個人意志與利益，挑戰民主政治裡的法治原則，並非是真正的民主。」[18]均說明在台灣民主化的初始，民粹即在其中佔有重要的影響力且具有威權性質；2000 年政黨輪替後，陳水扁總統時期，民粹的政治動員成為選舉中的常態，此時期民粹的動員與李登輝時期相同均是立基在台灣主體認同意識上，但與李不同的是，李時期的民粹操縱是利用當時仍具影響力的國民黨政黨機器，陳水扁時期的民粹動員，則是延續黨外時代，將國民黨視為外來政權，是敵人的方式去動員群

---

17 黃昱珽，〈台灣民粹主義轉變的探討：選舉民粹主義的形成〉，《弘光人文社會學報》17 期，頁 52-73。

18 黃光國，《民粹亡台論》(台北：商周，2003)，轉引自黃昱珽，〈台灣民粹主義轉變的探討：選舉民粹主義的形成〉，《弘光人文社會學報》17 期，頁 52-73。

眾，目標是為獲得勝選。在 2004 年連任時期，「陳水扁開始轉向更為激進的選舉訴求，將民粹主義與台灣民族主義做出更進一步的結合，以 2003 年的 SARS 事件為契機，將對岸中華人民共和國，以及台灣社會裡親中派的「在台代言人」皆納入他者的清單之中。」[19] 而此也正形成基於認同的情緒式民粹成為民進黨選舉動員的主要方式。黃昱珽的註解「陳水扁透過直接訴求民眾的方式，賦予政治行動的正當性，來對抗在野黨佔據人數優勢的國會；身為黨主席的陳水扁，也利用民粹主義作為輔選策略，激化各項議題來進行政治動員。因此認為，今日台灣的民粹主義是種偏向於選舉型態的形式。」[20]

在這一段 20 餘年的民主過程中，2006 年紅衫軍運動與 2014 年的太陽花學運的政治動員兩大民眾運動，正可亦為符合民主理念，理性政治動員與民粹情緒式政治動員的代表，兩者之間的差異，正可看到台灣政治發展民粹化的發展趨勢，紅衫軍運動的訴求是反貪倒扁，希望身陷貪腐疑雲的陳水扁總統下台，在施明德一聲號召下，運動在 10 天內募集新台幣 1 億元，運動轟轟烈烈展開，並在 2006 年 9 月 15 日與 10 月 10 日發動超過 70 萬的群眾走上街頭，但在陳水扁總統自己不辭職，民黨立委未倒戈讓立法院通過罷免案的情況下，紅衫軍運動逐漸退潮，其訴求也未完成，基本上紅衫軍的動員是因總統貪腐，運動是理性思考下的主張且具有一定的正當性，但在領導者自我克制下，未用破壞體制的政變形式逼迫總統下台，維護了民主體制與符合程序正當，可以說是不違背民主價值的理性式政治動員；2014 年太陽花學運，其訴求是退回立法院委員會聯席會議所通過的兩岸服

---

19 黃昱珽，〈台灣民粹主義轉變的探討：選舉民粹主義的形成〉，《弘光人文社會學報》17 期，頁 52-73。

20 黃昱珽，〈台灣民粹主義轉變的探討：選舉民粹主義的形成〉，《弘光人文社會學報》17 期，頁 52-73。

務貿易協定，他們認為通過的程序有瑕疵，不符合程序正當性，學生在 2014 年 3 月 18 日當晚攻佔立法院，並佔領至同年 4 月 10 日，期間並在總統府前凱達格蘭大道，發動超過 75 萬人大規模的群眾運動，兩岸服務貿易協定退回立法院聯席委員會重審至今，其動員達到目的，但在議題上，兩岸服務貿易協定是否通過是可以討論的公共議題，無是非對錯上的絕對性，佔領立法院近一個月，是嚴重逾越體制的行為，因此，太陽花學運的政治動員是屬於情緒式的民粹動員，此次運動對民主體制產生深遠的傷害。從這兩次運動的屬性分析來看，紅衫軍運動之政治訴求雖未達成但並未對民主體制造成傷害，太陽花學運則反之，說明台灣政治朝民粹發展的方向，且是朝更極端的民粹方向發展，假以時日若未改善，將傷害台灣民主的發展。

中華民國在台灣民主的發展會走向民粹化，基本上是因為台灣人主體意識與否定中華民國統治台灣正當性而來，進而形成反對與中國大陸交往的反中意識，歷年由民進黨所發動的群眾運動與選舉動員，均是透過上述議題進行動員，太陽花學運即是在濃厚的反中意識下產生，田弘茂即謂「台灣民主鞏固尚待解決的問題，同時也是最重要和最棘手的問題是國家認同的問題，……即使台灣成功地民主轉型，同時也為民主鞏固做好了準備，倘若無法順利解決國家認同問題，前述的民主轉型即無法算是完成。」，[21]黃昱珽亦認為「台灣的選舉民粹主義，便是在美麗島事件之後反對運動的激進化，建構起台灣「人民」與「他者」國民黨對抗的想像下逐步成形。」[22]除了前述因認同因素之原因外，台灣民主朝民粹化的發展，媒體亦是其中推波助瀾的重要推手，媒體透過各種政治談話性節目引導人民，名嘴對時政的任意貶評均深深影響台灣民主朝民粹化發展，「回顧台灣選舉民粹主義

---

21 田弘茂等主編，《新興民主的機遇與挑戰》(台北：聯經，1997 年)，頁 286。
22 黃昱珽，〈台灣民粹主義轉變的探討：選舉民粹主義的形成〉，《弘光人文社會學報》17 期，頁 52-73。

發展的過程裡，可以注意到媒體扮演著一定程度的角色；例如國民黨政權同意媒體報導美麗島事件的軍事審判過程，讓台灣社會能夠接觸到長期受到封鎖的黨外政治主張，扭轉了對反對運動的評價及觀感。然而媒體對民粹主義的影響不僅止於此，當代民粹主義操作裡，媒體是相當方便、幾乎是不可或缺的一項工具。」[23]「一、媒體提供了民粹領袖與人民直接聯繫的管道，將個人的形象與訴求直接打入觀眾的心中；可以傳遞影音的電視普及更促成政治語言模式的轉變，政治人物透過辯才無礙的長篇演說、逐步轉向為提出簡潔有力的口號；二、媒體持續性的報導能維持事件的能見度，讓一個議題在輿論裡不斷受到關切，最終得以發酵成為全國性的事件；三、媒體對政治事件的追蹤報導往往更進一步地擴大民眾對政治的不滿，同時降低了對政黨政治的信任程度。媒體有利於民粹主義敵視政黨政治、抗拒政治的制度化，而民粹領袖往往也難以拒絕此一有效的工具。……不過近來台灣選舉民粹主義更傾向採取負面的操作，藉由『爆料』與指控對手來強化民粹主義裡人民與他者相互對抗的想像。」[24]說明，台灣的媒體為追求收視率，在政治事件報導上均以譁眾取寵的方式進行，未能理性分析引導人民去做正確的認知與判斷，在媒體未善盡社會責任下，台灣政治民粹化狀況日益嚴重。

五、結語

　　「民主」與「民粹」皆重視人民的政治動員，在不民主的社會，若能透過理性訴求讓人民接受其政治主張，進而動員民眾，追求政治目標的實現，此時民粹動員，雖可能顛覆現有體制，但為社會進步，有其必要；在

---

23 同註22，頁52-73。
24 同註22，頁67-68。

民主社會，若仍民粹當道，由於民粹運動的性質中缺乏包容性且會挑戰體制，基本上會有損民主體制的運作，若民主社會長期處在情緒式民粹政治動員下，以台灣經驗看，將形成惡性循環，在惡性循環中，人民將對現狀越趨不滿，民主政治的運作將未能完全達到民主政治制度建立時的初衷，若進一步惡化，民主體制將受到挑戰而有被顛覆的可能。

孫中山在辛亥革命前基本上是肯定透過民粹動員人民，而且是透過民族主義去為情緒式的民粹動員，但在辛亥革命後，在看到民初的亂象並經過深刻的反省後，其後的國民革命運動，希望透過主義讓人民產生信仰，進而由信仰產生動員力量，希望政治動員是建立在理性認知的基礎上，觀其民權主義與建國三程序的主張，民粹式的政治動員只是在民主未完成時的的過渡手段。在進入民主化時期後，孫中山就堅持體制不可逾越、程序正當性，並有著開放包容承認多元價值的胸懷，基本上與民主的精神相一致，也就是孫中山在民主體制建構完成後，對民粹式的政治動員是不持肯定的態度。

檢視 1990 年代後台灣民主化的政治發展，台灣民主在民主民粹化，朝情緒式政治動員方向發展下，陷入整體社會發展停滯的惡性循環，追其根本原因主要在於台灣的政治競爭是建立在主體意識認同與國家認同的分歧下而產生，在前述原因下，台灣的選舉動員大部分皆是基於情緒的民粹式政治動員，此現象在媒體政論節目的推波助瀾下，日益惡化，太陽花學運佔領立法院卻獲得肯定，讓台灣民主化的後續發展有著更深的隱憂。

中華民國的生存發展，不管在大陸或在台灣都深深受孫中山思想的影響，透過對孫中山在人民動員與民權主義主張的探討，發現孫中山的主張，可以為當代台灣民主化發展的參照，其思想對社會契約論的肯定，不授民權與反對民國之人，包容開放的社會態度，均是思考理性優質的民主制度

在台灣如何建立的準繩。若我們能依孫中山的主張，在價值認同上以理性態度重建對主義的認識，建立正確的核心價值，在國家認同上，認同中華民國，遵守中華民國憲法此一根本性社會契約，在政治競爭上，擺脫認同情結不再仇視對方，在公共政策上理性思辨公共政策，尤其是兩岸政策，中華民國在台灣應思考兩岸應維持何種關係時，人民可以依對台灣發展最有利狀況下的原則，做出理性的判斷。若政治競爭能擺脫認同幽靈所導致情緒式民粹，公共政策決定能經過理性討論，台灣的民主仍有機會跳出惡性循環，走向正確優質的路向，台灣重新振作擺脫發展停滯將非遙不可及的夢，民主的初衷亦終將有實踐的一天。

從孫中山民族主義論習近平兩岸一家親理念

傅瑩貞*

一、前言

　　中共的對臺策略是以「兩岸一家親」為其主軸，以反獨促統為其戰略，中共國家主席習近平在中共十九大中說到「兩岸同胞是命運與共的骨肉兄弟，是血濃於血的一家人，我們秉持兩岸一家親的理念，尊重臺灣現有的社會治理和臺灣同胞生活方式，願意率先同臺灣同胞分享大陸發展的機遇，……將推動兩岸同胞共同弘揚中華文化，促進心靈契合。」[1]以聯繫宗親血緣的關係，喚起臺灣人對「中華民族」產生認同感，達到兩岸統一的目的。

　　孫中山先生認為中華民族有五千年的歷史文明，富有道德文化、智識與能力。滿清積弱腐敗中國被外強侵辱之時，他宣揚民族主義來凝聚中華兒女的團結力，推翻滿清，建立了亞洲的第一個民主共和國—中華民國。他用能知與團結，來啟發人民對中華民族認同的共識，從小團體到國族的

---

* 作者為陳守仁孫學研究中心研究助理。

1　王彥喬，〈習近平十九大開幕致詞》習近平 19 大對台講話，4 提九二共識〉，《風傳媒》，2017 年 10 月 18 日，
　〈https://tw.news.yahoo.com/%E7%BF%92%E8%BF%91%E5%B9%B3%E5%8D%81%E4%B9%9D%E5%A4%A7%E9%96%8B%E5%B9%95%E8%87%B4%E8%A9%9E-%E7%BF%92%E8%BF%91%E5%B9%B319%E5%A4%A7%E5%8D%8D%E5%8F%B0%E8%AC%9B%E8%A9%B1-4%E6%8F%90%E4%B9%9D%E4%BA%8C%E5%85%B1%E8%AD%98-053100225.html 〉。

團結力，恢復中華民族的盛世，達到濟弱扶傾，大同世界的目標。

在西方 nation 的意義是指「聚居在一省、一國或一帝國境內的人群」。根據《歐美圖解百科全集》的定義，「民族」意謂「統轄於同一政府之下，一個人民的集稱」；在「西班牙皇家學院辭典」，「民族」意謂「擁有共同族群根源的人群，他們說著共同的語言，承襲共同的文化傳統。「民族」最初的意義指的是血統的來源。後來隨著民族國家的產生，民族一詞內含有國家主權的意義。民族在不同的時空環境會有不同的意涵。孫中山在接受到西方思想的影響，在民族主義裡一開始就提到「甚麼是民族主義呢？按中國歷史上社會習慣諸情形講，我可以用一句簡單話說，民族主義就是國族主義。」[2]民族在血統上種族之意，也有政治裡領土國族之意。

艾瑞克霍布斯邦(Eric Hobsbawm)的《民族與民族主義》裡說到，「『民族』乃是民族主義想像得來的產物。在民族建立的過程中，人為因素的重要性，比方說，激發民族情操的各類宣傳與制度設計等。」在孫中山革命到建國的過程中，中華民族的定義是有所變動，從大漢族的排滿革命，建立民國時改為五族共和，到後來將境內民族融合為一個中華民族，以建構中國的民族認同感。

民族主義是在法國大革命十八世紀以後才出現的，將國家存在的正當性建立在民族，取代過去的君權神授，此後，國家的主權屬於人民、而非王朝，也就是所謂的「人民主權、主權在民」（people's sovereignty）。在班納迪克安德森(Benedict Anderson)的《想像的共和體：民族主義的起源與散布》裡將民族主義定義為「它是一種想像的政治共同體—並且，它是被想像為本質上有限的(limited)，同時也享有主權的共同體。」[3]民族主義為創造國族

---

2 秦孝儀主編，國父全集編集委員會編集，《國父全集(第一冊)》(臺北，近代中國出版社，1989)，頁 3-12。

3 Benedict Anderson 著，吳叡人譯，《想像的共同體：民族主義的起源與散布》(Imagined

認同的策略，孫中山以民族主義來集結人民的共識來推翻滿清的統治，建立中華民國。雖然中華民族一詞非是孫中山定義，但在宣傳民族主義思想時，他以中華民族有五千年的悠久歷史，擁有先進文明和優良的傳統，來引起人民對中華民族的想像，產生對中華民族的認同。

習近平在「北京紀念孫中山誕辰 150 週年大會」上發表演說時強調，「中國共產黨人是孫中山先生革命事業最忠實的繼承者，完成了孫中山先生的未竟事業。他並重申，實現祖國完全統一，是中華民族根本利益所在，也是中華兒女的共同願望和神聖職責。」[4]然而以共產專政體制的獨攬大權的習近平，其思想是繼承毛澤東的愛國主義，兩者顯然並非同等。

民族主義緣起各派紛說，目的皆在凝聚國民的意識，使之團結，產生民族認同。民族主義是獲取政權，型塑國家的重要手段，孫中山宣揚民族主義來形塑中華民族，讓人民認同中華民族來團結奮鬥提升愛國心與國家認同。習近平用「兩岸一家親」來建立兩岸聯繫，訴諸於民族的情感，認同中華民族，一起共圓中華民族偉大復興中國夢。海峽兩岸分隔至今，兩岸的歷史環境已產生質的變化，統獨認同已深刻影響臺灣人民。

臺灣與中國大陸冷和狀態，習近平的兩岸一家親的理念，牽動著臺灣的政治局勢與臺灣人民的生計。本文透過文獻分析法，以孫中山的民族主義來探討和中共的愛國主義之間的異同，以及習近平的兩岸一家親理念對兩岸產生的影響。

Communities: Reflections on the Origin and Spread of Nationalism)(臺北，時報文化，2010)，頁 41。
4 盧伯華，〈習近平：中國共產黨是孫中山最忠實繼承者〉，《中時新聞網》，2016 年 11 月 11 日，〈https://www.chinatimes.com/realtimenews/ 20161111002422-260409?chdtv〉。

二、孫中山的民族論述之概略

(一) 孫中山民族論述的轉變

　　小時候的孫中山浸儒在太平天國與反清復明的故事中萌生民族意識。甲午戰爭之後，滿清割讓東北、澎湖與臺灣。孫中山認為是滿清外族的統治，所以不重視漢人的權益，遂與有識之士以「驅除韃虜，恢復中華」的排滿意識為號召組織興中會，歷經十次革命推翻滿清，成立亞洲第一個民主共和國。然而民國成立後軍閥割據，內亂外患不止，改以五族共合來訴求民族的團結。孫中山在北京五族共和合進會西北協進會演講「我國去年之革命，是種族革命，亦是政治革命，何則？漢、滿、蒙、回、藏五大族中，滿族獨占優勝之地位，握無上之權力，以壓制其他四族。滿洲為主人，而他四族皆奴隸，其種族不平等，達於極點。……今者五族一家，立於平等地位，種族不平等之問題解決，政治不平等之問題亦同時解決，永無更起紛爭之事。所望者以後五大民族，同心協力，共策國家之進行，使中國進於世界第一文明大國，則我五大民族公同負荷之大責任也。」[5]這時他的民族意識從排滿的大漢族思想轉為五族共和。而後 1919 年到 1922 年，他的「中華民族」觀是一種以同化為基礎的一元一體的「中華民族」觀，就實質而言，這是大漢族主義的民族觀；最後的階段在 1923 年到他病逝，他的「中華民族」觀是一種以平等為基礎的多元一體的「中華民族」觀，既承認「中華民族」是中國的「國族」，但同時又不否認境內各民族的存在，主張在平等的基礎上實現各民族的融合。[6]孫中山在民族主義內說到「夫漢族

5 秦孝儀主編，國父全集編集委員會編集，《國父全集(第三冊)》(臺北，近代中國出版社，1989)，頁 72-73。
6 鄭大華，〈論晚年孫中山「中華民族」觀的演變及其影響〉《民族研究》 (京)2014 年第 2 期，2014 年 8 月 9 日，第 61-73 頁。

光復，滿清傾覆，不過只達到民族主義之一消極目的而已，從此當努力猛進，以達民族主義之積極目的也。積極目的為何?即漢族當犧牲其血統、歷史與夫自尊自大之名稱，而與滿、蒙、回、藏之人民相見於誠，合為一爐而冶之，以成一中華民族之新主義，如美利堅之合黑白數十種之人民，而冶成一世界之冠之美利堅民族主義，斯為積極之目的也。五族雲乎哉。夫以世界最古、最大、最富於同化力之民族，加以世界之新主義，而為積極之行動，以發揚光大中華民族，吾決不久必能駕美迭歐而為世界之冠，此固理所當然，勢所必至也。國人其無餒。」[7]由此可知孫中山的中華民族，有時空背景的轉變，從原本排滿的單一大漢種族，改為以漢族為主並融合中國境內各族為一個多元文化的國族。

(二) 孫中山民族精神的內涵

在《民族百科》中提到「民族精神」是一個民族在歷史長期發展當中，所孕育而成的精神樣態。它是種族、血統、生活習俗、歷史文化、哲學思想等等所薰陶、融匯而成的文化慧命，也可說是一個民族的內在心態和存養。[8]民族精神蘊含了民族的文化，體現在人民的生活習慣、風俗信仰之中。

孫中山認為以民族主義來團結人民之前，必須先恢復民族精神，他指出中華民族是如何能成為盛世。「中國從前能夠達到很強盛的地位，不是一個原因做成的。大凡一個國家所以能夠強盛的原故，起初的時候都是由于武力發展，繼之以種種文化的發揚，便能成功。但是要維持民族和國家的長久地位，還有道德問題，有了很好的道德，國家才能長治久安。」[9]「我

---

7 秦孝儀主編，國父全集編集委員會編集，《國父全集(第二冊)》(臺北，近代中國出版社，1989)，頁 333-342。
8 魏元珪，〈民族精神〉，《中華百科全書》，〈http://ap6.pccu.edu.tw/Encyclopedia/data.asp?id=282〉
9 同註3，頁 45-54。

們要將來能夠治國、平天下，便先要恢復民族主義和民族地位；用固有的道德和平做基礎，去統一世界，成一個大同之治，這便是我們四萬萬人的大責任。諸君都是四萬萬人的一份子，都應該擔負這個責任，便是我們民族的真精神！」[10]孫中山認為中華民族擁有五千年歷史文明，民族精神是富有道德涵養，且有遠大的胸懷，若國民能夠團結，便能恢復過去盛世，成為世界強盛國家。

(三) 以能知與團結凝聚對中華民族的認同感

孫中山認為中國人受到外來的欺侮，是因為大家都沒有意識到民族的危機，而被列強蠶食鯨吞，所以要靠能知與團結來恢復民族主義，凝聚人民的民族共識。

1. 以能知勉勵人民發憤圖強

「中國受外國的政治、經濟和人口的壓迫，這三件大禍是已經臨頭了，我們自己便先要知道。……我們提倡民族主義，便先要四萬萬人都知道自己的死期將至，知道了死期將至，困獸尚且要鬥，我們將死的民族，是要鬥不要鬥呢？諸君是學生，是軍人，是政治家，都是先覺先知，要令四萬萬人都知道我們民族，現在是很危險的，如果四萬萬人都知道了危險，我們對於民族主義便不難恢復。」[11]在清末列強侵入民族淪喪之際，孫中山認為需要以「能知」透過宣傳勉勵人民反抗列強的侵略，為民族發奮圖強。

---

10 同註3，頁45-54。
11 同註3，頁38-44。

2. 從宗族到民族認同凝聚人民的團結

孫中山認為中國人有強烈的宗族觀念，卻未有民族概念，如同一盤散沙。然而如果大家能夠團結為國，形成一個大的中華民族，就能一同抵抗外侮，他說「我們失了的民族主義，要想恢復起來，便要有團體，要有很大的團體。我們要結成大團體，便先要有小基礎，彼此聯合起來，才容易做成功。我們中國可以利用的小基礎，就是宗族團體。此外還有家鄉基礎，中國人的家鄉觀念也是很深的，如果是同省同縣同鄉村的人，總是特別容易聯絡。……依我看起來，若是拿這兩種好觀念做基礎，很可以把全國的人都聯絡起來。……依我看起來，中國國民和國家結構的關係，先有家族，再推到宗族，再然後才是國族。這種組織一級一級的放大，有條不紊，大小結構的關係，當中是很實在的。用宗族的小基礎，來做擴充國族的工夫，……從前日本用藩閥諸侯的關係，聯絡成了大和民族。當時日本要用藩閥諸侯那些關係的原因，和我主張聯成中國民族要用宗族的關係是一樣。」[12]

孫中山的民族主義，以「能知」與「團結」讓人民產生對國家的向心力，為復興中華民族之盛世為目標，當中華民族能恢復到國際上一等的地位，對弱小國家要濟弱扶傾，達到世界大同的目的。

三、孫中山民族主義的策略

孫中山在三民主義裡說到主義就是一種思想、一種信仰和一種力量。大凡人類對於一件事，研究當中的道理，最先發生思想；思想貫通以後，便起信仰；有了信仰，就生出力量。所以主義是先由思想再到信仰，次由信仰生出力量，然後完全成立。[13]

---

12 同註3，頁38-44。
13 秦孝儀主編，國父全集編集委員會編集，《國父全集(第一冊)》(臺北，近代中國出版

在民族主義來說，先有了民族的意識，透過能知與團結，凝聚人民團結的力量，恢復中國優良的傳統道德文化與固有的智識，與學習歐美先進的長處，以人口的優勢迎頭趕上，便能恢復中國在國際上的地位，被列強打壓，還要能夠濟弱扶強，讓中華民族回到過去盛世。

為了喚醒國人對於中華民族的認同感，孫中山先生在民族主義描述中華民族之所以強大的緣故，以及為何要恢復民族精神的道理，若國人能團結實現三民主義，中華民國就能恢復世界首強。

(一) 恢復固有傳統道德

「講到中國固有的道德，中國人至今不能忘記的，首是忠孝，次是仁愛，其次是信義，其次是和平。這些舊道德，中國人至今還是常講的。但是現在受外來民族的壓迫，侵入了新文化，那些新文化的勢力，此刻橫行中國，一般醉心新文化的人，便排斥舊道德，以為有了新文化，便可以不要舊道德。不知道我們固有的東西，如果是好的，當然是要保存，不好的才可以放棄。」[14]清末民初西潮東進，中國知識份子與青年醉心於新文化五四運動，提倡民主與科學，批判傳統中國文化道德，孫中山認為這將會喪失中國傳統良好的道德，因此提出恢復固有的傳統道德。中華文化固有的道統是是優於其他民族的地方，也是中華文化能悠久持續長存五千多年的原因。這是中華民族強大的地方，不只不能被遺棄，更要將這些優良的道德傳統恢復。

社，1989)，頁 3-12。
14 同註 3，頁 45-54。

（二）恢復固有的智識

在中國固有的智識，孫中山認為「中國古時有很好的政治哲學。中國有一段最有系統的政治哲學，在外國的大政治家還沒有見到，還沒有說到那樣清楚的，就是大學中所說的「格物、致知、誠意、正心、修身、齊家、治國、平天下」那一段的話。把一個人從內發揚到外，由一個人的內部做起，推到平天下止。像這樣精微開展的理論，無論外國甚麼政治哲學家都沒有見到，都沒有說出。這就是我們政治哲學的智識中獨有的寶貝，是應該要保存的。這種正心、誠意、修身、齊家的道理，本屬於道德的範圍，今天要把他放在智識範圍內來講，才是適當。」[15]中華文化本有一套倫理秩序，也是符合中華民族的特性，應該持續發揚光大。「除了智識之外，還有固有的能力。……從前中國人的能力，還要比外國人大得多，外國現在最重要的東西，都是中國從前發明的。例如指南針、瓷器、印刷術、火藥和紙等等，中國發明了指南針、印刷術和火藥這些重要的東西，外國今日知道利用他，所以他們能夠有今日的強盛。至若人類所享衣食住行的種種設備，也是我們從前發明的。例如茶葉、紡織、造屋原理和拱橋，都是中國人所發明，為外國學習所用。」[16]這些固有的智識與能力，是中國人在過去沒有被消滅反而被其他民族所學習吸收而同化的原因，我們中國人本來的長處必須恢復回來。

（三）學習歐美長處

然而恢復中國人本來的長處還不夠，孫中山說「恢復了我們固有的道德、智識和能力，在今日之世，仍未能進中國於世界一等的地位，如我們

---

15 同註3，頁45-54。
16 同註3，頁45-54。

祖宗當時，為世界之獨強的。恢復我一切國粹之後，還要去學歐美之所長，然後才可以和歐美並駕齊驅。例如科學、鐵路交通、與電力，現在美國正是想用電力去統一全國工廠的計畫，如果中國要學外國的長處，起首便應該不必用煤力而用電力，用一個大原動力供給全國。這樣學法好比是軍事家的迎頭截擊一樣，如果能夠迎頭去學，十年之後，雖然不能超過外國，一定可以和他們並駕齊驅。」[17]除了自己的本能，還要學習歐美的長處，才能讓中華民族的精神恢復。孫中山透過民族主義來喚起中華民族的民族意識，產生民族認同，讓國人能夠了解中華民族擁有久遠的歷史文明，與固有的傳統道德，是一個偉大的民族，同時我們有先民傳承的智識與能力，有聰明的智慧，若能在虛心學習他國長處，讓中華民族恢復過往自信，團結讓中華民族回到盛世。

四、習近平「兩岸一家親」理念

習近平在 2014 年的連習會正式提出雙方秉持「兩岸一家親」的理念，順勢而為，齊心協力，推動兩岸關係和平發展取得更多成果，造福兩岸民眾，共圓中華民族偉大復興的中國夢。」[18]提出的主要目的，在於謀求兩岸對中華民族的認同，進而達到統一的目的。

在十九大的報告習近平提到「新時代中國特色社會主義思想」，是對馬克思列寧主義、毛澤東思想、鄧小平理論、「三個代表」重要思想、科學發展觀的繼承和發展。[19]習近平的民族思想延續著馬列主義一脈相承。

---

17 同註 3，頁 45-54。

18 陳鍵興，〈習近平：兩岸同胞要攜手同心共圓中國夢〉，《華夏經緯網》2017 年 10 月 30 日，〈http://big5.huaxia.com/thpl/tbch/tbchwz/10/5518495.html〉。

19 蔡浩祥，〈習近平「新時代中國特色社會主義思想」入黨章 對未來發展影響〉，《中時電子報》2017 年 10 月 24 日。

（一）中國大陸的愛國主義

馬克思共產主義基本上對民族概念是相斥的，馬克思本身並沒有提出明確的民族論述，在《共產黨宣言》裡論述：社會的主要區別不是水平的而是垂直的，並非在民族之間而是在階級之間的。國籍乃是無足輕重或是幻想之物：「工人無祖國」。[20]對中國大陸來說，喜歡使用愛國主義，不太喜歡使用西方慣用的語彙民族主義，因為民族主義帶者太多屬於西方特色且太多負面的因子。[21]毛澤東在《論反對日本帝國主義策略》一書中民族主體工農勞動者的理論。指出「我們的政府不但是代表工農的，而且是代表民族的。……因為工人、農民占了全民族人口的百分之八十至九十，總括工農以及其他人民的全部利益，就構成了中華民族的利益」。[22]跟蘇共一樣，民族主義的功能一方面是要面對外侮、另一方面是推翻專制，因此，中共在奪權過程所慷慨答應少數民族的自決權，特別是在面對國民黨圍剿的 1930 年代。然而，一旦掌控國家機器，建設強盛的國家是最高的考量，令人尷尬的民族主義就可以束諸高閣，改弦更張為以國家為中心的「愛國主義」（patriotism）。[23]毛澤東提出「馬克思主義中國化」就是把民族與國家的概念引進馬克思主義中，或是說，把階級的概念引進民族主義裡，而提出「無民族國家」，或是「國家民族」這個概念，主要是要說明這種民族主義的目的是新的領導階層藉由民族主義來維持自己國家合法性。「中國現代民族主

〈http://www.chinatimes.com/realtimenews/20171024003056-260409〉。

20 p.Spencer/ H.wollman 著，何景榮、楊濟鶴譯，《民族主義— 一個批判性的觀點》(Nationalism:A Critical Introduction)(臺北，偉博文化，2012)，頁 12。

21 劉姓仁，《中國大陸愛國主義與民族主義之概念性研究》，復興崗學報，93 期，2004 年，頁 135。

22 金炳鎬，〈民族概念：民族綱領政策的理論基礎〉，《人民網》，2011 年 6 月 3 日〈http://theory.people.com.cn/GB/14820097.html〉

23 施正鋒，〈中國的民族主義〉，《台灣國際研究季刊》，第 12 卷第 2 期，2016 年，頁 50-51。

義」從根本上來說，仍是一種愛國主義。[24]而後鄧小平對愛國的定義與中國主權的獨立與完整連在一起；江澤民意加強其論訴「我們並不要求所有擁護祖國統一愛國者都贊同大陸實行社會主義制度，只要他們贊同『一國兩制』，我們叫要同他們加強團結。」胡錦濤在紀念五四運動的場合提到愛國主義。中國民族主義的界定就是一種以「統一的中國」為理想社會的意識型態。[25]習近平提出兩岸一家親的目的「統一中國」與實踐鄧小平提出的「一國兩制」，政策上承先啟後，然而本質是以愛國主義為出發。

(二) 實現中華民族的偉大復興的中國夢

習近平在 2012 年在中國大陸國家博物館參觀時表示「每個人都有理想和追求，都有自己的夢想。現在，大家都在討論中國夢，我以為，實現中華民族偉大復興，就是中華民族近代以來最偉大的夢想。」同時習近平刻意站在《復興之路》的展覽前強調，『中國夢』是凝聚了幾代中國人的夙願，體現了中華民族和中國人民的整體利益，是每一個中華兒女的共同期盼。至此，『中國夢』將成為習近平的治國理念已昭然若揭。」[26]習近平從此必強調中華民族的偉大復興為主要的目標，來提振民族自尊與自信，他的民族思想延續以國家至上的愛國主義。

(三) 兩岸一家親的理念

「兩岸一家親」理念是習近平在十九大的報告中對臺的的工作，「尊重

---

24 邵宗海著，《中國和平崛起與中國現代民族主義的互動》，(臺北，偉伯文化，2009)，頁 270-271。

25 同註 18，頁 138-141。

26 杜鈴玉，〈習近平「中國夢」之探討〉，《展望與探索》，第 13 卷第 3 期，2015 年 3 月，頁 41。

臺灣現有社會制度和臺灣同胞生活方式，願意率先同臺灣同胞分享大陸發展的機遇，實現互利互惠，逐步宗近臺胞福祉，提供與大陸同胞同統的待遇。」[27]自 2013 年習近平會見蕭萬長正式提出「兩岸一家親」後，變成為中共對臺工作的主調，下列有關習近平多次在兩岸交流的重要場合對兩岸一家親的談話：

表一：兩岸一家親的主要談話內容

時　間	地　點	談話內容
2013 年 10 月 6 日	在印尼巴厘島與前副總統蕭萬長	兩岸雙方應該堅持走兩岸關係和平發展的正確道路，宣導「兩岸一家親」的理念，共同促進中華民族偉大復興。
2014 年 02 月 18 日	在北京與前中國國民黨榮譽主席連戰	兩岸雙方秉持「兩岸一家親」的理念，推動兩岸關係和平發展取得更多成果，造福兩岸民眾，共圓中華民族偉大復興的中國夢
2017 年 10 月 18 日	北京十九大工作報告	兩岸同胞是命運與共的骨肉兄弟，是血濃於水的一家人。秉持「兩岸一家親」理念，尊重臺灣現有的社會制度和臺灣同胞生活方式，願意率先同臺灣同胞分享大陸發展的機遇。將擴大兩岸經

---

27 李仲維、周佑政，〈19 大/習近平重提 6 個任何 堅持一中、92 共識〉，《聯合新聞網》，2017 年 10 月 18 日，〈https://udn.com/news/story/11323/2764007〉。

		濟文化交流合作，實現互利互惠，逐步為臺灣同胞在大陸學習、創業、就業、生活提供與大陸同胞同等的待遇，增進臺灣同胞福祉。
2018 年 04 月 12 日	在博鼇論壇與兩岸共同市場基金會榮譽董事長蕭萬長	臺灣問題攸關中華民族的根本利益，籲臺灣的工商界一定要「堅持九二共識、反對臺獨」，堅定推動兩岸關係和平發展，兩岸一家親。「兩岸民眾應該共同推進祖國統一大業，共圓中華民族偉大復興中國夢。」

資料來源：作者網路彙整

　　「兩岸一家親」的源頭，承自江澤民、胡錦濤的「兩岸一家人」。習近平在會見前副總統蕭萬長之後，定調為對臺工作的理念，他說：「廣大臺灣同胞都是我們的骨肉天親。大家同根同源、同文同宗，心之相系、情之相融，本是血脈相連的一家人。」……「兩岸一家親」理念，明確了兩岸同胞的本質關係：兩岸同胞不是外人，而是同一家庭的一家人的關係。以「一家人」之思維，理解臺灣同胞所經歷的不幸歷史與「悲情意識」，顧及臺灣同胞的尊嚴和需求，同時妥善處理對臺灣民眾的讓利和福祉問題；以更大的胸懷、更寬容的心態，以更高的視野處理兩岸問題，解決臺灣同胞關切之問題；在堅持「兩岸同屬一個中國」原則之下，合情合理合法處理臺灣

參與國際社會活動問題。[28]兩岸關係在李登輝的兩國論，江澤民的武統威脅，到陳水扁的一邊一國，胡錦濤祭出反分裂法不放棄武統。臺灣人民被武力戰爭威脅，又在國際打壓之下，愈傾向臺獨靠攏。

馬英九執政後，以九二共識破冰，對大陸關係改採活絡外交，兩岸人民互動熱絡，兩岸在更多的交流更加了解下，習近平改採柔性的和統，以「兩岸一家親」的理念向臺灣人民招手，在兩岸政治分立中，強化臺灣居民的漢族意識，以連結兩岸作為兩岸統一的基礎。[29]

蔡英文政府上臺後，消極不回應九二共識，兩岸的關係呈現冷和的狀態，中共因此對蔡政府冷調處理或是已讀不回。對臺人民卻是更為柔軟招手。在「兩岸一家親」的理念下，願與臺胞分享大陸發展的機遇，逐步提供與大陸同胞同等的待遇，增進臺胞福祉，促進兩岸同胞心靈契合。[30]「兩岸一家親」對臺政策導向是用「一家人」的思維和邏輯，「將心比心」地處理臺灣問題、兩岸分歧和對臺讓利。[31]習近平以「兩岸一家親」的理念來提升兩岸人民的民族情感，要把「兩岸一家親」理念落到實處，大陸同胞首先深刻理解包容臺灣同胞的複雜心態。也就是說「兩岸一家親」不只是對臺灣訴諸同根同宗的情感，同是也是對大陸的人民加強對臺的親近感。並對臺灣人民感性的訴諸以情，臺灣同胞具有光榮的愛國主義傳統，為了做中國人，曾不惜拋頭顱灑熱血，不屈不撓，付出了慘重的代價。……實現

---

28 陳麗麗，〈習近平"兩岸一家親"理念的內涵與踐行路徑〉，《中國評論》，第 243 期，2018 年 4 月 1 日，〈http://hk.crntt.com/doc/1049/9/2/3/104992398_2.html?coluid=7&kindid=0&docid=104992398&mdate=0404170318〉。

29 劉文斌、唐永瑞，〈大陸對臺「兩岸一家親」統戰作為效應〉，《展望與探索》第 13 卷第 10 期，2015 年 10 月，頁 86。

30 傅應川，〈習近平展現和統自信〉，《中時電子報》，2017 年 10 月 24 日，〈http://opinion.chinatimes.com/20171024005442-262105〉。

31 陳麗麗，〈習近平"兩岸一家親"理念的內涵與踐行路徑〉，《中國評論新聞網》，2018 年 4 月 1 日，〈http://hk.crntt.com/doc/1049/9/2/3/104992398.html?coluid=91&kindid=2710&docid=104992398〉

中華民族整體利益,引導臺灣同胞與時俱進,自覺參與到中華民族復興的進程中來,早日共圓兩岸同胞共同的中國夢。[32]以中華民族凝聚兩岸人民的共識,以愛國主義為中心,讓臺灣人民產生愛國同理心,來恢復中華民族的偉大復興。

(四)惠臺 31 項措施的具體落實

習近平在十九大的對臺工作提出了「兩岸一家親」的理念後,隨即的展開了惠臺的措施,為深入貫徹黨的十九大精神和習近平總書記關於深化兩岸經濟文化交流合作的重要思想,率先同臺灣同胞分享大陸發展的機遇,隨即提出了惠臺 31 條措施,[33]包含了 12 項對臺企業與大陸企業同等待遇,19 項臺灣同胞與大陸同胞的同等待遇,而最重要的在於中華文化的共同維護與宣揚中華文化的層面,參與影視文化工作將不再設限、參與學術研究的補助申請,更大舉吸引臺灣各界優秀的青年人才。隨後各大省城也祭出更多的惠臺措施。

表二:中國大陸各地惠臺措施要點

地區	發布時間	惠臺措施	重要措施
廈門	4 月 10 日	惠臺 60 條	在對臺海運、兩岸經貿口岸便利化、進一步便利臺胞在廈門生活、學習、工作等方面。
上海	6 月 5 日	惠臺 55 條	重點在於支援臺資企業升級轉型,並融入

---

32 〈習近平強調,堅持"一國兩制",推進祖國統一〉,《新華網》,2017 年 10 月 18 日,〈http://www.xinhuanet.com/politics/19cpcnc/2017-10/18/c_1121820960.htm〉。

33 游勝鈞,〈習近平"兩岸一家親"理念的重要意義〉,《指傳媒》,2017 年 11 月 24 日,〈http://www.fingermedia.tw/?p=549194〉。

			上海經濟的發展戰略。鼓勵臺資企業參與上海"五個中心"和"四大品牌"建設等。
福建	6月6日	惠臺66條	福建是對臺先行先試區域。而這次則是結合當地實際情況，在「31條」基礎上進行了更加細化的梳理。
平潭	6月7日	惠臺20條	在兩岸影視產業合作發展方面，平潭在福建省首推了《平潭綜合實驗區關於促進兩岸影視產業合作發展的實施意見》，促進影視產業要素快速集聚，支援打造具有鮮明海洋特色、較強國際影響力的兩岸影視產業基地。
南通	6月19日	惠臺44條	以促進投資和經濟合作為例，每條政策「含金量」都很高。例如：鼓勵臺商投資專案契合《中國製造2025南通實施綱要》，已有臺資企業最多獲得財政扶持1400萬元
寧波	6月19日	惠臺80條	政策內容重點放在了對臺招商引資以及臺資企業在轉型升級、增資擴產等熱點問題上，在寧波口岸採取「一站式檢驗檢疫」「綠色通道」等便利化措施方面取得突破性進展。
雲南	6月19日	惠臺12條	雲南省此次推出的12條惠臺措施，從土地、廠房、資金、稅收、補貼、獎勵等方面明確了滇中新區給予臺企的優惠政策。

天津	7月4日	惠臺 52 條	天津也結合當地特點，提出支援臺資企業在津設立區域總部、研發中心，開展冷鏈物流試點，高校畢業的臺灣學生來津創業，符合規定條件的，可申請最高 30 萬元的創業擔保貸款，等等。
浙江	7月8日	惠臺 76 條	著眼於促進臺企紮根浙江、推進與臺灣先進產業交流合作、引進臺灣專業人才等方面，進一步推動落實在浙臺胞與本省居民的同等待遇。
昆山	7月6日	惠臺 68 條	臺籍考生(含臺商隨行子女)在昆山中考錄取時加 10 分投檔；臺灣居民可在昆山註冊從事零售業務(不包括特許經營)的個體工商戶，並在電商平臺開設網店等。具體細緻的措施，更加貼近了在昆臺胞的實際生活。
湖北	7月11日	惠臺 62 條	經濟合作、鼓勵創業就業、加強文化交流、便利居住生活四個方面，提出了具體實施意見。其中，以鼓勵臺資企業落戶和臺灣青年就業為主。
杭州	7月17日	惠臺 60 條	杭州市級相關部門要建立臺灣同胞資訊共用機制，結合各自職能制定實施細則或操作辦法，為臺灣同胞提供資訊和政策諮詢服務。為臺胞在杭發展提供了便利。
淮安	7月23日	惠臺 58 條	對應「31 條惠臺措施」政策的有 16 條，

			落實國家、省現有政策同等待遇的有 6 條，借鑒外地做法的有 9 條，體現淮安特色創新舉措的有 27 條。
廣東	7 月 26 日	惠臺 48 條	具有四個主要特點：聚焦「同等待遇」、共用「廣東紅利」、著眼「粵臺融合」、回應「臺胞訴求」。
廣州	7 月 31 日	惠臺 60 條	全面涵蓋國臺辦與廣東省惠臺政策的基礎上，增加了廣州特色措施，從深化穗臺經貿合作、促進穗臺社會文化交流、支持臺胞在穗就學就業創業、便利臺胞在穗居住生活等 4 個方面。
上海閔行	8 月 1 日	惠臺 38 條	閔行是上海臺商、臺胞投資、生活的重要聚集地，截至 8 月 1 日，閔行累計批准臺商投資企業 1200 多家
廣西	8 月 2 日	惠臺 80 條	圍繞廣西發展定位和戰略重點，集合廣西享有的西部大開發政策、沿海開放政策、少數民族自治政策和邊境地區開放政策等方面，讓臺胞臺資企業在廣西發展擁有與其他省市不同的獨特優勢。
南京	8 月 8 日	惠臺 75 條	為來甯臺胞提供宜學宜業宜游宜居服務，進一步深化了對來甯臺胞在創新、創業、人才方面的政策扶持。
江西	8 月 8 日	惠臺 60 條	惠臺措施積極促進在投資和經濟合作領域加快給予臺資企業與本省企業同等待

			遇，逐步為臺灣同胞在江西學習、創業、就業、生活提供與本省居民同等待遇

資料來源：〈中國臺灣網〉

〈http://www.taiwan.cn/31t/zcfb/201807/t20180725_12039451.htm〉。

四、從民族主義內容對兩岸一家親的分析

習近平在孫中山 150 年紀念指出「在孫中山生前，中國共產黨人堅定支持其事業；在他身後，中國共產黨人忠實繼承孫中山先生的遺志，團結帶領全國各族人民英勇奮鬥、繼續前進，付出巨大犧牲，完成了孫中山先生的未竟事業，取得新民主主義革命勝利。」[34] 其民族思想應內含孫中山的民族主義精髓，他在十九大闡述新時代中國共產黨的歷史使命時說，實現中華民族偉大復興是近代以來中華民族最偉大的夢想。[35]「兩岸一家親」是習近平的對臺策略，以民族主義凝聚兩岸人民的民族共識，產生民族認同，最終實現「一國兩制」的目標。

雖然習近平認為中國共產黨是繼承孫中山的遺志，但共產主義實際上並不認同民族主義一詞的意涵，習近平如何繼承孫中山之民族意志？習近平在十九大提到繼承與發展馬克思列寧主義與毛澤東思想，形成習近平「新時代中國特色的社會主義思想」，這個新時代是包含了習近平的中國夢，作者試從從孫中山的民族主義與習近平的愛國主義比較對兩岸一家親理念的影響。

---

34 陳家祥，〈搶國父！中共自稱孫中山正統繼承　馬英九：國父是我們的〉，《ETToday 新聞雲》，2016 年 11 月 12 日，〈https://www.ettoday.net/news/20161112/809992.htm#ixzz5OjSLTnPJ〉

35 〈习近平说，实现中华民族伟大复兴的中国梦是新时代中国共产党的历史使命〉，《新華網》2017 年 10 月 18 日〈http://big5.gov.cn/gate/big5/www.gov.cn/zhuanti/2017-10/18/content_5232628.htm〉

(一) 同樣謀求中華民族的復興

　　孫中山先生提倡民族主義，要能夠恢復中華民族在國際上的地位，成為世界第一等強國。他說「中國從前是很強盛很文明的國家，在世界中是頭一個強國，所處的地位比現在的列強像英國、美國、法國、日本，還要高得多。」[36]「我們現在要恢復民族的地位，除了大家聯合起來做成一個國族團體以外，……當人民都能齊心團結，就能恢復民族的榮耀。」[37]

　　習近平提到「實現偉大復興就是中華民族近代以來最偉大夢想」作為他的領導理想。兩者都是希望能恢復中國在世界上的地位，而習近平認為提升地位的第一步，就是讓中國成為一個大一統的國家，因此他在兩岸一家親理念亦同樣提到要兩岸人民「兩岸民眾應該共同推進祖國統一大業，共圓中華民族偉大復興中國夢。」兩岸人民以民族團結，共謀民生經濟的發達。

　　習近平與孫中山同樣都是以民族主義號召人民團結奮鬥，然而相對於美國夢的個人主義，習近平的中國夢帶有愛國主義的色彩，是以愛國愛黨為主的愛國夢，而非強調恢復中華的道統文化。雖然中國大陸在民生建設上能夠超英趕美，但在文化涵養上，仍是表面利益呈現而不扎實。

(二) 同樣以中華民族凝聚人民團結共識

　　孫中山革命成功後，學習日本歐美的多元民族，以民族融合的中華民族，孫中山認為「中國古代的聖明，在尚書記載，堯的時候：「克明俊德，以親九族；九族既睦，平章百姓；百姓昭明，協和萬邦。黎民於變時雍。」他的治平功夫，亦是由家族入手，逐漸擴充到百姓，使到萬邦協和，黎民

---

36 同註3，頁45-54。
37 同註3，頁45-54。

於變時雍。這就是團結宗族造成國族以興邦禦外的好榜樣。」[38]「兩岸一家親」中的「家」，不是國際政治中的類似「邦聯」、「國家聯盟」、「共同體」、「聯合體」的概念，而是一個融合了國家和民族的概念。[39]「中華民族一家親」，在提升臺灣民眾對漢族與漢族文化的民族認同，而後建構兩岸同為一個國家、同為一個政治體系的認同，最終達成「統一」的目的。

以兩岸的漢族文化及以漢族為基底的民族結構現實，使臺灣文化認同與族群認同無法與大陸完全切割，「臺灣問題」得以化解。[40]早期唐山過來臺的先民與在國共內戰時撤離來臺的數以百萬計的兵民，傳承了中華文化同文同種、風俗習慣等，已融入人民的生活，對於中華民族認同是難以切割。以「民族」做為兩岸人民聯繫情感的橋梁，一起團結建設，共享如一帶一路開發之果。

(三) 孫中山的民族主義與習近平的愛國主義相異之處

孫中山的民族主義裡，對中華民族的想像是富有傳統文化道德與智識能力，深知人民是最偉大的力量，強調要實現革命的目的，必須喚起民眾。他關心民眾疾苦，強調「國家之本，在於人民」，「民生為社會進化的重心」，「人民所做不到的，我們要替他們去做；人民沒有權利的，我們要替他們去爭」。[41]孫中山的民族主義是以民為本，是從下而上，先有民才有國。而習近平的愛國主義，卻是以國以黨為大的愛國主義，以「一國兩制」的目的，習近平的偉大復興，沒有更多的論述是如何的復興？尤其是雖然習近平雖對臺灣人民訴諸民族情感，但是並沒有放棄武力犯臺，國際打壓的事

---

38 同註3，頁38-44。

39 同註25。

40 劉文斌、唐永瑞，〈大陸對臺「兩岸一家親」統戰作為效應〉，《展望與探索》，第13卷第10期，104年10月，頁79。

41 同註4，頁421-424。

件也時有所聞，如果人民沒有尊嚴，又如何能認同中國，認同一家親呢？孫中山對於當時歐美的強盛是抱持著開放學習的態度，而中共處處提防歐美思想，控制著媒體的書籍媒體的傳播。

孫中山強調的是「自由、平等、博愛」，但中共對人民言論的箝制，並未說服臺灣的人民，臺灣人認同中華民族而不是中華人民共和國。

因此習近平若要以「兩岸一家親」理念來說服臺灣的人民，卻仍持續的對臺灣人民或政府在國際上的打壓，可能造成更大的反彈。

表三：兩者相異處

	孫中山的民族主義	習近平的愛國主義
出發點	以民為本	以黨國為主
對內態度	自由、平等、博愛	箝制言論自由
對外態度	學習歐美長處	排斥歐美思想

資料來源：作者整理

五、結論

孫中山與習近平皆以喚起人民的民族意識，運用中國文化特有的宗族血緣觀來團結人民的民族凝聚力，期望達到復興中華民族的目的。

而習近平的兩岸一家親理念，以兩岸同宗為出發的 31 項惠臺措施實施以來，確實已對臺造成很大的影響，從 ETtoday 新聞雲的民調調查，超過半數以上的臺灣人認同 31 項的惠臺措施(見圖一)。但這能代表臺灣人認同中華人民共和國嗎？還是只是認同民生經濟的需求呢？

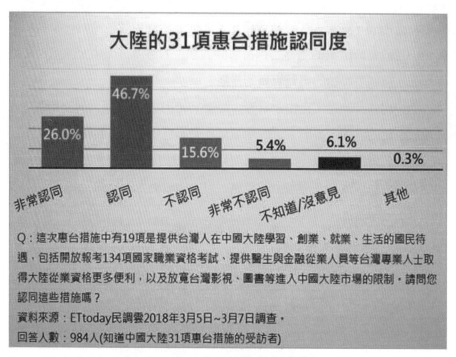

圖一：大陸 31 項惠臺措施的認同度

資料來源：ETtoday 東森雲

〈https://www.ettoday.net/news/20180316/1131616.htm〉

　　雖然習近平以「兩岸一家親」的對臺工作理念，用「命運與共的骨肉兄弟，是血濃於水的一家人」聯繫兩岸人民的情感，進而認同「一個中國」的基本策略達到最終統一的目的。但是他必須了解臺灣的歷史脈絡，並非過去以大中國為宗，在李扁二十多年執政去中化政策的結果，刻意貶低中國型塑臺灣民族主義，已造成臺灣大多數人民都認為自己並非是中國人，離孫中山的民族主義愈來愈遠。習近平雖自許自己是孫中山的繼承者，但其實仍是共產思想的愛國主義，無法引起臺灣人民的共鳴。

　　根據東亞民主動態調查數據，儘管 「去中國化」 和民主化在臺灣推

行多年，但臺灣人對中國傳統政治文化的認識依然與大陸人高度趨同。這一發現說明，大多數臺灣人之所以不強烈排斥「中國人」這一身份認同，主要還是源於兩岸切不斷的同源文化。[42] 在社會環境有所改變下，臺灣競爭力論壇舉行記者會在臺灣民眾國族認同 2017 下半年調查顯示，85%的臺灣民眾自認是中華民族。[43] 宗族血緣關係與風俗信仰本出同源，大多數臺灣人是認同中華民族。政治體系的不同是造成兩岸分離的主因，對中共箝制言論自由與對民主的壓迫，讓臺灣人民無法信任，也是許多人對兩岸一家親懷疑只是統戰的手段，並非真正對臺灣人民有利。

江宜樺教授在「民族主義與民主政治」對民族主義的主張提到，「至少在某個意義上，我們的民族乃是世界上最優秀的民族，而人類歷史必然有某個階段是屬於我們民族發揚光大的時刻。事實上，這種民族主義的信念使得每個地方的人都覺得二十一世紀是他們的世紀。」[44] 由這個論點，孫中山的民族主義裡很重要提到中華民族有五千年文明歷史，曾是世界上最強盛的民族，為了要恢復過去的強盛，中華民族的子民都該團結一致，抵抗外侮。這是為何孫中山的民族主義會讓當時的知識份子都能認同其民族主張。然而中共對臺灣的打壓，無法讓臺灣人感受到民族的榮耀。習近平在兩岸一家理念親應該要在恢復中華五千年優良的道統文化需有更多琢磨的，而非以愛國為主。

民族主義是一個民族的團結思想，然而兩岸的執政者都未對民族提出更說服人民的論述。「民族」不只是獲取政權的利器，而是血統、語言、宗

---

42 尹月，〈如何理解台灣人的國家認同？〉，《政見》，2018 年 4 月 8 日，
　〈http://cnpolitics.org/2016/04/national-identity-shift-in-taiwan/〉。

43 林永富，〈民調：臺灣自認「中華民族」五年來維持 85%〉，《旺報》，2017 年 10 月 16 日，〈http://www.chinatimes.com/realtimenews/20171016003423-260407〉。

44 江宜樺，〈民族主義的基本主張與類型〉，《民族主義與民主政治》，(臺北，新視界文庫，2009)，頁 58。

教、風俗習慣的王道形成，歷史文化亦不只是政治的宣傳口號，而是人民生活的總和。中共與臺灣的政府應以人民為本發揚民族文化。政治的目的不是為了爭奪政權，而是應該為民著想，為百姓創造良好的環境，才能讓人民感受到民族的尊嚴，恢復民族的自信，大家團結一致共創中華民族的康莊大道。

當代歐亞民族運動批判

李炳南[*]

生存，否則，毀滅；那才是問題所在。

To be，or not to be，that is the question 。

--- 莎士比亞，【哈姆雷特】---

一、前言

歐洲近三、四十年來，陸續出現了許多民族運動，我們國人大多不知道那兒究竟發生了什麼事？為什麼會這樣？對我們有什麼影響嗎？甚至連發生衝突、戰爭的地方，究竟在哪裡？歐洲大多是民主國家，而且經濟發展也相當不錯，為什麼還有那麼多的國家會出現民族分離運動？甚至引發連天戰火？難道他們不能透過民主協商的方式，去處理民族的衝突嗎？在這全球化的時代，他們為什麼還是那麼強調國家主權呢？

民族獨立運動是地緣政治博弈格局下的產物。二戰後東南亞各國的發展是如此；二戰後南斯拉夫聯邦的成立亦是如此；本文首先探討民族獨立運動包括成因；其次探討民族運動者如何建構其民族主義；包括北愛爾蘭分離運動問題以政治協商的方式和平解決、蘇格蘭民族主義運動；接著本文認為現實主義有解釋能力。最後本文提出民族分離運動的理論或價值，進而對當代歐亞民族問題進行批判及思考。

---

[*] 作者為中國文化大學國家發展與中國大陸研究所教授。

二、民族獨立運動是地緣政治的產物

民族獨立運動是地緣政治博弈格局下的產物。二戰後東南亞地區的發展是如此；二戰後南亞喀什米亞問題是如此；[1]二戰後南北塞浦路斯問題是如此；[2]二戰後西亞庫德族問題是如此；[3]二戰後南斯拉夫聯邦的成立是如此；二戰後北歐國家芬蘭的獨立是如此；1989 年蘇聯崩解後波羅的海三小國的獨立運動是如此，南斯拉夫聯邦的解體後的民族獨立運動亦如此。當然各地的族群差異、文化環境、宗教差異、語言差異，以及經濟差距等因素，在關鍵時候在一定程度上分別扮演了若干不同的角色，各發揮了若干功能。其間，國家能力是核心要素：即國家能力的強化是國家統一的前提；國家能力的衰弱是國家崩解的前奏；於前者，主權強於族權；於後者，族權強於主權。

就二戰後北歐國家芬蘭的獨立來說，芬蘭走上了一條稱作「巴凱式」的民族國家道路，那是指嚴格遵守「巴錫基維－凱科寧路線」的國家建設道路，借此得以和地緣政治上的強權國家蘇聯和平共存；「巴錫基維－凱科寧路線」的核心是，芬蘭政府必需經常與蘇聯領導人對話，以便能從蘇聯的角度看問題，必要時還須犧牲一些經濟主權上的獨立，此外，芬蘭政府和媒體必須避免批評蘇聯，必要時還須實施自我審查；這條路線的主張者認為，「只要蘇聯覺得不安心，芬蘭就永遠不會安全」，如果蘇聯有了安全感，芬蘭的安全才能獲得保障；事實上，任何民族國家的主權獨立都不是絕對的，「巴凱式」的民族國家

---

1 參考方天賜，「印度的喀什米爾問題分析」；載於洪泉湖主編，洪泉湖等著，《當代亞洲民族問題》，台北：五南出版公司，2020 年 9 月，初版，頁 207-227。

2 參考唐玉禮，「難解的族群對立」；載於載於洪泉湖主編，洪泉湖等著，《當代亞洲民族問題》，台北：五南出版公司，2020 年 9 月，初版，頁 65-94。

3 參考張景安，「敘利亞庫德族：從法國託管到後伊斯蘭國時期的發展」以及崔進揆，「伊拉克庫德自治與建國問題」；分別在於洪泉湖主編，洪泉湖等著，《當代亞洲民族問題》，台北：五南出版公司，2020 年 9 月，初版，頁 95-117 以及 119-144。

道路二戰後成功地在為芬蘭的獨立自主爭取了空間。[4]但持西方價值觀的西方媒體卻將那種路線標籤為「芬蘭化」，並稱那條路線是「弱小鄰國畏於超級強權的武力和政治上的無情蔑視，而對自身主權自由作出無恥和令人難堪的讓步」的一種可悲的狀態。[5]

　　就南斯拉夫聯邦解體後的民族獨立運動言，可以從西北和東南兩大區塊分析之。西北區塊者，包括斯洛維尼亞、克羅埃西亞、波士尼亞與赫塞哥維納等；東南區塊者，包括塞爾維亞、蒙特內哥羅、科索沃與馬其頓等。西北區塊者，歷史上受到羅馬帝國的影響，信仰天主教，語言文字拉丁化，後來，又受哈布斯堡王朝／奧匈帝國及德義法西斯政權的影響，由於地緣上接近中、西歐，工業化程度較高。東南區塊者，特別是塞爾維亞，歷史上受到拜占庭帝國的影響，[6]信仰東正教。後來，又受鄂圖曼帝國的統治，因此其中有些地區的信仰改奉伊斯蘭教，語言採用西里爾文，[7]由於地緣上接近東歐和近東，工業化程度較低，經濟相對不發達。(施正鋒，2017：21-47)[8]兩區域的對比可以參見下圖 1〔南斯拉夫西北和東南兩大區塊對照圖〕；概言之，西北區域屬天主教文化圈，東南區域屬東正教文化圈。[9]

4　巴錫基維和凱科寧兩人是二戰後芬蘭的兩位領導人，他們的任期合起來共長達 30 餘年。參考[美]賈德・戴蒙（Jared Diamond）著，莊安祺譯，《動盪：國家如何化解危局、成功轉型》〔《Upheaval：Turning Points for Nations in Crisis》〕，台北市：時報文化，2019 年 11 月，頁 100－101，103。

5　巴錫基維和凱科寧兩人是二戰後芬蘭的兩位領導人，他們的任期合起來共長達 30 餘年。參考[美]賈德・戴蒙（Jared Diamond）著，莊安祺譯，《動盪：國家如何化解危局、成功轉型》〔《Upheaval：Turning Points for Nations in Crisis》〕，台北市：時報文化，2019 年 11 月，頁 106。

6　東羅馬帝國之冠稱也，拜占庭乃君士坦丁堡之古名。

7　西里爾文，及基里爾文，亦斯拉夫文也。

8　載於洪泉湖主編，《當代歐洲民族運動》，台北：聯經出版公司，2017 年 7 月，初版第 1 刷。

9　關於天主教派與東正教派的分裂可以上溯到 1054 年絕罰詔書（Excommunication：即破門律令，將其驅逐出教、并斷絕往來）所引發的大分裂事件；該事件是兩種信仰方式漫長的分離過程的總爆發。當時，天主教會的語言是拉丁語，東正教會的語言是希臘語；天

	南斯拉夫西、北區域	南斯拉夫東、南區域
國家	洛維尼亞、克羅埃西亞、波士尼亞	塞爾維亞、蒙特內哥羅、科索沃、馬其頓
歷史	羅馬帝國、奧匈帝國	拜占庭帝國、鄂圖曼帝國
語言	拉丁語系	西里爾文
宗教	天主教	東正教
經濟	相對工業化	相對農業化

圖 1：南斯拉夫西北和東南兩大區域對照圖

三、民族/地區分離運動原因探討

民族/地區分離運動原因之考察，是國際關係政治學研究的重要課題。本文認為，主要原因包括：

(一) 有的是，因經濟利益分配不均所引起。如義大利威尼托(Veneto)地區的分離運動即屬之；[10]該地區不滿中央政府的資源扭曲政策，及其稅收被徵用於補貼相對貧窮的南方省分。[11](楊三億、張婉珍，2017：

主教會視教皇為整個教會的統領者，東正教會只接受教皇在諸位牧首中佔據特殊地位；此外，更重要的歧異來自信條，天主教會主張是聖靈由聖父和聖子所共發；但東正教會則監守尼西亞信經中的信條：聖靈只由聖父所發。東正教會認為，聖靈僅僅來自聖父，增加聖子是異端思想。參考〔英〕羅杰・克勞利（Roger Crowley），《1453：君士坦丁堡之戰》，陸大鵬譯，北京：社會科學文獻出版社，2014 年 6 月，第 1 版，頁 99－100。

10 意大利北部波河兩岸是人口稠密的地區，匯集了許多從事商業和金融活動的市鎮。參考【法】奧利維埃・多爾富斯（Olivier Dollfus）著，張 戈譯，《地理觀下的全球化》，北京：社會科學文獻出版社，2010 年 1 月第 1 版第 1 刷，頁 29。

11 當代義大利的北方聯盟是分離運動的主力，該黨是右翼政黨，把義大利北方地區稱為「帕達尼亞國」(Padania)。參考[意] 瓦萊里奧・林特納（Valerio Lintner）著，郭尚興、劉亞傑、齊林濤等譯，《週末讀完意大利史》〔《A Traveller's History of Italy》〕，上海市：上海交通大學出版社，2009 年 4 月，第 1 版，頁 221，223。

49-76)[12]其次，比利時法蘭德斯地區的分離運動，亦導因於此；即比利時政府長期依賴該地區的財政資源以挹注和補貼相對貧窮的南部瓦隆尼亞地區的社會福利資源。(劉華宗：2017：92)[13]另外，南斯拉夫西北區的斯洛維尼亞，在經濟上，相對於東南區，也處於強勢地位(施正鋒 2017：21-47)最後，當代西班牙加泰隆尼亞[14]的經濟地位也優於其他南部地區。(卓宗宏，2017：157-180)[15]另一方面，有些地區則有因經濟發展嚴重落後而產生相對剝奪感，甚至宣稱被「內部殖民」及剝削，而主張分離者。

(二) 有的是，因語言[16]文化權被歧視所引起。如烏克蘭東部與克里米亞的分離運動即屬之；就是那些地區的俄語族群感到其語言權被歧視甚至剝奪所引起。(趙竹成，2017：101-128)[17]又如，比利時法蘭德斯運動的背景也很大程度地肇因於此；即法語在很長一段時間是唯一官方語言，該地區的荷語使用權長期被壓抑，荷語似是次等語言；這種語言文化權利的衝突是法蘭德斯分離運動重要原因之一。(劉華宗，2017：77-99)[18]

---

12 載於洪泉湖主編，《當代歐洲民族運動》，台北：聯經出版公司，2017 年 7 月，初版第 1 刷。

13 載於洪泉湖主編，《當代歐洲民族運動》，台北：聯經出版公司，2017 年 7 月，初版第 1 刷。

14 地區首府為巴塞隆納。

15 載於洪泉湖主編，《當代歐洲民族運動》，台北：聯經出版公司，2017 年 7 月，初版第 1 刷。

16 在學術研究上，19 世紀下半葉在德國的歷史比較語言學的主要研究對象是印歐語系的發展，在德國被稱作印德語系的發展，被導向全民族的色彩，對民族主義的發展有推波助瀾的作用。參考【英】艾瑞克・霍布斯邦（Eric J. Hobsbawn）著，張曉華等譯，《資本的年代》〔《The Age of Capital 1848-1875》〕，台北市：麥田出版公司，1998（民 87 年）年 2 月 1 日，初版二刷，頁 392-393。

17 載於洪泉湖主編，《當代歐洲民族運動》，台北：聯經出版公司，2017 年 7 月，初版第 1 刷。

18 載於洪泉湖主編，《當代歐洲民族運動》，台北：聯經出版公司，2017 年 7 月，初版第 1 刷。

值得附帶一提的是，北美加拿大魁北克的分離運動也是因為該地區的法語文化權利長期受到非正式歧視所導致。(唐玉禮，2017：319－352)[19]

(三) 另外，有的是，因所謂霸權「他者」的壓迫所引起。如捷克－斯洛代克就是因奧匈帝國，法西斯德國以及蘇聯等霸權的先後外部壓迫所導致(鄭得興，2017：181-206)另外，西班牙巴斯克的分離運動則與佛朗哥法西斯政權的霸權壓迫有很強的歷史關聯。(卓忠宏，2017：157-180)[20]

(四) 有的則是，由於宗教信仰分歧所導致。如北愛爾蘭的分離運動就是肇因於基督教徒與天主教徒間的長期對抗(鍾文博，2017：217-243)[21]此外，俄羅斯地區車臣獨立運動則見證了高加索地區伊斯蘭教與俄羅斯東正教的宗教衝突的緊張關係。(連弘宜，2017：129-156)[22]事實上，在亞洲地區，印度西北旁遮普邦「卡利斯坦運動」(Khalistan movement)問題，緬甸穆斯林的羅興亞難民問題[23]，菲律賓南部穆斯林摩洛人[24]獨立運動，也主要是由於宗教信仰分歧所導致。舉例來說，2000 年 9 月

---

19 載於洪泉湖主編，《當代歐洲民族運動》，台北：聯經出版公司，2017 年 7 月，初版第 1 刷。

20 載於洪泉湖主編，《當代歐洲民族運動》，台北：聯經出版公司，2017 年 7 月，初版第 1 刷。

21 載於洪泉湖主編，《當代歐洲民族運動》，台北：聯經出版公司，2017 年 7 月，初版第 1 刷。

22 載於洪泉湖主編，《當代歐洲民族運動》，台北：聯經出版公司，2017 年 7 月，初版第 1 刷。

23 在另一方面，緬甸若開邦穆斯林與佛教徒的衝突也促使佛教民族主義的興起；更令人驚訝的是，還使部分佛教徒走向極端；2013 年，自稱為緬甸賓拉登的佛教僧侶威拉杜竟成立佛教激進組織「馬巴塔」，展開反穆斯林的行動和暴力行為。參考孫采薇，「緬甸的宗教族群衝突與羅興亞危機」，頁 284；載於洪泉湖主編，洪泉湖等著，《當代亞洲民族問題》，台北：五南出版公司，2020 年 9 月，初版，頁 275-292。

24 摩洛人 (Moros) 這個詞可能源自於西班牙殖民者稱呼穆斯林的詞彙摩爾人「Moors」。參考徐雨村，「菲律賓摩洛人的族群關係與自治之路」，頁 372；載於洪泉湖主編，洪泉湖等著，《當代亞洲民族問題》，台北：五南出版公司，2020 年 9 月，初版，頁 369-392。

28 日，以色列反對黨領袖夏隆特地參訪耶路撒冷伊斯蘭第三聖地阿克薩清真寺，藉以宣示該地曾是猶太教的聖地；但巴勒斯坦[25]人則認為，夏隆的參訪是對伊斯蘭信仰的挑釁，因此巴勒斯坦人就於次日向在哭牆祈禱的猶太人投擲石塊。[26] 這個事件說明了巴勒斯坦為何要自治或建國的原因。再舉一個例子來說，1984 年 6 月 3 日，印度國大黨政府發起藍星行動、下令軍隊掃蕩多個錫克教(Sikhism)的「謁師所」；那場行動被部分錫克教徒(Sikh)形容成印度政府血洗了錫克教的聖地；同年 10 月 31 日，印度總理英迪拉・甘地(Indira Gandhi)被信仰錫克教的隨身護衛刺殺身亡。[27]這個衝突則說明了印度旁遮普邦「卡利斯坦運動」(Khalistan movement)興起的緣由。此外，在印度北方邦的阿約提亞，穆斯林在那裡建了一座清真寺，而印度教徒則認為那個地方曾經是婆羅門神廟的聖地，而成為兩個教派紛爭的焦點。[28]

總的來說，民族主義是主觀建構的產物；政治學者白芝浩把這種現象稱為「製造民族」。[29]上述客觀原因，只是彼等建構其民族主義的過程中的材料而已。也就是說，那些原因只是民族主義的必要條件，而非充要條件。進一步說，民族主義既然是被建構出來的，則民族主義也可能被解構或重構成另一種民族

25　「斯坦」兩字意指「之地」。參考洪泉湖主編，洪泉湖等著，《當代亞洲民族問題》，台北：五南出版公司，2020 年 9 月，初版，頁 123。

26　參考包修平，「以色列與巴勒斯坦衝突概論」，頁 55；載於洪泉湖主編，洪泉湖等著，《當代亞洲民族問題》，台北：五南出版公司，2020 年 9 月，初版，頁 33-64。

27　參考劉堉姍，「宗教族群與國家：印度錫克教徒的認同政治與跨國離散」，頁 248-249；載於洪泉湖主編，洪泉湖等著，《當代亞洲民族問題》，台北：五南出版公司，2020 年 9 月，初版，頁 229-252。

28　【法】奧利維埃・多爾富斯（Olivier Dollfus）著，張　戈譯，《地理觀下的全球化》，北京：社會科學文獻出版社，2010 年 1 月第 1 版第 1 刷，頁 33。

29　【英】艾瑞克・霍布斯邦（Eric J. Hobsbawn）著，張曉華等譯，《資本的年代》〔《The Age of Capital 1848-1875》〕，台北市：麥田出版公司，1998（民 87 年）年 2 月 1 日，初版二刷，頁 12。

主義。例如，西班牙加泰隆尼亞地區的「歷史特權」[30]，既可以被建構出來，也可以被解構而消滅。(卓忠宏，2017：170-175)[31]蘇格蘭人可以被建構成「我是蘇格蘭人，同時是大不列顛人」，也可以被建構成「我是蘇格蘭人，但不是大不列顛人」。事實上，民族國家認同常因民族神話而得到加強，而且支持民族國家認同的神話在歷史基礎上各有不同。[32]

這樣，當代歐亞民族問題背後的地緣政治就可以概括為三個不同的類型。一為，國際型的地緣政治，如克里米亞的分離運動等，即屬之；二為國內型的地緣政治，如義大利威尼托(Veneto)地區的分離運動等，即屬之；三為混合型的地緣政治，即既有國際地緣因素，又有國內地緣因素，如北愛爾蘭的分離運動等，即屬之。總的來說，國內型的地緣政治者數量較多；但國際型和混合型的地緣政治者的數量，有逐漸上升的趨勢。

此外，當代歐亞民族問題依照其主要動力因素之不同，可以分為理性利益趨動型的民族運動和感性認同趨動型的民族運動。因經濟利益分配不均所引起者屬前者；因語言文化權被歧視所引起者，因他者霸權的壓迫所引起者，或由於宗教信仰分歧所導致者，則後者。總的來看，感性認同趨動型的民族運動數量較多，程度較烈，所引發的政治動盪也較持久。又，依據現代法學理論為依據，民族問題的動力可以區分為：

---

30 所謂歷史特權，依據 1287 年的《聯盟特權法》，包括尊重加入聯盟的領地貴族和市民的特權和習慣，代議制議會固定期間召開以制定他們自己的法律；那些歷史特權導致西班牙統治者無法採取整齊劃一的手段治理他們的領地；那些歷史特權曾經實行於阿拉貢，巴倫西亞，加泰隆尼亞等地區。參考[英]雷蒙德·卡爾 (Raymond Carr)等著，潘 誠譯，《不可能的帝國---西班牙史》〔《Spain: A History》〕，上海市：東方出版中心，2019 年 11 月，第 1 版第 1 刷，頁 79，101－103，123－124，180－182。

31 載於洪泉湖主編，《當代歐洲民族運動》，台北：聯經出版公司，2017 年 7 月，初版第 1 刷。

32 巴錫基維和凱科寧兩人是二戰後芬蘭的兩位領導人，他們的任期合起來共長達 30 餘年。參考[美]賈德·戴蒙（Jared Diamond）著，莊安祺譯，《動盪：國家如何化解危局、成功轉型》〔《Upheaval：Turning Points for Nations in Crisis》〕，台北市：時報文化，2019 年 11 月，頁 441。

1.個人權利：包括生存權與平等權；

2.集體權利：自決權，文化權，認同權，與環境權；

四、民族運動者如何建構其民族主義

民族運動者如何建構其民族主義是一個有趣而重要的課題。首先，有些民族運動者，從歷史文化中去找尋歷史文化性的共同成份，這策略可以稱為歷史文化性民族主義；在這一策略中，歷史衝突事件常常是最重要的材料，這些材料是彼等建構出我群與他者的界線的基礎。

其次，有些民族運動者從歷史衝突事件轉而建構「我群」的社會[33]、或追求經濟發展的機會；例如主張體制內的特殊地位，如自治區，以獲得較優越的社經資源。

再次，有些民族運動者，或動員群眾以脫離中央，或武裝暴動以獨立建國；就後者(武裝暴動)而言，敵對雙方若處於不同文明(如宗教)之中，衝突程度就特別激烈，例如車臣的衝突就正好處於伊斯蘭文明與東正教文明的斷層線上，正如杭廷頓所言，其衝突烈度遠非其他類型的衝突可以比擬。(連弘宜，2017：129-156)[34]此外，北愛爾基督新教徒與天主舊教徒的紛爭致使該地區長期淪為「文明世界中最狂暴，最野蠻的一個角落」的事實，為杭廷頓的文明衝突論提供了另一個活生生的佐證。最值得留意的是，民族運動者在建構自己的民族時，便同時自動帶來了「反民族主義」；[35]這或許就是民族運動經常引致政治動

---

33 例如，在抗日戰爭時期（1939 年），中共領導的延安當局順應那個歷史衝突事件推出「黃河大合唱」，有力地提升了當時中國人的民族主義情懷。

34 載於洪泉湖主編，《當代歐洲民族運動》，台北：聯經出版公司，2017 年 7 月，初版第 1 刷。

35 【英】艾瑞克‧霍布斯邦（Eric J. Hobsbawn）著，張曉華等譯，《資本的年代》〔《The Age of Capital 1848-1875》〕，台北市：麥田出版公司，1998（民 87 年）年 2 月 1 日，初版二刷，頁 138。

盪的根本原因吧。

又次， 從民族運動的過程來看，民族運動可以區分為精英主導階段和群眾參與階段。精英主導階段是在民族運動政治化之後出現的；在這個階段，湧現大批致力於民族理念的骨幹精英，他們透過各種宣傳途徑和組織活動進行各種政治運動。在精英們努力過一段時間後，傳統的中下階層才會捲入民族運動，質言之，這些群眾都是跟在滿腹經綸的精英之後面，這個階段就是群眾參與階段。[36]

最後，從民族運動的目標來看，民族運動可以區分為沙拉盅型民族運動和大熔爐型的民族運動兩種。多元主義者傾向於沙拉盅型民族國家以包容各種族群文化；而同化主義者則認為，「沙拉盅不會促成團結，只有熔爐才會」[37]。

綜合來看，民族認同是關係人選擇建構下的產物，也可以說是關係人權力架構關係下的產物；而非如「社群主義」者所言，個人的認同只能經由探究而發現，沒有個人選擇的空間，換句話說，他們認為，個人無法決定自己的認同，只能找出自己的認同。[38]

五、民族主義的類型化

依照其起源為標準，粗略地說，有人認為，民族是血統、語言、宗教、文化、自然形成的「共同體」，這可稱為原生論。有人則認為，民族則是由上而

---

36 【英】艾瑞克・霍布斯邦（Eric J. Hobsbawn）著，張曉華等譯，《資本的年代》〔《The Age of Capital 1848-1875》〕，台北市：麥田出版公司，1998（民87年）年2月1日，初版二刷，頁129。
37 [印度]沈恩（阿馬蒂亞・森，Amartya Sen）著，陳信宏譯，《好思辯的印度人》〔《The Argumentative Indian: Writings on Indian Culture, History and Identity》〕，台北市：先覺出版股份有限公司，2008年7月，初版，頁371-372。
38 [印度]沈恩（阿馬蒂亞・森，Amartya Sen）著，陳信宏譯，《好思辯的印度人》〔《The Argumentative Indian: Writings on Indian Culture, History and Identity》〕，台北市：先覺出版股份有限公司，2008年7月，初版，頁361-362，432，199-200。

下或由下而上被建構出來的，這可稱為建構論；前者可稱為建國型的建構論，後者可稱為想像型的建構論。還有人認為，民族是從「族群」內核重新建構出來的「共同體」，這是原生論與建構論的綜合。(詳見下圖：民族主義類型化圖和建構論次類型圖)

有人從工具性的角度批評民族主義的起源。本文以為，「建國型」的建構論，其工具性強；「重構論」的工具性弱；「想像型」的建構論，其工具性居中，即對求內部的整合，對外排斥外力的干預。

（一）民族主義類型化圖：

名稱英文又名	原生論 Primordialism 本質論	建構論 Constructivism 後設論(李黃)		重構論 Reconstructivism 族群象徵論
		▲		這是原生論與建構論的綜合
代表性人物	J. H. Harves (1931)	右派 Ernernt Gellner ▲	左派	Anthony D. Smith (2001)
起源描述	血統、語言、宗教、文化、自然形成的「共同體」	由上而下的 印刷傳播 建構論 Benedict Anderson (1983)	由上而下的 革命建國 建構論 Eric J. Hobsbawn (1990)	從「族群」內核重新建構出來的「共同體」

（二）建構論次類型圖：

	右派建構論	左派建構論	
性質差異	現代性擴散論 被動建構國族論	國族凝聚論 主動建構國族論	
起源描述	「文化」孕育出來的「共同體」	Benedict Anderson 「想像」出來的「共同體」；或可稱為「想像論」	Eric J. Hobsbawn 革命建國「發明」出來的「共同體」；或可稱為「建國論」

依照其作用為標準，可以分為個人主義型和集體主義型兩類。Liah Greenfeld(1992)採用比較歷史研究途徑，比較英、美、法、蘇、德等個案，歸納而提出以下分類。

(一) 個人主義偏向的民族主義：individualistic 　　帶有公民主義色彩個人主義偏向的：如英、美	有助於走向 自由民主憲政
(二) 集體主義偏向的民族主義：collectivistic	
1. 帶向公民主義色彩的(civic)：如法國	折中型走向
2. 帶向族群主義色彩的(ethnic)：如俄、德	較易於走向 專制獨裁

本文認為，Greenfeld 的研究途徑有實證基礎，但分類概念尚嫌粗糙，只有「公民的民族主義(civic nationalism)」較有價值。歸納方法所得的發現，若能與演繹方法的結果對話，則有關民族主義的學說，自將更上一層樓，可惜 Greenfeld 不此之圖，另外提出新分類，但新分類卻不比舊分類遠甚。整體而言，Liah Greenfeld 採用演繹方法對民族主義的起源，持建構論的看法，是更有價

值的分類。

　　實際上，民族運動學說屬應然的主觀論述者多；它們在現實世界中並不完全適用。例如：威爾遜的民族自決論或分離權利說等，均是。(洪泉湖，2017：9-13)[39]本文認為，「現實主義」較能解釋當代歐亞民族問題的現象；民族運動者的各種各樣論述都是話語權爭奪戰的產物，都是統治權爭奪戰的產物，主要是政治精英們為取得統治權的合理化說詞罷了。換句話說，那些主觀論述的主要目的就是為了強化掌權者統治權的正當性而已。綜合來看，民族運動正當性的基礎，除了被統治者的默認與被統治者的受益兩項外，同樣重要的是，民族運動外的區域強權(包括前宗主國)的承認或默認。由此，民族運動的正當性基礎可以擴充如下圖所示。

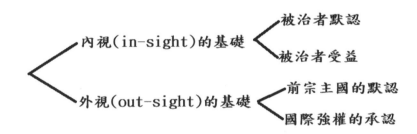

圖2：民族運動的正當性基礎圖

六、北愛爾蘭分離運動問題和平解決之道：政治協商

　　北愛和平協定為北愛爾蘭分離運動的和平解決開啟了歷史性的一步。這一步的關鍵在於優勢方同意採取「協商式民主」[40]框架以取代「多數決民主」框

---

39 載於洪泉湖主編，《當代歐洲民族運動》，台北：聯經出版公司，2017年7月，初版第1刷。

40 英文為 Consociation democracy。

架，而弱勢方則同意繳械，並以和平民主方式爭取獨立或與愛爾蘭之統一。

其中，協商式民主框架共包含了以下四個要素：(1)大聯合政府原則；(2)比例代表制原則；(3)少數否決權[41]原則；以及(4)少數族群語言文化自決權原則。(鍾文博，2017：225-227)[42]此外，「北愛和平協定」規定組成「北－南委員會」以及「東－西委員會」；這個機制也至關重要；那是相關各方政治菁英們所作出的貢獻；前者「北－南委員會」滿足了天主舊教徒的心理願望，後者「東－西委員會」則回應基督新教徒的政治主張；可謂雙方各讓一步，各得其所。

七、蘇格蘭民族主義運動

當代歐亞民族問題中，蘇格蘭民族主義運動最特別，值得單獨拿來談談，以供吾等借鑑。在 18 及 19 世紀大不列顛帝國之下，蘇格蘭民族主義運動的內涵是「不列顛」的國家認同和「蘇格蘭」的民族認同的合一。(林浩博，2017：245-275)[43]直白地說，他們的主張是「我是蘇格蘭人，我也是大不列顛人」。摩頓(Graeme Morton)把這種意識型態稱為「統合民族主義」(unionist nationalism)。本文認為，這種「統合民族主義」建構在大不列顛帝國龐大的政經實力基礎之上；當大英帝國強盛時，蘇格蘭菁英可以分享的政治利益、經濟利益、宗教利益難計其數。這為統合民族主義者建構雙重認同提供了紮實的底氣。(林浩博，2017：245-275)[44]其實，這也正是亞當·斯密(Adam Smith)之所以反對大英帝國之統合式國族主義的根本原因。[45]

---

41 有學者認為，少數否決權會導致「好鬥的」政府，而缺乏效率。(施正鋒，2017：30)

42 載於洪泉湖主編，《當代歐洲民族運動》，台北：聯經出版公司，2017 年 7 月，初版第 1 刷。

43 載於洪泉湖主編，《當代歐洲民族運動》，台北：聯經出版公司，2017 年 7 月，初版第 1 刷。

44 載於洪泉湖主編，《當代歐洲民族運動》，台北：聯經出版公司，2017 年 7 月，初版第 1 刷。

45 [英]亞當·斯密(Adam Smith)著，郭大力和王亞南譯，《國民財富的性質和原因的研究》，

然二戰後，大不列顛帝國日漸衰落，蘇格蘭民族運動有先是發展出「地區主義」的有聲音，繼而增強為「自治主義」的主張[46]，最終強化成「獨立主義」的運動；2014 年 9 月，蘇格蘭獨立公投雖然失敗，但贊成者的比例已然高達44.7％。由此可知，「現實主義」對於當代「蘇格蘭」民族主義運動的發展具有解釋能力。

八、現實主義具有解釋能力

具體地說，現實主義講究的就是實力，硬實力的基礎是武力，軟實力的基礎是意識形態；故歷史上帝國就靠著「騎士」(武力)和「教士」(宗教意識型態)征服各地並予以殖民。後來，特別是二戰之後，這些被殖民地的「民族主義運動」的結局十之八九都取決於其宗主國是否衰弱。例如，1991 年波羅的海三小國脫離蘇聯而獨立也是明顯的例證。(孫治本，2017：297-318)[47]這就是本文對當代歐亞民族問題的總評與概括。簡言之，就歷史經驗而言，以武力為基礎的政治與以意識形態為基礎的宗教是一體的兩面。

事實上，現實主義對於分裂國家的統一模式也具有很強的適用性，1990年德國統一模式是東德併入西德，為什麼？其實就是由於西德的政經實力遠遠超過東德，且東德的背後靠山蘇聯又自身難保之故也。

九、民族分離運動的理論或價值

就理論(或價值)問題來說，民族分離運動或國家統一運動的標準究竟如何

下卷，北京：商務印書館，2009 年 6 月第 1 版，頁 521-522。

46 有的主張聯邦制，甚至聯邦制；例如比利時的法蘭德斯分離運動。(劉華宗，2017：90-92)
　捷克與斯洛伐克的分合亦然。(鄭得興，2017：181-206)

47 載於洪泉湖主編，《當代歐洲民族運動》，台北：聯經出版公司，2017 年 7 月，初版第 1刷。

拿捏至關重要。究竟人權重？抑或族權為重？又或國權(即主權)為重？歷來學者們有各種不同的說法，政治家們也有各種不同的說法。綜合來看，各種學說都是為了爭取話語論述主導權，都是一時一地所建構出來的產物。但要留意的是：在研究路途上，究竟採取微觀或者宏觀的觀點？究竟採取內視(in-sight)或外視(out-sight)的觀點[48]？究竟採取短期或長期的觀點？不同的路徑終將指向不同的價值。

雖然如此，應該承認的是，原生論對民族主義運動也有部份解釋能力。聯合國社會發展研究所提出的種族結構分類法(UNRISD，2000：57)，對民族運動的解釋似乎有些用途。該分類法[49]略如下圖 3，其內涵是：[50]

(a)單極性社會，最大民族群體占了人口 70%以上的社會，如中國；

(b)兩極性社會，即那些兩個最大群體的人口占到 80%以上的社會，如比利時；

(c)三極性社會，那些有著三個較大群體的社會，如瑞士；

(d)集中化的多極性社會，是由一個大的群體主導，但有著許多其他大型群體的社會，如印度。

看來，兩極性社會的民族運動較強，三極性社會的民族運動較弱，單極性社會的民族運動似乎也比較容易發生。

---

48 或稱為 EMIC（被觀察者）與 ETIC（觀察者）的觀點。
49 都市社會學者對都市的分類與此相似；一國的都市結構看單極性都市、雙極性都市，與多極性都市等。
50 轉引自斯克萊爾著，梁光嚴等譯，2012：114-115。

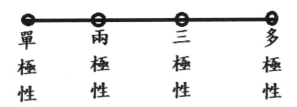

圖3：聯合國社會發展研究所種族結構圖

十、結語

可以說，世界各地的民族問題是他們的歷史與地理留下的產物。某些特定地點族群留下來的過去影響並決定著他們的未來[51]；這些過去，包括他們選擇的社會制度，宗教信仰，當然他們的選擇的確受限於他們生活的土地的地理環境條件的優劣。換句話說，，即使是革命或戰爭這些激烈的變革方式，也沒有辦法把過去一筆勾銷；它們並沒有「把舊世界打得落花流水」[52]。

但應該留意的是，面對複雜多變的族群運動及問題，人們必須謹慎以對，各式各樣的族群之間才能和諧共存，族群問題才能得到解決。狹隘的民族主義運動對內常常築起文化上的「內部高牆」；[53]對外則進而演變成侵略性的擴張主義；這是族群運動者不能不慎重以對的課題。

---

51 【法】奧利維埃‧多爾富斯（Olivier Dollfus）著，張　戈譯，《地理觀下的全球化》，北京：社會科學文獻出版社，2010 年 1 月第 1 版第 1 刷，頁 29。

52 【法】奧利維埃‧多爾富斯（Olivier Dollfus）著，張　戈譯，《地理觀下的全球化》，北京：社會科學文獻出版社，2010 年 1 月第 1 版第 1 刷，頁 44。

53 [印度]沈恩（阿馬蒂亞‧森，Amartya Sen）著，《好思辯的印度人》，頁 142，153-154，169。

第五篇

樂活發展篇

從系統動態決策探討休閒「心流」

紀光陽[*]、吳宏熙[**]

一、前言

　　Csikszentmihalyi 在 1975 年提出「心流」(Flow)的概念，而這個概念也成為日後研究休閒行為的一個重要指標。也就是當個體從事一項挑戰性與其能力相當的活動，並且感受到外在的要求與內在能力之間達到平衡而產生的一種最佳的正面心理狀態。其若能集中注意力，全心全意的投入，不受外在環境影響，就能產生流暢經驗，這個經驗感受稱為「心流」。[1]

　　而休閒「心流」的感覺，並不是在一次的經驗過程中就能感受到，它常常需經一連串的修正過程中才能體驗出「心流」的感覺。而這一連串的行為，就是資訊反饋、決策修正的過程，正是一種控制系統的概念，系統為了從振盪狀態快速的轉入穩定狀態，控制系統必須把資訊輸送出去，再把這資訊的結果經由反饋的管道傳送回來，來達預期干涉的控制目標。所以，資訊反饋在整個控制的模型中佔有重要的關鍵。

　　若我們將「反饋值」、「最佳化目標值」、「休閒遊憩行為滿意度」三者進一步分析，可發現彼此關係為：U「休閒遊憩行為反饋值」＝J「休閒遊

*紀光陽為臺北城市科技大學休閒系助理教授。
**吳宏熙為臺北城市科技大學推廣部副主任。

1　M. Csikszentmihalyi, Beyond Boredom and Anxiety: The experience of play in work and
　games （San Francisco: Jossey-Bass, 1975）, P-49.

憩最佳化目標值」－Y「最近一次所從事休閒遊憩行為滿意度」。[2]如果目標值 ＞ 滿意度則代表偏離目標(偏離「心流」)，此就稱為「正反饋」，若目標值 ＜ 滿意度代表逐漸達到目標值(到達「心流」)，此時可稱之為「負反饋」。[3]因此，在系統動態決策中，資訊反饋值也直接反應了是否有「心流」的感覺。

二、休閒與「心流」之差異

Csikszentmihalyi 是最早研究樂趣維度的心理學家之一，他在 1975 年提出「心流」(Flow)的概念，也就是說在休閒行為中，從事休閒者有忘我、忘記時間、忘記其他所有不相關的東西，完全沉靜在某項事物或情境中，就可謂是一種「心流」的感覺。其實很多人常會把身、心、靈的解放視為「心流」，但休閒行為所達到的身、心、靈解放，如果沒有涉及到「技巧」(Skills)、「挑戰」(Challenges)這兩個主要元素，都不算具有「心流」的感覺，充其量可稱達到休閒的效益。

而休閒的概念因社會結構的多樣化， 而逐漸變得更多元。有人偏向於靜態休閒，如一週的工作忙碌，例假日不想外出只想在家裡看電視，解放自己的身、心、靈；也有些人是靠大吃、大喝來解放一星期的工作壓力；另有人則靠運動達到身、心、靈解放；也有些人介於靜態、動態之間，如週末台北新莊西盛飛場，你會看到許多人在飛遙控飛機，這些人是藉由飛機在空中遨翔解放自己的身、心、靈壓力。

上述這些都算是休閒活動，但我們進一步分析便會發現，看電視、大

---

2 吳宏熙、紀光陽，〈高爾夫休閒行為「技巧」、「挑戰」、「心流」探討分析〉，《發展與前瞻學報》第 13 期（2016 年 9 月），頁 47。

3 王雨田，《控制論、信息論、系統科學與哲學》（北京：中國人民大學出版社，1987年），頁 50-51。

吃大喝所達到的身、心、靈解放，因缺乏技巧性、挑戰性，只能算是休閒行為，而無法稱為「心流」。另在運動方面也需有技巧性、挑戰性才能符合此「心流」要素，如一般性的慢跑雖有涉及挑戰性，但其所運用的技巧性不高，雖達到身、心、靈解放，但仍然不算是「心流」；而棒球運動是一種高技巧性、高挑戰性的運動，只要兩者交會在一定的區域內，所呈現出的忘我、忘記時間、忘記其他所有不相關的東西，完全沉靜在某項事物或情境中，就算是達到「心流」。

至於飛遙控飛機一定涉及到技巧、挑戰難度，因此許多飛友常藉由提高飛行挑戰難度，來精進自己的飛行技巧，如果挑戰成功則有「心流」上升的感覺，如果挑戰失敗墜機則會形成挫折、焦慮的感覺。所以，是否能達到「心流」在於技巧、挑戰兩者是否在個人平均值之上，且兩者之間的落差量不能太大，即「心流」的光譜距離不能太遠，而「心流」光譜的距離則視不同個人對其休閒行為喜愛程度、自我要求、人格性向…等因素而有不同。

因此，「休閒」的身、心、靈的解放，不一定代表有「心流」的感覺；而「心流」神馳狀態則都具有身、心、靈的解放。若「心流」為 a、「休閒」為 A，A 的集合可表為 {a，b，c，d...}，兩者之間關係為 $a \in A$，即是「心流」a 是「休閒」A 的元素之一。

三、休閒、「心流」集合分析

若我們再進一步分析，將「心流」加入技巧、挑戰兩個元素。此時「心流」與「休閒」就成為兩個集合。a 為「心流」集合、A 為「休閒」集合，a「心流」是子集，為 A「休閒」集合中一部分的集合，亦稱部分集合也就是 $a \subset A$，我們從集合符號的式子中可分析「心流」與「休閒」的集合關係

性(如圖一)。A的子集合有{a,b,c,d,e...}，A與a兩者關係a⊂A，即a「心流」感覺，是A「休閒活動」其中一個子集合，而b、c、d、e...為不含「心流」休閒活動的其它子集合。

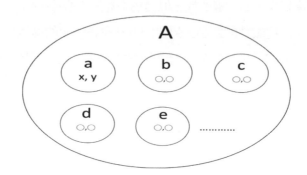

圖一、「心流」、休閒集合關係圖

資料來源：筆者自行繪製而成

A ＝{ N |a,b,c,d,e...，N為身、心、靈解放 }

A：為休閒活動。

N：為身、心、靈解放。

a,b,c,d,e...：可達身、心、靈解放的各種活動。

也就是說在各種活動中，一定要符合身、心、靈解放的前提下，才算是休閒活動。而這些符合身、心、靈解放的休閒活動，有a,b,c,d,e...等不同型態的休閒活動。

a ＝{n | x，y，n為「心流」需x＝y or x≒y 且 ≥ z}。

a：a為具「心流」的休閒活動，也是A集合中的一個子集合。

n：神馳狀態，有忘我、忘記時間、忘記其他所有不相關的東西，完全沉靜在某項事物或情境中。而神馳狀態必須是「挑戰性」落點、「技巧性」

落點必須一致(x＝y)，或者兩者的值是相近的不會落差太大(x ≒ y)，且是在個人的合理的「心流」光譜距離內，而這個值又必須高於個人平均挑戰、個人平均技巧。

x ＝ y：指「挑戰性」落點數據，等於「技巧性」落點數據。如「挑戰性」落點數據為 0.5、「技巧性」落點數據亦為 0.5。

x ≒ y：「挑戰性」落點數據，近似於「技巧性」落點數據，兩者不能差太多。如「挑戰性」落點數據為 0.5、「技巧性」落點數據 0.51。

z：為個人平均挑戰落點數據、個人平均技巧落點數據。如個人平均挑戰落點數據、個人平均技巧落點數據都各為 0.4。

如果 x、y 的值相差不大 0.5、0.51，且又大於個人平均挑戰 0.4、個人平均技巧 0.4，因此 x、y 會落在「心流」區域；反之，x、y 的值為 0.39、0.38，此值又小於個人平均挑戰 0.4、個人平均技巧 0.4，這個時候就會掉到「淡漠」區域，而沒有「心流」感覺(如圖二)。[4]

---

4 x為「挑戰性」落點；y是「技巧性」落。本文將x、y落點設定在 0 至 1 之間，主要在方便數據分析、並能更具體的解釋兩者之間落點差異。

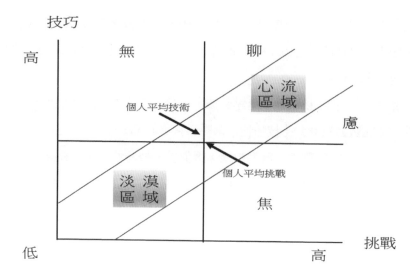

圖二、新四頻道「心流」模型圖[5]

資料來源：筆者參考 Csikszentmihalyi, M., & Csikszentmihalyi, I. 「心流」模型，自行修正而成

　　a 集合的元素為{ x 、 y }，如果缺乏 x 元素，雖然 y　　a，但 a 集合就不成立了。

　　也就是說如果缺少了 x (挑戰性)元素，雖有身、心、靈的解放，僅可稱為其它型式 b , c , d , e …的休閒活動，卻不能說具有 a「心流」的休閒活動。因「心流」必須有 x (挑戰性)、 y (技巧性)這兩個元素，如果缺乏了其中一個元素都不算是「心流」，只能稱是其他的休閒活動。「休閒」與「心流」之間的關係是一種大集合、子集合的關係，符合了休閒條件但不見得具有「心流」感覺；有了「心流」感覺一定是具備了身、心、靈解放的休閒活動。

5　同註 2，頁 45。

四、休閒行為中之系統動態決策

　　系統行為決策其實就是動態決策，動態決策 (Dynamic decision making)
的主要概念，人是有限理性、資訊一時無法完全掌握、資訊常常帶有錯誤、
人對資訊的分析能力有限…等因素，所以決策很難一次到定位，他需用漸
進的方法到達定位。因此，在動態決策的過程，必須透過科學化的系統，
進行一連串的修正直到滿意，如不滿意則更改成另一個方案，直到決策者
能夠接受此一方案為止。[6]

　　而 Sterman(2004)更指出，他觀察許多學習失敗的經驗中，歸納出下列
幾點原因：對真實世界不完整的資訊、困惑及模糊的變項、科學合理證據
的薄弱、以往經驗所產生的自我防衛、流程運作產生障礙、執行的失敗、
對反饋資訊的錯誤解讀，這些都可能造成失敗的決策。所以說，要在第一
次做出對的決定其機會是非常低的，必須要有整體系統的思考才行。將其
整體觀圖形列示如下：[7]

---

6 所謂決策，從所評估的方案中選擇一個較佳可行的方案來實施。Herbert A. Simon and
　Allen Newell, Human Problem Solving （Englewood Cliffs, New Jersey: Prentice Hall,
　1972）, pp. 84-88.
7 John D. Sterman, Business Dynamics-Systems Thinking and Modeling for a Complex
　World, （Singapore: McGraw Hill Companies, 2004）, pp.18-20.

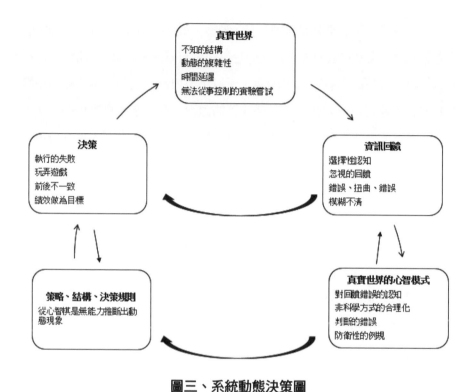

圖三、系統動態決策圖

資料來源：John D. Sterman, *Business Dynamics-Systems Thinking and Modeling for a Complex World*, (Singapore: McGraw Hill Companies,2004), p.20.

　　動態的複雜性如上圖，然而許多有關心理學、經濟學或是其他領域的學術研究，都指出學習的過程會產生反饋迴路的現象。意味著，回饋迴路是迅速的，線性的，負反饋會收斂至平衡狀態產生一個最佳結果。但是真實世界卻不是那麼簡單，從開始，動態系統所強調的即是多重迴路(multi-loop)、多樣狀態、及非線性的回饋特性，這就是我們生活真實世界的

狀態。

因此，「掌舵人」的決策者，為了改善決策的品質必須使用資訊，並以資訊為基礎來改變輸出行動以達所欲的目標。所以，資訊與決策如同系統控制的必然因素，而「控制論」(Sybernetics)正是從希臘文而來原意為「掌舵人」，掌舵的決策者必須從輸入項中(資訊)弄清楚因果的關係，並利用一種主動的干預行為(輸出)，使某因以實現預期的果。故控制係以因果為依據，其關鍵在於它先要有預測的果，然後從多種可能中選出某種估計能得到預期結果的因加以作用，以便得到預期的果。[8]從圖中可以看出，輪船是經過一連串的資訊反饋修正航道，收斂其偏差量使輪船能順利控制在航道軸線，到達自己預設的目的地。

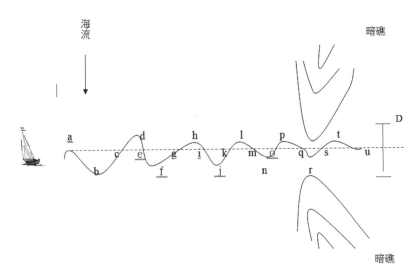

圖四：控制論中海輪通過暗礁航線圖

資料來源：王雨田，《控制論、信息論、系統科學與哲學》(北京：中國人民大學出版社，1987 年)，頁 55。

---

8 Norbert Wiener, Cybernetics （New York: MIT Press, 1962），pp. 11-12.

　　為了進一步說明資訊、控制、目標的彼此關係，我們可以用海輪駕駛的例子來加以圖解(如圖四)，海輪(系統)由 a 點(第一次決策輸出)起航欲通過兩暗礁到達 u 點(所欲達之目標)，而由於海流的擾動很大(環境變化程度高)，海輪(系統)在實際的航行中無法以直線的方式通過暗礁(因環境的異動及決策者的有限理性之故)。[9]所以，海輪必須隨時輸入航向的偏離資訊(資訊反饋的輸入)，及經過比較器(系統的處理)，得到偏差信號以後才能調整船舵的方向(資訊反饋的運用與決策的修正輸出)。[10]海輪從 a 點啟程到通過兩暗礁的中點，並不是沿著一條直線 a u，而是經過往返的振盪才逐漸穩定在預定航線所容許的範圍之內，這個範圍就是兩暗礁之間的距離。顯然，距離越小(目標的困難度越高)越難通過，相對資訊反饋的正確性要求更高。

　　如果目標值與輸出值的差值 U 愈變愈大或是愈不穩定，此就是說在經過一系列的輸入之後，系統的輸出值與目標值的偏差愈來愈大，離目標愈來愈遠，此就稱為「正反饋」(positive feedback)；反之如果 U 值從總的趨勢言，是收斂的、是趨近於零的，亦就是在經過一系列的輸入、輸出值的相應序列在總的趨勢來說是逐漸達到目標值的，此時可稱之為「負反饋」(ngative feedback)。[11]因此，為了能對外界產生有效的動作「負反饋」，控制系統不僅須具有良好的效應器外，更須有效的把效應器的動作情形適當的回報給中樞神經系統，且這些報告內容必須適切的和其它感官的資訊組合起來，以便得到一個最有效的調節輸出。[12]

9　掌舵者必須藉由情報的不斷輸入，從不同的選項中評估一個較佳的方案以達控制目的。而決策的產出必須在不斷的修正中以達預期目標。

10　Norbert Wiener, Cybernetics, pp. 97-98.

11　同註3，頁 50-51。

12　Norbert Wiener, Cybernetics, pp. 96-97.

五、動態決策中的反饋值、最佳化目標、行為滿意度 三者關係探討

雖然動態決有其高度複雜性，它是一種多重迴路、多樣狀態、及非線性的回饋特性。但在整個決策過程中，其反饋圈最後會收斂至「資訊的反饋」、「最佳化目標」、「行為滿意度」三個主要變項因素上。因人們在從事休閒活動時，如同系統決策過程一樣，因受限於其它因素影響，在不斷的透過參與的經驗反饋，了解此類休閒行為是否符合自己興趣？並藉由修正的過程尋求「心流」的感覺。例如，一個從事棒球運動的人，如果每次在打球時總覺得無法達到他想要的最佳化目標值，代表打棒球的反饋值是正反饋，此時的心境感受就會落在「淡漠」、「焦慮」、「無聊」三個區域中。如果一直找不到「心流」的感覺，代表此類型休閒活動不適合自己，他會以其它型態的休閒活動取代棒球。

U「休閒遊憩行為反饋值」＝J「休閒遊憩最佳化目標值」 −Y「最近一次所從事休閒遊憩行為滿意度」。[13]

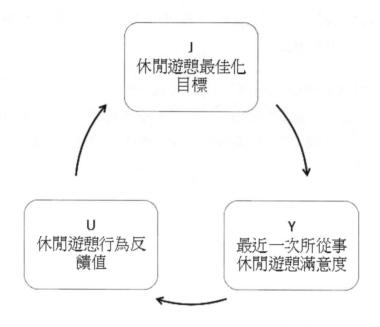

圖五、休閒遊憩行為系統動態決策反饋圈

資料來源：筆者自行繪製而成

如果我們進一步將人腦看成是一個資訊處理的系統(information processing system)，所有人類的思維及認知累積都是以資訊為基礎在腦中進行各種不同的轉換。[14]也就是最佳化目標是一種認知過程(cognition process)，它是人們利用資訊的管道對資訊反饋的取得、記憶、學習及使用的流程，只不過人們在接受同一個資訊反饋後其認知的改變，會因個人差異而呈現不同的認知結構罷了，所修改的最佳化目標也會有所不同(如圖六)。[15]

---

14 Herbert A. Simon and Allen Newell, Human Problem Solving, pp. 19-30 .

15 Paul Harmon, E×pert System: Artificial Intelligence in Business（New York: John Willey,

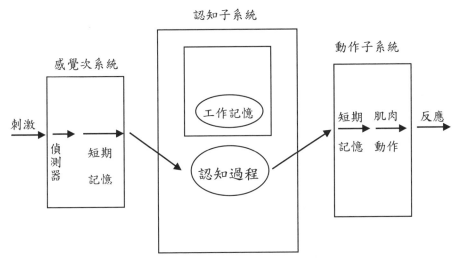

圖六、哈門(Paul Harmon)的人類資訊處理系統圖

資料來源：Paul Harmon, *E×pert System: Artificial Intelligence in Business* (New York: John Willey, 1985), p.49.

　　因此，任何的動態決策都要有一定的資訊反饋，才能提供決策者改變認知，設定符合自己的最佳化目標。決策者的主觀意識越強，資訊反饋就不容易影響認知，更不易修正最佳化目標；決策者的意識越客觀，就容易接收到正確的資訊反饋，易修正符合自己程度的最佳化目標。因此，在整個休閒行為中，資訊的反饋、認知是決定最佳化目標的首要條件。

　　若我們將最佳化目標值，設定為 0 - 1 之間，當你的最佳化目標設定越低，就越容易達到「心流」；如果你的最佳化目標設定越高，就越不容易達到「心流」的感覺。從圖五可以得知，剛接觸棒球時，你的最佳化目標只訂在 0.2(傳接球)，而最近一次傳接球的滿意度如果有 0.3，其反饋值為

-0.1 ，代表有「心流」的感覺。[16]而這個負反饋的經驗資訊，可能會改變個人認知使休閒者重新調整最佳化目標至 0.5，如調整完後的滿意度為 0.4，其反饋值為 0.1，代表沒有「心流」的感覺，此時休閒者可能重新調整最佳化目標為 0.4，待滿意度 ≥ 最佳化目標值時，才會重新調高最佳化目標。而最佳化目標的設定與個人的認知、新資訊的反饋值有著密切的相關性。

負反饋：

U「打棒球行為反饋值」= J「打棒球最佳化目標值」為 0.2 – Y「最近一次打棒球行為滿意度值」為 0.3

U「打棒球行為反饋值」= - 0.1(負反饋)

滿意度值 0.3，已達最佳化目標值 0.2，代表傳接球是落在「心流」區域，此時休閒者可能會依認知的改變，重新調高最佳化目標，尋找更高「心流」的體驗。

正反饋：

反之，如果滿意度值 ＜ 最佳化目標值，代表傳接球是落在「淡漠」、「焦慮」、「無聊」區域。

U「打棒球行為反饋值」= J「打棒球最佳化目標值」為 0.4 – Y「最近一次打棒球行為滿意度值」0.3

U「打棒球行為反饋值」= 0.1(正反饋)

滿意度值 0.3，未達最佳化目標值 0.4，代表傳接球是落在「淡漠」、「焦慮」、「無聊」區域，此時休閒者會依新認知重新調降最佳化目標，試圖尋

---

16 U「休閒遊憩行為反饋值」、J「休閒遊憩最佳化目標值」、 Y「最近一次所從事休閒遊憩行為滿意度值」，設定於 0-1 之間，主要在於數據可方便解釋三者之間的關係，方便釐清與呈現差異性。

找「心流」的感覺，待資訊反饋值 ≤ 0 時，才有可能調高最佳化目標值。

而滿意度又與挑戰、技巧兩者有著密切關係，既使挑戰與技巧同時是在一個對等的交會點，而個人預設最佳化目標值 > 這個交會點的值，仍然是正反饋淡漠的感覺；如果， 挑戰與技巧同時是在一個對等的交會點，而個人預設最佳化目標值 ≤ 這個交會點值，代表是零或 負反饋，個人的心境是落在「心流」區域。因此，個人預設最佳化目標值，一般都在個人平均技巧、個人平均挑戰之上。

滿意度的值若高於個人預設最佳化目標值，一般都會落在「心流」的區域，但值得注意的是，個人預設最佳化目標值，會隨著個人的挑戰、技巧的提升而有所改變。例如，一個人剛接觸遙控飛機時因不懂飛行原理、也不熟悉飛機習性，他個人預設最佳化目標值 0.2，只要能起飛、能降落就可以了，他不會要求一些 3D 特技的飛行。

但隨著飛行次數日增，對飛行技術的了解，他會慢慢的提高最佳化目標值至 0.5，希望能做一些小動作的特技飛行。因此，在實際飛行的過程中，如果滿意度不到 0.5，則代表仍屬正反饋沒有「心流」的感覺；但如果滿意度大於、等於 0.5，則代表反饋值為零或負反饋，則會掉入「心流」的感覺。所以，不同時段的挑戰、技巧，會隨著時間而改變，最佳化目標值也會跟著認知的差異而提升，滿意度的提升也要跟著最佳化目標值而提升，不然就無法到達「心流」，久而久之就會形成阻礙因素。故「心流」絕不能一直停留在一個位置，而是要持續深化往高階「心流」方向轉移。

另值得留意的一個問題，若遙控飛機 3D 特技的高階「心流」已經到頂峯一段時間 1.0，仍無法滿足個人時，意味他可能會改飛更困難的遙控直昇機，或可能覺得缺乏挑戰不再飛遙控飛機。這可在飛場中觀察得出很多案例，遙控飛機飛友如果覺得沒什麼挑戰時，常常會轉飛遙控直昇機，因直

昇機的難度遠高於飛機，最佳化目標值不容易提升，相對要到達高階「心流」需要相當的技巧與時間。

當然，如果飛遙控直昇機的過程中若常常摔機，且一直無法克服技巧上的問題時，也會形成阻礙因素致使他又回去飛遙控飛機；反之，如果飛遙控直昇機的過程中能夠克服技巧上的問題，且最佳化目標值、滿意度都是呈現負反饋，其心境是落在「心流」區域，則飛直昇機的人就容易持續涉入不易隱退不飛，主要是兩者的「心流」有很大的差異，直昇機的「心流」成就感是遠勝於飛機。

陸、結論

從上文中可以得知，休閒與「心流」彼此間是有差異性的，但許多在研究休閒遊憩休閒者常會有所混淆，常把休閒視為「心流」，也就是說當我身、心、靈的解放時，就認定同時存在「心流」的感覺，其實兩者間是有不同的元素存在。例如，要達到「心流」必須在這個休閒活動中存在著挑戰、技巧兩者主要條件，而這個條件還要高於個人平均挑戰、個人平均技巧之上，且挑戰、技巧的落點必須在個人的光譜距離內，如果落點在個人的「心流」光譜距離外，仍然感受不出「心流」的感覺。

另我們從系統動態決策來分析「心流」時便會發現，人們的休閒行為很難一次到定位，他必須藉由多次的資訊反饋，來檢證這個型態的休閒活動到底適不適合自己。尤其，休閒型態具有挑戰、技巧時，資訊的反饋更為重要，它會讓決策者試著調整挑戰的難度，讓挑戰、技巧能落在「心流」區域，若始終找不到「心流」的感覺時，他可能會以另一個型態的活動來取代。因此，本文經由動態系統決策、休閒遊憩行為反饋圈、人類資訊處理系統認知、「心流」關係模式，歸納出下面幾點結論。

(一)休閒跟「心流」是不同的：休閒主要在於身、心、靈的解放，而「心流」除了身、心、靈解放外，亦涉及挑戰、技巧，兩者之間是有差異性。但許多人常會把休閒、「心流」混為一起，認為休閒行為必然有「心流」的感覺，若我們將 Csikszentmihalyi 在 1975 年所提「心流」維度中可以得出，「心流」必須有挑戰、技巧兩個主要條件同時存在，且落點是在「心流」區域。因此，「心流」必然有身、心、靈的解放，但身、心、靈的解放不必然有「心流」的感覺，兩者之間是有所差異的。

(二)「心流」是休閒的子集合：若我們將「心流」、「休閒」當成兩個集合，「心流」是「休閒」的子集合。a 為「心流」集合、A 為「休閒」集合，a「心流」是子集，為 A「休閒」集合中一部分的集合，故亦稱部分集合也就是 a⊂A，我們從集合符號的式子中可分析「心流」與「休閒」的集合關係性。

$$A = \{ N \mid a, b, c, d, e ... , N \text{為身、心、靈解放} \}$$

A：為休閒活動。

N：為身、心、靈解放。

a, b, c, d, e...：可達身、心、靈解放的各種活動。

也就是說在各種活動中，一定要符合身、心、靈解放的前提下，才算是休閒活動。

而這些符合身、心、靈解放的休閒活動，有 a, b, c, d, e... 等不同型態的休閒活動，其彼此關係如同子集合、母集合的關係。

(三)挑戰、技巧是「心流」的元素：若挑戰為 x、技巧為 y、「心流」為 a，x 與 y∈a，即 x、y 都是的「心流」a 的元素之一。若以 a 集合的方式呈現其中的元素、條件要素，其集合式子如下。

$$a = \{ n \mid x, y, n \text{為「心流」需} x = y \text{ or } x \fallingdotseq y \text{ 且} \geq z \}$$

　　a：a為具「心流」的休閒活動，其元素有 x、y。

n：神馳狀態，有忘我、忘記時間、忘記其他所有不相關的東西，完全沉靜在某項事物或情境中。而神馳狀態必須是「挑戰性」落點、「技巧性」落點必須一致(x＝y)，或者兩者的值是相近的不會落差太大(x≒y)，且是在個人的合理的「心流」光譜距離內，而這個值又必須 ≥ z(高於個人平均挑戰、個人平均技巧落點)。

(四)休閒行為就是動態決策：休閒行為其實就是動態決策的概念，人們對休閒行為的有限認知，無法一次性決策，他必須藉由不斷的決策修正，來達到自己滿意的休閒行為。而這個不斷的決策修正過程就是動態決策，也就是不斷的利用系統的資訊反饋來修正。因此，在動態決策的過程，如修正過程始終無法滿意個人，決策者會更改成另一個休閒方案，直到決策者能夠找到適合的休閒活動為止。

(五)動態系統決策中的最佳化目標值：在動態系統決策中，有一個很重要的因子就是最佳化目標值，此為休閒者對這個休閒活動的預期目標。因系統是動態的概念，他必須隨時藉由資訊反饋來修正休閒行為，達到自己的最佳化目標。當然，在系統反饋經驗中，休閒者也會依據自己的能力狀況，調整自己的認知尋求最佳化目標值。最佳化目標訂得低，越容易達到「心流」；訂得高就不容易達到「心流」。而最佳化目標的設定與新資訊的反饋值、個人的認知調整有著密切的相關性。從圖五，休閒遊憩行為系統動態決策反饋圈可得出三者間的關係如下。

U「休閒遊憩行為反饋值」＝J「休閒遊憩最佳化目標值」－Y「最近一次所從事休閒遊憩行為滿意度」

(六)滿意度、最佳化目標值關係：在系統動態決策中，滿意度若高於最佳目標值，則為負反饋，是落在「心流」的區域；如果滿意度若低於最佳目標值，則為正反饋，落在非「心流」的區域。滿意度的高低決定了資訊反饋

值，最佳化目標值則決定了資訊反饋值為正反饋、負反饋。

(七)最佳化目標值會隨著資訊反饋而改變：當資訊反饋值為正反饋，休閒者在得不到「心流」感覺時，他必須降低最佳化目標值，直到資訊反饋值為負反饋，他才有可能再重新調高最佳化目標值；反之，休閒者一直降低最佳化目標，若仍找不到「心流」的感覺，他可能會認為這種類型的挑戰、技巧的休閒活動可能不適合自己，進而捨棄並尋找其它類型的休閒活動。

(八)不同型態的挑戰、技巧，有不同的「心流」感覺：「心流」的概念，也就是說在休閒行為中，從事休閒者有忘我、忘記時間、忘記其他所有不相關的東西，完全沉靜在某項事物或情境中，就可謂是一種「心流」的感覺。但不同型態活動的「心流」呈現，是會有不同的「心流」觸覺，例如，打棒球的、打籃球的「心流」感一定會有所不同，主要在於棒球與籃球相較，棒球的困難度更高、更需要團隊的默契；遙控飛機、遙控直昇機也有不一樣的「心流」感覺。因此，不同類型的挑戰、技巧休閒活動，其「心流」的呈現是有其差異性，這也形成了休閒障礙、持續涉入的一個主要因素。

(九)高階「心流」不代表能讓休閒行為者持續涉入：「心流」的神馳狀態，如果已到高階「心流」但仍不能滿足休閒者，也會形成休閒阻礙因素。因此，「心流」必須使休閒者有高度成就感，而這個「心流」需不斷的創新、變化，讓成就感一直不斷的往上提升，如果高階「心流」停滯太久無法再創新、變化，漸漸的也會形成淡漠進而變成阻礙因素。所以，高階「心流」並不能保證能讓休閒者持續涉入，唯有不斷的創新、變化，才是讓休閒者持續涉入的最大誘因。

(十)「心流」程度越困難，所達到的「心流」感覺，絕對高於一般「心流」的神馳狀態：這也說明了飛遙控直昇機所達到「心流」的感覺，絕對不是一般飛遙控飛機所能相比的。因此，飛遙控飛機的人常轉換飛遙控直昇機，

尋求另一種更高境界的「心流」；相對的，飛遙控直昇機已達「心流」的人，則很少再轉換飛遙控飛機。主要是遙控飛機高階「心流」的創新、變化性不高，無法讓休閒者提升不同的「心流」感覺。而直昇機為無向位，飛行者雖處在高階「心流」，但仍有很大的彈性可以自創 3D 飛行模式。因此，直昇機的「心流」模式絕對高於飛機的「心流」模式。

(十一)「心流」與休閒行為持續涉入：「心流」程度越困難，相對很多人因達不到「心流」而半途而廢，如一但突被瓶頸而達到高階「心流」，這種「心流」的感覺會形成一種持續涉入的強烈動機。因為，那是一種另類高階的神馳狀態，更是自我實現的最高境界，一但進入這種神馳境界要捨棄就非常困難。

外聘專業督導應用於居家服務之成果評估研究

林哲瑩*、鄭晏甄**

一、前言

　　居家服務的內部督導者必須在有限的時間內，從事直接服務、行政管理和處理危機事件，已無暇促進受督導者去發現精進或創新的服務方案。因此，有必要聘請外部專業督導者來激發受督導者的服務創造力。專業督導者是指督導者能夠運用檢討、反思、批判、和補充等方式，來了解受督導者的工作能力，並確認受督導者能夠遵守專業標準與組織的政策和規範。[1]而外部督導者是指沒有擔任機構主管或內部督導的外部專家。雖然外部督導者較少受到督導關係中的權力和權威議題所影響，[2]但外部督導者因為不是機構內的成員，反而可以從外部來鳥瞰機構，除了協助受督導者實務問題的解決能力和專業發展外，更可以提供組織層面議題的精進建議。因此，外部專業督導者要能夠影響受督導者的機構、可以獲得督導時所需的充足資訊、能同時對機構和受督導者產生影響、有管道可以提供回饋給受督導者的管理階層，並能展現對受督導者的專業學習給予完全的支持。[3]不

---

*林哲瑩為亞洲大學社會工作學系助理教授。
**林晏甄為新醫療社團法人林新醫院家庭醫學科主治醫師。

1　Allyson Davys and Liz Beddoe, Best practice in professional supervision: A guide for the helping professions. Jessica Kingsley Press, London, England, 2010.
2　同註1。
3　同註1。

論是內部督導者或外部督導者，督導者除了必須具備督導理論、倫理知能、和技巧外，更須具備該督導領域的理論知識、實務經驗、文化知覺能力。督導者除了被機構期待成為一位行政管理者外，更被受督導者期待可以是一位教育者和支持者，並有能力激發受督導者的服務創造力。[4]然而內部督導者需從事直接服務、行政管理、和處理危機事件，因而內部督導者在有限的時間壓力下，被迫成為一位問題解決的專家和督導者，無暇去作為一位促進者，協助受督導者在督導過程中發現或提出解決方案。[5]因此，有必要聘請外部專業督導者來彌補內部督導者的限制或不足，並在外部專業督導者和內部督導者的平衡與分工下，以提升居家服務的督導品質，進而提升居家服務的整體業務品質。因此，本研究之目的如下：

1. 評估外部專業督導應用於居家服務之品質與成果。
2. 建構一創新的外部專業督導模式，以協助居家服務承辦單位有效能地督導居家服務督導員。
3. 評估全面性地推動居家服務聘請外部專業督導的可行性，並提出具體的居家服務之外部專業督導制度之建議。

二、文獻探討

(一)外聘專業督導模式與策略

外聘專業督導必須能結合過程取向與任務取向來督導受督導者。面對受督導者的問題或困境時，督導者要能整合理論與實務，藉由督導者過去

---

4 Greta Bradley, Lambert Engelbrecht, and Staffan Höjer, "Supervision: A force for change? Three stories told", International Social Work, 53(6), 2010, pp. 773–790.
5 Allyson Mary Davys and Liz Beddoe, "The reflective learning model: Supervision of social work students", Social Work Education, 28(8), 2009, pp. 919-933.

的成功經驗，與受督導者交換觀點，協助受督導者運用反思與批判思考，來解決問題或面對困境。然而居家服務督導制度受到居家服務評鑑制度之影響甚鉅，尤其是現今居家服務除被要求提供適當有效地照顧技能外，並要兼顧成本效益之下，[6]形成了著重於行政控管和父權模式的督導關係，而忽視了居家服務督導員的專業學習成長和工作成就感。因此，對組織而言，期待的是任務取向的外部專業督導，至少在居家服務評鑑時能有好的績效；對受督導者而言，則是期待外部專業督導者是過程取向。使得外部專業督導者在面對組織目標和督導重點不一致、督導內容未釐清、受督導者績效差的問題、第一線工作者和管理階層的關係不佳等議題時，仍有其限制和極限。[7]但仍可以經由督導契約來釐清督導內容，並確保組織目標和督導重點的一致性；協同內部督導或主管，一起協助績效差的受督導者；以協調者的角色來促進第一線工作者和管理階層之間的溝通與關係，進而能達成平衡過程取向與任務取向的督導。

內部督導屬於訓練式或管理式的督導，外部專業督導屬於師徒制或諮詢式的督導。督導的類型分為訓練式的督導(training supervision)，督導者要負責部分的實務工作；管理式的督導(managerial supervision)，督導者是主管，受督導者是部屬；師徒制的督導(tutorial supervision)，督導者是以師傅的角色，來教導受督導者；諮詢式的督導(consultancy supervision)，督導者是諮詢的角色，對受督導者沒有直接的責任。[8]由於外部專業督導者沒有擔任機構主管或內部督導的職務，更不是長時間地與受督導者工作，因此，無法有效地發揮訓練式或管理式的督導。但因為外部專業督導者是具備該

6　Marilyn D. Harris, "The home health aide as a member of the home healthcare team", Home Healthcare Nurse, Volume 15, NO. 11, November, 1997, pp.773-775.

7　同註1。

8　Peter Hawkins and Robin Shohet, Supervision in the helping professions: an individual, group and organizational approach, 2nd ed. Open University Press, Buckingham, 2000.

督導領域的理論知識與實務經驗的外部專家，反而可以客觀地提供師徒制或諮詢式的督導。

　　外聘督導會談以個別會談和團體會談兩種方式進行。團體督導較能使受督導者歸納所學並體察情境脈絡，接受個別督導者則較擅長於特定個案的處遇方式。[9]因此，屬於受督導者個人的議題，採個別會談方式進行之。外聘督導個別會談時，督導者依據受督導者的經驗和能力，以及受督導者的問題或困境和需求，給予諮詢式或師徒制的督導。[10]當被督導者們有共同的處遇上的問題或困境時，就需要召開團體督導會議，來討論與建立處遇的方向和原則。[11]但外聘督導團體會談時，仍須著重個別成員的發展並給予支持，提供實務議題的諮詢，組織與發展團隊並探索團體議題，且能表達與組織、管理、政策、和決策等的議題。[12]

　　督導的成效受到督導者與受督導者之間的情感因素、人際互動、吸引程度、角色關係等因素的影響。[13]雖然督導的主要工作目標在於執行組織的政策並提供最好的服務給服務使用者，但外部專業督導者必須認知到在督導關係中要達到充權與增能受督導者，需要在平等權力的互動之下，鼓勵受督導者的參與和投入。[14]而且作為一位督導者必須一開始就有持續投入的意圖、記住自己不需要知道所有的事、評估自己是否有督導的需求、知覺到自己也有被支持的需要。[15]因此，有效能的外部專業督導者，應是能隨時

9　Esther Sales and Elizabeth Navarre, Individual and group supervision in field instruction: a research report, Ann Arbor: School of Social Work, University of Michigan, 1970.

10　Allan G. Brown and Iain Bourne, The Social Work Supervisor: Supervision in community, day care and residential settings, Buckingham: Open University Press, 1995.

11　Ming-sum Tsui, Social Work Supervision: Contexts and Concepts, CA: Sage Publications, 2005.

12　同註 10。

13　同註 10。

14　同註 10。

15　Carolyn Cousins, "Becoming a social work supervisor: A significant role transition",

反思與批判自己的督導模式，能適時地督導與協助受督導者解決實務工作中的問題，以提升受督導者的專業知識與技能，並能適度地鼓勵與獎勵，以提升受督導者的工作成就感，以達協助受督導者提供案主更適切服務之目標。[16]

　　受過適當訓練和有督導支持的工作人員，可以持續有效地解決工作上的問題。[17]因此，本研究之外聘專業督導的模式與策略是先建立正向且信任的督導關係，運用個別會談和團體會談兩種方式，結合過程取向與任務取向，提供師徒制或諮詢式的督導。

(二)外聘專業督導之成果評估

　　方案評估的主要任務是提供充足的資訊，以協助評估者來判斷方案的優點與價值。[18]而成果評估所提供的完整性與有效性的驗證資訊，可以確定方案的價值。[19]因此，評估外部專業督導應用於居家服務之品質與成果，可以檢視外部專業督導對居家服務督導員的教育與支持的功能以及對於組織的效益之情形，進而評估全面性地推動外部專業督導應用於居家服務之可行性。

Australian Social Work, 57, 2, 2004, pp.175-185.

16　林哲瑩，〈建構居家服務之照顧服務員的人力需求評估模式〉，《社會發展研究學刊》十六期(2015 年 4 月)，頁 67-94。

17　Cik Yin Lee, Christine Beanland, Dianne Goeman, Ann Johnson, Juliet Thorn, Susan Koch, and Rohan A. Elliott, "Evaluation of a support worker role, within a nurse delegation and supervision model, for provision of medicines support for older people living at home: The Workforce Innovation for Safe and Effective (WISE) Medicines Care study", BMC Health Services Research, Volume 15, NO. 460, October, 2015, pp.1-13.

18　Daniel L. Stufflebeam, Evaluation models. New Directions for Evaluation, 89. San Francisco, CA: Jossey-Bass, 2001.

19　林哲瑩、鄭晏甄，〈以利害關係人觀點評估失智症老人團體家屋照顧模式之執行成果〉，《臺灣老人保健學刊》12(1)(2016 年 6 月)，頁 1-21。

　　督導者對督導過程的看法,以及督導者的紀錄,是評估方案成果的重要參考資訊。因為督導者到機構進行督導工作,不只能夠提供有關督導過程的豐富資訊,而且督導者直接觀察到受督導者的照顧知識與技能之需求以及進步情形,能夠讓成果評估者更了解方案運作的實際情境。因此,本研究由督導者於督導過程中記錄下督導的內容(建構督導機制、督導照顧服務員的個案研討、建構具理論基礎的滿意度調查、創新服務方案、協助受督導者了解居家服務之評鑑項目的內涵和如何執行該項目、檢核執行成果、模擬評鑑)與過程,以提供未來的督導建議與策略,以建置更具體可行之外聘專業督導機制。

　　而蒐集居家服務督導員接受外部專業督導後的反應層級、學習層級、行為層級、和結果層級等相關資訊,有助於獲得包含個人到組織整體的全面性的外部專業督導成果評估資訊。四層級的訓練方案評估模式(如圖一)包含:第一層級:反應,評估反應的指標是課程與工作的關聯性、學員滿意度、學員參與度;第二層級:學習,評估學習的指標是學員在態度上的改變以及知識和技能的成長情形(我知道、我立即會做、我相信對工作有幫助)、以及自信心(我能夠運用於工作上)、承諾(我會將之運用在工作上);第三層級:行為,評估行為的指標是學員的行為改變情形(將之運用在工作上的程度)、必要的驅力(可以強化、鼓勵、獎勵工作表現的流程和制度);第四層級:成果。評估成果的指標是訓練對組織的預期成果(提高服務品質、增加服務量和獲利、減少員工流動率、增進人際關係與凝聚力、提高工作倫理與組織承諾、降低意外事故、提高員工滿意度)和短期造成正向影響的領先指標。[20]本研究對外部專業督導應用於居家服務之品質與成果評估,僅

20　James D. Kirkpatrick, and Wendy Kayser Kirkpatrick, Kirkpatrick's Four Levels of Training Evaluation, VA: ATD Press, 2016.

限於接受外部專業督導的居家服務督導員對外部專業督導的反應層級、學習層級、行為層級、和結果層級進行研究。

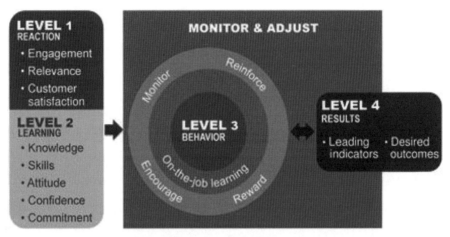

圖一：The New World Kirkpatrick Model

資料來源：Kirkpatrick, J. D., and Kirkpatrick, W. K.[21]

三、評估過程及方法

　　本研究運用實地研究法和問卷調查法，來評估外聘專業督導應用於居家服務的執行成果。實地研究法是以研究者為觀察中心，來蒐集資料。[22]所以，本研究首先透過對受督導單位的實地評估，逐項查核執行成果，以充分了解此方案並且對方案執行成果作綜合性的評估，進而提出縮小執行成果與方案目標差距之改進建議。接著進行成果評估問卷調查，來蒐集受督導者的意見。根據回收之成果評估資料，加以整理及評估成果。最後，根據評估結果，提出結論及建議。

---

21 同註20。
22 簡春安、鄒平儀，《社會工作研究法(第二版)》(高雄：巨流，2012)。

四、評估資料來源

(一)研究工具

　　好的成果評估須有能夠把方案的執行成果準確地測量出來的量表。[23]而且成果評估指標亦必須能夠反映方案目標的達成程度。[24]因此，本研究採用研究者本身和 The New World Kirkpatrick Model 建議的項目等兩種研究工具，來評估外聘專業督導應用於居家服務的執行成果。第一重要的研究工具就是研究者本身，透過觀察並與受督導者確認執行成果，研究者並將所觀察到的外聘專業督導應用於居家服務之優點、建議事項、和改善事項加以記錄。另一研究工具是採用 The New World Kirkpatrick Model 建議的項目之問卷(如表一)，此部分採用李克特十點量表，對問項的同意程度由非常不同意(1)到非常同意(10)。問卷的另一部分為基本資料，包括年齡、職涯轉換次數、和從事居家服務工作年資。

表一：居家服務督導員對外聘專業督導的意見之問卷

層級	問　　項
反應	1.外聘專業督導會談的內容與居家服務的實際工作相關。
	2.對於外聘專業督導會談感到滿意。
	3.我有參與外聘專業督導會談的討論。
學習	4.我從外聘專業督導會談中有學習到居家服務的知識和技能。
	5.我可以立即應用從外聘專業督導會談中所學習到的知識和技

---

23 同註 22。

24 Emil J. Posavac, Program evaluation: methods and case studies, 8th ed., NJ: Prentice-Hall, 2011.

能。

6.我相信從外聘專業督導會談中所學習到的知識和技能對工作有幫助。

7.我有信心能將外聘專業督導會談中所學習到的知識和技能應用於實際工作中。

8.我會將外聘專業督導會談中所學習到的知識和技能應用於實際工作中。

行為　　9.一有需要我就會應用外聘專業督導會談中所學習到的知識和技能。

10.應用外聘專業督導會談中所學習到的知識和技能,可以強化我的工作能力。

11.應用外聘專業督導會談中所學習到的知識和技能,可以提高我的工作效能。

12.應用外聘專業督導會談中所學習到的知識和技能,可以增進我的工作成就感。

成果　　13.外聘專業督導能夠提高服務品質。

14.外聘專業督導能夠增加服務量。

15.外聘專業督導能夠減少員工的流動率。

16.外聘專業督導能夠增進人際關係與凝聚力。

17.外聘專業督導能夠提高工作倫理與組織承諾。

18.外聘專業督導能夠降低意外事故。

19.外聘專業督導能夠提高員工滿意度。

20.外聘專業督導對組織整體有正向的影響。

本研究根據 The New World Kirkpatrick Model 的構想來編製問卷的內

容，確信具建構效度。本研究採用 Cronbach's α 係數來評定外聘專業督導應用於居家服務的執行成果問卷的信度，Loewenthal 提出 α 值介於 0.65 至 0.70 間為最低可接受值，介於 0.70 至 0.80 間為相當好，介於 0.80 至 0.90 之間為非常好。[25]本研究問卷經信度分析結果，反應層級、學習層級、行為層級、和結果層級等四構面 Cronbach's α 值都大於 0.86，及整體信度為 0.98。

(二)研究範圍與對象

由於時間、人力與財力的限制，本研究對象僅以彰化地區的兩家居家服務承辦單位中的接受為期一年(2016 年 7 月至 2017 年 6 月)的外聘專業督導的居家服務督導員做為研究對象。且受試者須是參與督導會談，才具備評估本研究問卷的資格。本研究共發出問卷 29 份，有效問卷 25 份，有效回收率為 86 %。並蒐集有二份實地評估結果。

(三)資料分析方法

本研究是將問卷調查所得資料收回，1.以次數分配、百分比、平均數、標準差、等級平均數等來說明變項的分佈情形。使用卡方檢定分析二項類別變項(年齡、職涯轉換次數、和從事居家服務工作年資)間是否有顯著關係。針對為二項類別變項(年齡、職涯轉換次數、和從事居家服務工作年資)與等距變項(反應層級、學習層級、行為層級、和結果層級)進行曼-惠特尼 U 考驗(Mann-Whitney U test)，檢定某二項類別變項在某等距變項上是否有顯著差異。使用皮爾遜積差相關(Pearson product-moment correlation)分析反應層級、學習層級、行為層級、和結果層級者的相關程度。2.分析實地評估所得資料和本研究目的之一致程度。

---

25 Kate Miriam Loewenthal, An introduction to psychological tests and scales, 2nd ed., East Sussex: Psychology Press, 2001.

(四)研究倫理

　　本研究的對象為受雇於居家服務單位的居家服務督導員，需要做到告知同意、自願參與、匿名與保密、無條件退出研究、沒有傷害性、後續工作權益不受此研究所影響等原則。而且實施研究之前會先徵得居家服務單位和受訪者之同意，才前往研究。實地問卷調查時會先給予說明書並加以說明研究目的，且為了確認接受問卷調查者願意參與此研究，並且同意可以將其觀點，以匿名方式發表於相關的報告或學術出版品上，會請其填寫同意書。所以，本研究者會在完成以下步驟之後才會開始進行研究：1.要確認接受問卷調查者已經閱讀且了解此研究的說明書的內容；2.接受問卷調查者知道此研究之目的；3.接受問卷調查者知道將回答參與個案研討會之相關議題；4.接受問卷調查者有機會可以詢問與討論和此研究有關的問題；5.接受問卷調查者知道可以在任何時候且不需任何理由的退出此研究；6.接受問卷調查者知道其參加與退出此調查研究，都不會影響其應有的工作權益；7.接受問卷調查者同意本研究者可以以匿名方式，將其的意見呈現在成果報告或學術出版品。

五、評估發現

(一)樣本特性分析

　　如表二所示，本研究共收集 25 份有效問卷。居家服務督導員之年齡在 26 歲以下者為 10 人，佔 40%；27-50 歲者 15 人，佔 60%。居家服務督導員從事居家服務工作是其第一份工作者 11 人，佔 44%；不是第一份工作者 14 人，佔 56%。居家服務督導員從事居家服務工作之年資在 1 年以下者有 10 人，佔 40%；2-14 年者 15 人，佔 60%。

　　從居家服務督導員之年齡與職涯轉換次數交叉表的資料顯示 26 歲以下、27-50 歲的人數分佈為 40%、60%，第一份工作和非第一份工作的比例為 44%、56%。卡方檢驗分析結果發現 $\chi 2$ =4.573, p=0.032＜0.05, Phi 值 =0.428，達顯著水準且年齡和職涯轉換次數兩個變項之間有顯著的中度相關。

表二：樣本特性分析表

	項目	人數	百分比
年齡	26 歲以下	10	40.0
	27-50 歲	15	60.0
職涯	第一份工作	11	44.0
轉換次數	非第一份工作	14	56.0
年資	1 年以下	10	40.0
	2-14 年	15	60.0

　　從居家服務督導員之年齡與年資交叉表的資料顯示 26 歲以下、27-50 歲的人數分佈為 40%、60%，年資 1 年以下和 2-14 年的比例為 40%、60%。卡方檢驗分析結果發現 $\chi 2$ =6.25, p=0.012＜0.05, Phi 值=0.5，達顯著水準且年齡和年資兩個變項之間有顯著的中度相關。

　　從居家服務督導員之年資與職涯轉換次數交叉表的資料顯示年資 1 年以下、2-14 年的人數分佈為 40%、60%，第一份工作和非第一份工作的比例為 44%、56%。卡方檢驗分析結果發現 $\chi 2$ =4.573, p=0.032＜0.05, Phi 值 =0.428，達顯著水準且年資和職涯轉換次數兩個變項之間有顯著的中度相

關。

綜合上述資料可知，高達 40%的居家服務督導員是 26 歲以下，居家服務工作是其第一份工作，而且居家服務工作的年資在一年以下。此和各居家服務承辦單位的情況一致，所雇用的居家服務督導員有近半數是工作經驗和職場歷練都不足的年輕新手，這也是目前各居家服務承辦單位所面對的人力資源管理困境。

(二)督導成果分析

在本研究之問卷中，得分越高，表示越同意外聘專業督導之功能和其成果；反之，則越不同意。經曼-惠特尼 U 考驗(Mann-Whitney U test)結果，不同年齡、職涯、年資組別的居服督導員對外聘專業督導之功能和其成果的同意程度在反應、學習、行為、成果四層級均未達顯著差異，但從表三的結果看來，全體項目之平均數都在 7.39 以上，由此可知居家服務督導員對外聘專業督導之功能和其成果的意見雖然不一致，但均持高度肯定。

表三：不同身分組別的居服督導員對接受外聘專業督導之結果分析

	變項	N	Mean	Std. Deviation
年齡				
反應	26歲以下	10	7.90	1.24
	27-50歲	15	8.60	1.20
學習	26歲以下	10	7.78	1.21
	27-50歲	15	8.55	1.12
行為	26歲以下	10	7.80	1.29
	27-50歲	15	8.23	1.57

成果	26歲以下	10	7.43	1.14
	27-50歲	15	8.19	1.20
職涯				
反應	第一份工作	11	7.97	1.40
	非第一份工作	14	8.60	1.06
學習	第一份工作	11	7.85	1.24
	非第一份工作	14	8.54	1.12
行為	第一份工作	11	7.80	1.45
	非第一份工作	14	8.27	1.47
成果	第一份工作	11	7.60	1.34
	非第一份工作	14	8.11	1.10
年資				
反應	1年以下	10	8.10	1.34
	2-14年	15	8.47	1.19
學習	1年以下	10	7.74	1.23
	2-14年	15	8.57	1.09
行為	1年以下	10	7.58	1.36
	2-14年	15	8.38	1.46
成果	1年以下	10	7.39	1.25
	2-14年	15	8.22	1.11

由表四可以看出：反應層次與學習層次的相關為 0.817**，二者有顯著的正相關，表示愈同意反應層次項目者，也愈同意學習層次的項目，雙變

項間的決定係數 r2 為 0.6724，表示反應層次可以被學習層次解釋的變異量為 67.42%；相對地學習層次可以被反應層次解釋的變異量亦為 67.42%。學習層次與行為層次的相關為 0.905**，二者有顯著的正相關，表示愈同意學習層次項目者，也愈同意行為層次的項目，雙變項間的決定係數 r2 為 0.8281，表示學習層次可以被行為層次解釋的變異量為 82.81%；相對地行為層次可以被學習層次解釋的變異量亦為 82.81%。行為層次與成果層次的相關為 0.769**，二者有顯著的正相關，表示愈同意行為層次項目者，也愈同意成果層次的項目，雙變項間的決定係數 r2 為 0.5929，表示行為層次可以被成果層次解釋的變異量為 59.29%；相對地成果層次可以被行為層次解釋的變異量亦為 59.29%。

表四：The New World Kirkpatrick Model 四層級之相關分析

		反應	學習	行為	成果
反應	Pearson Correlation	1	.817**	.734**	.875**
	Sig. (2-tailed)		.000	.000	.000
	N	25	25	25	25
學習	Pearson Correlation	.817**	1	.905**	.824**
	Sig. (2-tailed)	.000		.000	.000
	N	25	25	25	25
行為	Pearson Correlation	.734**	.905**	1	.769**
	Sig. (2-tailed)	.000	.000		.000
	N	25	25	25	25

成果	Pearson Correlation	.875**	.824**	.769**	1
	Sig. (2-tailed)	.000	.000	.000	
	N	25	25	25	25

**. Correlation is significant at the 0.01 level (2-tailed).

由上述資料可知，不同身分組別的居家服務督導員對外聘專業督導之功能和其成果的同意程度在反應、學習、行為、成果四層級均未達顯著差異，但對外聘專業督導之功能和其成果均持高度肯定。居家服務督導員在接受外聘專業督導後，反應、學習、行為、成果等四層級有顯著地正相關，亦即接受外聘專業督導後，高度同意可以達成反應層級的評量項目所預期的目標的 居家服務督導員，亦高度同意學習層級的評量項目所預期的目標，同時也高度同意行為層級和結果層級的評量項目所預期的目標。

(三)實地評估結果

外聘專業督導的主要工作內容為建構督導機制、督導辦理照顧服務員的個案研討、建構具理論基礎的滿意度調查、創新服務方案、協助受督導者了解居家服務之評鑑項目的內涵和如何執行該項目、檢核執行成果、和模擬評鑑等。

在建構督導機制方面，重整居家服務的督導機制如圖二，釐清各項督導工作內容與執行次序和頻率。在接案並擬定服務計畫後，由內部督導和外部專業督導協調執行以下的督導工作，包含具行政與協調功能的定期訪視(每月一次電訪、每三個月家訪一次)、居家服務督導員會議一次/月、居家服務督導員個案研討一次/季、調查服務滿意度一次/年，以及具教育與支持功能的職前訓練 8 小時、在職訓練 20 小時/年、個別督導、團體督導一次

/月(照顧服務員的個案研討)，並且對每一項督導工作均須加以追蹤執行與
改善情形。

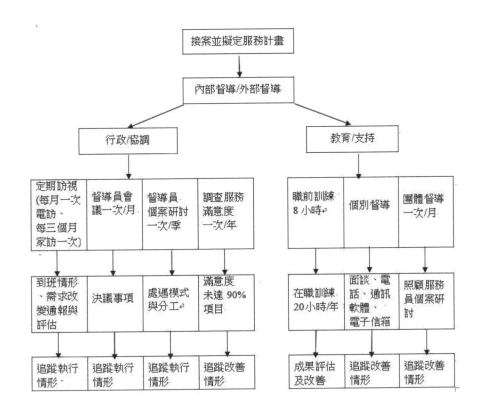

圖二：居家服務督導機制圖

外聘專業督導者督導居家服務督導員和照顧服務員一起辦理照顧服務
員的個案研討，每一居家服務承辦單位執行六次小團體同儕督導的個案研
討會，每次探討三位個案問題，共研討 18 位個案，居家服務督導員和照顧
服務員對辦理照顧服務員的個案研討的整體滿意度平均數為 7.9，亦即居家
服務督導員和照顧服務員都同意辦理照顧服務員的個案研討會和肯定其成

果。而且辦理照顧服務員的個案研討和其成果，可以達成反應層級、學習層級、行為層級、和結果層級的評量項目所預期的目標。

外聘專業督導者督導居家服務督導員應用服務品質差距模式(the gap model)建立居家服務的滿意度調查模式，[26]以 SERVQUAL 量表為基礎的滿意度調查項目為：有形性(使用現代化的工具/輔具、居家服務契約書內容詳盡清楚、看起來整潔的照顧服務員(著制服)、照顧服務員的照顧服務技巧熟練)、可靠性(照顧服務員準時提供居家服務、第一次就提供正確的居家服務、照顧服務員樂於解決我的問題、照顧服務員的服務紀錄正確無誤)、回應性(居家服務督導員能準確地告知何時提供居家服務、居家服務督導員的服務迅速(從接案到開始服務)、居家服務督導員樂於協助我、居家服務督導員能即時回應我的需求)、確實性(照顧服務員的行為，值得我信賴；我能夠放心的接受居家服務；照顧服務員有禮貌；居家服務督導員具備回答問題的知識)、關懷性(居家服務督導員會提供我個別化的服務、服務時間符合我的需求、提供的居家服務是以我的最佳利益為考量、居家服務督導員能理解我的特殊需求)。經由外聘專業督導所協助建構的居家服務的滿意度調查，使得居家服務的滿意度調查具有理論基礎，更是有利日後的前後年度可以比較分析，以了解居家服務單位所提供的居家服務滿意度之變化情形，進而作為修正居家服務工作之參考依據。

外聘專業督導者督導居家服務督導員開發與執行創新服務方案，將居家服務從提供社區失能老人的家務及日常生活照顧服務與身體照顧服務，拓展到照顧社區弱勢老人身心靈的健康。執行社區弱勢老人服務方案不只行銷居家服務業務，亦同時行銷居家服務承辦單位，且可提高居家服務滿

---

26 Valarie A. Zeithaml, A. Parasuraman, and Leonard L. Berry, Delivering quality service: balancing customer perceptions and expectations. New York, Free Press, 1990.

意度，進而擴大服務範圍與對象，達成居家服務的永續經營目標。A 居家服務承辦單位之社區弱勢老人服務方案包含：誰來圍爐(到社區弱勢長輩家圍爐)；柚見中秋方案(做月餅並送給長者)；端陽雄艾掛窗門，香粽飄入門(送粽子和做香包給社區弱勢長輩)；花好月圓慶元宵方案(製作元宵和懷舊燈籠團體)；歡慶媽祖遶境活動(協助長者參加大甲媽祖遶境活動)；九九重陽敬老節攜老登山享樂趣(爬山健身)；生命教育老化體驗(社區民眾老化體驗活動)；風車轉動祖孫情(祖孫代間製作風車活動)；高齡者技能工作坊(社區老人書法技藝工作坊)；憶當年-時光隧道之旅(照片懷舊活動)；身心障礙照顧者訓練(身障者社會福利資訊)；家庭照顧者紓壓活動(園藝和芳香紓壓團體)。B 居家服務承辦單位之社區弱勢老人服務方案包含：送愛到家-添歲益壽慶生方案(送蛋糕、壽桃、麵線至長者家並幫長者慶生)；大雞大利圍爐活動(到社區獨老家圍爐)；大甲媽祖遶境祈福(安排長輩觀看繞境祈福)；顫抖小碎步人生-帕金森氏症(認識帕金森氏症與照顧和紓壓方式)；祖孫代間活動-繽紛彩色瓶製作(彩色瓶製作)；浴佛節與淨心為善方案(社區量血壓)；母親節關懷獨居老人方案(送社區獨老蛋糕和香皂花)；端午粽飄香方案(送社區弱勢長輩粽子)；祖孫代間活動-持孫之手，甜蜜你我(沙畫製作)；照顧者服務方案-芳香與紓壓活動(紓壓、紫草膏製作、穴位介紹、簡易刮痧)；中秋節中秋意濃正團圓活動(送社區弱勢長輩月餅)；九九重陽敬老節活動(送獨老紅龜糕)。

　　最直接的居家服務督導成果評估就是評鑑。督導者除了協助受督導者了解居家服務之評鑑項目的內涵和如何執行該項目，並加以檢核執行成果，最後執行模擬評鑑。A 居家服務承辦單位接受外聘專業督導前的評鑑分數為 86.5 分(2015 年)，進步到接受外聘專業督導後的 88.2 分(2016 年)，但 2017 年卻退步到 87.9 分。然而接受同樣的外部專業督導的 B 居家服務

承辦單位，在接受外聘專業督導前的評鑑分數為 81.3 分(2015 年)，進步到接受外聘專業督導後的 90.8 分(2016 年)，2017 年更進步到 93 分。造成此結果的可能因素是 B 居家服務承辦單位之內部督導者能夠確實執行外聘專業督導者之建議與修正，而 A 居家服務承辦單位之內部督導者未能於評鑑前再次檢視受評資料之正確性，以及簡報技巧與評鑑時臨場的說明與解釋技巧之不足。

六、結論與建議

(一)綜合評論

　　適任且稱職的外部專業督導者，可以和受督導者建立正向且信任的督導關係，運用個別會談和團體會談，結合過程取向與任務取向，提供師徒制或諮詢式的督導，以滿足受督導者的需求並使受督導者達成反應、學習、行為、成果等四層級的評量項目所預期的目標。外部專業督導者經由建構督導機制、督導辦理照顧服務員的個案研討、督導居家服務督導員應用服務品質差距模式(the gap model)建立居家服務的滿意度調查模式、督導居家服務督導員開發與執行社區弱勢老人服務方案、協助受督導者執行居家服務評鑑準備工作，以符合居家服務承辦單位的期待，能在評鑑時獲得佳績。

　　然而外部專業督導者在居家服務督導員的高流動率方面仍有其限制，這有賴居家服務承辦單位和主管機關一起來面對與克服。亦即需要從體制上來改變，以期能夠留任各居家服務承辦單位所雇用的工作經驗和職場歷練都不足，但適任且優質的年輕居家服務督導員新手，進而解決目前各居家服務承辦單位所面對的主要人力資源管理困境。

　　總而言之，外部專業督導應用於居家服務之品質與成果顯著，本研究

所建構之創新的外部專業督導模式，可以協助居家服務承辦單位有效能地督導居家服務督導員，全面性地推動居家服務聘請外部專業督導，可以提升居家服務之整體服務品質。

(二)建議

依據本實證研究結果，提出以下之具體建議，以供從事外聘督導者、居家服務承辦單位、以及社政單位之參考。

1. 對從事外聘督者的建議

機構聘請外部專業督導者，是期望經由外部專業督導，可以提升經營績效和評鑑成績。而受督導者則期待透過外部專業督導，可以獲得支持並在專業上有所成長。因此，從事外聘督導者須具備該領域之理論與專業知識，並具有該領域之內部督導或主管之實務工作經驗，且服務和經營績效受到公部門(評鑑優等以上)和服務使用者(滿意度達 90%以上)的肯定，有反思與批判能力，能不斷地精進並有推陳出新的創新服務方案之能力，唯有如此，才能成為一位適任的外部專業督導者。

2. 對居家服務承辦單位的建議

雖然聘請外部專業督導者可以提升機構的經營績效、評鑑成績、和聲譽，並凝聚員工向心力，且有效地留任人才。但機構仍要建置完善的人力資源管理制度，在居家服務督導員的薪資福利上給予不低於同業之水準與保障；招募和甄選居家服務督導員時，應是以適配(FIT)為原則，找到對的人，來做對的事；建立足以留住優秀人才的留任制度，以降低人員流動率；提供居家服務督導員和其內部督導者有學習成長的機會(包含內外部訓練及

外部專業督導)，以提升服務品質及發展創新服務模式；應讓居家服務督導員的內部督導者，減少直接服務工作或個案服務量，使其能專注於解決居家服務督導員所面對的問題或困境，並協助居家服務督導員的發展與成長。

3. 對主管機關之建議

　　將是否依照規定給付居家服務督導員資薪資，列為重要的居家服務業務評鑑指標之一。更要隨時稽核以杜絕居家服務承辦單位的強迫回捐制度，以保障居家服務工作人員的薪資所得。協助聘請外部專業督導者，並支付至少每月一次的外部專業督導費用。居家服務業務應以照顧服務員和居家服務督導員為主體，而不是以居家服務承辦單位的機構或組織為主體。因此，有必要協助照顧服務員和居家服務督導員籌組自己所屬的勞動合作社或協會，來承辦居家服務業務，以減少組織行政管理費的支出，增加居家服務工作人員實質的收入。

發展與前瞻論叢

主　　編／齊光裕、紀光陽
作　　者／林育任、齊光裕、李銘義、許源派、朱英嘉、莫桂
　　　　　娥、呂文玲、何振盛、劉性仁、曾于蓁、郭冠廷、
　　　　　柳金財、黃馨慧、王珍一、匡思聖、傅瑩貞、李炳
　　　　　南、紀光陽、吳宏熙、林哲瑩、鄭晏甄
美術編輯／傅瑩貞
出 版 者／揚智文化事業股份有限公司
　　　　　22204 新北市深坑區北深路三段 258 號 8 樓
　　　　　(02)8662-6826
　　　　　／社團法人台灣對外關係研究暨發展協會
　　　　　26060 宜蘭縣宜蘭市縣政一街 45 號 3 樓之 2
　　　　　(03)987-1000 分機 22312
 I S B N ／978-986-298-398-0
初版一刷／2022 年 5 月
定　　價／新台幣 450 元

＊本書如有缺頁、破損、裝訂錯誤，請寄回更換＊

國家圖書館出版品預行編目（CIP）資料

發展與前瞻論叢 ＝ Development and prospect/林育任, 齊光裕, 李銘義, 許源派, 朱英嘉, 莫桂娥, 呂文玲, 何振盛, 劉性仁, 曾于蓁, 郭冠廷, 柳金財, 黃馨慧, 王珍一, 匡思聖, 傅瑩貞, 李炳南, 紀光陽, 吳宏熙, 林哲瑩, 鄭晏甄作；齊光裕, 紀光陽主編.-- 初版. -- 新北市：揚智文化事業股份有限公司；宜蘭縣：社團法人台灣對外關係研究暨發展協會, 2022.05
　　面；　公分（運動休閒系列 ；3）
ISBN 978-986-298-398-0（平裝）

　1.CST: 社會科學　2.CST: 文集
479507　　　　　　　　　　　　　111006704